배진선 글모음 1

했던 이야기들, 지나간 일들

배 진 선

도서출판 이화

권두언 (卷頭言)

나는 나의 글을 정리할 생각을 전(全)혀 하지 않았다. 그것은 하기 싫어서나 게을러서가 아니었다.

예전에는 교직(敎職)에 있다가 회갑(回甲)이 되면 논문증정식(論文贈呈式)이라하여 회갑연을 종종 치루었는데 아마도 바쁜 사람들에게 폐(弊)가 되어서라기보다 자기 자신이 얼마큼 나이가 먹었다는 것을 광고하기 싫어서 그것이 없어지고, 특히 대학교수로 있다가 정년(停年) 때에는 퇴임(退任)행사에서 논문집, 또는 회고록(回顧錄) 또는 다른 이름으로 가끔 책자가 나온다.

논문집에 실린 논문은 그 분야의 사람도, 오래된 논문이기도 하지만 별로 가치가 없어서 보는 사람이 없을 것이고, 그 외의 이름(회고록 등)으로 나오는 것은 일부 자신의 글과 다른 사람의 글로 구성되어 있는데 남의 글은 사회적인 직위를 가진 사람들(예, 대학교총장, 시장(市長), 도의원 등)이 후견인(後見人)으로서 상투적(常套的)인 찬사(讚辭)로 가득 찬 찬조발언(贊助發言)이고, 자신의 글은 아름답게 장식(裝飾)되고 과장(誇張)된 자기자랑인 경우가 허다(許多)하다.

그리하여 나는 이러한 것이 싫어서 그러한 것(편집하여 책을 내는 것)을 아예 생각지도 않아왔다. 그러다가 정년이 되었을 때에 "고별강연"에서 말할 내용을 작은 메모지에 몇 가지 적어 얘기하려다가 원고(原稿)를 준비하는 것이 좋겠다고 생각하여 행사전날 급히 만들었다.

앞으로는, 이제까지 30년간 해왔던 강의받을 학생도 없고 가르쳐 줄 인턴, 레지던트도, 말할 상대도 없어져 서운하고 허전하게 느끼다가 이제까지 했던 얘기와 문서로 남긴 글을 정리(整理)해보고 싶은 충동(衝動)이 생겼다.

그리하여 마음에 여유(餘裕)가 없으면 몇 달 씩 그냥 넘기기도 하고 가끔 생각이 나면 과거(過去)를 회상(回想)하여 난편적(斷片的, fragmentary)으로 몇 지 적기도 하다가 2년이 되던 2007년 11월에 마감(磨勘)하였다.

여기에는 남의 글은 하나도 없이 처음부터 끝까지 나의 글이다.

이 글은 미사여구(美辭麗句)로 장식(裝飾)되거나 포장(包裝)된 문학작품(文學作品)이 아니고, 허위(虛僞), 변형(變形), 과장(誇張)이 전(全)혀 없는 그야말로 순수(純粹)한 **사실기록(事實記錄, documentary)**인 것이다.

제 Ⅰ부는 했던 이야기들, 지나간 일들, 제 Ⅱ부는 문서(文書)로 남긴 글을 모은 것이다.

2010. 3. 17 새벽 3시
충북(忠北) 옥천(沃川)에서
필자 배 진 선

했던 이야기들, 지나간 일들

- 필자(筆者)　　　　　　　: 배진선(裵振善)
- 타자(打字) 및 편집(編輯) : 김세자(金世子)
- 제1부 타자(1次)　　　　 : 이미란
- 도안(圖案, 디자인)　　　 : 남궁다혜(南宮多慧)

- 작성(作成)　　　　　　　: 2006.　　　 ~ 2007. 11. 27
- 첨가(添加)　　　　　　　: 2012. 5. 26 ~ 2017. 04. 15
- 교열(校閱)　　　　　　　: 2008.　　　 ~ 2017. 09. 19

배진선(裵振善) 교수

해군 소령시절(1970년)

대한혈관외과학회 회장시절(2003년)

목 차

제 1부

I. 했던 이야기들 ··· 1

- 독일식의 특징 ··· 1
- 의가춘추 이야기 ·· 53
  - (1) 회식 때의 대작하는 방법 ··· 53
  - (2) "남의 일이 곧 나의 일" ··· 54
- 흔히 틀리게 쓰거나 말하는 것 ·· 56
- 상식 몇 가지 ··· 83
  - (A) 단어의 뜻 ··· 83
  - (B) 독어, 영어 단어와의 비교 ·· 95
  - (C) 반대어(反對語), 바뀐 글자 ··· 96
  - (D) 원리와 원칙에 입각(立脚, 근거를 두어 거기에 섬)한 이야기 ······· 96
  - (E) 치료경험의 예(例) ·· 103
  - (F) 부검(剖檢, Autopsy, 시체해부) 이야기 ······················· 112
  - (G) 생활상식의 예 ··· 117
- 했던 이야기들 ·· 239
- 즐겨하는 말, 문구 ·· 310

II. 지나간 일들 ·· 327

- 지나간 일중에 생각되는 것 몇가지를 들면 ······················ 377~410

- i -

목 차

제 1부
Ⅰ. 했던 이야기들 ··· 1

독일식의 특징 ··· 1
  (1) 일요일의 순서 ··· 1
  (2) 복도의 문(門)의 열리고 닫히는 방향 ··· 2
  (3) 문고리(door knob) ··· 2
  (4) 건물과 차(車)에서의 환기(換氣)와 채광(採光) ··· 2
  (5) 가변차선(可變車線) ··· 3
  (6) 좌회전 차선 ··· 3
  (7) 세탁기 ··· 4
  (8) 맥주(麥酒, Bier, beer) ··· 4
  (9) 흑빵(Bauern Brot) ··· 5
  (10) 길을 가르쳐 줄 때 ··· 5
  (11) 친절 ··· 6
  (12) 철저 ··· 6
  (13) 도로와 번지 ··· 8
  (14) 전철(지하철), 전차, 버스시간표 ··· 9
  (15) 전동승강계단(電動昇降階段, escalator) 이용방법 ··· 9
  (16) 요금(料金) ··· 10
  (17) 단어 몇 가지 ··· 11
     (a) 역사(歷史) ··· 11
     (b) 이해(理解) ··· 12
     (c) 교육(教育) ··· 12
     (d) 도시이름 ··· 13
     (e) 나라이름 ··· 14
  (18) 음식점(Restaurant) ··· 14
  (19) 음식요금 계산과 사례금(tip) ··· 16
  (20) 건물층수 ··· 18
  (21) 어법(語法) 차이의 예 ··· 19
  (22) 자동차 변속기(變速機, transmission) ··· 20

- (23) 독일인의 실용성(實用性) ··· 21
- (24) 독일인의 신중성(愼重性) ··· 21
- (25) 독일인의 근면성(勤勉性), 신속성(迅速性) ····················· 22
- (26) 독일인의 근검(勤儉), 절약(節約) ································ 26
- (27) 독일인의 합리성(合理性) ··· 27
- (28) 독일인의 철저(徹底)한 교육(敎育) ································ 29
- (29) 독일인의 성씨(姓氏) ·· 31
- (30) 독일인의 대학교 진학결정 ·· 34
- (31) 스위스(Swiss)인(人)의 애향심(愛鄕心) ···························· 34
- (32) 독일의 대학교, 실업학교, 직업학교 ······························· 35
- (33) 독일의 의학 교육과정과 병원의 진료과(診療科)에 관한 것 ······ 36
- (34) 독일인의 주민등록번호 ·· 38
- (35) 서독(독일)의 자동차 등록번호(차량번호) ······················· 40
- (36) 독일의 교통신호등(燈) 체계의 효율성 ··························· 41
  - (a) 신호등의 교통량에 따른 자동조절 ······························· 41
  - (b) 신호등의 지속시간 ·· 42
  - (c) 신호등의 연계성(連繫性, a relay, connectivity) ············ 44
  - (d) 신호등의 설치 빈도 ·· 45
  - (e) 횡단보도 신호등의 수동조작(手動操作) ························ 45
- (37) 독일의 대학교수(大學敎授, Professor) ···························· 46
- (38) 독일인의 의상(衣裳)과 자동차 ······································ 47
- (39) 독일인의 학력의 합리성(合理性) ··································· 48
- (40) 독일의사의 복장(服裝) ·· 49
- (41) 독일승용차의 주행거리 미터기 ···································· 50
- (42) 독일인의 음식물을 파는 것 ··· 50
- (43) 독일인의 부유(富裕) ·· 50
- (44) 독일인의 호칭 ·· 51

| 의가춘추 이야기 ·· 53
- (1) 회식 때의 대작하는 방법 ·· 53
- (2) "남의 일이 곧 나의 일" ·· 54

| 흔히 틀리게 쓰거나 말하는 것 ··· 56
- (1) 지리산(智異山, 지이산) ·· 56
- (2) 돼다, 열쇄 ··· 56

(3) 갑자년(甲子年), 을해년(乙亥年)하는 것은 음력(陰曆) ·············· 57
(4) 폐렴(肺炎) ··· 57
(5) 맥아더(Mac Arthur)장군 ·· 57
(6) 이순신(李舜臣) 장군 ··· 58
(7) 호치키스(Hotchkiss) ·· 59
(8) 정종(正宗) ·· 59
(9) Coffee Pream ·· 59
(10) 자동차 핸들(handle) ··· 59
(11) 주사기(注射器)의 Piston ·· 60
(12) 수술 bed ··· 60
(13) 수술기구 중 전기소작기(電氣燒灼機)에서의 보비(Bovie) ······· 60
(14) 성명(姓名)을 "한문(漢文)"으로 ···································· 61
(15) 직위(職位)기재 난에 교수, 부교수 ································ 61
(16) 우리나라 정부기구에서의 부총리 ··································· 62
(17) 3월 2일, 10월 2일 발령일자(직무기간의 경계일자, 시간) ····· 63
(18) 속도(速度)와 속력(速力) ·· 65
(19) "변화"가 곧 "향상(向上)" ·· 65
(20) 옛날 것은 틀린 것, 새로운 것은 옳은 것 ······················· 66
(21) 눈으로 보아야 믿는다. ··· 69
(22) 식품의 일자표기와 내용표기 ·· 70
(23) 여권(passport)에서의 발행 장소 기재 ···························· 72
(24) 의사면허증이나 전문의자격증을 갱신(更新)할 때에 ············· 72
(25) 소리 나는 대로 쓰기 ·· 74
(26) 영자표기(英字表記) ··· 75
(27) 격(格, case, Kasus)과 조사(助詞, 前置詞, preposition, 토씨)의 사용
 ··· 77
(28) 독일 Doktor가 박사? ·· 78
(29) 외과 – 일반외과 ··· 79
(30) 대학원 – 일반대학원 ·· 80
(31) 정부대전청사–대전정부청사·국립대전현충원–대전국립현충원 ······ 81
(32) "레떼르"→"라벨"→"레이블(Label)" ······························ 81
(33) "스프링쿨러"(Spring Cooler)→"스프링클러"(살수기, 撒水器, Sprinkler)
 ··· 81
(34) ∼로서, ∼로써 ··· 82
(35) 시간에서의 "to" ··· 82

– iv –

상식 몇 가지 ·· 83
(A) 단어의 뜻 ·· 83
    (1) 목욕(沐浴) ·· 83
    (2) 아령(啞鈴) ·· 83
    (3) 요기(療飢)하다 ·· 84
    (4) 해우소(解憂所) ·· 84
    (5) ○○표시 ·· 84
    (6) Restaurant(음식점) ·· 84
    (7) 서초(瑞草) ·· 85
    (8) 동요(童謠) ·· 85
    (9) 면허(免許, licence)와 자격(資格, qualification) ··············· 87
    (10) 직급(職級, grade)과 직위(職位, position) ······················ 87
    (11) 임명(任命), 임보명(任補命) ·· 88
    (12) 임원(任員), 직원(職員) ·· 88
    (13) "CH"가 무슨 나라일까? ·· 88
    (14) 로마숫자, 연도(年度)표기 ··· 89
    (15) 모순(矛盾, contradiction, Widerspruch) ······················· 89
    (16) 발음에 근거한 몇 단어 ··· 90
    (17) Veritas Lux Mea ··· 91
    (18) 말라리아(malaria) ··· 91
    (19) 아마존강(Amazon 江, 무유방강, 無乳房江) ··················· 91
    (20) 비타민(Vitamin) ··· 92
      (a) Vitamin B1 (Thiamine) ·· 92
      (b) Vitamin B2 (Riboflavin) ·· 92
      (c) Vitamin B12 (Cyanocobalamine) ······························· 93
      (d) Vitamin C (Ascorbic acid) ·· 93
      (e) Vitamin K ·· 93
    (21) University (Universität) (대학교) ································· 93
    (22) brute (야수, 野獸, 짐승), brutal(짐승 같은) ·················· 94
    (23) September(9월), October(10월), November(11월), December(12월)
        ·· 94
    (24) C/S란? ·· 95
(B) 독어, 영어 단어와의 비교 ··· 95
(C) 반대어(反對語), 바뀐 글자 ·· 96
(D) 원리와 원칙에 입각(立脚, 근거를 두어 거기에 섬)한 이야기 ········· 96

- (E) 치료경험의 예(例) ·· 103
  - (1) 충수념(맹장념) 수술 후에 원인불명의 Shock ···················· 103
  - (2) 전신(全身) 사지(四肢)가 쑤시는 병 ···································· 105
  - (3) 종종 열이 나고 식사나 전신상태가 시원치 않은 아이의 예 ··· 105
  - (4) 갑상선기능항진 환자가 몹시 피곤하고 근육의 힘이 쭉 빠져 버린 예 ······ 106
  - (5) 애기 머리 크기의 위암환자가 식사를 잘 할 수 있을까? ············· 107
  - (6) 어른 주먹 두 개 크기의 대장암 환자가 대변을 잘 볼 수 있을까? ········ 108
  - (7) 수술받기 싫어하다가 폐인이 된 예 ···································· 109
  - (8) 심한 통증이 지속하는데 환자가 참을성이 없다니? ············· 110
  - (9) 다리(대퇴, 大腿, 넓적다리)를 펴지 못하면 모두 고관절염(股關節炎)인가?
    ·· 111
- (F) 부검(剖檢, Autopsy, 시체해부) 이야기 ··································· 112
- (G) 생활상식의 예 ··· 117
  - (1) 공기의 무게 ·· 117
  - (2) 눈(雪)의 무게 그리고 녹으면 어느 정도의 물이 될까? ······ 118
  - (3) 1배럴(barrel, bbl)이란 얼마나 될까? ································· 118
  - (4) 무더위 때에 시원하게 승용차를 타고 가는 방법 ············· 119
  - (5) 어느 해의 여름이 더위가 길까? ··· 119
  - (6) 물이 증발(蒸發)하면 체적이 얼마나 증가할까? ················· 120
  - (7) 물이 위에서부터 어는 이유는? ··· 121
  - (8) 노인의 입과 몸에서는 왜 냄새가 날까?
    아기소변과 어른소변은 어느 쪽이 더 지릴까? ················· 121
  - (9) 집안의 화장실을 냄새 없이 깨끗이 쓰는 방법 ················· 122
  - (10) 냉장고에서는 음식보관이 얼마나 될까? ·························· 122
  - (11) 물품을 오래 보관하려면? ··· 123
  - (12) 음식물 찌꺼기를 썩지 않게 하려면? ······························· 123
  - (13) 고급 모직물이 좋을까? ··· 124
  - (14) 두터운 면(綿)양말이 무좀에 좋을까? ······························· 124
  - (15) 목욕을 하지 못할 때에 목욕한 것처럼 몸을 가뜬하게 하는 방법은? ········ 125
  - (16) 물방울이 튄 종이를 똑바로 펴려면? ······························· 125
  - (17) 수동변속기와 자동변속기 ··· 125
  - (18) 탄산가스, 아황산가스란? ·· 127
  - (19) 차아염소산(次亞鹽素酸)이란? ··· 127
  - (20) 아기가 병원에서 울음을 그치지 않는 이유는? ·············· 128
  - (21) 노인부부가 싸움이 적어지는 이유는? ····························· 128

(22) 고속도로 휴게소 화장실이 무료인 이유는? ········· 129
(23) 싸움을 말리지 않는 이유는? ········· 129
(24) 복층유리(複層琉璃, thermopane)의 간격 ········· 130
(25) 파도(波濤)가 밀려올 때 배(보트, boat)가 뒤집혀지지 않으려면? ········· 130
(26) 선박(船舶)의 중량 ········· 131
(27) 함정(艦艇)과 선박(船舶) ········· 132
(28) 보다 작은 상륙함(上陸艦)이 engine 출력(出力)이 더 크다? ········· 132
(29) 해리(海里), mile, knot란? ········· 134
(30) 선박(船舶)을 정박(碇泊)시킬 때에 배 멀미를 적게 하려면? ········· 135
(31) 미끄러운 길을 걸어갈 때에는? ········· 136
(32) 시내버스가 빨리 가게 된 이유는? ········· 136
(33) 자가용 승용차가 급증(急增)하게 된 이유는? ········· 139
(34) 이유(理由)와 원인(原因) ········· 141
(35) 학문(學問)발전에 기여한 한 가지 ········· 141
(36) 차를 타고 가도 피곤한 이유는?
　　　차타고 잠들면 피곤하지 않은 이유는? ········· 146
(37) 차량운행, 선박항해 방향 ········· 147
(38) 서울지하철에서 전동차가 서행(徐行)하면서 차내가 어두운 것은? ········· 148
(39) 서울지하철의 요금관리 ········· 149
(40) 승용차의 좌석위치 순서(順序)는? ········· 150
　(A) 승용차문이 앞뒤에 있을 때 ········· 150
　(B) 승용차문이 앞쪽에만 있을 때 ········· 150
(41) 우리나라의 행정구역(行政區域) ········· 152
(42) 서울기점(起點) ········· 159
(43) 겨울에 눈이 많이 내리면 풍년(豊年)? ········· 160
(44) 노인(老人)이 눈물을 흘리는 이유는? ········· 160
(45) 추우면 눈물이 나는 원인은? ········· 161
(46) 굴(석화, 石花, oyster) 안 먹는 달은? ········· 161
(47) 방문(房門)의 밀고 당기는 방향은? ········· 162
(48) 제2천년기(第二千年紀, the 2nd millennium)중반의 "92년"의 해 ········· 163
(49) America, Columbia, Ecuador ········· 163
(50) Korea, China, 日本, Indonesia, Taiwan, Formosa ········· 163
(51) New York, Florida ········· 164
(52) 한강인도교(한강대교), 제2, 제3, 제4한강교
　　　길치-아감-당재-도내 tunnel ········· 165

(53) 전차, 버스, 택시요금 ·· 167
(54) 교량(橋梁)의 아취(arch) ··· 169
(55) 간척사업(干拓事業)과 갯벌(개펄, Tideland) ················· 171
(56) 부검(剖檢)으로 모든 사인(死因)을 밝힐 수 있을까? ········ 173
(57) 요약(要約, summary)과 결론(結論, conclusion) ············ 180
(58) Medicine과 Surgery의 뜻은? ···································· 181
(59) 소리대로 적기 ··· 181
(60) 절약(節約)의 뜻은? ··· 182
(61) 양수리(兩水里), 승일교(承日橋), 대청댐(大淸 dam) ······ 183
(62) 살 같은 세월(歲月), 한 순간(瞬間), 놀멘시, 날래 ········· 184
(63) 등산 또는 구보(驅步)시(時)와 수영(水泳)시(時)의 호흡법 차이 ····· 185
(64) 사람이 임종(臨終)시(時) 숨을 내 쉬고 죽을까? ············· 185
(65) 향수(香水)의 종류 ··· 187
(66) 휴일(休日)로서의 절(節)과 공휴일(公休日) ··················· 187
(67) 항공기 탑승시의 용어 ·· 188
(68) 두 지점 왕복에 비행시간이 차이가 있을까? ················· 191
(69) 우레와 우뢰, 공과 영, 파이팅, 에이에스(A/S) ············· 192
(70) 왕(王)과 황제(皇帝) ··· 193
(71) pound, foot, mile, meter ······································· 194
(72) 원족(遠足), 월사금(月謝金) ·· 195
(73) 사은회(謝恩會) ·· 195
(74) 전등(電燈)이나 선풍기(扇風機)를 110volt와 220volt를 바꿔 쓰면? ··· 195
(75) 회전하는 선풍기를 붙들면? ·· 196
(76) 합목적적(合目的的)의 뜻? ·· 196
(77) 우리나라의 자동차종합보험과 의료보험의 시작 ············ 196
(78) 백화점(百貨店)에서의 가격정찰제(價格正札制) ············· 197
(79) 두 가지 이상의 술을 마시면 더 취(醉)할까? ················ 197
(80) 농도가 다른 두 가지 종류의 술을 마실 때 순서가 다르면 취하는
    정도가 다를까? ··· 198
(81) 취하는 정도는 마시는 술의 양에 꼭 비례할까? ············· 198
(82) 해장술의 의미는? ··· 199
(83) 우리나라의 학년도 시작은? ······································· 200
(84) 공주(公州)와 철도 ·· 200
(85) 온갖, 한숨의 뜻은? ·· 201
(86) "전문(專門)"이란 단어의 역할 ···································· 201

(87) 냄새가 잘 빠지는 연통 또는 환기통 ·· 201
(88) 영양분과 건강 ··· 202
(89) 운동과 건강 ··· 205
(90) 모기와 파리의 생태차이(生態差異) ······································ 205
(91) 승용차 유리창 문을 닫고 다니면? ······································ 205
(92) 좌석대(座席帶, 좌석띠)를 착용(着用)하면 안전할까? ··············· 206
(93) Air bag을 장착하면 안전할까? ··· 208
(94) Sports차는 승용차보다 안전할까? ····································· 209
(95) 광폭(廣幅) tire와 커다란 실내거울은 좋을까? ······················ 210
(96) 오토바이(autobicycle)가 굉음(轟音)을 내면서 질주하는 이유는? ···· 211
(97) 디젤엔진(Diesel engine)과 가솔린 엔진과의 차이점은? ·········· 211
(98) 부력(浮力)과 양력(揚力) ··· 212
(99) 1psi는 어느 정도의 압력일까? ··· 212
(100) 스케이트(skate)가 얼음 위를 미끄러져 가는 이유는? ············ 213
(101) 운전시 조종륜(操縱輪) 잡는 방법은? ································· 213
(102) 1950~1960년대의 청량리, 마포, 서대문, 무교동, 종삼, 묵정동,
 쥐약의 뜻은? ·· 215
(103) 1960~1970년대의 이문동, 남산, 동부이촌동의 뜻은? ··········· 217
(104) 등심구이, 함흥냉면, 곰탕집 ·· 218
(105) 갈비, 불고기, 주물럭, 낙지집 ·· 219
(106) 보철치아(補綴齒牙)에 츄잉껌(chewing gum)이 들러붙는 것은? ······· 220
(107) 인구증가가 둔화(鈍化)된 것은? ·· 220
(108) 퇴직(退職)한 사람에게 관대(寬大)(?) 한 것은? ···················· 221
(109) 대학입시 당락(當落)을 결정하는 논술고사(論述考査) ············ 221
(110) 합리적(合理的, reasonable)인 대학입시제도. ······················ 222
(111) 수련의(修鍊醫), 레지던트(resident)기간(期間) ····················· 223
(112) 영어회화(英語會話, English Conversation):
 말하기(Speaking)와 듣기(Hearing) ·································· 225
(113) 인기(人氣)있는 교수(敎授, professor). ······························ 228
(114) 인간의 평등성(平等性) ··· 229
(115) 지켜지지 않는 규정(規程)은 무의미(無意味)? ······················ 231
(116) 같은 행위(行爲)가 시기(時期)에 따라 다를까? ···················· 232
(117) 미싱의 뜻 ·· 233
(118) Radio, AM, FM, Hi-Fi, HD ·· 233
(119) 부통령제도(副統領制度) ··· 234
(120) 총기소유자유화(銃器所有自由化) ······································ 236

(121) 대통령의 몇 대(代) 표기 (表記) ·· 237
(122) 소아가 성인에 비하여 체표면이 상대적으로 큰 이유는? ············ 237
(123) 1 시간 시차(時差)의 거리(距離, distance)는 얼마나 될까? ·········· 238

했던 이야기들 ·· 239
(1) 수자(數字)의 의미 ··· 239
(2) 다수(多數)의 의미(意味) ·· 240
(3) 성취도(成就度) ··· 241
(4) 투약(投藥)의 2대원칙 ·· 241
(5) 전직(前職)의 의미 ··· 242
(6) 싸움에 관하여 ·· 242
(7) 고집(固執)과 집념(執念) ··· 242
(8) 용기(勇氣), 집념(執念), 체념(諦念) ··· 243
(9) 아첨(阿諂)과 찬사(讚辭) ··· 243
(10) 왕도(王道)가 따로 없다. ··· 243
(11) 일사불란(一絲不亂), 질서정연(秩序整然) ································· 244
(12) 세상에 틀림없는 2가지 ··· 244
(13) 2가지 부류(部類)의 사람 ·· 244
(14) 사람의 분류(分類) ·· 245
(15) 지침과 기준 ·· 245
(16) 주어진 환경 ·· 246
(17) 마라톤 (marathon) ·· 246
(18) 상속(相續) ·· 248
(19) 감명(感銘) 깊었던 영화(映畵) ·· 250
(20) "빠삐용"과 "나타샤" ·· 251
(21) 은행융자금 이자 ·· 251
(22) 남의 입장에 서서 보기 ··· 252
(23) 아파트 융자금 상환 ··· 253
(24) 남아선호(男兒選好)와 엄마 성(姓) ··· 254
(25) AIDS의 발음 ··· 255
(26) 외래품 ··· 255
(27) 외국인 노동자 ··· 256
(28) 솔로몬의 지혜 ··· 256
(29) 최신의학 이야기 ·· 257
(30) 시험폐지 ·· 257

(31) 자연파괴와 질병 ·· 258
(32) 확대(擴大)는 논쟁의 씨앗, 외연(外延)은 논리적 금물(論理的 禁物) ········ 258
(33) 어떠한 말에도 일리(一理)는 있다. ·· 259
(34) 한국식의 2분법(二分法) ·· 259
(35) 월남전(越南戰, Vietnam War) ·· 260
(36) 학회의 발전 ·· 261
(37) 학회의 상임이사(常任理事), 이사(理事) ·· 261
(38) 구성원의 숫자 ·· 262
(39) 일하는 사람 ·· 262
(40) 화를 내는 것 ·· 262
(41) 증상을 일으키는 원인 ·· 263
(42) 올바른 단어쓰기 ·· 263
(43) 이성교제에서 ·· 263
(44) 상대자 찾기 ·· 264
(45) 강의와 노래 ·· 264
(46) 수술실에서 ·· 264
(47) 힘들고 위험한 수술 ·· 265
(48) 퇴국식(退局式) 때 ·· 265
(49) 명의(名醫)를 찾아서 ·· 266
(50) 진료 세분화(診療 細分化) ·· 267
(51) 이 세상에서 못 믿을 것은 ·· 267
(52) 옳음과 그름 ·· 267
(53) 현대어로서의 "같다." ·· 267
(54) 외형(外形)보다 실제 운용(運用) ·· 268
(55) 사라진 선생(선생의 「대중화(大衆化)) ·· 268
(56) 교수(敎授)의 보편화(普遍化) ·· 269
(57) 용비어천가의 내용 ·· 269
(58) "노인과 바다"의 대의(大義)와 헤밍웨이의 죽음 ···························· 270
(59) 특례(特例)가 일반화(一般化)될 수는 없는 것. ································ 270
(60) 사려(思慮)없는 즉흥적(卽興的)판단은 금물(禁物) ···························· 271
(61) 수술을 해야 되는 경우 ·· 272
(62) 약의 선택 ·· 273
(63) 수술방법의 선택 ·· 273
(64) 많이 먹어도 되는 약(藥) ·· 274
(65) 원인 모르고 치료한다? ·· 274

(66) 암은 죽는다? ··· 275
(67) 개복(開腹)만 하였을 때 ··· 275
(68) 유명한 재판 ··· 276
(69) 환자를 가족처럼 ··· 276
(70) 꼬리 잘린 여우 ··· 277
(71) 미스…가 되면 속 쓰린 사람 ·· 277
(72) 멀리서도 보아야 ··· 277
(73) 말은 확실하게 ··· 278
(74) 중요한 것은 얘기해두기, 색깔로 표시하기 ······················· 279
(75) 마음을 다스려야 ··· 279
(76) 때로 손해도 보아야 한다. ·· 280
(77) 때를 기다리고, 때로는 수모(受侮)를 감수(甘受)해야 ····· 280
(78) 잘 하는 강의란? ·· 281
(79) 지식의 등급(等級), 많이 아는 사람이 겸허(謙虛)한 이유 ··· 281
(80) 호전(好轉)은 완만(緩慢), 악화(惡化)는 순간적(瞬間的) ·· 281
(81) 악(惡)에 관하여 ··· 282
(82) 내가 부러워하는 사람 ·· 282
(83) 명칭(名稱)의 복잡성(複雜性)과 불합리성(不合理性). ····· 283
(84) 학회 명칭의 변경(變更) ··· 284
(85) 3가지 일방통행(一方通行, one-way) ································ 285
(86) 효자효녀(孝子·孝女)는 어떤 경우(境遇)에? ···················· 285
(87) 남아 있는 3가지 인정(人情) ··· 286
(88) 주입식교육(注入式敎育, cram)과 EBL, PBM. ················· 287
(89) 의사가 많으면 좋은가? ··· 288
(90) 의사의 위상(位相, position, altitude) ······························ 289
(91) 의학전문대학원, 법학전문대학원 ·· 290
(92) 뒤 떨어진 의료제도 ·· 293
(93) 교육은 올바르게 ··· 294
(94) 절약(節約)과 부(富) ··· 294
(95) 법과 상식 ·· 295
(96) 민원 ··· 295
(97) 의료의 다양성(多樣性) ··· 295
(98) 두가지 유형(類型)의 대인관계(對人關係) ························· 295
(99) 대인(對人) 상호간(相互間)의 이해관계(利害關係) ········· 296
(100) 한번 손 대면 뗄 수 없는 것은? ····································· 297

(101) 이 세상(世上)에서 나눌 수 없는 것은? ································ 297
(102) 나의 글을 읽을 사람이 없는 이유는? ································ 298
(103) 그레샴(Gresham)의 법칙 ·· 298
(104) 칭찬받기는 힘들다. ·· 298
(105) 짧으면서도 정취(情趣)있는 시(詩) ······································ 298
(106) 신문 논평문구 2가지 ·· 299
(107) 작은 일에 불평하면 ·· 299
(108) 내가 공부(工夫)하게 된 동기(動機, motive) ···················· 300
(109) 편리함을 추구(追求)하는 종점(終點)은? ·························· 301
(110) 인생(人生)이란 무엇인가? ·· 301
(111) 생활태도 ·· 301
(112) 2 가지 절대적인 자유 ·· 304
(113) 사회(社會)의 원리(原理)(The principles of the society) ············ 304
(114) 생(生, The Life)이란? (What is the life ?) ···················· 307
(115) 운명(運命)이란 ? ·· 308
(116) 성선설(性善說, 맹자 孟子), 성악설(性惡說, 순자 荀子), 상시가변설
 (常時可變說, J. S.Bae) ·· 308
(117) 지구(地球, The Earth)에서 인류가 존재(存在, exist) 할 수 있는 것은 ?
 ·· 309

■ 즐겨하는 말, 문구 ·· 310

Ⅱ.지나간 일들 ·· 327
 ■ 지나간 일중에 생각되는 것 몇가지를 들면 ····················· 377~410

독일식의 특징

독일인의 생활양식과 우리나라나 미국과 비교한다면 막연하기 그지없으며, 각 분야별로 계통적(系統的)으로 언급하여야 할 것이다.

그러한 거창(巨刱, 巨創)한 것이 아니고 과거에 1979년부터 1993년까지 서독의 西Berlin과 Műnchen에서 3년 1달 생활하면서 느낀 점 가운데 몇 가지를 살펴보면,(참고로, 서독에서는 대학 등록금도 외국인에게까지 전면 무료이고, 고속도로 통행료도 없다.)

(1) 일요일의 순서

독일·스위스는 월요일이 주초(週初)이고, 일요일이 주말(週末)이어서 일주일이 월요일에서 시작하여 일요일로 끝나고, 미식(美式)은 일요일이 주초이고 토요일이 주말이 되어 일주일이 일요일에서 시작하여 토요일로 끝난다. 우리나라나 일본 등 대부분의 나라는 미국식이다.

이것은, 독일·스위스 식은 일할 것 다 일해 놓고, 편한 마음으로 휴식한다는 개념(concept, 槪念)이고, 미식은 일단 휴식하여 energy를 축적하고 나서 일한다는 개념에 기인한 것이다.

독일 또는 스위스 달력은, 그 곳에서 사용하는 것은 월요일이 주초로 되어 있지만 그 곳에서 제작하였어도 다른 나라에 수출 할 때에는 그 나라에 맞게 일요일을 주초로 제작하여 수출한다.

(2) 복도의 문(門)의 열리고 닫히는 방향

복도에 좌우(左右)로가 아니고 앞뒤로 밀고 당기는 문(門)은 미식(美式)은 양(兩)방향(方向)으로 밀기도 하고 당기기도 하여 맞은편에서 서로 밀지만, 독일식은 반드시 한쪽 방향으로만 움직이게 되어있어 밀 때에는 "drücken"(push), 당길 때에는 "ziehen"(pull)이라고 써 있어 밀거나 당기거나 한쪽 방향으로만 움직이므로 서로 밀어서 부딪히는 일이 없다.

양방향으로 밀고 당기는 문이 서로가 보이지 않아 동시에 양쪽에서 밀면 서로 부딪혀 다치게 되므로 이것을 방지하기 위하여 한 방향으로만 움직이게 한 것이다.

(3) 문고리(door knob)

미식(美式)은 동그란 원으로 되어 있어 반드시 손으로 잡아 돌려야 되고 미끄러우면 돌리기 곤란한데 독일, 유럽식은 "ㄱ"자(字)로 꺾인 갈고리로 되어 있어 힘들게 손으로 잡고 돌릴 것 없이 손이나 팔꿈치를 얹으면 열고 닫쳐져서 편리하다.

우리나라에서 보면 과거에는 모두가 원형으로 되어 좌우로 돌리는 것이었으나 (부부 방에 애들이 들어오지 못하게 하려면 문손잡이에 바셀린(vaseline)을 발라 미끄러워 돌리지 못하여 문을 못 열게도 하였음), 지금은 독일·유럽식(式)의 갈고리형(形)이 더 편하기 때문에 대부분 이렇게 바뀌었고, 같은 건물이라도 먼저 만든 방은 원형, 나중에 만든 방은 갈고리형의 손잡이로 하고 있다.

(4) 건물과 차(車)에서의 환기(換氣)와 채광(採光)

독일식은 모든 건물과 모든 종류의 차(車) 즉 버스, 전차(tram), 지하열차(지하철, metro, U-Bahn), 근교고속열차(近郊高速列車, S-Bahn, Schnell Bahn) 기차 등에 모두 유리창이 열고 닫게 되어 있다.

모든 건물에는 유리창을 열어 환기 될 수 있음은 물론 건물이 클 때에는 건물 가운데에 환기와 채광을 위한 중정(中庭, 건물속의 마당)을 설치하여, 아무리 큰 건물이라도 외기와 환기가 되지 않거나 햇볕이 들어오지 않아 전등으로만 조명하는 방은 단 하나도 없다.

건물에서 실내조명이 아무리 잘 되어도 자연채광(햇볕)이 있는 것만 못하며, 건물에 중앙환기장치(central ventilation system)가 있어도 직접 창문으로 대기(大氣)와 환기(換氣) 되는 것보다는 못하다.

(5) 가변차선(可變車線)

도시에서 출근 시에는 시내로 들어오는 차량이 많고 퇴근 시에는 시내에서 외곽으로 나가는 차량이 많아 아침과 저녁에 많은 차량의 이동방향이 반대로 될 때에는 가운데 차선의 주행방향을 바꾸어 같은 노폭의 도로에서 차량의 유통(流通)을 원활하게 하는 것이다.

이것을 보면 Columbus 의 달걀같아(달걀 한쪽 끝을 눌러 세우는 것) 너무나 간단하지만 처음 생각해 내기는 그리 간단치 않으며 이것을 처음 개발한 곳은 서(西)Berlin 의 공과대학교(T.U, Technische Universität)이었다.

우리나라에서도 이것을 보고 이러한 가변차선을 여러 곳 만들었다.

(6) 좌회전 차선

교차로 가까이 오면 왕복도로의 가운데 즉 제일좌측 차선은 좌회전 차선으로, 반대쪽에서 오는 차선과 일직선상에 있어 서로 마주 보고 있다(같은 차선에 있다).

그리하여 같은 노폭의 도로에서 1차선을 증가 시키는 효과를 나타내며, 예를 들면 왕복 4차선의 도로를 가운데 1차선만 만들어 왕복 6차선과 같은 기능을 한다. 우리나라에서도 그렇게 한 거리가 이제는 어느 정도 많아졌다.

이러한 것도 독일에서 개발한 것이다.

(7) 세탁기

　세탁기의 종류(세탁방식)는 세제(洗劑)가 섞인 물과 세탁물을 어떻게 접촉시키느냐와 빨래방망이질 하듯이 세제 섞인 물이 세탁물 섬유 속에 들어가도록 어떻게 충격을 주는가?에 따라 와류식(渦流式)과 회전식(回轉式) 두 가지로 크게 나누이는데 와류식은 세탁물을 세탁기에 넣고 양측에서 물을 통속에 뿜어 와류가 생겨 세탁물을 휘젓게 하는 방식으로 세탁물을 담는 용기(容器)가 크고 물을 많이 쓰게 된다.

　세탁용기가 커서 설치공간도 많이 차지할뿐더러 신문, 방송에 보면 6세 아이가 세탁기 통속에 빠져 사망하는 사고까지 발표되고 있다.

　반면 회전식은 세탁물을 회전용기(drum)속에 넣고 회전시키는데 급가속, 감속, 역회전 등으로 세제 섞인 물과 세탁물을 접촉시키는 방법으로 세탁용기가 아주 작아 자리를 별로 차지하지 않고 물도 적게 소요되는 장점이 있고 회전시 소음과 진동이 단점이나 이것도 많이 개선되어 문제되지 않는다.

　1978년 말에 출국하여 서독 Berlin 에서 생활할 당시에 우리나라에서는 회전식(drum형) 세탁기를 못 보았으며, 또한(서독에서 간호사가) 95℃로 삶아서 세탁되는 세탁기는 전 세계에서 서독뿐이라고 하여, 귀국할 때에는 하나 사 갖고 가라고 하였다.

　"Siemens"회사에서 "Bosch"란 상표로 제작된 3kg용량 세탁기가 자그마한 낚시의자 크기밖에 안 되었다.

　2년간 서독에서 쓰다가 귀국할 때에 갖고 와서 다시 20년을 사용하였다.

　우리나라에도 와류식만 있던 것이 이제는 대부분 회전식으로 바뀌었고 삶아서 세탁하는 세탁기도 판매되고 있지만 당시에는 서독 밖에 없었다.

　미국은 풍요로워서 삶지 않고는 세탁 안 되는 세탁물은 폐기하고, 그래서 세탁물을 삶는 세탁기가 없겠지만 서독 사람들은 아주 절약하기 때문에 기름때 묻은 옷을 세탁하여 입으려니까 삶아서 세탁하는 세탁기를 개발하였던 것이다.

(8) 맥주(麥酒, Bier, beer)

　나는 그저 맥주가 2~3회사에서 생산되는 맑은 맥주밖에 몰랐었다.

　서독에 가보니 맥주를 양조하는 곳이 너무 많아서 관공서에서나 어느 정도 알까?

어느 정도의 양조장이 있는지 보통사람은 아는 사람이 없다(5,000개가 넘는다고 함). 아주 작은 마을에서도 맥주를 생산한다고 한다.

그러나 대표적인 대형 맥주 양조회사는 물론 있다.

맥주 종류는 4가지로 분류하는데,

(a) helles Bier(clear beer)
(b) dunkles Bier(dark beer)
(c) weiß Bier(white beer)
(d) Malz Bier(malt beer) 로서

helles는 보통 우리나라에서 보는 맑은 맥주이고 dunkles는 자극성이 거의 없고 색깔이 어두워 보통 흑맥주라고 하고, weiß는 white(白色)이란 뜻이 되면서 Weizen (밀)에서 만든 것이며, Malz Bier는 맥아(麥芽, malt)로 만든 것으로 엿기름 같은 맛을 낸다.

보통 alcohol농도는 4.0~4.5 vol%이고, Becks Bier는 7vol%로 거의 2배 농도이다.

(9) 흑빵(Bauern Brot)

흑빵은 Bauern Brot(농부의 빵)라고 하는바 색깔이 좀 검고 경도(硬度, 굳기)가 단단하여 빵과 떡의 중간쯤으로 보이는데 밀가루로 만든 것이 아니고 보리로 만들이 일명(一名) "보리빵"이라고 하며 밀빵보다는 끈기가 있고 calorie가 높아 농부들의 식용으로 개발하였다고 한다.

맥주는 보리로 만들고 빵은 밀로 만들어 오던 것을 독일 사람들은 밀로 맥주(정확하게 맥주가 아님)를 만들고, 반대로 보리로는 빵을 제조하고 있다.

(10) 길을 가르쳐 줄 때

우리는 길을 물으면 기껏해야 '저쪽이다', '어느 건물 맞은편에 있다' 정도로 얘기하는데 어느 정도의 거리에 있는지 특히 모퉁이에 있는 건물의 맞은편이라면 동쪽인지 남쪽인지 어느 방향인지 알 수 없다.

그런데 독일 사람들은 단 한 번의 예외도 없이 언제나 이 지점에서 어느 방향으로 몇 meter(미터)의 거리에 어느 건물의 어느 쪽 방향에 있다고 물리학에서 vector 양(量) 즉 ① 작용점, ② 작용방향, ③ 크기 이 3가지에 다시 모퉁이에 있는 건물이면 어느 쪽 방향으로 맞은편인지 정확히 가르쳐 준다.

(11) 친절

독일, 스위스 사람들은 예외 없이(나의 경험으로는 예외를 보지 못하였다) 언제나 친절하고 성실하다.

한 가지 예로 길을 물으면 우리는 산속에서 길을 잃었을 때 이외에는 거의 언제나 불친절하고 대꾸도 안 하거나 말할 때에는 귀찮다는 듯이 그리고 짜증스럽게 신경질적으로 한두 마디 내뱉듯이 얘기한다.

그래서 길 한번 물으려면 누가 화내지 않고 대답해 줄까 여러 번 망설이면서 길을 물을 사람을 물색한다.

특히나 상점 같은데 들어가 물으면 물건 사러 온 줄 알았다가 그것이 아니고 길이나 물으면 재수 없다는 듯이 모른다고 퉁명스럽게 내뱉는 것이 예사(例事)이다.

독일에서는 추운 겨울에도 닫혀있는 상점문을 열고 들어가서 길을 물어도 문밖으로 길에까지 나와서 너무나 친절하고 성의껏 가르쳐주어 그 친절과 철저한 성의에 매번 탄복하곤 하였다.

(12) 철저

서독 München의 Goethe Institut에 다닐 때의 일이었다. 독일간지 3주째인데 외국인 학생 3명과 함께 그 중에 한 학생이 자동차가 있어 주말에 1박 2일로 인근 몇 도시를 여행하게 되었다.

첫날 늦은 밤에 어느 도시에 와서 주차장에 차를 세우고 근처 건물을 구경하였는데 몇 상점을 따라 혼자 구경하다 보니까 함께 온 사람도 안 보이고 차를 세워둔 곳도 모르겠고, 그래서 그 장소를 찾다가 데이트하는 어느 젊은 남녀를 만나게 되어 그들에게 물었다.

어느 도시에서 어느 방향으로 왔고 근처에 어떠한 건물이 있는 곳이라고. 그랬더니 어느 곳을 가르쳐주며 그 곳으로 가보라고 하여 가 보았더니 그 장소가 맞다.

함께 온 사람들이 아직 오지 않아서 그 근처 상점을 구경하고 있으니까 조금 전의 그 남녀가 내가 있는 곳까지 와서 그 곳이 맞느냐고 묻기에 그렇다고 하니까 다시 가 버렸다.

그들은 가르쳐 준 곳이 맞는가 확인하느라고 저 멀리 내가 있는 곳까지 일부러 온 것이었다.

그들의 그렇게 철저한 친절에 감탄하였다.

그로부터 오랜 후에 München대학에 있을 때에 "재(在) 서독 한인과학자협회"가 있어 1년에 한 번씩 정기총회를 하는데 근교에 있는 "Feldmochingersee"란 호수에서 일요일 10시에 모인다고 하였다.

그날 아침이 되니 날씨가 별로 안 좋았다. 구름이 끼고 바람이 좀 부는데 비는 오지 않았다.

오늘 예정대로 모이는가? 확인하려고 해도 확인할 길이 없다. 주말에는 사무실에 있는 전화를 받지 않으니까. 지하철(U-Bahn)을 타고 다시 근교고속철도(S-Bahn)를 타고 여러 정거장 가서 내리고 다시 45분을 걸어가서 2시간 걸려 시간에 맞게 갔는데 아무도 오지 않았다.

혼자서 얼마간 경치를 음미하고 다시 돌아오는 길에 마침 한인협회 사무실에 전해 줄 우편물이 있어서 그 사무실에 들려 우편함에 넣어 주고 그냥 나의 숙소로 왔다.

나중에 들으니 날씨가 좋지 않아 그날 아침에 전화로 사무실에서 모인다고 연락하였는데 나는 전화가 없어서 연락 못하였다고 한다.

그렇다면 미리 비가 오거나 일기가 좋지 않으면 협회 사무실에서 모임을 가질 예정이며 그때에는 전화를 받을 것이니까 확인해 보라고 했어야 한다.

독일에서의 일기가 나쁜 날은 드문 것이 아니라 너무나 자주 있는 데에도 그러한 때에 관하여는 전혀 말하지 않은 것이니 더구나 야외로까지 나가기로 하였으면서.

München대학병원 외과에서 가을의 주말에 산행(山行)하는 야유회를 가졌는데 일기가 좋으면 어느 곳에 몇 시에 모여 출발하고, 우천 시에는 산행하지 않으니 어느 곳에 몇 시에 모이고, 산행 시에는 등산 안 할 사람은 어느 곳에 몇 시에 모이

고, 이렇게 독일 사람들은 빈틈없이 철저하게 시행한다.

　독일에 갔었는가? 아닌가, 갔다면 얼마간 생활하였는가? 가 중요한 것이 아니라 무엇을 어떻게 배우는가? 가 중요한 것이다. 20년 이상 그 곳에서 생활하였다고 하여도 전혀 알지 못하고 자기식대로만 살았다면 아무 의미가 없어 가보지 않은 사람과 다를 바가 없다.

　단지 산천구경 조금 한 것 이외에는.

　그곳에서 대개 여러 해 동안 생활하였다 하여도 그러한 것은 하나도 배우지 않고 그저 주먹구구식으로 생활하는 우리나라 사람들을 또다시 체험한 것이다.

　학회나 어떤 모임이 호텔이나 어떠한 건물에서 하면 대개 알고 있는 유명한 호텔이거나 대학병원이라도 그들은 반드시 주소와 전화번호를 안내문에 쓰지 않는 것을 본 일이 없다.

　우리는 결혼예식장일 때에는 찾아오지 않으면 손해가 되어서 그러한지 교통편과 함께 위치를 안내하는데 그 외 학회나 다른 모임에서는 대개 호텔이나 건물이름 뿐이지 그 곳 주소와 전화번호를 쓰지 않는 것이 보통이고 요즈음에야 가끔 전화번호를 쓰고 있다.

(13) 도로와 번지

　도로가 직선이건 곡선이건 독일에서는 모든 골목길도 지도에 표시되어 있지 않은 거리가 없어 처음 보는 도시나 거리도 지도(Stadtplan) 하나로 찾을 수 없는 곳이 없다.

　더구나 건물번지는 좌측이 기수(奇數, an odd number, 홀수)이고 우측이 우수(偶數, an even number, 짝수)로 되어 있고, 거리 시작하는 곳에 번지가 증가되는 방향이 화살 표시로 되어 있고, 이미 있는 건물 사이에 다른 건물이 세워지면 불연속의 새로운 번지가 부여되지 않고 적은 번지 쪽의 먼저 건물을 그 번지의 -a, 새로 건축된 건물은 같은 번지에 -b로 표시하여 우리나라처럼 메뚜기 뛰듯이 번지가 여기 왔다 저기 갔다함 없이 일사분란하게 정렬되어 있어 누구나 처음 가는 곳을 찾을 수 있게 된 곳이 독일이다.

(14) 전철(지하철), 전차, 버스시간표

지하철, 시내전차, 시내버스, 교외고속철도 모든 정거장에 시발역에서부터 종착역까지 모든 정류장의 이름과 함께 차가 오는 시각(時刻, 모든 정거장의 시각)이 정확하게 쓰여 있고 더 나아가 ① 월-금, ② 토요일, ③ 일요일 및 공휴일 이렇게 3가지로 분류되어 있어 어느 한 역에서 모든 역의 상황을 알 수 있게 되어 있다.

승차권 하나로 이 4가지 교통수단을 어느 한 방향의 목적지까지 마음대로 환승할 수 있음은 물론이다.

우리나라는 지하철만 환승할 수 있었다가 비교적 근래에야 시내버스끼리 교통카드로 환승할 수 있게 되었는데 지하철과 버스의 환승[1]은 아직 없는 것 같다.

지하철 열차의 문은 우리나라처럼 모든 문이 동시에 열리고 닫히고 하지 않고 차 안이나 밖에서 손잡이에 약간 힘주면 열리고 불필요할 때에는 열리지 않게 되어 있다.

(15) 전동승강계단(電動昇降階段, escalator) 이용방법

사람이 2열(列)로 설 수 있는 폭으로 되어있는 전동승강계단은 두 줄로 서 있으라는 것이 아니라 오른쪽은 서 있고 왼쪽은 바쁜 사람이 걸어가도록 하기 위한 줄이다.

독일의 지하철의 전동승강계단에는 다음과 같이 쓰여 있다.

"Rechts stehen, Links gehen auf eigene Gefahr"(Right stand, left go on own danger, 우측열(列)은 서 있고 좌측열(列)은 걸어가고, 각자 자기 자신의 위험부담 위에서.) 이 계단을 이용할 때에는 손잡이를 잘 잡는 등 각자 자기 자신이 위험에 대비하여야지 다치면 이 시설물 소유자나 관리자가 책임지지 않는다는 문구이다.

1988년 München에 있을 때에 해외로 수출업을 하는 회사를 운영하는 조카 사돈을 만나게 되었다. 20여 년간 무역전시회에 출품하느라고 매년 독일에 간다고 하는데 escalator의 왼쪽에 그냥 서 있어 이러한 것을 가르쳐 주었더니 고마워하긴커녕 떨떠름한 표정을 지었다.

---

[1] 이 글을 쓸 당시 즉 2007년에는 없었으나 그 다음해인 2008년에야 우리나라에도 이러한 환승제가 생겼다.

(우리나라 사람들은 무엇을 가르쳐 주면 고마워하긴 커녕 오히려 못마땅해 한다.)

독일에 오래 살아도 그것을 모르는 사람을 너무 많이 보아왔고 우리나라는 겨우 몇 년 전에야 처음으로 신기한 것을 보았다는 듯이 "일본에 갔더니 우측열은 걸어가는 것"이라는 내용을 쓴 기사를 신문에서 보았다.

독일은 대부분의 나라처럼 차가 우측통행이라 좌측선이 추월선이고 일본은 좌측통행이라 우측선이 추월선인 것이다.

그리하여 우리나라는 최근에야 가장 왼쪽 줄을 걸어가는 사람을 위하여 비워두는 것을 가끔 보지만, 아직도 대부분 왼쪽 줄에 떡 버티고 서서, 걸어가는 사람을 막고 있다.

해방된 지 60년, 특히 해외여행 자율화된 1980년대부터 20여년, 유럽, 미국, 일본 등 소위 선진국에 안 가본 사람이 거의 없고, 더구나 장기간 체류한 사람이 많아도 이러하니, 외국에 가보고 안 가보고, 또는 외국에서 얼마간 거주하였는가? 가 중요함이 아니고, 그 곳에서 무엇을 어떻게 보고 배웠는가? 가 중요한 것이다.

(16) 요금(料金)

독일은 음식 값이건 호텔 숙박료이건 물건 값이건 모든 것은 최종으로 손님이 지불하는 액수를 표시한다.

우리나라 일본은 미국식으로 많은 경우, 표시된 요금에 세금을 더 내야한다.

예를 들면 일본에서 책을 사거나 심지어는 문방구에서 작은 것 사고 잔돈 다 털어버리려고 남은 돈에 맞추어 사려면 돈이 모자란다.

세금이 더해지기 때문이다.

우리나라는 호텔이나 조금 고급 집에 가면 봉사료(service fee)가 10% 가산되고 (100+10=110%) 거기에 10%세금이 붙어 "121%"가 된다.

8,000원 정가의 커피 마시고 요금을 8,000원 내면 아니란다. 8,000+800+880=9,680원이 되고 230,000원 이라고 가격이 써 있는 호텔숙박료는 계산할 때 봉사료 10%인 23,000원과 이를 합친 253,000원의 10% 인 25,300원의 세금 (VAT, value addition tax, 부가가치세)을 합하여 278,300원이 되는 것이다.

이러한 방식은 다른 예를 든다면 500원이라고 써 붙인 cola 한 병 사려고 하니

500원이 아니라 1,200원이라고 하여 왜 그러냐하니까 500원은 생산원가이고 여기에 더하여 공장도 가격이 되고, 유통이익금(판매이익, margin)이 2차례 있고, 봉사료 얼마가 더해지고, 거기에 세금이 얼마가 더해져 손님은 1,200원을 내야 된다는 것과 같은 얘기이다.

손님이 필요한 것은 얼마를 지불해야 되는지 그것이지, 그 가격 구조는 운영자나 세무서에서 필요한 것이고 손님에게는 불필요한 것은 물론이요, 혼란뿐 아니라 싼 것처럼 잘못 판단하게 하는 것이다.

즉 1,200원 짜리를 500원인 것처럼 틀리게 알리는 것이다.

그러면 왜 이렇게 인위적으로 불편하게 할까? 알 수 없는 일이다.

다만 그것을 싼 것처럼 보이게 하는 위장술로 밖에는 볼 수가 없다.

이미 언급한 바와 같이 독일, 스위스에서는 호텔에서건 고급음식점에서이건 어디서나 최종으로 손님이 지불하는 액수를 표시하여, 예를 들면 싸게 파는 대형 supermarket인 "Aldi"에서 물건을 사고 영수증을 받으면 그 영수증에 요금 바로 밑에 "inklusive mindestens 7% MWST"(Mehrwertsteuer), (including at least 7% VAT) 즉 "이 요금 안에는 최소 7%의 부가 가치세가 포함되어 있음"이라고 쓰여 있다.

싼 것처럼 보이게 하고 사실은 그렇지 않고 손님을 불편하게 하는 것과 처음부터 솔직하게 표현하고 손님을 편하게 하는 것 중에 어느 것이 더 좋으냐하는 것은 이 글을 읽는 사람의 판단에 맡길 것이다.

(17) 단어 몇 가지

(a) 역사(歷史)

역사란 단어는 영어로는 "history", 독일어로는 "Geschichte"이다.

영어로는 인간관계를 중심으로 "나의 이야기"는 주관적이어서 객관성이 없고, "너의 이야기"도 듣는 나를 의식하여 객관성이 결여되고 제3자가 이러한 것에 관여되지 않아 객관성이 있다고 보아 "나의 이야기(my story)"도 아니고, "너의 이야기(your story)"도 아니고 "그의 이야기(his story)"라고 하였다.

그러나 독일어는 이러한 인간관계의 관점에서가 아니라, 자연현상의 관점에서 "geschehen(일어나다)"란 동사에서 파생된 "과거에 일어난 일" 즉 "Geschichte"라고 하였으니 영어에서처럼 인간관계 중심으로 객관성을 부여한 제 3자의 이야기가 아니라 "과거에 발생했던 그 사실 자체"를 뜻하므로 아주 이지적(理智的)인 표현이다.

"역사"란 우리말도 독일어처럼 지나간 일이란 뜻이다.

(b) 이해(理解)

이해한다는 말은 영어로는 "understand" 독일어로는 "verstehen"이다.

우리말의 뜻은 "이치적으로(理), 풀어나간다(解)"는 것이고 영어의 understand는 "under+stand" 즉 "아래에 서다"이다.

위에 있으면 그 자체의 상황을 모르고 아래에 서서 위를 보아야 상황을 안다는 이야기이다.

높은 공직자나 기업의 고위간부들이 높은 곳에서 회전의자에 앉아서 결재만 하면 아래에 있는 서민의 상태가 어떤지, 회사나 공장의 실제 상황이 어떠한지 정확하게 모른다.

독일어의 "verstehen"은 "ver(contra)+stehen(stand)"로서 "ver"는 장소의 이동이나 반대방향의 뜻으로 그 자리에서 보면 잘 알 수 없고 반대방향에 서서 보아야 알 수 있다는 얘기이다.

따라서 우리말은 머릿속에서 이지적으로 풀어나간다는 이상적인 표현이고, 영어나 독일어는 서 있는 위치 즉 아래쪽에 서 있거나 반대쪽에 서서 보아야 그 상황을 파악 할 수 있다는 현실적이고 실제적인 표현이다.

(c) 교육(敎育)

우리말의 교육이란 뜻은 머리로는 알고 있는 것을 가르쳐 주고(敎), 육체로는 양분을 먹여서 키운다(育)는 뜻인데, 영어로는 "education" 독일어로는 "Erziehung"으로 똑같은 뜻이다.

즉 영어의 education은 Latin어에서 유래된 단어로 "e(outward)+ducere

(draw)"로 밖으로 끌어낸다는 뜻이고, 독일어의 erziehen은 "er(outward)+ziehen (draw)"로서 똑같이 밖으로 끌어낸다는 말이다.

그러면 이 뜻이 무엇일까?

개발이 안 되어서 머릿속에 잠자고 잠재되어 있던 것을 가르쳐 깨워서 밖으로 끌어내어 활용 시킨다는 뜻이다.

(d) 도시이름

독일이나 유럽의 여러 나라 또는 우리나라에서도 도시 이름에는 성(城)을 중심으로 한 단어가 많이 있다.

서울을 경성(京城)이라고 한 것도 한 예이다.

성채(城砦)는 독일어로는 "Schloß" 영어로는 "castle"이다.

"Schloß"는 schließen(잠그다)에서 파생(派生)된 단어로서 즉 "닫힌 곳"이란 뜻이고, Berg(mountain, 山) "bergen"은 감춘다는 뜻이다.

영어의 "castle"은 "case"(상자 箱子에 넣다)에서 파생된 단어이다.

즉 "성(城)"이란 "잠긴 곳" 또는 "산속에 감추어진 곳"이란 뜻에서 만들어졌다.

그리하여 독일 또는 유럽의 많은 도시이름이 "~burg(Hamburg, Saint Peterburg 등), ~berg(Heidelberg, Nűrnberg 등)"가 붙어있다.

"Hamburg"는 "Ham(hammer)+Burg(castle)"에서 유래된 단어로 우리나라가 과거에 남부는 농업지대이었고 북쪽은 지하자원이 많은 공업지대이었던 것처럼 독일의 남쪽(Bayern주)은 농업지대이고, 북쪽은 공업지대이있다.

그리하여 북쪽에 있는 기계공, 장인(匠人)들이 많이 사는 성채라는 뜻에서 Hamburg란 도시 이름이 생겼고 Soviet 연방공화국(U.S.S.R) 때에 "레닌그라드"라고 개칭하였다가 러시아 시대에 다시 옛 이름을 찾은 Saint Peterburg는 물이 많은 늪지대에 돌을 쌓아서 도시를 건축하였으므로 Peterburg=peter(stone)+burg(castle)에서 만들어진 단어로 우리말로는 "聖(saint) 石城"인 것이다.

석유(石油)(petroleum)란 단어도 "petro(stone)+oleum(oil)"에서 만들어진 단어이다.

독일의 남부의 가장 큰 주(州)인 Bayern주는 야만인이란 뜻인 barbarian에서 유래되었다.

즉 북부는 공업지대이고 남부는 농업지대로서 좀 미개의 뜻에서 기인하였고, Bayern주(州)의 수도이며 독일의 Berlin, Hamburg에 이어 3번째로 큰 도시인 "München"은 "Mönch"(monk, 수도사, 중)에서 유래된 말로 독일의 남부는 카톨릭이 강하고 성당과 수도승이 많았음에 유래되었다.

Schweiz(Swiss)의 세계적으로 유명한 관광도시인 "Salzburg"는 지하에서 소금을 캐던 도시로 "Salzburg=Salz(salt)+Burg(castle)" 즉 염시(鹽市, 소금도시)이란 뜻이며 인근의 독일과의 사이에 있는 강 이름이 Salsach인데 "Salsach=Sals(Salz, salt, 소금)+ach(Bach, 시내, 작은 강(江))" 즉 소금강이란 뜻이고, 여기서 멀지 않은 곳에 동계 Olympic을 두 번이나 개최한 유명한 ski장이 있는 도시이름도 Innsburg로 Burg가 붙어 있다.

(e) 나라이름

여러 나라 또는 넓은 지역의 이름에는 "land(독일어로 Land)"란 말이 많이 붙어 있다.

England, Scotland, Poland, the Netherlands(Holland), Greenland, New Zealand 등이다.

Austria는 독일어로 "Österreich=Öster(Ost, east)+Reich(제국)" 즉 (독일의) 동쪽의 왕국(제국)이란 뜻이고 the Netherlands는 독일어로 Niederlande=Nieder(niedrich, low)+Lande(lands) 즉 해면보다 낮은 나라란 뜻이다.

Indonesia=Indo+Nesia 섬이 많다는 뜻이고 에콰도르(Ecuador)는 equator(적도) 즉 적도에 있는 나라란 뜻이다.

(18) 음식점(Restaurant)

우리나라에서의 음식점은 보통 대중음식점이면 벽에 음식종류(menu)와 가격을 써 붙이고, 조금 고급이다 하는 집이거나 방에 들어가면, 써 붙인 것이 없고 종업원이 menu판을 들고 와서 보이고, 미처 읽어보기도 전에 빨리 주문하라고 서서 독촉

하고 주문하자마자 곧바로 메뉴판을 가져가 버린다.

그리하여 여러 번 와 본 집이 아니면 이 음식점에 무슨 음식이 있는지, 가격은 어느 정도인지 모르고 그리고 음식내용과 가격을 맞추어 생각해 보지도 못하고 독촉하는 데에 얼떨결에, 그리고 앞의 손님에 대한 체면으로, 내용은 신통치 않으면서 비싼 것 주문하고 말은 못하고 속으로 아까워한다.

이러한 것은 그래도 나은 편이고, 그나마 벽에 음식 종류만 쓰고 가격은 안 붙인 곳이 많다.

값이 얼마인지 궁금해도 물으면 멋쩍기도 하고 째째한 것 같아 그냥 시켜먹고 나갈 때 계산해 보면 생각보다 훨씬 비싸다.

따져봐야 이 집은 그 가격이라는데 괜히 우스운 사람만 되어버리고 아무 소득이 없다.

이것은 가격을 쓰기 싫어서가 아니라 속임수이다.

미리 써 놓으면 잘 안 시킬 것이고, 째째하게 가격을 묻지도 않을 터이니 해봐야 얼마나 되랴 하고 그냥 시켜 먹게 하고 많이 받아내자는 것이다.

돈을 호탕(豪宕)하게 써야 잘난 듯 보인다고 생각하고 흐뭇해하는 사람을 제외하고, 알뜰하게 생활하는 사람들은 음식점에 갔다가 가격표가 없으면 이곳은 바가지 씌우는 곳이다 하고 그냥 나오는 것이 현명하니 이 글을 읽는 분들은 이대로 하면 틀림없을 것이다.

지금은 가격을 붙인 곳이 많아졌는데 이는 의식수준이 높아져서가 아니라 손님들이 오지 않거나 왔다가 나가버리는 경우가 많아서 일 것이다.

성실하고 실속 있게 음식을 팔아 수입을 올리려고 하지 않고 이렇게 속임수로 베껴먹기 작전해서 되겠는가?

그런데 독일이나 Swiss에서는 "모든"음식점에, 음식점 내부에, menu판에 음식종류와 가격이 표시되어 있는 것은 물론이오, 음식점 밖에, 길 걷다가 보이는 벽에 menu판이 전시되어 있는데, 음식 또는 요리이름과 가격뿐 아니라 그 음식의 내부구조 즉 soup와 그 종류, 계란, 고기, dessert, 음료성분까지 종종 그림과 함께 자세히 적혀 있어, 먹고 싶은 음식이 있는가 확인하고 더구나 그 가격이 너무 비싸지 않은지, 합당한지 현재 그만한 가격이 되는 음식을 먹을 것인지, 밖에서 다 결정하고서 들어간다.

이 얼마나 합리적이고 양심적이고 손님을 위하고 편안하게 해 주는 것일까?

그곳(독일, Swiss)은 손님을 위하고, 손님을 대접하고, 손님을 편안하게 해 주는 곳이오, 이곳(우리나라)은 손님을 대우하고 위하는 것은 찾아볼 수 없고, 그저 오직 내가(음식점이) 돈벌이 하는 데에, 걸려든 희생물로 그저 한번 오면 베껴나 먹어야 겠다고 하는 식(式)이 아니고 무엇이랴?

더 나아가서 그곳은 유명한 관광지나 유흥지라고 하여도 보통주택가나 시장에서의 음식점 가격과 똑같다는 것이 우리를 또한 감탄하게 한다.

유흥지나 관광지에서는 단골손님도 아니오, 뜨내기손님이니 그저 한번 왔을 때 바가지 씌워 받아내면 된다는 이러한, 우리가 여기서 늘 보아왔던, 그러한 방식은 그 흔적을 찾아 볼 수 없다.

Swiss에 있는 세계적인 관광지인 Lugano 또는 Locarno에서 호텔이나 음식점에 가서 먹어도 관광지 아닌 보통 곳과 요금이 같은 데에 또 다시 놀랐다.

1982년 어느 날, 대전에서 어느 택시기사로부터 들은 이야기

우리나라 어느 관광지에 갔다가 설렁탕 한 그릇을 시켜먹고 그래도 허기가 져서 한 그릇 더 시켜 먹었는데 그 당시 시내에서 보통 한 그릇에 1,000원 하기에 관광지이니까 1,500원 할 것이라 하고 3,000원을 내었더니 5,000원이라 하기에 어떻게 된 것이냐고 하니까 한 그릇에 2,500원이란다.

보통 시내에서 1,000원인데 10~20%를 더 받는 것도 아니고, 250%를 받다니, 그 기사는 지금도 그렇게 바가지 쓴 것을 아까워하고 있는 것이다.

그렇게도 성실하고 정직한 독일인이나 Swiss 사람하고 우리하고는 도저히 비교할 수 없는 것이다.

(19) 음식요금 계산과 사례금(tip)

우리는 음식 계산방법이 크게 두 가지이다.

한 가지는 손님은 알 수 없고 계산대에서만 적어 놓는 방법이 있고, 또 한 가지는 손님 table에 주문하는 종이에, check하고 나갈 때 그것을 계산대에서 계산하는 방식이다.

손님이 주문한 종이를 갖고 가는 경우는 확실하지만, 계산대에서만 적어 놓는 것은, 그것도 품목별로 수량을 적어서 계산서를 주면 알 수 있지만, 총액만 적고 얼마라고 하면, 다른 손님이 주문한 것을 이곳에 잘못 기입한 것인지, 아니면 일부러 바가지 씌우느라고 올려서 적은 것인지 알 수도 없고, 바쁘기도 하지만 점잖은(?) 체면에 묻기도 곤란하다.

오래전의 얘기이다. 내가 지도교수로 있는 진료봉사 동아리 학생들과 학교 앞의 식당에서 저녁을 먹었다.

나중에 계산할 때에 써 붙인 가격보다 훨씬 많아서 망설이다가 물었더니 벽에 써 붙이고 menu판에 적혀있는 가격은 오래전의 가격인데 아직 고치지 않았다며 올린 값을 받아 내었다.

오랜 세월 지난 지금 생각해도 이러한 사기(詐欺)를 고발하지 않은 것을 나는 후회하고 있다.

도대체 누가 배달민족, 흰옷을 좋아하는 깨끗한 민족, 하던 이 사람들을 이렇게 야비(野卑)한 사기꾼으로 만들었단 말인가?

그리하여 최근의 한 가지 예를 들면 1963년부터 1977년까지 일자리를 찾아 남자들은 광부로, 여자들은 간호사, 간호조무사로 서독에 많이 갔던 사람들이 10년, 20년 지나서 나이가 얼마큼 들어 이제는 형제자매, 친척이 있는 고국에 와서 살고 싶고 살아야겠다고 독일생활 다 정리하고 귀국하였다가 아무리 고향이 좋아도 그곳 생활에 젖은 사람들이 이 곳 생활에 적응이 되지 않아 다시 정리하고 독일로 돌아간 여러 사람들을 나는 잘 알고 있다.

녹일이나 스위스에서의 음식섬에서는 우리처럼 손님이 주문한 종이를 계사대에 가지고 가거나 또는 계산대에서 내용도 모르고 총액만 적어서 받는 것이 아니라, 손님이 식탁에 앉은 채로 계산하는데, 종업원이 뒷주머니에서 수첩을 꺼내어 손님에게 무엇을 먹었느냐고 묻고 손님이 얘기하는 대로 적어서 계산하여 얼마라고 한다.

(나는 생각하였다. 포도주를 여러 잔 마시고도 줄여서 얘기하면 그대로 말한 대로 받으리라고 ……)

사례금(tip) 받는 방법은, 우리나라의 일부 음식점처럼 거스름돈은 아예 돌려 줄 생각 안하고 손님의 의사와 관계없이 받아가거나(지금은 신용카드가 보편화되어 대개 계산대에서 카드로 결재하지만, 해방 후 60년간은 이렇게 하여왔다.) 영국이나

Italy처럼 15%를 얹어서 받는 것이 아니라, 손님이 아무 얘기 하지 않으면 계산한 요금만 받고, 손님이 약 5%정도 더해서 얘기하면 고맙다고 하고 거스름돈을 주는데, 사례금을 기나리고 있는 듯한 종업원의 표정을 나는 본 일이 없다.

(많은 사람들은 무조건 우리가 옳다고 해야 애국자라고 잘못 생각하고 있는데, 틀린 것을 옳다고 하는 것은 국가와 자기 자녀(子女)를 망치는 일이며, 옳은 것은 옳고, 그른 것은 그르다고 바르게 얘기하는 것이 진정 나라와 자기 자녀를 사랑하는 것이기 때문에 나는 이렇게 글을 쓰는 것이다.)

(20) 건물층수

우리가 1층이라고 하는 것은 다만 독일이나 Swiss뿐 아니라 터키, Greece를 포함하여 적어도 유럽에서는 모두 0층이라고 한다.

우리가 미국식으로 1층이라 하는 것은 독일어로는 Grund Geschoß(Grund-Stufe, 기저층, 基底層)이라 하고 유럽에서는 숫자로 표시할 때에 "0"층으로 표시한다.

2층과 5층의 차이는 5-2=3, 즉 3층인데 미국식으로는 0층이 빠져서 1층과 지하 1층과의 차이는 1-(-1)=2, 즉 한층 차이가 2층 차이로 잘못 계산이 되고 있다.

("0"에 관하여 잠시 살펴보면, a가 상수(常數, a constant)일 때에 0/a=0 즉 어떠한 숫자에 0을 곱해야 0이므로 0/a의 답은 0 이고, "0/0"=-∞~+∞ 즉 0에다 어떠한 숫자를 곱하여도 0이므로 0/0의 답은 모든 숫자가 다 정답이 되어 이를 indefinite(不定)이라 하고 "a/0"는 어떠한 숫자를 0으로 곱하여 상수가 될 수 없으므로 impossible(不能) 즉 답이 없다는 것이다.

즉 "0"이란 "-1"과 "+1"의 중간의 훌륭한 상수(0/a)이지 없다는 것(a/0)이 아닌데 즉 "0/a"을 "a/0"로 잘 못 알고 있는 것이다.)

그러면 왜 이렇게 되었을까?

우리가 연대(年代) 기록을 할 때에 예수탄생을 기점(基點)으로 하는 서력기원은 4세기에 수사(修士)가 기록할 때에 예수가 탄생한 해를 기원 1년(AD1)이라 하고 그 전 해를 기원전 1년(BC1)이라 하여 0이란 숫자를 빠뜨렸다.

그렇게 하다가 200여년이 지난 6세기에야 Arabia에서 0 이란 숫자의 개념이 도입 되었다.

그리하여 연대를 계산할 때에 기원 1년(AD1, +1)과 기원전 1년 (BC1, -1)의 차이는 +1-(-1)=2(년) 즉 실제의 차이는 1년인데 숫자로는 2년이 되므로 1을 다시 빼어야 맞는 것이다.

그러면 미국은 1776년 7월 4일에 독립을 선언하였는데 이미 1,200년 전 6세기에 0이란 숫자의 개념이 있었는데 건물층수에 왜 0이 빠졌을까?

아마도 유럽에서 무식한 총잡이들이 건너와서 서부를 개척하며 건물을 짓고 살 때에 바닥을 1층, 바로 밑층을 지하 1층이라 하여 0층을 빠뜨린 것이 지금까지 통용되고 있으리라.

그리하여 유럽에서는 우리가 2층이라 하는 층을 1층(Erste Geschoß)이라 하는 것이다.

(21) 어법(語法) 차이의 예

우리가 대화에서 흔히 사용하며 우리나라 사람이나 일본사람들이 흔히 틀리게 말하는 3개의 단어, glauben(think, 생각하다), fragen(ask, 묻다)와 helfen(help, 돕다)의 예를 들면

(가) 우리는 "어떻게 생각하느냐"라고 부사를 쓰는데, 영어에서는 "How do you think?"라 하지 않고 "What do you think?"라고 하며 독일어에서도 "Wie(how,어떻게) glauben Sie?"라고 하지 않고, "무엇을 생각하느냐?" Was glauben Sie?(what do you think?) 라고 타동사와 목적격(目的格, 4격)을 쓴다.

(나) 영어에서는 3격(--에게, 간접목적어)와 4격(--〈누구〉를, 직접목적어)의 표현은 동사의 종류(수여동사)와 문장의 형식으로 나타내며 인칭대명사가 3격(格)과 4격에 구별이 안 되어 있지만 독일어에서는 구별이 되어있다.

우리말은 "--에게 묻다."로 3격인데 독일어에서는 "누구를 묻다."로 4격으로 표현한다.

"당신에게 묻다."는 "Ich frage Sie."(4격)(나는 당신을 묻다.)로 쓰는데 한국인이나 일본사람들은 흔히 "Ich frage Ihnen."(나는 당신에게 묻다.)로

잘못 쓴다.

(다) "돕다.(help)"는 우리말로는 "누구를 돕다"로 타동사와 목적격(4격)을 쓰는데 독일어에서는 "누구에게 돕다"로 3격을 쓴다.

"당신을 도와 드릴까요?"는 "Darf ich Ihnen helfen?"(당신에게 도와드릴까요?)인데 "Darf ich Sie helfen?"(당신을 도와드릴까요?)라고 동양인은 흔히 잘못 쓴다.

"Was hilft das mir?"(그것이 나에게 무슨 소용이 있단 말인가?)처럼 "나에게(mir)돕다."로 표현하며 "나를(mich)돕다."로 표현하지 않는다.

〔독어와 영어에서 같은 단어가 철자가 다른 예
 독어: A(d)resse, Ha(nn)over, (Ta)us(e)nd
 영어: a(dd)ress, Ha(n)over, (Tho)us(a)nd〕

(22) 자동차 변속기(變速機, transmission)

최근 얘기는 아니지만 독일이나 스위스 사람들은 일반적으로 수동변속기 차를 선호한다.

변속기에는 수동(手動)변속기(M.T. manual transmission), 자동(自動)변속기(A.T. automatic transmission)와 상시가변변속기(常時可變變速器, CVT. continuous variable transmission)로 나누어지는데 수동과 자동을 비교하면 자동변속기는 운전에 편리하고 가속, 감속의 속도의 변화가 별로 없이 수평의 도로를 정속운행(定速運行) 할 때에는 연료 효율면에서 큰 차이가 없지만, 속도의 변화가 많으면 연료 효율이 감소하고 같은 양의 배기량과 회전력(torque)인 엔진에서는 순발력(瞬發力, 출발할 때의 가속도)과 상행경사로(오르막길)에서는 성능이 떨어진다. 그리고 고속에서는 자동변속기내(內)의 액체의 회전에 저항이 증가하여 수동변속기에 비하여 성능이 떨어지고, 연료소모가 더 크다.
　　　　　　　　　　　　　　　　　　　　　　- 이상은 유체회전식(流體回轉式) 자동변속기에서

참고로 고속경주용(高速競走用) 자동차는 전부 수동변속기를 장착(裝着)하고 있다. 미국에서는 연료가 저렴하고 대개 광활한 지역을 다니기 때문에 자동변속기를 선호하고 유럽에서는 연료도 비싸고 대개 짧은 거리를 다니기 때문에 수동변속기를 선호하는데 우리나라에서는 이미 오래전부터 수동변속기차는 구식으로, 시대에 뒤떨어진 차로 여겨지고 있다.

우리나라에서는 주로 자동변속기차를 쓰던 1990년대 중반에 독일 München시의 주차장에 세워져 있는 차를 세어보니 90%가 수동변속기차이었다.

여러해 전에 우리나라에서 노선버스와 관광버스 일부가 자동변속기차가 등장하였다가 얼마 지나지 않아 다시 수동변속기차로 환원되어 더 이상 볼 수 없게 되었다.

그 이유를 물었더니 앞서 얘기한 것처럼 자동변속기는 순발력이 떨어지고 특히 오르막길에서 힘이 약해서라고 한다. 그러다가 근래에 다시 조금 선보이고 있지만, 고속버스에서는 아직 자동변속기를 본적이 없다.

스위스를 여행할 때에 어느 버스운전사는 교차로에서 신호를 기다릴 때에 공해와 연료소모를 줄이기 위하여 엔진시동을 정지 시켰다가 출발하는 버스까지 보았다.

그렇게 절약성이 강한 독일인이나 스위스사람들이 수동변속기차를 선호하는 것은 당연한 것이다.

(23) 독일인의 실용성(實用性)

독일 사람들은 물건을 만들거나 건물을 짓거나 모든 분야에서 외형의 우아함, 화려함, 사치성보다는 실용성을 가장 중요시함은 오래전부터 세계적으로 유명하고 너무나 잘 알려져 있다.

(24) 독일인의 신중성(愼重性)

우리는 흔히 즉흥적(卽興的)이라고 하는데 반(反)하여 독일인들은 경솔하거나 속단(速斷)하지 않고 면밀히 검토하고 깊이깊이 생각하여 결정하므로 돌다리도 두드려보고 건넌다는 말이 해당될 것이다.

따라서 어떠한 상황에서 신속히 대응하는 신속성이 부족하다는 단점도 있을 수 있겠지만, 경솔하고 오류를 범(犯)하거나 단시간내에 졸속처리하는 일은 결(決)코 없다.

어떠한 한 가지 정책을 변화시키는 데에는 1년, 2년, 5년 아니 10년을 또는 그 이상이라도 면밀히 검토하고 신중히 생각하여, 변화시키는 것이 옳다고 판단되면 그러한 방향으로 고치며, 어떠한 새로운 물건이 나왔을 때에도 우리처럼 좋다는 선전물을 보고 줄을 서서 앞 다투어 사는 것이 아니라, 가령 자동차의 예를 들면 출시된 지 반년, 1년 지나서 사용하는 사람들이 좋다고 할 때에야 구입하는 것이 보통의 그들의 방식이다.

(25) 독일인의 근면성, 신속성

이제 바로 신중성이라 하였는데 다시 신속성이라 하면 상반된 얘기 같지만 그렇지 않다.

독일인은 신중성이 있으며 또한 신속성이 있다.

신중성이라 하면 느리다는 얘기인데 반대로 신속성 즉 빠르다니 이것이 어찌된 말인가?

어떠한 정책을 결정하거나 구입할 물건을 결정하는 데에는 매우 사려 깊고 신중하지만 일단 결정된 일을 수행하는 데에는 엄청나게 신속하다는 얘기이다.

독일인의 근면성은 너무나 잘 알려져 있어 다시 언급할 것도 없다. 물론 근면한 사람들이 어찌 독일인들뿐이겠는가?

우리 한국인, 미국인, 일본인등 근면한 사람들이 세계도처에 꽉 차 있다.

그러나 유럽의 여러 나라 특히 Greece, Turkey, Spain, Portugal, Italy 등에 가보면 완만주의로 독일·스위스인들의 근면하고 신속함을 절실히 느끼게 된다.

상점이나 시장에 가보아도 우체국에 가보아도, 은행에서 업무처리 하는 것도 모두가 그렇다.

Berlin과 München 대학병원에서 보면 응급환자나 중태에 빠진 환자가 있는 것도 아니고 보통의 근무시에 의사와 간호사가 무슨 일이라도 일어난 듯이 병동에서 거의 뛰어다니다 시피 하는 것을 3년이나 보아왔어도 나에게는 늘 조금 이상하게 보였다.

7~8층 정도는 elevator 타지 않고 층계를 걸어서, 아니 반 뛰다시피 올라가고 내려가는 것은 보통이다.

이곳 우리나라에서는 내가 빨리 다닌다고들 하는데, 그곳에서는 중간정도 밖에 되지 않는다.

　Berlin 대학병원 Klinikum Steglitz의 외과실험실에서 근무하는, 단순업무를 하는 Frau Schmolke는 50대 여성으로서 너무나 비대하여 혼자 걸어서 다닌다는 것이 신기할 정도인데도 청소 등 맡은 일을 너무나 열심히 하고 심부름 시키면 귀찮아하는 기색이 전혀 없이 시원시원하게 대답하고 곧바로 시행하곤 하였다.

　(1979년~1980년대 우리나라 환율은 독일화폐와 1:300이었다. 당시의 휘발유 값은 liter당 우리나라가 600원, 그곳이 300원, 바나나 1kg에 우리나라에서 5,000원, 그곳에서 300원(우리나라의 17분의 1), pineapple can(760mℓ)가 우리나라에서 2,200원 그곳에서 D.M 0.69(210원, 우리나라의 10.5분의 1)이었고 외과실험실에서 실험하는 직원은 월급이 D.M 2,400(720,000원)이고 단순 업무하는 직원은 D.M 1,200(360,000원)이었다.)

　München 대학병원인 Klinikum Großhadern 가까이에 간단한 음식점이 있어서 병원사람들이 가끔 가곤 하였다.

　외과의사들과 몇 번 가보았는데 간단한 음식이 당시에(1988~1989, 1993년) D.M 5.00~10.00(3,000~6,000원)정도 이었다.

　이때에는 환율이 1:600 이었다.

　생맥주는 500mℓ에 D.M 3.50(2,100원), 1,000mℓ에 D.M 7.00(4,200원)이었다.

　이 음식점에서 나는 도저히 믿기지 않는 진풍경을 보았다.

　이곳에서도 조금 전에 외과실험실에서 말하였던 사람과 마찬가지로 50대 정도의 여종업원이 있있는데 어찌나 미민힌지 혼자서 일어서서 걸어 다니는 것 자체가 신기할 정도 이었다.

　비싼 음식 시키는 것도 아니요, 몇 푼 안하는 맥주 한조끼 정도를 그러한 사람한테 시키면 시키는 사람이 미안한 감이 들고 주문 받는 사람은 귀찮다 할 것 같은데 그렇지 않고 너무나 친절하고 쾌활하게 주문받고 신속하게 신나는 듯이 갖다 주는 데 감탄하였다.

　그런데 정말 놀라운 것은 손잡이 달린 그 두꺼운 유리로 만든 맥주 조끼가 빈 잔이라도 무거운데, 500mℓ 자리와 1,000mℓ 자리를 섞어서 맥주를 가득 채우고 손가락마다 한 조끼씩 끼워서 한손에 5조끼를 양손에 10조끼를 한 번에 들어서 갖다 주는데 정말 신기하고 놀라워 눈으로 보면서도 믿겨지지 않는다.

그들의 철저한 성실성과 근면성은 공원, 박물관, 화랑(畵廊, gallery)과 그에 딸린 층계, 층계손잡이, 화장실 등 시설물에서부터 음식점과 그 안의 화장실에서까지 엿볼 수 있다.

일본 어느 도시의 공원에 갔을 때에 공원 구내이건 층계의 난간과 손잡이이건 또는 화장실도 그렇게 깨끗하지 못하였고 층계난간도 도색이 벗겨진 채로 이었다.

Greece와 Turkey의 어느 유명한 공원의 화장실에 갔더니 더러운 것은 말할 것도 없고 거미줄이 꽉 차 있어서 머리에 거미가 내려 올 것 같아 용무도 제대로 못 끝낸 적이 있었다.

독일이나 Swiss에서의 공원은 깨끗하기가 한 폭의 그림을 그려 놓은 것 같고 공원의 계단의 난간손잡이도 paint 하나 벗겨진 것 없이 반짝반짝 윤이 나고 큰 도시에서는 말할 것도 없고 공원이나 저 시골의 작은 마을의 음식점의 화장실에 가도 너무나 정결하고 깨끗하여 식탁보를 깔지 않고 화장실 변기에 밥그릇과 수저를 그대로 놓고 식사하고 싶은 충동이 생긴다.

그리하여 서독(1990년 10월 3일에 통일되어 서독·동독이 없어지고 독일이라고 다시 되었지만 지금 이 이야기는 1979년 1월부터 1980년 10월까지와 1988년 4월부터 1989년 3월까지의 2년 10달간의 서독시절의 이야기이다.)에서 10년 이상 거주하던 한국간호원(현재의 간호사)이 얘기하였다.

서독여자들이 얼마나 부지런한지 청소하고 비로 쓸고 닦고, 닦고 또 닦아 모든 것은 윤이 반짝반짝 나는데 그들은 닦고 청소하기 위하여 태어난 사람 같다고.

서독사람들이 그러할진대 한국에서 간 사람들이 어떠하였을까?

1963년부터 1977년까지 남자는 광부로 7,932명이, 여자는 간호원, 간호조무사로 10,371명, 합 18,303명이 일자리를 찾아 서독에 갔다.

그곳에 가서 얼마나 일을 열심히 하였기에 그렇게 부지런한 서독사람들로부터 한국의 Engel(천사, 天使, angel)라고 칭찬을 받았을까?

내가 근무하던 Berlin 대학병원만 보아도 체격이 아주 작은 간호원이 그 커다란 환자침대 2개를 혼자서, 우리라고 하면 그 침대 하나를 2명이 움직여도 힘들 그러한 큰 침대를 혼자서 2개를 이동시키는 것은 보통이다.

한국간호원이 나에게 그렇게 말하였다.

근무한지 10년 지난 한국간호원들은 거의 모두가 과로에 지치고 허리가 아프고 몸이 성한 데가 없다고.

그것도 다행히 대학병원이나 커다란 종합병원에 배치된 경우이고, 작은 병원 또는 노인병원이나 정신병원에 배치되면 남자환자까지 몸을 씻기는 것은 물론(이것은 큰 병원에서도 마찬가지) 정신병(또는 치매) 환자들이 병실 바닥과 벽에 잔뜩 묻힌 오물(대변)청소와 사망한 사람 즉 사체(시체)를 닦는 것이 주업무라고.

그리고 나는 또한 섬짓한 얘기를 들었다.

공식적으로는 발표하지 않았지만 실제로는 과로에 숨지고 일가친척도 없는 타향만리에 와서 고독에 몸부림치다 스스로 목숨을 끊은(자살한) 한국 간호원들이 적지 않다고.

국가에 자금이 없어 차관을 얻기 위하여 5.16후 얼마 지나 미국을 방문했던 박정희 최고회의의장은 목적하던 John F.Kennedy 대통령이 만나주지 않아 빈손으로 귀국하고 나서, 서독차관을 얻기 위하여 뤼브케(Lübke) 서독대통령을 만나 6,000여명의 광부와 간호원의 3년 분치 월급을 담보로 겨우 서독차관을 마련하고 나서 서독의 한 마을(서독 Bochum 시(市) 루르지역 함보른탄광)을 육 여사와 함께 방문하였다.

200여명의 광부와 간호원들이 모인 자리에서 준비한 연설문을 접어두고 즉석연설을 하였다.

"조국이 가난하여 여러분을 이국(異國)만리에서 고생 시킨다"고 연설하면서 손수건으로 눈물을 닦자 장내(場內)는 모두 울음바다가 되어 박대통령의 연설은 더 이상 진행되지 못하였고, 그 자리를 떠날 때에 간호원들이 "우리를 버리고 어디로 가십니까?" 하고 육영수 여사의 치마를 붙들고 울면서 매달렸다고 하지 않았던가?

그러하던 서독의 한국간호원 일부는 그러한 과로로 숨을 거두었거나 고독에 몸부림치다 스스로 목숨을 끊어 유명(幽明)을 달리하게 되었던 것이다.

Addendum 6 2012. 12. 27

5.16후 박정희 국가재건 최고회의의장은 국가재건을 위한 자금을 마련하고자 1962년에 제2차 화폐개혁(제1차 화폐개혁은 1953년)을 단행(斷行)하여 환(圜)을 원(圓)으로 환원하고 액면(額面)을 10분의 1로(화폐가치를 10배로)하였다.

그러나 그렇게 기다리던 숨은 돈은 끝내 나타나지 않고(나라에 돈이 없어서), 미국차관도 실패하여 가발(假髮)을 만들어 수출하고 서독에 인력(간호원, 광부)을 수출하여 3년간 봉급을 담보로 차관을 얻고, 일본으로부터는 한일합방으로 우리나라가 입은 피해에 대한 손해배상금(대일청구권)과 월남전 파병에 대한 막대한 참전비를 미국으로부터 받아내어, 이 자금으로 경인·경부고속도로 등 고속도로건설, 경공업은 물론 포항제철 등 중공업건설, 수출진흥 등으로 농업국가(내가 국민학교(지금의 초등학교)에 다닐 때에 교과서에는 '대한민국은 농업국가'라고 배웠다)에서 공업국가로 발전시켜 오늘의 대한민국을 탄생시켰던 것이다.

(註. 박정희(朴正熙)국가재건 최고회의의장은 1963년 12월 최고회의가 해체되고 제4공화국 출범(出帆)과 함께 제5대 대통령으로 취임하였다.)

(26) 독일인의 근검, 절약

물론 지금은 예전의 1970~1990년대와 어느 정도 달라졌겠지만 한두 가지 예를 든다면 우선 복장부터가 너무나 검소하다.

유럽에서 가장 잘 산다고 하는 그들의 복장이 소박하고 많은 사람들이 허름한 차를 타고 다닌다.

심지어 젊은 여성까지도 소박한 복장에 낡고 작은 차를 당당(堂堂)히 타고 다니는 데에 놀랐다.

우리 같으면 복장이나 장신구가 명품 아니면 남에게 꿀리고 낡고 작은 차는 창피(猖披)하여, taxi를 타고 다닐지언정 타지 않으려고 할 텐데 그들은 그렇지 않다.

50대가 지나면 치장에 약간 신경을 쓴다.

이것은 그동안 오랫동안 일을 하여 경제적인 여유도 생겼겠고 부가물로 저하된 신체의 여건을 보완하려는 것이겠고 젊으면 자기 몸에 자신이 있기에 다른 것으로써 보충할 필요를 못 느끼고 또한 그럴 필요도 없다고 생각하기 때문이리라.

길에 가면서 ice cream을 먹는 모습을 보면 손에 묻은 것까지도 혀로 핥아 먹는 것을 보는데 끈적거려 그러한가, 아니면 아까워서 그런가? 생각해보니 끝까지 먹는 습관 때문이다.

음식점에서 beef steak를 다 먹고도 접시에 조금 남아있는 국물을 fork로 긁어서 먹는 것을 자주 보아왔기 때문이다. 우리 같으면 끝까지 먹고 싶어도 체면상 일부러 조금 남겨서 버리기도 하는데……

(27) 독일인의 합리성(合理性)

　독일인뿐 아니라 스위스, 영국, 불란서 등 선진국은 마찬가지이다. 어떠한 일이 일어났을 때에 무엇이 잘못 되었는지 그 원인을 밝히고 원인제공자에 대한 책임과 과오(過誤)를 추궁(追窮)하는 것이 타당하거늘 우리는 흔히 결과만 갖고 얘기한다.

　일전에 일간신문을 보니 어느 아파트 단지에서, 그것도 아침 출근시간에 통로에 화물차를 세워 놓고 운전자가 자리를 비워 차의 통로를 막아놓아 여러 대의 차가 가지 못하여 경적(警笛, klaxon)을 울렸더니 사람들이 원인제공자인, 길을 막아 놓은 화물차는 나무라지 않고 길이 막혀 가지 못하여 경적을 울리는 승용차 운전자를 욕을 한다고.

　우리는 길모퉁이에 주차, 정차를 할 수 없는 곳에 차를 세워 놓아 시야가 안보여 차가 충돌하면, 길모퉁이에 차를 세워 놓은 운전자는 아무 잘못이 없고, 충돌한 차만 잘못이 있다는 것으로 치니 이것이 얼마나 모순이고 본정신이 아닌 처사일까?

　전에 누구로부터 들은 이야기이다.

　불란서만 하여도, 길가에 주차할 수 없는 곳에 차를 세워 놓아 밤에 사람이 부딪쳐 다쳤으면 그 원인제공자인 주차한 차의 운전자 또는 소유자가 다친 사람의 치료비는 물론 위자료까지 지불해야 된다고.

　우리는 어떠한가?

　도로에서 주행하던 차가 접촉사고가 나면 현장 검증에서 증거가 없을 때(예를 들면 서로가 파란신호등이어서 주행하였다는 등)에는 정당한 사람이 이기는 것이 아니라 목소리 크고 험상궂고, 포악한 사람이 이기는 것이다.

　그리하여 독극물을 넣은 음료수를 모르고 마셔 사망하면 원인제공자인 독극물을 음료에 넣은 자는 잘못이 없고, 모르고 마셔 죽은 사람만이 잘못인 것이다.

　대학의 학장의 예를 들면 우리나라에서는 임명권자에 의하여 임명되거나 투표에 의하여 결정되어 행정경험이 전혀 없는 교수도 하루아침에 학장자리에 앉는다.

　독일은 어떠한가?

　대학학장을 Dekan이라 하는데 차기학장 될 사람을 2년 전에 결정하여 Pro-Dekan(취임 전 학장)으로 임명하여 2년간 학장을 보좌하고 행정을 배워 학장에 취임하니 그 얼마나 합리적인가?

원인제공마저 관계가 없다고 하는 우리사회와는 너무나 다른 것이다.

나는 TV를 별로 안 본다. 저녁 9시 뉴스나 가끔 보고, 여러 가지를 볼만한 시간과 마음의 여유도 없고 내용도 대개는 그저 그렇기에.

그런데 얼마 전 "Solomon의 지혜"라는 어느 방영(放映)에서, 어느 젊은 남자 두 명이 고기 menu가 있는 음식점에 가서 "전에 이 집에서 고기 먹어보니까 아주 맛있었는데 지금 자기 처(妻)가 출산중이라 시장을 보지 못하니 이 집에서 고기 조금 사가자"고 하니까 음식점에서는 생고기를 팔 수 없다고 거절하였어도 계속 부탁하고 간청하니까 마지못하여 조금 팔았다.

생고기를 막 사고 난 다음에 그 두 사람은 사진을 찍고 음식점에서는 생고기를 팔 수 없는데 팔았으니, 불법을 저질렀으니 500만원을 내지 않으면 고발하겠다고 하였지만 너무나 괘씸하고 억울하여 내지 않으니까 고발이 되었는데 이것에 대한 처리 문제이었다.

이유는 무엇이건, 음식점에서 생고기를 팔 수 없는데 팔았으니 불법은 불법인데 능동적으로 선전하여 이익을 챙기느라고 판 것이 아니오, 인정에 이끌려 교묘히 사기범에 걸려든 것이다. 그것도 상습범이었다.

아무리 그렇다고 하여도 정당한 행위는 아니기 때문에, 음식점에는 경고 같은 가벼운 처벌을 하고, 계획적인 사기, 협박상습범에게는 엄한 형사처벌을 내려야 타당하겠거늘, 법률전문가 5사람의 의견은 거의가 교묘히 악랄하게 사기행위를 한 자들에게는 일체 언급이 없고, 오직 최종행위인 인정에 이끌려 사기 당하여 생고기를 판 음식점을 처벌해야 된다고 결론을 내리는 것을 보고 이제는 더 이상 이 program을 볼 필요가 없다고 판단하고 다시는 더 이상 보지 않았다.

사기에 걸려들어 어음이나 차용증을 썼다면 사기당한 것을 무효화 시키고 사기행위한 자를 처벌해야겠거늘, 과정이야 어쨌건 직접 썼다는 사실만으로 전적으로 책임지므로 사기범은 횡행(橫行)하고 선량한 사람은 피해를 보는 것이다.

법이나 규정의 조항이 잘 되어야 함은 물론이지만 그것을 어떻게 운용(運用)하느냐가 한층 더 중요한 것이다.

선진국에서는 수10년 전 사건이라도 원인을 밝혀 그에 타당한 처리를 하는데, 우리는 최종 나타난 현상만 따지며, 정비 불량으로 항공기가 추락하면, 기체결함에 의했다고만 하지 정비를 제대로 못 한데 대한 책임을 묻거나 책임을 졌다는 보도를 나는 본적이 없다.

　그리하여 정비불량(整備不良)으로 항공기가 추락하면, 정비를 제대로 안한(엉터리로 정비한) 정비사는 아무 잘못과 책임이 없고, 그러한 항공기를 조종한 조종사만 잘못이 있는 것이다.

(28) 독일인의 철저한 교육

　앞에서 말한 철저에 관한 것은 생활방식 및 양상에 대한 예를 몇 가지 제시한 것이고, 이번에는 교육이 얼마나 철저한가에 관하여 언급하려고 한다.

　대개 독일어 문법이 까다롭다고 하는데 조금 배우면 그렇게 까다로운 것도 아니고, 독일어보다 훨씬 더 까다로운 언어도 많이 있다고 생각된다.

　그런데 독일 사람들은 초등학교만 졸업하였건 대학을 나왔건 모두가 말하고 글을 쓰는 데에 문법에 꼭 맞는다고 한다.

　그것은 초등학교 때부터 철저하고 정확하게 교육을 받기 때문이라 하는데 선생님이 학생에게 숙제를 내주면 그것을 회수하여 일일이 다 검토하고 빨간 글씨로 틀린 것을 고쳐주는데 종종 전철이나 버스 속에서도 교정하여 그것을 다시 학생에게 돌려주어 철저하게 가르치고 철저하게 배우기 때문인 것이다.

　그런데 우리사회에서는 그렇게 해주는 학교가 얼마나 될까? 얼마나 되는가에 앞서 과연 하나라도 존재하기는 할까? 의아해진다.

　학교교육 이전에 가정교육 또한 철저하게 올바르게 가르친다. 그것은 독일, 스위스 뿐 아니라 영국, 불란서도 그러하다.

　몇 해 전에 일간신문에서 보니 영국, 불란서만 하여도 2~3세 된 애가 말로해서 안 들으면 종아리를 때려서라도 올바르게 가르친다고 하는데 그러면 우리나라 실정은 어떠한가?

　지금 언급한 나라들은 미개국, 야만국, 원시국이 아니라 가장 선진국들이다.

　모두가 다 그러한 것은 아니지만 우리의 경우는 애들이 아무리 못된 짓해도, 아파트에서 쿵쾅 뛰어다녀 아래층에서 시끄럽다고 하여도, 여러 사람들이 앉아서 식사하는 음식점에서 크게 떠들고 옆의 손님 옷을 마구 밟고 뛰어다녀도, 택시 뒷자리에 앉아서 앞에 앉아 운전하는 운전사 목덜미를 발로 차도, 애를 좀 잘 간수하라고 주의주면 표독스러운 젊은 엄마가 잡아먹을 듯이 눈을 부라리며 애가 그리하는데 너 왜 간섭이냐? 고 애의 기(氣)를 죽인다고 오히려 대드는 것이다.

교육이란 가장 어렸을 때부터 올바르게 시켜야지 잘못된 것을 나이가 들어서 고친다는 것은 아주 힘들거나, 습관화되어 대개는 불가능하게 된다.

그리하여 애가 무슨 못된 짓을 다 하여도 되고, 이것을 고쳐주는 것이 기(氣)를 죽인다고 펄펄뛰니 할미, 할애비를 죽여도 애가 했으면 너 잘했다고 하는 것이 우리의 가정교육의 현실이니 유심인(有心人)으로 하여금 입이 있어도 벙어리가 되게 하고 안색을 잃게(啞然失色, 아연실색)하는 것이다.

그렇게 애들을 키우고 나서, 원인은 생각하지 않고 결과만 보고나서 우리 사회에는 왜 거칠고 흉악한 자가 많은가? 비난하고 개탄(慨嘆)하는 것이 우리 사회인 것이다.

처음에 Berlin 대학병원에 온지 두 달 되었을 때의 일이다.

어느 젊은 엄마가 겨우 걸음마하는 아기와 함께 병원마당을 걸어가고 있었다.

아기가 무엇에 걸려 넘어져 우니까 당연히 얼른 엄마가 아기를 일으켜 세우고 달랠 줄 알았는데 전혀 그렇게 하지 않고 앞에서 가만히 아기를 보고만 있었다.

조금 있다가 아기가 한 번에 일어서지 못하고 두 번, 세 번 시도하다가 여러 번 만에 일어서서 울음을 그치고 걸으니까 그제야 엄마가 함께 다시 걸어가는 것이었다.

나는 생각하였다. 그 엄마는 아기의 생모가 아닐 것이다.

그렇지 않고서야 어찌 저렇게 냉정할 수 있을까? 라고.

그러나 독일생활 반년이 지나니까 그 이유를 서서히 알게 되었다.

엄마가 몰인정(沒人情)하여 가만히 보고만 있었던 것이 아니다.

우리나라 식으로는 얼른 가서 아기를 일으켜 세우고 옷을 털어주고 발이 걸린 돌부리를 나쁘다고 "테테"하면서 손으로 때리는 시늉하고, 달래서 울음을 그치게 하고 이것이 우리의 식(式)인데, 그들은 탓을 남에게 돌리지 않고 스스로 할 수 있는 것은 스스로 하게 하여 자립력(自立力)을 키우는 것이란 것을 알게 되었다.

1989년 3월 어느 날 München 시내 어느 식물원에 가 보았다. 유리벽과 지붕으로 된 어느 식물관(植物館)에 두 여자와 아장아장 걷는 아기가 있었다.

한 여자는 엄마일 것이고 다른 사람은 이모이거나 친구일 것이다. 구경을 하고 있는데 조금 있다가 아기가 갑자기 크게 우는 소리를 들어서 쳐다보았더니 아무 일도 없었던 것 같다. 무슨 일이 있었을까? 왜 아기가 갑자기 크게 소리 내어 울었을까? 나는 생각해 보았다.

아이 엄마에게 맞았을 것이다. 왜 맞았을까?

아마도 만지지 말라는 식물을 만졌거나 들어가지 말라는 곳에 발을 디뎠을 것 그 이외에는 있을 수가 없었다.

그 정도일로 애가 소리치며 울도록 하다니 ......

말로해서 안 들으면 그렇게 때려서라도 정확하게 교육시키는 것이 독일의 젊은 엄마이다.

독일생활 3년에 또다시 독일 가정교육이 어떠한가 체험한 것이다.

(나는 반사적으로 무슨 일이냐고 엄마에게 물어볼 뻔하였다. 크게 실수할 뻔한 것이다.)

독일 외과의사와 얘기할 때에 독일인의 근면, 성실성 등을 얘기하면 그들은 요즘 젊은 신세대들은 그러하지 않다고, 그것 다 지나간 옛이야기라고 말하면서 기성세대들은 못 마땅해 한다. 그러면 나는 이러한 독일인의 근성이 옛날보다는 떨어졌어도 유럽의 여러 나라와 비교하면, 그래도 다른 나라 사람보다는 더 낫다고, 그러한 점은 내가 아마 당신들보다 더 잘 알 것이라고 얘기하곤 하였다.

(29) 독일인의 성씨(姓氏)

독일인이 자녀를 낳으면 자녀의 성(姓)은 이미 오래전부터 4가지 중의 하나로 결정이 된다.

첫째는 아빠의 성, 둘째는 엄마의 성, 셋째는 아빠의 성과 엄마의 성을 모두 쓰고 사이에 연결표(-, dash)로 연결하는 것이다. 독일인의 성명 중에 성이 두 단어로 연결된 것은 이렇게 아빠의 성과 엄마의 성을 모두 쓰기 때문이다.

우리나라에서도 근래 호주제폐지, 엄마의 성을 쓸 수 있게 추진하고 있다고 하는데 아직 입법화된 것 같지는 않다. (2006년 현재) 그리하여 때로 아빠의 성과 이름 두자 사이에 엄마의 성을 넣어 이름을 석자(3字)처럼 하고 엄마의 성을 갖는 변법(變法)을 쓰기도 한다.

우리는 오래전부터 남아선호사상(男兒選好思想)을 갖지 말라고, 즉 아들이건 딸이건 가리지 말라고 하는 말을 수없이 들어왔는데 이것은 어디까지나 권장사항이지 강요할 수는 없는 것이다.

예를 들면 남아를 낳으면 불이익을 주고 여아를 낳으면 이익을 준다든지 하는 등……

중국에서는 인구증가 억제를 위하여 남아이든 여아이든 한 자녀만 낳고 두 명 이상이 되면 아파트에서 쫓겨나고, 직장생활도 곤란해지는 등 커다란 불이익을 주어 두 번째 이후의 아기는 호적에 등재를 하지 않아 무적자(無籍者)가 많이 있다고 한다.

그러나 이러한 방식은 민주주의사회에서는 불가능할 것이다.

우리가 어떠한 행위를 시킬 때에 법 규정을 정하여 강압적으로 하는 경우와 자율적으로 하는 경우로 나눌 수가 있다.

자율적으로 하게 하는 경우에는 하지 않았으면 하는 것을 하였을 때에 불이익을 주는 소극적 방법(negative method)과 어떤 행위를 하였을 때에 이익을 주는 적극적 방법(positive method)으로 나눌 수 있다.

그런데 사람들에게 어떠한 행위를 하도록 할 때에 그렇게 하도록 동기(動機, motive)를 부여(賦與)하지 않으면 소극적 방법이건 적극적 방법이건 실효(實效)를 거두어들이지 못한다.

다시 말하면 왜 남아선호(男兒選好)사상을 갖지 말라고 하여도 가질까?를 생각해 본 사람이 있을까?

물론(勿論) 사람에 따라 취향과 기호(嗜好)의 차이도 있을 것이고, 아들이라야 딸보다 체력도 강건(强健)하여 대(代)를 이어가기에 든든한 느낌도 있을 것이지만 가장 중요한 것은 가계(家系)가 아빠의 성(姓)으로만 이어지기 때문에 딸은 시집가면 이 가계에서 없어지고 그리하여 아들이 없으면 집안의 가계가 끊겨져 버리기 때문이다.

아빠의 성으로만 이어지는 이러한 제도(制度) 하(下)에서는 말로만 아들딸 구별 말고 하나만 낳고, 남아선호를 갖지 말라고 해봐야 헛일이다(근래에는 자녀 출생이 적어서 더 낳으라고 하지만).

따라서 부모의 생각에 따라 독일처럼 자녀의 성씨(姓氏)를 엄마의 성씨로 할 수 있게 해야만 남아선호사상이 감소되는 것이다.

세끼 굶은 사람보고 빵을 훔쳐 먹지 말라는 것은 이론상으로만 맞는 얘기가 아니라 이론 자체부터가 틀린 것이다.

밥과 고기를 충분히 먹이고 빵을 훔쳐 먹지 말라고 가르쳐야지, 세끼 굶은 사람보고 빵을 훔쳐 먹지 말라는 것은 이루어 질 수 없는 것이다.

아들도 신체적으로 허약한 남자가 있고, 딸도 남자 뺨칠 정도로 여장부(女丈夫)가 있기는 하지만 그래도 남자는 여자보다 체력이 평균 20%가 높으므로 딸보다는 아들이 듬직하다는 것 이외에 딸로써는 절종(絕種), 즉 가계가 끊기는데 남아선호를 하지 말라는 것은 여러 끼 굶은 사람보고 밥 먹고 싶은 생각 갖지 말라는 얘기와 다를 바가 없으니 그렇게 말이 되지 않는 얘기를 하면서(語不成說, 어불성설) 효과를 거두리라고 생각하는 것이 슬프도록 놀랍기만 하다.

나는 이상과 같은 얘기를 벌써 50여 년 전 어릴 때부터 기회 있을 때마다 강조하여 왔던 것이다.

내가 자녀를 가진 다음이 아니다. 그렇다면 자신이 딸뿐이니까 자기 편하게 얘기한다고 하겠지만.

부수적으로 여담(餘談)같지만 아주 옛날에 인류는 꿀벌사회처럼 모계사회(母系社會)이었다고 배웠다.

그러다가 언제부터인지 지금처럼 부계사회(父系社會)로 바뀌었다고 한다.

그런데 유전자로는 아빠와 엄마로부터 각각 23개씩 태아는 똑같이 받았다고 하여도 실제로는 아빠보다는 엄마로부터 더 큰 영향을 받는 것이다.

그것은 우선 9달 7일(281일)간 엄마의 자궁(子宮) 속에서 혈액과 양분, 산소는 물론 감정까지도 엄마로부터 받고 자랐으며(태교, 胎敎는 여기에 근거를 두고 있음), 많은 경우 출생하여 12달 동안 엄마의 젖을 먹고 자랐고, 또한 많은 시간을 엄마의 왼쪽 가슴에 안겨 엄마의 심장고동(心臟鼓動)을 듣고 느끼며 말도 배우고 정서(情緖)를 받으며 자랐기 때문이다.

그리고 또한 가계도(家系圖)도 모계(母系)로 하는 것이 정확하다, 오류가 없다는 것이다.

언제인가 신문 발표를 보니까 친자확인 의뢰 받은 경우 3분(分)의 1에서 틀리다고 하는데 그러면 가계도가 실제로는 틀리게 되는 것이다. 엄마의 성씨(姓氏)로 가계도를 만들면 1만(萬)분의 1이라도 오류가 결코 있을 수 없기 때문이다.

註: 2007년에 이 글을 다 쓰고 난 다음 2010년이 다 되어서 우리나라도 아기의 성(姓)을 엄마의 성(姓)으로 할 수 있게 법개정이 되었으니 이것도 독일식을 따온 것이다.

(30) 독일인의 대학교 진학결정

독일이나 스위스에서는 대학에 가는 것이 우리처럼 고등학교를 졸업하거나 대학입시 검정고시에 합격하고 나서 결정하는 것이 아니고, 초등학교 4학년 때에 학교의 선생님들이 결정하여 대학가기에 적합하다고 판정되면 Gymnasium이라고 하는 인문고등학교에 진학하고 여기를 졸업하면 정규 4년제 대학(Universität)에 갈 수 있고, 대학에 진학하는 것이 적합하지 않다고 판정되면 인문계 고등학교에 진학할 수 없고, 실업학교(實業學校, Realschule)나 직업학교(職業學校, Berufs-schule)에 진학하여 사회에 나가서, 취직생활을 하는 것이다.

대학에 가기에 적합하지 않다고 판정되면 독일이나 스위스는 그 나라의 어느 대학에라도 진학할 수 없다.

우리나라에서라면(독일, 스위스에서는 오래전부터 시행하고 있는) 이런 말을 꺼냈다가는 인권모독(人權冒瀆)이라고 사회에서 생매장(生埋葬)당하고, 헌법재판소에 제소(提訴, 소송을 제기함)되며 패소(敗訴, 소송에 짐) 될 것이다.

이때에 가끔 학생의 학부모가 이의(異議)를 제기하면 한번 재심(再審)의 기회가 주어지는데, 대개는 같은 결과이며 꼭 대학에 가고 싶으면 외국에 가서 진학하는 길 밖에 없다.

그 곳 사람들의 얘기를 들으면 이러한 경우 외국에 가서 대학 마치고 돌아온 사람들이 성공한 예가 거의 없다고 한다.

그리하여 무작정, 불필요하게 고학력을 대량생산하여 사회에 쓸모가 없이 과잉 생산하는 우리 사회와는 전혀 달리 적성과 능력이 적합한 사람들을 이미 초등학교 4학년 때에 결정하고, 고학력을 과잉생산하여 시간과 비용을 낭비하는 일이 없이 유효적절하게 국가단위에서 인력을 관리하는 것이다.

참고로 은행지점장 정도는 상업고교 출신이면 충분하여 그렇게 인력을 쓰고 있다.

(31) 스위스(Swiss)인(人)의 애향심(愛鄕心)

독일도 그렇지만 스위스의 어느 조그마한 마을에 가도 집안은 물론이요, 길이나 광장 어디라도 너무나 깨끗하고 아름답다. 즉 자기 고향을 영원한 자기의 집처럼 사랑하고 아끼기 때문이다.

이러한 것은 물론 국민성에 의한 것이며, 또한 태어난 고향을 사랑하는 마음이 그들의 생활방식인 데에서 우러나오는 것이다.

그런데 우리나라는 작은 마을인 리(里)에서 태어나도(이것은 옛말이 되어 버렸다. 지금은 어느새 시골에서 아기를 출산하는 젊은 세대(世代)가 없어졌기 때문이다.) 면(面)에서 초등학교, 시(市)에서 중학교, 고등학교를 다니고 대학과 직장은 서울, 아니면 최소한 직할시(광역시)에서 여생(餘生)을 보내는 것이 목표이어서, 시골 고향에는 할머니, 할아버지뿐이고 애들을 찾아볼 수 없게 된데 반(反)하여, Swiss사람들은 대학은 어차피 큰 도시에 가야 있으니까 큰 도시에서 대학을 졸업하고, 다시 고향에 와서 직장에 다니거나 사업을 하면서 평생을 살아가는 것이 목표이어서 태어난 고향을 평생 거주할 곳으로 여기므로, 그렇게도 깨끗하고 아름답게 가꾸고 사랑하는 것이다.

우리나라에는 고향을 그리워하는 노래가 몇 곡(曲)남아 있기는 하지만, 그것은 다 흘러간 옛날 노래가 되어버리고 고향을 사랑하고 그리워하면서 평생을 살려고 하는 사람이 과연 그 몇이나 될까?

(32) 독일의 대학교, 실업학교, 직업학교

독일의 대학교는 학문을 하는 곳이고, 연구소는 연구를 하는 곳이다.

미국의 대학은 주로 대학에서 배워서 사회에 나가 이용할 수 있는 즉 취업하여 당장 써 먹을 수 있는 실용성에 주안(主眼)을 두고 있다.

이에 반(反)하여 독일의 대학교(Universität, university)는 주(主)로 학문을 하는 곳이고, 사회에 나가서 당장 활용할 수 있는 것을 가르치는 곳은 앞서 말한바와 같이 실업학교(Realschule), 직업학교(Berufs-schule)라고 하여 이곳에서 가르친다.

우리나라는 미국식을 주로 따르기에 취업하거나 사회에 나가서 당장 활용할 수 없는 학과는 지원자도 감소하고 특히 1990년대부터 학부제로 학생을 선발하고부터는 그 현상이 더욱 심화(深化)되어, 소위 비인기학과는 고사(枯死, 말라죽음)의 길로 가고 있는 것이다.

(33) 독일의 의학 교육과정과 병원의 진료과(診療科)에 관한 것

우리와 다른 것을 간단히 정리하여 보면,

① 의과대학을 졸업할 때까지 국가시험(대학내에서의 출제시험이 아니고, 독일 전체가 대상인 국가시험)이 3번 있는데 의예과를 마치고 본과에 진입(進入)할 때에 제1차 국가시험, 의과대학 본과 2학년을 마치고 임상과목을 가르치는 3학년에 진급할 때에 제2차 국가시험, 그리고 4학년 마치고 졸업할 때에 제3차 국가시험을 보는데 여기에 합격한다고 우리나라처럼 곧바로 의사면허증이 발급되지 않고 1년 6월(18月)동안 대학병원이나 이에 상응하는 국가 인정 의료기관에서 AIP(Arzt im Praktikum, physician in practice.실습중인 의사) 과정을 마쳐야 의사면허증을 발급받아 의사로서 취업하거나 개업할 수 있다.
이러한 제도는 독일뿐이 아니고 유럽 대부분의 나라가 그러하며 영국은 2년(24月)을 거쳐야 된다.
AIP 기간 중의 의사는 우리나라에서 대개 intern과 resident 1년차의 역할을 하면서 임상을 배우고 있다.
우리나라에서는 회의 때이면 언제나 의대학생 실습을 잘 시켜서 졸업하여 환자를 잘 진료하여야 한다고들 하는데 학생실습을 얼마나 충실히 하여서 졸업과 동시에 환자의 생명을 책임지고 맡을 수 있을까?

② 임상과(臨床科)는 병원(진료소, clinic, Klinik)과 연구소(research, Forschung)로 구분되어 있다.
외과의 예를 들면 외과병원(surgical clinic, Chirurgische Klinik)과 외과연구소(surgical research, Chirurgische Forschung)로 구분되어 있어 연구소 발령교수는 환자진료와 강의는 전혀 없이 오직 연구 활동(실험실 연구가 주(主))만 하고 있다.

③ 의과대학의 기초과정에서 임상과정으로 갈 때에 즉 2학년 말에 Famulus라고 하여 3개월간 인턴 비슷하게 임상실습을 하고 제2차 국가시험을 치러야 하고 여기에 통과되어야 3학년으로 진급할 수가 있다.

④ 1980년부터는 우리가 보는 인턴 1년 기간이 없어지고, 4학년을 PJ(Praktisches Jahr, practical year)라고 하여 실습생 겸 인턴을 하고 있다.

⑤ MTA(Medizinischer Technischer Assistent, medical, technical assistant, 의료기술조수) : 간호사나 간호조무사와 달리 의사가 아니어도 시행할 수 있는 의료 업무를 담당하는 인력(人力)을 말하여 paramedical person 에 해당 된다고 할 수 있다(1990년대(年代)부터 우리나라도 많이 그렇게 되었고 PA 가 이에 해당된다).

⑥ 치과 중에서 구강외과는 의과대학을 졸업하고 국가시험에 합격하여 의사가 되고, 다시 치과대학을 졸업하고 국가시험에 합격하여 치과의사가 된 사람만이 구강외과 연수를 할 수 있고 이 과정을 마쳐야 구강외과의사가 되는데 이것은 독일뿐 아니라 영국등 대부분의 유럽 국가들은 이렇게 하고 있다.
우리나라에서 구강외과(口腔外科, oral surgery)는 악안면외과(顎顔面外科, maxillo-facial surgery)라고도 하면서 치과의사만 되면 할 수 있어 대부분 치과의사뿐이고 의사면허증도 갖고 있는 사람은 1990년대에 전국에서 수명에 불과하다고 한다.

⑦ 우리나라에서 소아과의사는 수련기간 중 소아과만 하고 소아외과의사는 외과분야만 하는데, 독일에서는 소아과의사가 되려면 소아외과를 1년 이상하여야 되고, 소아외과의사가 되려면 소아과를 1년 이상하여야 된다. 외과의사는 내과분야를 1년 이상하고 또 내과분야인 소아과의사는 외과분야를 1년 이상하여 폭 넓은 지식을 습득하는 것이다.

⑧ 흉부외과는 심장을 제외한 흉부분야(폐, 식도, 종격동 등)를 취급하고 심장 분야는 심장외과가 별도로 독립되어 있어 심장만 취급한다.

⑨ 정형외과는 우리나라에서처럼 질병(disease)과 외상(injuries)을 다 취급하지 않고 오직 질병만 진료하고, 골절등 외상은 외상학과(traumatology)에서 진료한다.

이상의 구강외과, 흉부외과, 심장외과, 정형외과, 외상학과에 관한 것은 독일뿐 아니라 대부분의 유럽국가에서는 그렇게 하고 있다.

(34) 독일인의 주민등록번호

우리나라가 5.16후에 달라진 것 중에 대표적인 몇 예를 든다면 연호(年號)를 단군기원(檀君紀元, 단기, 檀紀)으로 쓰던 것을 2333년을 뺀 서력기원(西曆紀元, 西紀, 서기)(A.D.)로 바꾸었고 제2차 화폐개혁(제1차 화폐개혁은 1953년에 100배 절상(切上)하여 수치를 100분의 1로하고 단위를 원(圓)에서 환(圜)으로 하여 100원을 1환으로 하였다)으로 화폐가치를 10배(倍)절상(切上)하여 수치를 10분의 1로 하고 단위를 환(圜)에서 다시 원(圓)으로 복귀하여 10환을 1원으로 하였으며, 신학년 초(初)를 4월 1일에서 3월 1일로 1달 앞당기었다.

〔이로부터 20여년이 지난 1982년에는 초등학교, 중·고등학교 남학생의 두발자유화(머리카락을 기를 수 있게 함), 교복자율화(중·고등학생은 교복을 입지 않고 복장자율화, 이것은 그 후에 자율적으로 많은 중·고등학교에서 다시 교복을 입게 되었음), 1989년에는 해외여행자율화(해외를 자유롭게 여행, 관광할 수 있게 되었음), 40년 가까이 있어온 새벽 0시부터 4시까지의 야간통행금지 해제(1982년 1월 5일) 등이 이루어졌다.〕

참고로 신학년도는 해방 후 미군정청(美軍政廳) 때에 미국식으로 9월 1일로 하던 것을 1950년에 3달 당겨서 6월 1일로 하였고 2년 후인 1952년부터 10년간 1961년까지 다시 2달 당겨 4월 1일로 하던 것을 1962년에 3월 1일로 하여 지금에 이르고 있다.

따라서 1949년 이전에 초등학교에 입학한 사람들은 대학졸업 때까지 6달이 짧아진 것이다.

그리고 또한 커다란 변화는 주민등록번호를 모든 국민에게 부여하고 "주민등록증"을 발급한 것이다.

그전까지는 개인증명서로 서울특별시와 직할시주민에게는 "시민증(市民證)"을, 그 이외에는 "도민증(道民證)"을 발급하였고, 남자에서 군복무에 관한 것으로는 현역이 아니면, "병역 필증" 또는 "제2국민병수첩"이 있어서, 길을 가다가 검문 당하면 시민증 또는 도민증과 남자에서는 제2국민병수첩을 보여야 하였다.

그리하여 시골사람, 촌사람을 낮추어서 "되민증"이라고 희롱하기도 하였다.

이러한 시민증, 도민증을 없애고 "숫자"로 "개인별 ID Card"를 새로 제정하고 개인별로 부여하여 "주민등록증"을 발급하여 주었다.

이때의 주민등록번호는 지금과 달라서 숫자가 앞에 6자, 뒤에 6자 이었고 가운데 연결표(dash, -)가 있었는데 처음 6자리는 지금의 생년월일이 아니고 지역별로 되어 있었고 뒤의 6자리 숫자 중에 첫 자리의 남·녀별은 지금과 같았다.

나는 1961년 당시에 서울특별시 용산구 청파동 3가 山2-10번지에 살았는데 나의 주민등록번호는 110919-119037이었다. 여기에는 생년월일에 관한 자료가 없었다.

지역을 표시하던 전반부 6자리 숫자를 2자리씩 생년월일로 하고 후반부를 6자리에서 7자리 숫자로 하고 그 첫 숫자는 성별분류로 남자는 1, 여자는 2로 하고 그 뒤의 6자리 숫자는 지역(성별 다음 4자리)과 등록순번(뒤의 2자리)을 표시하는 지금 형태의 주민등록번호는 1975년 8월 25일에 개정이 된 것이다.

(성별표시인 후반부의 첫 숫자 1과 2는 2000년 1월 1일 이후 출생자부터는 3과 4로 쓰고 5는 외국인으로 하고 있다.)

서(西)Berlin자유대학병원에 근무하면서 환자 병록지를 보니 환자의 주민등록번호(I.D.번호)가 우리와 같았다.

아~ 그렇다. 우리의 개정된 주민등록번호도 독일을 보고 그와 같이 한 것이란 것을 알았다.

1962년 제 2차 화폐개혁(제1차 화폐개혁은 1953년)하였을 때에 신규화폐를 서독에 주문하여 수입하였고, 미국으로부터 차관을 얻으려다가 얻지 못하고, 서독의 뤼브케(Lűbke) 대통령을 만나서 간호사, 간호조무사, 광부 6,000여명을 취업시키고 서독 차관을 얻었고 서독의 고속도로(Autobahn)를 보고 우리나라에 1970년 7월 7일 428 km의 경부고속도로를 개통 시켰고, 서독 Düsseldorf에서 숙박했던 Park hotel 앞의 고가도로를 본 따 서울의 청계천 고가도로를 처음 건설하였고, 서(西)Berlin 공과대학교(T. U.)에서 개발한 도로 중앙의 가변차선(可變車線)을 우리나라에 도입하였고, 서독사람들이 쓰는 생년월일을 넣은 주민등록번호를 본 따서 우리도 그와 같이 바꾸었던 것이다.

(35) 서독(독일)의 자동차 등록번호(차량번호)

유럽에서는 EU(유럽연합국)가 결성되기 전에도 자동차 번호판 처음에 국가표시 문자가 있어왔다.

독일은 D(Deutschland), 프랑스는 F(France), 오스트리아는 A(Austria), Swiss는 CH(Confederatio Helveticorum, Helvetia 연합국, S라고 하지 않는 것은 Spain, Sweden이 있기 때문에) 등으로 표시하는데, EU가 결성된 후에는 EU번호판이라고 표시하고 나서 국가를 표시하는 문자를 쓰고 연결표(dash, -)를 하고 그 다음에 도시를 표시하는 문자를 쓴다.

대도시는 alphabet 1자(字)(예를 들면 B는 Berlin, H는 Hamburg, M은 München, K는 Köln, F는 Frankfurt등), 중도시는 문자 2자(字), 소도시(小都市)는 3글자 이러한 식으로 도시를 표시하고 나서 숫자를 표시한다.

따라서 도시이름을 몰라도 문자의 수를 보고 대도시, 중도시, 소도시를 알 수가 있다.

유럽뿐 아니라 일본, 중국 등 Asia와 미국 등 세계 대부분의 국가에서 도시 또는 지역을 문자로 쓰고 그 다음에 숫자를 쓴다.

그런데 우리나라도 7시(市), 9도(道), 16지역을 문자(文字)로 표시하던 것을 몇 년 전에 새로운 번호판이라 하여, 노선 bus, 관광 bus, 영업용 taxi 이외에는 소속지역을 표시하는 문자를 없애고, 소위 전국번호판이란 것이 등장하여 원하는 사람은 이것으로 교체하여 주고, 신규번호와 등록지 이관 시에는 전부 이러한 번호로 하게 되어 과거의 번호판 즉 "지역+숫자1(또는 2)+문자1/숫자4" 예: "서울 3라/2984"은 더 이상 발급을 안 하는 것이다(2006년 현재).

번호판을 상하 2열(列)로 하여 윗줄은 '숫자2+문자1', 아랫줄은 '숫자4', 예: "07 가/1234" 이렇게 바뀌게 된 가장 중요한 이유를, 주소가 바뀌어도 번호판을 바꿀 필요가 없다는 장점을 들고 있는데, 지역이름이 있다고 다른 도시에서 운행할 수 없는 것도 아니고, 주소가 바뀌면 그대로 등록하면 되는데 그 지역의 번호로 바꾸어야 한다는 규정 때문이었다.

자동차를 제작하면 원동기(엔진)번호와 차대번호가 차에 고유번호로 각인(刻印)되듯이 차량을 처음 등록하면 지역이 바뀌어도 그 차의 고유번호도 그대로 유지하면 되는 것이다.

거주지가 바뀐다고 주민등록번호가 바뀌지 않는 것과 마찬가지로.

차량번호가 어쨌건 상관이 없지만, 참고로 지역이 표시 안 되어 전국구(區)번호판이라고 하는데 그 말은 맞지 않다.

지역 문자 없이 숫자로 된 새로운 번호판이 지역표시가 없는 것이 아니다. 첫 번째 숫자가 지역을 표시하고 있기 때문이다.

예를 들면 승용차의 경우 1에서 69번까지인데 서울이 "1~16", 부산이 "17~20", 대구가 "21~24", 인천이 "25~27", 광주가 "28~30", 대전이 "31~33", 울산이 "34,35", …… 제주가 "69" 등으로 다만 지역표시를 문자로 하지 않고 숫자로 표시한 것을 지역표시가 없다한 것은 사실이 아니며 따라서 이 숫자를 보고 아는 사람만이 알게 변장해 놓은 것에 불과하다.

그렇게 지내다가 2006년 후반기에 와서, 지역을 문자(文字)로 표기하지 않아 전국구(全國區)차량 번호판이라 한 것이, 사실은 암호(暗號)식(式)으로 쓴 수자(数字)가 지역(地域)을 나타낸다는 것이 알려져서인지, 서양에서처럼 번호판을 일렬(一列, 한줄)로 하여 「12가1234」처럼 "숫자2개+문자1개+숫자4개"로 하여 지역표시를 완전히 없애고, 다만 문자 "하, 허, 호"는 임대차(賃貸車, 렌트카, rent car)란 것만 표시한 번호판으로 바뀌어 오늘에 이르고 있는 것이다.

(36) 독일의 교통신호등(燈) 체계의 효율성

(a) 신호등의 교통량에 따른 자동조절

이것은 독일에서는 교차로에서 차량의 수가 적으면 곧바로 다음 신호로 바뀌고, 차가 없으면 아예 파란신호를 보내지 않아 파란신호에 가는 차가 없어 시간만 헛되이 보내고 다른 방향에서는 차가 못가서 길게 정체되는 일이 없이 효율적으로 신호등이 작동하고 있다.

우리나라에도 자동조절 표지판이 가끔 보이지만 별로 작동하는 것 같지 않다.

그리하여 차가 3~4대, 때로는 1~2대 심지어는 한 대도 없어도 20~30대 이상은 충분히 통과할 시간을 파란불이 켜져 있고, 다른 방향에서는 차가 밀려 있어도 가지 못하고 아까운 시간을 낭비하고 있다.

10여 년 전에 이러한 얘기를 대전의 어느 택시기사에게 얘기하였더니 어느 좁은 길은 아마 하루 종일 몇 대 밖에 통행하는 차가 없을 거리에, 차가 많은 방향과 똑같은 지속시간으로 하루 종일 주기적으로 파란신호를 보내고 있다고 하면서 어이없어 하였다(물론 횡단보도가 있는 곳에는 사람이 건너가는 신호는 반드시 있다).

(b) 신호등의 지속시간

독일에서는 파란불이 켜지면 서서 대기하고 있던 차가 신속히 출발하고 신호가 끝나면 곧바로 정지한다.

우리나라에서는 출발은 대개 천천히 하고 파란불이 꺼져도 여러 대의 차가 더 통과하여 그냥 파란불이 켜졌다고 출발하다가는 신호가 끊어지고도 계속 통과하는 다른 방향의 차와 충돌하는 경우가 종종 있다.

그리하여 파란불이 켜져도 계속 통과하는 차가 있는지 봐야 한다.

이렇게 신호등을 제대로 지키지 않는 이유 중의 하나는 신호지속시간(대기시간)이 너무 길다는 것이다.

독일, 스위스, 미국, 일본을 가 보아도 신호가 짧아 교통의 소통이 원활하다.

우리나라에서는 한번 신호가 끊어지면 다음 신호가 나올 때까지 오래 기다려야 하므로 신호가 끊겨도 더 가려고 하고 심지어는 빨간불에서도 차가 통과하고 있다.

한 번의 신호는 20초 정도가 가장 효율적이며, 횡단보도가 있는 큰 도로라도 40초이내라야 교통이 원활하게 소통이 된다.

그리하여 4거리에서는 신호가 끊기면 60초(3×20초)이면 다시 신호가 나와야 한다.

우리나라는 대개 40초이어서 4거리에서 신호가 한번 끊기고 다시 나오는 데에는 120초(3×40초) 즉 2분을 기다려야 되고 대전처럼 5거리가 많은 곳에서는 동시 신호일 때 160초(4×40초) 즉 2분 40초를 기다려야 한다.

이렇게
① 신호지속시간이 길고,
② 짧은 거리에 신호등이 있는 교차로가 있고,
③ 신호등의 연계성이 없으면

파란불이 켜져도 신호 대기하는 차가 앞에 꽉 차 있어 차가 전혀 통과하지 못하고 또는 교차로 넘어서 길이 비어 있어도 통과하지 못한 차가 교차로 중앙을 막아서고 있어서 신호가 나와도 통과하지 못한다.

이러한 현상 이외에 신호지속시간이 길면 차량소통이 되지 않는다.

10수년전에 한동안 대전의 서대전 4거리에서는 신호가 3분씩 지속되어 한번 신호가 끊기면 9분이 지나야 다음 신호가 나왔다.

그러하니 파란 신호등에서는 차가 없어 띄엄띄엄 지나가거나 한동안 통과하는 차가 없고 나머지 3방향의 길에는 차가 끝없이 밀려 있었다.

교통순경이 나와서 수동조절하면 더 악화된다.

수동으로 더 원활하게 하지 않고 거꾸로 끝없이 차가 꽉 차 있는 3방향의 길은 보지 않고 파란불이 켜져 있는 길은 저 먼데서부터 오는 차가 한 대도 없을 때까지 기다리는지 끝없이 신호를 바꾸지 않는다.

나는 생각하였다. 언제까지 신호를 바꾸지 않을 것인지.

(저 자(者, 교통순경)가 제정신 있는 자인가? 아예 교통을 거의 두절(杜絶)시키려고 작정(作定)하고 나온 자 아닌가? 하고)

통금시간이 있던 시절에도 통행하는 차가 있었는데 저 까마득한데서부터 차 한 대가 없을 때까지 파란신호를 보낼지.

신호지속시간이 길면 차량소통이 안된다고 다른 사람에게 얘기하였더니 아니란다. 신호가 길건 짧건 마찬가지란다. 신호가 짧으면 통과하는 차가 적고 신호가 길면 통과하는 차가 많기 때문에, 결국 차량소통은 마찬가지라는 것이다.

이 말에 나는 어이없어 하였다.

그리하여 이렇게 나는 얘기하였다.

"4거리에서 신호지속시간이 1시간이면 신호가 끊기면 다음 신호가 나올 때까지 3시간을 기다려야 하고, 신호지속시간이 24시간이면 한번 신호가 끊기면 다음 신호까지 72시간(3일)을 기다리게 되어서, 대전 시내를 통과하려면 몇 해가 걸릴 텐데 그래도 신호가 길고 짧고 마찬가지 이란 말인가?"라고.

註: 위의 글은 2006년 이 글을 쓸 때이고 원고 수정하는 2013년에는 신호지속시간이 조금 단축되었다.

(c) 신호등의 연계성(連繫性, a relay, connectivity)

동서방향의 도로와 남북방향의 도로의 교차로 신호등을 동시에 연계성 있게 할 수는 없어도, 독일에서는 주요간선도로(主要幹線道路)의 신호등은 연계성 있게 작동하고 있다.

즉 저 멀리 까마득하게 보이는 끝까지 빨간 신호등이 10수개나 보이던 것이, 한번 파란등이 켜져 차가 출발하여 다음 교차로 가까이 가면, 이제까지 빨간등이었던 것이 신기하게 곧바로 파란등이 되고, 또 계속하여 가면 지금까지 빨간등이었던 것이 교차로 가까이에서 다시 파란등이 relay 식(式)으로 작동되어 신호에 막히지 않고 긴 거리의 많은 교차로를 끊이지 않고 질주하여 차량소통이 원활하다.

이것은 교차로 사이의 거리를 차량통행 평균시속으로 나누어 다음 교차로까지의 시간만큼 차이를 연속으로 두어 파란등을 켜기 때문이다.

이것이 신호등의 연계성이다.

그런데 우리는 어떠한가?

물론 그렇게 되어 있는 곳도 있다. 즉 서울의 미아리를 넘어 의정부 가는 길이라든지.

그러나 그렇게 되어 있는 곳은 극히 드물고, 심지어는 그렇게 연계성이 있어 잘 빠지던 길마저 거꾸로 빨간등의 연계성으로 해놓아 (예: 대전시 동구 인동→ 판암동→옥천길) 차가 소통이 안되게 하고 있어, 교통소통이 안되던 것을 되게 해야겠거늘, 잘 되던 것을 반대로 소통이 안되게 만든 이유를 도무지 이해할 수가 없다.

즉 빨간등에서 기다리다가 파란등이 켜지면 저 앞의 여러 신호등이 동시에 파랗게 켜지면서 다음 교차로 가까이 가면 이제까지 파란등이었던 것이 곧바로 빨간등이 되어 다시 기다리고, 파란등이 켜질 때까지 기다렸다가 출발하여 다음 교차로까지 가면 또다시 빨간등이 켜진다. 파란등의 연계성이 아니라 빨간등의 연계성으로 거꾸로 되어 있다.

그리하여 독일에서는 20개가 넘는 신호등이 있는 교차로를 조금도 기다리지 않고 계속 질주하는데, 우리는 20개의 교차로를 통과하려면 신호 대기시간만도 40분 이상 걸리는 것이다.

그리고 차가 막히고 교통소통이 안된다고 하면 이러한 원리(原理)는 전혀 생각하지 않고, 그저 단순히 누구나 도로가 좁고 차량이 많기 때문이라고만 하니 한심(寒心, 찬 마음)하기 그지없다.

(d) 신호등의 설치 빈도

교통량이 그렇게 많지 않은 교차로(交叉路)는 특히 4거리 이상인 5거리, 6거리 등인 경우에는 더욱 그렇고, 4거리라도 신호등이 없이 "환상교차로(環狀交叉路, 로터리, rotary)"가 훨씬 더 교통의 소통에 효율적이며, 도로가 넓고 교통량이 많은 곳만 신호등을 설치하여야 하고, 교통량도 별로 없는 좁은 길에서는 신호등 없이 우회전만 하여야 하는데, 우리나라는 몇 대 안되는 차를 직진, 좌회전시키기 위하여 골목골목마다 직진, 좌회전 신호등을 달아 놓아 통과하는 차가 없어도 계속 파란 신호등을 켜놓아, 다른 방향의 차는 밀려 있어도 못가고 있으니 교통의 소통이 안 되는 것이다.

이러다가는 아파트 단지 내의 동(棟)과 동(棟)사이에도 신호등을 설치할 것 같다.

이러한 경우 왜 그러한 곳에 신호등을 설치하였느냐고 물으면 민원(民願)이 들어와서 달았다고 하는데 이 세상일은 모든 사람을 다 충족시킬 수는 없는 것이 자연의 진리이다.

다수 즉 대중을 더 우선순위에 놓아야 하는데 우리나라는 1,000명 중에 1명이 주장하면 이것을 민원이라고 하고, 한사람을 편하게 하고 999명을 불편하게 하는 것을 민원처리를 잘 하였다고 타당(妥當)한 일을 하였다고 하고 있는 것이다.

(e) 횡단보도 신호등의 수동조작(手動操作)

교통량도 많지 않고 횡단자도 별로 없는 횡단보도에서는 건널 사람이 있을 때에만 손으로 button을 눌러서 차량은 빨간등, 횡단자는 파란등으로 하면 아주 편리하고 효율적이다.

즉 횡단자는 불필요하게 너무 오래 기다릴 것도 없고, 차량도 건너는 사람이 없는데 우두커니 오래 기다릴 것이 없는 것이다.

독일은 한가한 곳은 다 이렇게 되어 있다.

우리나라도 서울의 창경궁 앞에는 오래전부터 이러한 신호등이 설치되어 있고 다른 곳도 더러 있지만 아직은 별로 없다. 따라서 아무 횡단자가 없는 데에도 주기적으로 오랫동안 횡단보도 등을 켜서 많은 차량들이 쓸데없이 오랫동안 서서 기다리다 다시 출발하여 연간(年間) 시간과 연료의 낭비(浪費)가 천문학적일 터이니 어떻게 이다지도 행정(行政)이 원시적(原始的)일가?

이렇게 수동조작하면 사람과 차량의 교통소통 양측 모두에게 효율적인 점(시간과 연료의 천문학적인 절감) 못지않게 중요한 것은 안전성이다.

즉 적색신호가 나와서 정차하여도 횡단자가 없으니까 종종 차량이 그냥 통과하는데, 이것도 일단 정지하였다가 횡단자가 없는 것을 확인하고 통과하면 그래도 나은 편이지만 멀리서 질주하면서 횡단자를 못보고 그대로 가는 경우에는 아주 위험하다.

그리하여 횡단보도 파란등을 보고 길을 건너다가 사망하거나 중상 입은 사람이 한둘이 아니다.

수동조작을 하면 횡단자가 없으면 청신호로 차가 안심하고 통과하고 적색신호등이면 횡단자가 반드시 있으므로 차가 정지하니까 차량소통도 원활하여 시간과 연료가 이익이고, 횡단자도 안전한 것이다.

(37) 독일의 대학교수(大學教授, Professor)

독일에서의 "대학교수"는 직업이 아니고 하나의 Doktor보다 상급(上級)인 최상(最上)의 "칭호(稱號)"이다.

우리나라에서 대학교수는 직업(occupation)의 하나이다.

즉 발령장을 받고 근무하고 보수를 받는 것이다.

그리하다가 대학을 그만두면 이제는 더 이상 교수가 아니다.

정년퇴직이건 아니건 대학을 떠난 다음에 자격요건이 갖추어 지고 심사에 통과되면 명예교수로 남을 따름이다.

그런데 독일에서는 대학교수(Professor)가 이러한 직업이 아니고 하나의 "칭호(稱號, Titel, title)"이다.

Habilitation을 하여 논문이 통과되면 Privat Dozent(Priv. Doz., private instructor)가 되고 공채하는 대학에 응모하여 통과되면 교수발령을 받는데 그 대학의 학과에 정원(定員)이 있을 때에만 한시적으로 발령받는 교수가 있고, P4라고 하여 영구적으로 받는 교수가 있다.

일단 이러한 교수가 되면 대학에 근무하건, 회사에 근무하건 개업하건 놀건 영구히 Doktor(Dr.)보다 한 단계 위인 Professor이다.

그리하여 이름을 쓸 때에 이름 앞에 Prof. Dr.라 하고 의학 Doktor이면 Prof. Dr. med. 하고 이름을 쓰게 되고 이것은 살아가는 동안 평생, 아니 사후에 까지 Prof. Dr.인 것이다.

이러한 것을 나는 독일에 가서 처음 알았다.

1979년에 München의 Goethe Institut에서 독일어를 공부하고 있을 때에 선생님이 나에게 직업이 무엇이냐고 물어서 대학교수라고 하였더니 머리를 갸우뚱하시면서 다시 더 묻기에 의사라고 하였더니 그때에야 이해하는 것이었다.

직업을 물었을 때에 대학교수가 아니고 의사라고 하여야 맞는 대답이다. 대학교수는 칭호이기 때문이다.

(38) 독일인의 의상(衣裳)과 자동차

독일인들은 일반적으로 옷차림이나 자동차가 검소(儉素)하다.

물론(勿論) 신세대에서는 어느 정도 변화가 왔지만, 의상도 젊은 사람들은 대개 화려하게 입지 않고 수수하고, 50, 60대가 넘으면 아마도 부족해진 신체를 옷으로나마 보충하느라고 하는지 신경을 써서 조금 화려해진다.

자동차도 의상과 마찬가지로 젊은 사람들이 고급차를 갖고 다니는 것을 별로 보지 못 하였다.

연령도 어느 정도 되고 직위도 어느 정도 되면 그때에야 옷도 자동차도 조금 화려해진다.

프랑스나 Italy에 가면 의상이 아주 화려하다.

그리하여 유럽 여러 나라에 다녀보면 유럽에서 가장 부유하다는 독일인들이 얼마나 검소한가를 다시 느끼게 된다.

그리고 이러한 의상의 화려한 정도와는 달리 남의 의식을 하지 않는다는 것이다.

우리는 흔히 봄이 되면 누가 하복을 입었는가?를 살펴보아 아직 입은 사람이 없으면 더워도 참고 하복을 안 입고, 가을이 되면 누가 동복을 입었는가 보아서 아직 입은 사람이 없으면 추워도 그대로 하복을 입고, 남이 어떻게 입는가를 염두에 두고 전적으로 따라하는데 독일인들은 그렇지 않다.

남이야 어떻게 입건 전혀 개의치 않는다.

남에게 어떻게 보일까? 전혀 신경 쓰지 않는다.

1988년 9월초 어느 날 München시의 지하철역에서 타고 내리는 사람들을 보니까 하복에서부터 겨울외투까지 걸친 동복까지 각양각색이었고 옷차림이 너무나 수수하여 꼭 2차대전 때 피난민(避難民)의 행렬 같았다.

세계적으로도 강국이고 유럽에서도 가장 부유하다는 독일사람들의 의상이 이렇다니?

그런데 우리는 어떠한가?

돈이 없는 부모에게 고급 옷을 안 사준다고 투정하거나, card 빚을 내어 고가(高價)의 명품을 사거나, 아니면 고가품이 없다고 자살하는 여학생이 있었다고 우리는 신문에서 보지 않았던가?

1979년에 Berlin 대학병원에 갔더니 옥외청소는 Turkey 남자들이 하였고, 건물 내 청소는 거의 전부 Turkey 여자들의 몫이었다.

그리하여 Berlin시에서도 Turkey인(人)들이 없으면 Berlin 청소가 안된다고 할 정도이었고, 그들만이 사는 지역이 서(西) Berlin시의 한 구역(區域)에 따로 정해져 있다.

그렇게 청소를 주로 담당하는 Turkey인들은 애들도 많이 낳아 이 아이들을 차에 태우고 다니려면 차도 커야 되겠지만, 아마도 직장에서의 열등의식을 자동차로써나마 약간 보상하려는지 대개 큰 차를 끌고 다닌다.

(39) 독일인의 학력의 합리성(合理性)

어떤 일의 성취도(달성도)는 세 가지 즉 능력(能力), 노력(努力)과 운(運)의 3변으로 된 삼각형의 면적이라고 할 수 있다.

따라서 2가지 변이 아무리 커도 한 가지 변이 없으면 면적은 없는 것이다.

학력이 능력과는 약간 연관이 있다고 할 수 있지만 비례하는 것은 전혀 아니다.

이제는 어느 정도 달라졌지만 아직도 우리나라에서는 능력보다는 외형적인 고학력을 우선으로 중시하고 있다.

적재적소(適材適所)란 말이 있는데 참으로 맞는 말이다. 불필요하게 고학력이면 밑져야 본전이 아니라 오히려 손해이다.

왜냐하면 열심히 해야겠다는 동기(動機, motive)와 성의가 저하되어 성취도는 오히려 저하되기 때문이다.

차라리 저학력이면, 그 정도의 직장에서 그러한 일 맡은 것을 다행으로 생각하고 만족하여 열심히 할 것을, 불필요하게 고학력자는 "내가 이러한 학력을 갖고 있는데 기껏해야 이 정도의 일하는가?" 하고 불만족하여 일을 열심히 하려는 성의가 저하되는 것이다.

따라서 그에 적합한 저학력자보다 성취도는 오히려 떨어진다는 것을 알아야 한다. 더 나아가서 어느 집단에서 구성원 일부가 성실치 않으면 다른 사람에게도 나쁜 영향을 주어 오히려 없는 것보다 더 못하다는 사실도 알아야 한다.

예를 들면 독일이나 스위스에서는 은행지점장 정도는 상업고등학교 출신이면 되지 그 이상의 학력자는 채용하지 않는다고 한다.

반대로 우리는 아주 단순한 업무에서도 4년제 대학 나온 학사도 모자라 석사학위 소유자, 또는 박사학위 소유자를 찾는다.

이러다가는 버스운전기사나 청소하는 미화원도 박사학위 소유자가 되지 않을까? 생각해 본다.

(40) 독일의사의 복장(服裝)

독일의사가 대학병원에 근무할 때의 복장은 Berlin 대학병원이나 München 대학병원 모두 같다.

즉 흰 바지와 흰 gown은 병원에서 만들어 주고, 상의는 흰색으로, 실내화는 하얀 나막신 같은 신을 신고 다니는데, 상의와 실내화는 각자가 준비한다.

넥타이에 관하여는 공식석상이 아니고 평소 근무할 때에는 München 대학병원에서는 주임교수와 과장 7명 중에서 연장자 2분만이 타이를 매었고, Berlin 대학병원에서는 Prof. Häring 주임교수는 목 끝까지 단추를 끼는 셔츠를 입고 모두가 타이는 매지 않았다.

註: 지금은 공식석상에서도 넥타이를 별로 매지 않지만, 그 당시에는 우리나라에서는 대학생들도 넥타이를 매지 않은 사람이 없던 시절이었다.

(41) 독일승용차의 주행거리 미터기

독일승용차의 주행거리를 나타내는 미터기(器)는 분해할 수가 없어서 주행거리를 인위적으로 조작할 수가 없다.

주행거리를 고치려면 그 미터기를 파손하여야 하기 때문이다. 따라서 이 미터기에 나타난 주행거리는 확실하다.

그런데 우리나라에서의 이 주행거리는 믿을 수가 없다.

미터기를 마음대로 조작할 수가 있어서 예를 들면 20만km의 주행거리를 3만km로 해 달라고 하면 곧바로 바꾸어 준다. 따라서 우리나라에서 중고차를 살 때에는 이 주행거리 미터기의 거리를 믿지 못하고 기껏해야 자동차의 출고(出庫)일자를 참조할 뿐이다.

(42) 독일인의 음식물을 파는 것

독일에서 음식물을 팔 때에는 작게 포장되어 있지 않은 것이라도 작게 나누어서 판다.

예를 들면 커다란 호박도 주문하는 양 만큼 잘라서 무게를 달아서 팔고, 빵집에서는 둥그런 decoration cake는 16등분해 놓은 것이 언제나 있어서 1조각씩을 판다.

그런데 우리는 아직도 대개 커다란 묶음으로 하여 팔고, 나누어서는 팔지 않는다.

그리하여 소량 사고 싶을 때에는 살 수가 없다.

아마 큰 호박을 잘라서 사자고 하면 정신병자가 아닌가 할 것이다.

큰 덩어리를 팔면 팔고, 안 팔면 안 팔지, 째째하게 조금씩은 안 팔겠다는 심산이다.

사는 사람의 입장은 전혀 생각 안하는 것이다.

(43) 독일인의 부유(富裕)

지금 여기서는 정치인이나 경제인들의 숫자를 열거하는 얘기를 하려는 것이 아니라 실생활에서 직접 보고 느낀 것 중에 한 가지 예를 들려는 것이다.

업무상 출장이 아니고 관광하려면 건강 다음으로는 시간과 금전적 여유가 있어야 한다.

독일 등 유럽에 있을 때 보고 들은 바로는 유럽인들 중에 독일인들이 가장 여행을 많이 한다는 것이다.

그것은 경제적 여유가 그 만큼 있다는 얘기이다.

한 가지 예를 들면 1988년에 Greece, Turkey, Spain과 Portugal 등을 가보니 호텔에는 언제나 독일어로 써 있고, Greece, Turkey의 공항내의 면세점에 가보니 가격표시가 그 나라 화폐로도 안 써 있고, US dollar로도 안 써 있고 오직 서독화폐 D Mark (D. M.)으로만 써 있어서, 점원보고 왜 물건 값을 독일화폐로만 써 붙였느냐고 물으니까 여기 오는 사람은 서독사람뿐이므로 그렇게만 써 붙이면 충분하다고 나에게 얘기 해 주었다.

(44) 독일인의 호칭

(37)항목에서 독일의 대학교수 professor는 직업이 아니고 칭호(Titel, title)라고 언급하였던바 남녀에서 모든 호칭을 정리해보면 다음과 같다.

(ⅰ) 남자에서는 모두 Herr(Mr. 씨, 氏)라 한다.

(ⅱ) 여자에서는 Fräulein과 Frau 둘 중의 하나를 쓴다.

Fräulein은 영어의 Miss(양, 孃)로서 미혼여성에 부치는 호칭이고, 기혼자는 Frau(영어의 Mrs. 부인, 夫人)라 하는데 독일에서는 실제로 결혼과 관계없이 성인(成人)이면 모두 Frau라고 칭하고 이렇게 해야 상대방을 대접해 주는 것이다.

그리하여 60대(代)의 대학교수가 20세의 여학생을 대우하여 Frau(부인)라고 한다.

우리나라처럼 50대(代)의 미혼여성에게도 부인이라고 하였다가는 남의 혼사길 망친다고 크나큰 결례(缺禮)와 실수(失手)를 하는 것과는 정반대이다.

(ⅲ) Doktor(독토르)
우리나라에서 박사라고 번역하지만 실제는 "독토르" 학위이다.

대학졸업과 함께 또는 그 후에 논문이 통과되면 받는 것이다.

다시 말하면 "독토르"학위는 4년제 대학나오고 논문 통과되면 받는 것이지 더 이상의 학력이나 과정(課程)을 필요로 하는 것이 아니다. 따라서 독토르를 박사라고 하면 틀린 것이다.

독토르 학위가 있으면 "Dr."이라고 한다.
의학 독토르이면 "Dr. med."라고 한다.
독토르 학위가 두 개이면 "Dr. Dr."라고 쓴다.

(ⅳ) Habilitation(하빌리타치온)
연구하고 Habilitation을 위한 논문을 발표하여 통과가 되면 Privat Dozent (Priv. Doz.)라는 칭호가 된다. 따라서 논문이 통과되어 받는 칭호는 2개뿐이다.
Dissertation → Dr. (Doktor 학위)
Habilitation → Priv. Doz. (Privat Dozent)

Priv. Doz.가 되고 대학에 교수자리가 있고 심사에 통과되면 Professor가 되는 것이다(Professor도 등급이 4개 있다. 교수정원이 비어 있을 때에만 일시적인 Prof.가 있고 P4로서 평생교수 칭호까지 있다.).

영어로는 private instructor(사립강사)이지만 우리나라의 전임강사, 조교수에 해당된다고 할 수 있다. 미국식처럼 조교수, 부교수제도는 없다. 그리하여
① 의학을 하고 Doktor가 되었으면 "Herr(Frau) Dr. med. 이름",
② 의학을 하고 Priv. Doz.까지 되었으면 "Herr(Frau) Priv. Doz. Dr. med. 이름"라고 칭한다.
③ 교수가 되었으면 "Herr(Frau) Prof. Dr. med. 이름" 이렇게 호칭하게 된다. 물론 자기 자신은 Herr(Frau)를 빼고, 남에게는 반드시 Herr(Frau)를 쓴다.

의가춘추(醫街春秋) 이야기
- 의협신문의 의가춘추에 썼던 글 두 가지 -

(1) 회식 때에 대작(對酌)하는 방법 – 술잔 안 돌리기

해군 소령에서 제대하고 서울적십자병원에 근무할 때인 1973년이었다.

대한의학협회의 의협신문사로부터 "의가춘추"란 난(欄, column)에 기고(寄稿)해 달라고 하기에 무엇을 쓸까 하고 생각하다가 대작하는 방법을 쓴 일이 있다.

이때에만 하여도 간염이란 단어는 병원에서나 쓰는 단어이요, 일반인에게는 생소하여 대중화되지 않았고, 더구나 AIDS는 발표되기 이전이어서 회식 때의 술잔은 서로 주고받고 하는 것이 공식화(公式化) 되어있던 때이었다.

마신 잔(盞)을 권하고 싶은 사람에게 잔을 돌리고 술을 따라주어야 그것이 예의이고 올바른 주도(酒道)이었던 것이다.

그런데 서양식은 제 잔을 자신이 따라 마신다.

이러한 때에 나는 그 당시로서는 획기적(劃期的)인 제안을 하였던 것이다.

마신 잔을 돌리는 데에는 적어도 2가지 불편하거나 비합리적인 문제가 있다. 그 한 가지는 간염 등 비위생적이고 또 한 가지는 주량(酒量)이 사람마다 다르고 같은 사람이라도 때에 따라 달라서 많이 마시려고 할 때와 적게 마시려고 할 때가 있는데, 적게 마시려는 사람은 그만 술을 따르라고 잔을 올려도 더 권하느라고 술병 또는 술 주전자를 들어 올리는 잔에 맞추어 계속 끝까지 따른다.

술 인심은 왜 그리 좋은지, 술을 적게 마시면 야체이요, 반내토 안수 인심은 박(薄)해서 안주 많이 먹으면 염치없는 사람이다.

그리하여 많이 따라준 술잔을 안마시거나 적게 마시려고 남의 눈을 피하여 옆에 쏟아버리거나 다른 잔에 붓는다.

반대로 술을 마시려고 하는 사람은 자기가 권한 잔이 곧바로 자기한테 오지 않고 다른 사람에게 가면 서운하고 원망스러운 눈초리로 쳐다보고 있다.

그 외(外)에 또 곤란한 점이 있다.

술잔에 상대방의 입에서 묻은 고추장이나 고춧가루 등이 묻어 있으면, 그 잔을 안 받을 수도 없고, 잔에 고추장이 묻어 있다고 얘기할 수도 없고, 상대방이 보고 있는 앞에서 종이로 닦아내기도 곤란하여 고민하게 된다.

그렇다고 갑자기 서양식으로 제 잔 제가 따라 마시자니 너무 급작스러운 생활양식의 변화로, 오고 가는 정이 없이 사무적이고, 기계적이고 삭막(索漠)해 보인다.

그리하여 이 양자(兩者)의 장점을 살리고 불편함도 없고 합리적인 방법을 제안하였다.

즉, 술잔(盞)은 남에게 권하지 않고 잔이 비게 되면 자기 자신이 술을 따르지 않고(자기 자신이 내 잔에 술을 따르면 오고 가는 정감(情感)이 없을뿐더러 술중독자같이 보임) 권하고 싶은 사람이 그 잔에 술을 따라주면 지금까지 얘기한 불편하거나 비합리적이고 비경제적인 면은 없어지고 양쪽방법의 장점만 살려서 아주 편하고 위생적이고, 정이 오고 가고, 그래서 술좌석에서의 강호제현(江湖諸賢)들은 이 글을 읽고 그대로 해 보시라고 그 당시로서는 너무나 획기적인 제안발언을 하였는데 10년이 지나고 20년이 지나니 어느덧 그러한 문화가 싹터서 30여년이 지나서는 술좌석에서 섣불리 술잔을 돌리면, 특별히 절친한 사이가 아니라면, 대개는 무식하게 보이거나 이상하게 보여 그때 내가 제안한 것이 습관화 되었으니, 사회에서의 일반관습보다 나의 주창(主唱)은 30여년이나 앞서 갔던 것이다.

(2) "남의 일이 곧 나의 일"

"나와 관계없는 일이 곧 나의 일"

이것은 당시 신문, 텔레비전 등 대중매체(大衆媒體, masscom)를 통하여 발표된 내용에 대한 나의 의견을 쓴 글이었다.

어부가 배를 타고 금강하구에서 고기잡이를 하는데 물고기가 거의 없거나 죽은 물고기가 강위에 떠다니고, 강물이 손에 닿으면 손이 갈라지고, 피부병이 되는데 이것은 인근 염색공장에서 폐수를 몰래 방류(放流)하였기 때문이란 것이다.

정부나 공공기관에서 관리와 단속을 철저히 해야 함은 당연하나 그보다 먼저 공장폐수나 농약 또는 golf장에서의 독성물질을 단속의 눈을 피하여 몰래 방류하여 하천을 오염(汚染)시키는 행위를 하지 말아야 한다.

비용을 절감하느라고 정화(淨化)를 하지 않고 독성물질을 몰래 흘려보내는 비양심적인 행위로 생태계를 파괴시키고 식수원을 오염시키는 것이다.

남이야 아무리 피해 봐도 내가 그물을 마시지 않으면 되고, 나의 이익만 챙기면 되겠다는 혼자 약은 생각이지만, 결국은 그 폐수를 내가 마시고 나의 자손들이 마시게 되니 혼자 영리하다고 하면서 비양심적이고 불법적인 행위는 결국 나를 헤치는 행위이니 결코 해서는 안 된다는 내용이었다.

흔히 틀리게 쓰거나 말하는 것

그 많은 것 중에 대표적으로 몇 가지 예를 들면

(1) 지리산(智異山, 지이산)

우리나라의 유명한 호남지방의 산의 이름이다.

智異山 "異"라는 문자(文字)는 "다를이"이지 "다를리"가 아니다. 원 글자가 "리"가 아니고 "이"인 것이다. "차이(差異)"라고 하지 "차리"라고 하지 않는다.

"리"라는 글자라면 두운법(頭韻法, 머리글자 발음법)에 따라 단어의 첫 글자에서는 "이"라 하고, 첫 글자가 아닐 때에는 "리"라고 할 텐데 원 글자가 "리"가 아니고 "이"이다.

한자사전을 보아도 "이"라고만 되어 있는데 왜 "지이산"이라 하지 않고 "지리산"이라고 틀리게 말하는지 모르겠다.

(2) 됀다, 열쇄

"외"와 "왜"글자를 흔히 잘못 쓰고 있다.

"왜" 그러한가? 에서의 "왜", "돼지", "쇄국주의(鎖國主義)"에서는 "왜"이고, "되다", "열쇠"에서는 "외"인데 대부분 "됀다", "열쇄"로 잘못 쓰고 있다.

(3) 갑자년(甲子年), 을해년(乙亥年)하는 것은 음력(陰曆)

갑자년, 을해년 하는 천간(天干, 十干, 십간), 지지(地支, 十二支)는 음력에서 쓰는 것이다.

따라서 양력 1월 1일 신년이 되면 을유년(乙酉年)이 지나고 병술년(丙戌年)이 되었다 하는데 이것은 틀린 것이다. 음력 1월 1일(舊正, 구정)이 되어야 새해인 병술년이 되었다고 해야 맞다.

(4) 폐렴(肺炎)

의사이건 아니건, 전문의이건 아니건, 대학교수이건 아니건, 언론인이건 아니건 지식인이건 아니건 모두가 "폐렴"이라고 한다. 심지어는 의학사전에도 그렇게 되어있다.

"炎"字는 원 발음이 "염"이지 "렴"이 아니다.

"렴"글자를 Ural-Altaic語의 두운법칙(頭韻法則)에 따라 단어의 앞 글자에서는 "염", 뒤 글자에서는 "렴"으로 되는 것이 아니라 원 글자가 "염"인 것이다.

앞 글자에 받침이 있는 단어에서도 "장렴(腸炎), 자궁렴, 담낭렴, 담관렴, 간렴(肝炎)"이라 하지 않고, "장염, 자궁염, 담낭염, 담관염, 간염"이라 하며 "폐렴"처럼 앞글자에 받침이 없는 단어에서도 "위렴, 난소렴, 뇌렴(腦炎), 요도렴"이라 하지 않고, "위염, 난소염, 뇌염, 요도염"이라 하는데 유달리 "폐"에서만 "폐염"이라 하지 않고 "폐렴"이라고 잘못 말하는 것을 이해할 수 없다.

(5) 맥아더(Mac Arthur)장군

군인의 계급으로는 장교(將校)와 사병(士兵)으로 크게 나뉘고, 사병은 "하사관(下士官, 지금의 말로는 부사관(副士官))"과 "병(兵)"으로 나누이며, 하사관은 "하사, 중사, 상사, 그리고 근래에는 원사(元士)"가 추가되고, 병으로는 "이병, 일병, 상병, 병장"으로 올라가는 계급으로 나누인다.

장교로는 "소위(少尉), 중위, 대위"를 "위관(尉官)급 장교", "소령(少領), 중령, 대령"을 "영관(領官)급 장교", "(준장), 소장, 중장, 대장"을 "장관(將官이고, 長官이 아님, 長官은 minister)급 장교"라 하고 이보다 훨씬 위에 "원수(元帥)"란 계급이 있는데, 원수의 mark는 별(star) 5개가 5각형으로 되어 있다. (소장인 별2개에서 대장인 별4개까지는 일직선상에 있다.)

(준장), 소장에서 대장까지를 장군이라 하고, 원수는 이와 비교할 수 없이 높은 별개의 계급으로, 대장과 원수의 차이는 위관급과 장군과의 차이보다 훨씬 크다.

장군(將軍, general)은 장교 약 200명당(우리나라에서는 150명당) 1명으로 우리나라에서도 한 시점(時點)에서 500명은 될 것이고 전 세계적으로는 매우 많아 수만 명도 넘을텐데, '원수(元帥, marshal)'란 계급(階級)은 한 세기(世紀, century, 100년) 동안 전 세계적으로 불과 몇 안 되는 전시(戰時) 하(下)에 존재하는 계급이다.

2차 대전 때 "사막의 여우"로 불리우던 독일의 "로멜(Rommel)장군"이 나중에 Hitler로부터 원수계급을 받았고, 1950년 한국전쟁 때 "맥아더"는 직위로는 "UN군 최고사령관"이고 계급으로는 "원수"이었다.

따라서 "맥아더 사령관" 또는 "맥아더 원수"라야 하는데 모두가 "맥아더 장군"이라고 잘못 얘기하고 있는 것이다.

(6) 이순신(李舜臣) 장군

모두가 다 이순신 장군이라고 하는데 이것도 틀린 말이다.

(준장), 소장에서 대장까지의 "장관급 장교(將官及 將校)를 육군, 공군, 해병에서는 장군(將軍)이라 하고, 해군에서는 제독(提督)이라 하고 영어로는 장군은 "general", 제독은 "admiral"이라 하고, 원수(元帥)계급은 "marshal"이라 한다.

영국 해군의 유명한 Nelson은 "Nelson 제독"이지 "Nelson 장군"이라고 하지 않는다.

이순신은 직위로는 "전라좌수사"(지금으로는 아마 "제2함대 사령관")에서 후에 "삼도 수군통제사(지금의 해군참모총장)"에 해당되고 직급은 "제독"이다.

이순신이 육군이라고 생각하는 사람도 없을 것이요, 해군이었다는 것을 모르는 사람도 없을 터인데 교과서에서이건, 신문에서이건 왜 모두가 이순신장군이라고 하는지 모르겠다.

(7) 호치키스(Hotchkiss)

"U字"형(型)의 철사로 뚫어서 종이를 묶는 제본기(製本器)를 흔히 "호치키스"라고 하는데 이를 "제본기" 또는 "stapler"라고 해야 한다. stapler(제본기)는 일반명사이고 호치키스는 그 제품을 만들어낸 회사이름인 것이다.

(8) 정종(正宗)

정종은 고려 또는 이조 때의 왕의 이름이 아니라 일본에서 생산되는 청주(淸酒)의 한 가지 상품명이다.

우리나라 술을 정종이라고 흔히 말하는데 이것은 맞지 않다.

청주란 맥주, 소주처럼 술의 한 가지 종류로서 alcohol 농도가 과거에는 16 vol%, 지금은 우리나라에서는 14 vol%인 곡식으로 빚은 술이다(일본에서는 16 vol%).

백화수복, 경주법주, 화랑 등이 우리나라 청주의 예(例)이며, 정종(正宗)이란 이처럼 일본 청주의 한 가지 상품명이다.

따라서 우리나라 청주를 일본상품 이름으로 부르는 것은 틀린 것이다.

(9) Coffee Pream

커피를 타 마실 때에 단맛이 없고 맛을 부드럽게 하는 비낙농품(非酪農品, non-dairy product)의 가루우유 같은 것을 흔히 프림이라고 하는데, 이러한 것을 cream이라고 하며 프림(pream)은 cream을 생산하는 한 회사의 상품명이므로 cream(크림)이라고 해야 한다.

(10) 자동차 핸들(handle)

자동차 운전석의 방향을 조절하는 둥그런 바퀴를 흔히 핸들이라고 하는데 이는 잘못 말하는 것이다.

핸들(handle)이란 버스나 전동차에서처럼 몸을 지탱하기 위하여 잡는 손잡이를 말하며 손으로 잡고 조종하는 바퀴를 륜(輪, wheel)이라 하고 자동차나 선박에서처럼 방향을 조종하는 바퀴를 조종륜(操縱輪, steering wheel)이라 한다.

(11) 주사기(注射器)의 Piston

지금은 주사기가 주로 plastic 일회용이어서 안쪽부분과 바깥쪽부분이 분리가 잘 안되지만, 유리주사기는 분리가 잘 되고 분리하여 세척하고 안쪽부분은 흔히 봉합사 등을 감아서 소독하는 데에도 쓰인다.

이때에 주사기의 안쪽부분을 piston이라고 흔히 말하는데 이것은 잘못이다.

차의 engine 즉 원동기처럼 바깥부분과 안쪽부분이 꼭 맞아서 왕복운동을 하면서 동력(動力)을 발생할 때에 바깥쪽을 기통(汽筒, cylinder), 안쪽부분을 활색(活塞, piston)이라 하고, 주사기(注射器)처럼 왕복하면서 동력을 발생하지 않을 때에는 바깥부분을 통(筒, barrel), 안쪽부분을 돌입자(突入子, plunger)라고 한다.

따라서 주사기의 안쪽은 plunger 이지 piston 이 아니다.

자동차 엔진에서 4기통엔진, 6기통엔진이라 하는 것은 이 cylinder의 수에 따라 얘기하는 것이다.

(12) 수술 bed

수술실에서 환자를 눕혀 놓고 수술하는 대(臺)를 흔히 침대(寢臺, bed)라고 하는데 이것은 틀린 말이며, 수술대(手術臺, operation table)라고 해야 한다.

단순히 누워서 휴식을 취하거나 잠자는 목적으로 쓰일 때에는 bed 라고 하고, 수술이나 작업하기 위하여 만들어진 것은 table (臺)이라고 한다.

(13) 수술기구 중 전기소작기(電氣燒灼機)에서의 보비(Bovie)

수술 시에 사용하는 전기소작기를 흔히 보비라고 하는데 이것도 잘못이다.

수술 시에 전기를 사용하는 기구가 많은데 그 중 대표적인 것이 지혈(止血)을 목적으로 하는 전기응고기(電氣凝固機, electrocoagulator)이다.

대개 이것은 같은 기구에 전기절개기(電氣切開機, electrocutter)와 같이 있어서 이를 총칭하여 전기수술장치(electrosurgical unit)라 하며, Bovie는 이러한 제품을 만들어낸 대표적인 회사의 상품명(商品名)이다.

따라서 "electrosurgical unit" 또는 "electrocoagulator"라고 해야지 Bovie라고 하면 다른 회사제품에 대하여는 틀린 말이다.

(14) 성명(姓名)을 "한문(漢文)"으로

하나의 문자(文字, letter) 또는 단어(單語, word)는 "한자(漢字)"라고 하고, 하나의 문장(文章, sentence)은 "한문(漢文)"이라 한다.

따라서 "이름을 한문으로 쓰다"는 틀린 말이며, "이름을 한자로 쓰다"라고 해야 맞는 말이다.

이것은 "이름을 영자(英字, alphabet)로 쓰다"로 하지 "이름을 영문(英文, English sentence)으로 쓰다"로 하지 않으며, 신문에는 주로 문장으로 쓰여 있지만 단어만으로 되어있는 것도 있어서, 영어로 쓴 신문을 "영자신문"이라 하지 "영문신문"이라 하지 않는 것도 이와 마찬가지이다.

(15) 직위(職位)기재 난에 교수, 부교수

이것은 맞지 않다. 흔히 직위(職位)와 직급(職級)을 혼돈(混沌)하여 바꿔 쓰는데 그 뜻이 다르다.

"직위"란 어느 부서에서의 자리의 "위치"를 나타내는 단어로 예를 들면 행정부서에서 국장, 과장, 계장, 대학교에서 총장, 학장, 교무처장, 학생처장, 교무과장, 학생과장, 학과장, 서무과장, 병원에서 원장, 부원장, 진료처장, 교육연구부장, 사무국장, 관리부장등이며, 직급이란 관공서, 행정직에서는 1급(관리관, 管理官), 2급(이사관, 理事官), 3급(부이사관, 副理事官), 4급(서기관, 書記官), 5급(사무관, 事務官), 6급(주사, 主事), 7급(수사보, 主事補), 8급(서기, 書記), 9급(서기보, 書記補), 기술직에서는 2급(기감, 技監), 3급(부기감, 副技監), 4급(기정, 技正), 5급(기좌, 技佐), 6급(기사, 技士), 7급(기사보, 技士補), 8급(기원, 技員), 9급(기원보, 技員補), 대학에서는 교수, 부교수, 조교수, 전임강사 등 이러한 것이 직급이다.

따라서 교수, 부교수를 직위라 함은 틀린 것이며 직급이라고 해야 맞다.

註: 해방후 대한민국정부수립부터 1970년대(年代)까지는 공무원의 직급은 1급부터 5급까지 이었으며, 2급부터 5급까지는 갑(甲), 을(乙)로 하여 9등급이었던 것을, 갑·을을 없애고 풀어서 1급부터 9급까지 하여 오늘에 이르고 있으며, 위에 적은 기술직에서의 직급은 1990년대 YS정권 때에 행정직과 통합되었다.

예(例)를 들면, 간호직(看護職)에서 4급은 "간호기정"에서 "간호서기관"으로 되었다.

(16) 우리나라 정부기구에서의 부총리

정부기구에서의 장관, 차관은 앞에 언급한 1급에서 9급까지와 달리 별정직으로 임기나 정년이 없고, 직위이면서 동시에 직급도 내포(內包)한다고 볼 수 있으며 회사체제에서는 1~9급은 직원에 해당되고, 장·차관은 이사(理事)인 임원(任員)에 해당된다고 할 수 있다.

입법, 사법, 행정의 3권 분립에서 행정부수반(首班)을 국무총리라 하고 업무부서별로 장관을 두고 있으며 국무위원이라 하는데 국가에 "경제"분야가 중요하다하여 경제기획원장관을 부총리라 하여 경제기획원의 위치를 격상시켰고 이어서 통일원과 교육부도 높여야 한다고 하여 부총리라 하게 되었다.

어떠한 직위의 다음번 자리를 표시할 때에 대개 단어 앞에 "부(副)" 또는 "차(次)"자(字)를 쓰거나, 단어 뒤에 "보(補)"글자를 쓰는데, 예를 들면 "부(副)"자(字)는 "회장-부회장, 원장-부원장, 부장-부부장, 반장-부반장"등에서처럼 부회장이나 부원장은 회장이나 원장의 직속기구인 비서실이나 홍보실을 제외하고는 모든 부서를 거느린다.

병원의 예를 들면 부원장과 진료처장 또는 진료부장과는 전혀 달라서 부원장이라 하면 비서실이나 홍보실 등 원장직속부서 이외에는 진료부 뿐 아니라 간호부, 사무국까지 관장하는데, 진료처장이나 진료부장이라 하면 오직 진료부만 관할하고 간호부나 사무국은 동격으로서 관할영역외이다.

"차(次)"글자는 직위의 의미로서는 "장관-차관, 부장-차장"이외에는 별로 안 쓰이고, 대개는 같은 직위의 후임자를 칭(稱)할 때에 "기(期)"자(字)를 넣어 쓴다.

즉 차기총장, 차기학장, 차기원장, 차기회장처럼.

"보(補)"자(字)는 직무상 돕는(보좌하는)의미에서 다음 자리를 표시할 때 쓰이는데 예를 들면 대학에서 교무를 담당하는 자리 즉 교무과장을 "교무담당 학장보(지금 말로는 부학장)" 학생과장에 해당되는 자리를 "학생담당 학장보(지금말로는 부학장)" 차관을 보좌하는 자리를 "-차관보"라고 한다.

조선시대의 정부기구의 직급과 비교하면 그 때의 직급이 "정일품(正一品), 종일품(從一品)"에서부터 "정구품(正九品), 종구품(從九品)"까지가 현재의 우리나라의 공무원 체계의 "1급"에서부터 "9급"까지와 똑같다.

과거에는 1급에서 5급까지 이었고 2급부터 5급까지는 갑(甲), 을(乙)로 나뉘어 있어 역시 9급이었는데 1970년대에 "갑"과 "을"을 없애고 풀어서 숫자로 나열하여 1급에서 9급까지가 되었다.

이조시대의 직위로는 "3정승(政丞)" 즉 "영의정, 좌의정, 우의정"이 있었고 그 밑에 "이조(吏曹), 호조(戶曹), 예조(禮曺), 병조(兵曹), 형조(刑曹), 공조(工曹)"의 6부가 있고 각각의 책임자를 "판서(判書)"라 하고, 그 밑에 "참판(參判)"이라 하였으니 오늘날과 비교하면, 판서가 장관이요, 참판이 차관(발음도 참판과 비슷하다)이 된다.

그러면 영의정은 국무총리요, 좌의정과 우의정은 부총리로서, 좌의정은 영의정 밑에서 "이조, 호조, 예조" 3부를 거느리고, 우의정은 마찬가지로 영의정 밑에서 "병조(국방부), 형조(법무부), 공조(건설교통부, 과기처)"를 거느리고 있었다.

이러한 의미에서 보면 "부총리"란 총리와 장관과의 사이에서 즉 총리 밑에서 총리를 보좌하고 장관위에서 장관을 거느리고 관할하는 자리인데 보통 장관보다는 직급을 더 우대한다는 의미에서 그렇게 말하였을 텐데, 총리 밑에서 외무부, 내무부등 아무 부서도 거느리지 않고 실제 업무상으로는 다른 부서와 똑같으면서 부총리라 함은 적절한 단어라고 할 수 없는 것이다.

(17) 3월 2일, 10월 2일 발령일자(직무기간의 경계일자, 시간)

과거에 관공서에서의 중앙부서(예를 들면 외무부, 내무부등)에서의 발령일자는 매달 1일, 11일, 21일을 기준으로 하였고 그 예하부서(예, 대학교, 대학 등)에서는 이와 상관없이 편의대로 하였으며, 첫 달 보수는 일용직이 아니고 성규직이라도 발령 시에는 발령받은 날짜부터 계산하여 지급하는데 예를 들면 3월 9일자 발령이면 1달 분치의 31일에서 8일을 공제한 23일분을 지급하고, 퇴직 시에는 정규직에서는 하루이상 근무하면 한 달분을 지급하고, 일용직에서는 일한 날짜를 계산하여 지급한다.

그런데 이러한 것은 개인적인 사항일 때이고 공적으로 한 달 전체의 기간을 정할 때에는 발령 일자를 3월 1일이나 10월 1일은 국경일 또는 공휴일이라 하여 "2"일자로 발령함은 잘못된 것이다(여러 해전에 10월 1일 국군의 날은 공휴일에서 제외됨).

예를 들면 학교에서의 연도는 1962년부터는 3월초에서 이듬해 2월말까지 인데 이것을 3월 1일이 공휴일이라 하여 3월 2일~다음해 2월 28일(또는 29일)로 하지 않고 3월 1일~다음해 2월 28일(또는 29일)로 해야 한다.

대학병원이나 수련병원에서의 인턴, 레지던트의 수련기간, 전임의(fellow)의 근무기간도 마찬가지이다.

몇 해 전에 내가 있던 기관에서 전임의 발령 일자를 3월 2일로 하고 다음해 2월말에 끝난 것으로 하였더니, 전임강사 지원 서류에 지원요건 중에 "전임의 1년"이라고 있는데 1년 중에 하루가 모자라 곤란해 하는 것을 보고 고소(苦笑, 쓴웃음)를 금(禁)하지 못하였다.

당연히 발령 일자를 3월 1일로 했어야 했는데 이것은 행정(行政)의 기본지식을 전(全)혀 몰라서 그러한 일이 생긴 것이다.

참고로 학교처럼 2월말에 끝나고, 3월에 후임자가 시작될 때에 근무시간이 아닌 2월 28일(29일) 18:00시부터 3월 2일 09:00시까지의 39시간의 기간에는 그 기관에 책임자가 없을까?

그 부서는 계속 가동되고 있는데 조종사가 없는 항공기가 운행하는 것일까? 그렇지 않다.

이 기간 중에 화재나 도난사건이 생기면 2월 28일(29일) 24:00시까지는 전임자가, 3월1일 00:00시부터는 취임하기 전이지만 후임자가 책임자가 되는데, 이것은 근무마감 시점은 그날 24:00시까지이고, 근무시점은 그 날짜의 00:00시 부터이기 때문이다.

이 경우는 날짜가 연속일 때이고, 전임자가 끝나고 후임자의 발령일자가 연속이 아니고 날짜의 공백(空白)이 있으면 그 부서의 제2인자가 지휘권과 책임을 맡는 것이다.

또 다른 예를 들면 자동차 종합보험이 1981년에 처음 생겼을 때에 오랫동안 보험기간의 경계를 18:00시로 하였다.

그리하여 어느 날 14:00시에 보험 계약서를 체결하고 보험금을 지불하였으면 그 보험효력이 18:00시 이후에 발효되어 보험계약을 체결하였다 하여도 그날 18:00시 이전의 사고에 대하여는 보험혜택을 못 받았다.

그러던 것이 그 후에 신차(新車)에서는 계약시점(契約時點)에서부터, 중고차에서는 책임보험은 계약시점부터, 종합보험은 24:00시(時)부터 발효하게 되었다.

먼저의 것은 관공서나 공공기관의 근무시점의 경계를 말한 것이고, 자동차 보험효력기간처럼 기타의 사항은 각각의 정해 놓은 약관(約款)을 보아야 한다.

예를 들면 남의 집에 세(貰)를 들 때에 전세금 또는 보증금을 보호받기 위하여 동사무소(주민센터)에 가서 임대차 계약서에 "확정일자"를 하고 동사무소(주민센터) 장부에 기재하는데, 전세금이나 보증금을 지불할 때까지는 그 건물의 등기부 "을부(乙部)"에 근저당설정이 전혀 없었지만, 그 시점 이후의 그 날짜에 근저당 설정을 하면 확정일자를 먼저 하였어도 근저당 설정보다 후순위가 되어 설정해 놓은 담보를 제하고 나머지 금액이 있어야 그 한도 내에서 보호받을 수 있고 없으면 전혀 보호받지 못한다.

따라서 근저당 설정이 전혀 없는 상태에서 확정일자를 하였다고 안심할 것이 아니라 그리하였어도 때로는 한 푼도 건지지 못한다.

그러면 근저당 설정이 전혀 없을 때에 확정일자를 먼저 해 놓고도 왜 이렇게 한 푼도 못 건지는 황당한 일이 발생할까? 그것은 집주인이 전세금이나 보증금을 받고 나서 그 날짜에 곧바로 근저당 설정을 하면 근저당권은 설정한 그날 그 순간부터 효력을 발생하고 확정일자 보호는 그 다음날부터야 효력을 발생하도록 관계법령을 해 놓았기 때문인 것이다. 사회의 제도는 악인(惡人)이 발을 못 부치고 선량한 사람을 보호해야 하는데, 우리사회는 이처럼 악인이 활개치고 선량(善良)한 사람이 피해보게 만든 것이다.

(18) 속도(速度)와 속력(速力)

이 두 가지 단어를 대개 같은 의미로 혼용(混用)하는데 이 두 단어는 의미가 나르다.

즉 물리학적인 용어로 속력은 scalar 양(量)으로서 크기만을 나타내는 단어이고, 속도는 ①작용점, ②작용방향과 ③크기 이 3가지를 나타내는 vector 양(量)이므로 속도는 방향을 포함하고 속력은 방향을 포함하지 않은 단어이다.

(19) "변화"가 곧 "향상(向上)"

우리는 흔히 "변화해야 한다"고 계속 변화를 주장하고 외치며, 그대로 있으면 퇴보하는 것이고 뜯어 고치면 일을 한 실적이고 또한 발전하는 것이라고 믿고 있다.

그런데 이것은 너무나 잘못되고 위험한 생각이다.

왜냐하면 "변화"란 것은 현 상태를 그대로 유지하는 것이 아니고 "바꾸는 것"으로, 이것은 향상(개선) 될 수도 있고, 변화시켜도 결국은 마찬가지일 수도 있고, 반대로 퇴보(개악, 改惡)도 될 수 있기 때문이다.

나쁘게 되면 그대로 유지하는 것 보다 오히려 훨씬 못 하다는 것을 우리는 알아야 한다.

변화가 곧 향상을 의미하는 것은 아니다.

변화를 시켜서 좋아지기는커녕 오히려 더 나빠진 것을 너무나 많이 보아오지 않았는가? 그래도 무조건 "변화"만 외칠 것인가?

(20) 옛날 것은 틀린 것, 새로운 것은 옳은 것

앞서 독일식의 생활방식에서도 말한 것처럼 독일인들은 신중하여 한번 변화시킬 때에 다(多)각도로 검토하고 깊이깊이 생각하여 결정하는데 우리나라 사람들은 대개 즉흥적으로, 이 닦다가도, 밥 먹다가도, 소변보다가도 어떠한 생각이 떠오르면 옛날 것은 다 틀리고 새로운 것은 다 맞는다고 하고 즉석에서 결정하여 바꾼다.

변화라는 것은 모든 것이 향상과 개선이 아니고 종종 그 반대인 "개악(改惡)"이 되므로 신중해야 한다.

변화하고 발전하는 국면(局面)에 신속히 대처하고 새로운 지식을 받아들이지 못하면 남보다 뒤떨어지지만, 그렇다고 하여 과거의 것은 전부 틀리고 새로운 것은 전부 옳다는 것은 잘못되어도 너무나 잘못된 것이고 위험한 발상이고 판단이다.

왜 그런가 하면 과거의 것은 오랜 기간 검증을 거치면서 잘못된 것은 폐기되고 (abandoned), 옳은 것만이 현재까지 지탱(支撑)하고(sustained), 남아있어(remained), 살아있는 것이다(survive). 새로운 것은 이론과 주장이 아무리 그럴듯하다 하여도 아직 충분한 검증을 거치지 못하였으므로, 잘못된 것으로 판명(判明)되면 폐기(廢棄)될 것이 많기 때문이다.

두세 가지 예를 들면 1970년대 초(初), 미국에서 여성에서 생리대(生理帶)보다 훨씬 간편한 "질 탬폰(膣 tampon)"이 개발되어 전 세계를 떠들썩하게 하고 미국

FDA에도 통과되어 판매 유통되고 우리나라에도 막 상륙하였다.

나는 아니라고 하였다. 미국에서 개발되었고, FDA에도 통과되고 전 세계가 떠들썩한다하여도 나는 아니라고 하였다. 그것은 말이 안 된다는 얘기이다.

원칙에 맞지 않기 때문이다.

간편하다고 자궁내막에서 밖으로 흘러나온 피를 질(膣)에서 막아 놓다니.

미인 경시대회(contest)에 나가거나 수영하느라고 한두 시간이면 몰라도.

왜냐하면 정체(停滯, stasis)되면 감염(感染, infection)되고, 염증(炎症, inflammation)이 생기고 부패(腐敗, decay)됨은 자연의 진리(眞理)이다. 정체되면 썩는 것이다.

흐르는 물은 깨끗하고 물이 웅덩이에 고이면 썩고, 대변이 대장에 있기 때문에 세균이 번식하고 냄새가 나는 것이 아니라 정체되어 있기 때문이다.

소장도 장 폐쇄로 장 내용물이 정체되면 대장에서와 똑같이 냄새나는 대변이 되는 것이다.

나는 1980년 전후하여 의학과 3학년 학생들과 졸업여행을 여러 번 갔었는데 한 번은 해인사로 갔었을 때이었다. 그곳에서 어느 스님이 설명하는 것을 들었다

몇 해 전에 독일과학자들이 8만대장경을 다른 곳에 항온, 항습장치 등 최신과학기술을 써서 설치하고 이전하였는데, 계속 곰팡이가 나고 썩어서 원래의 지금 자리에 다시 옮겨 놓았더니 전혀 괜찮았으며, 현재 대장경이 있는 곳은 정확히 가야산 정상까지의 해발 중간지점으로 서로 반대방향에서 불어오는 맞바람이 회오리(와류, 渦流, whirl)치는 곳이라 통풍(通風)이 가장 잘 되는 곳이라는 것이다.

그리고 또한 바닥에 놓아두는 것이 아니라 시렁(架)위에 올려놓아 바닥과 공간이 있어 통풍과 환기가 가장 잘 되게 히고 있다.

이미 1,000 여 년 전에 지금사람 이상으로 잘 배려하여 놓아 그 기나긴 기간 동안 건재한 것이다.

자궁내막이 그대로 자궁에 붙어 있어 혈액순환이 되어 세포가 살아 있으면 상관없지만, 생리란 일단 자궁내막이 자궁에서 분리되어 생명력(vitality)이 없는 조직이 혈액과 함께 흘러나오는 것인데 질(膣, vagina)을 탬폰(tampon)으로 막아놓아 이것을 자궁강(子宮腔)내에 정체, 저류시키면 염증이 생겨 부패되므로 안 된다는 것이다.

그런데 아니나 다를까 불과 얼마 못가서 일간지 신문에 크게 보도 되었다.

그 사용이 미국에서 금지, 폐기되었다는 것이다.

그 이유는 원인불명으로 사망한 여러 명의 젊은 여자를 부검(剖檢, 시체해부)하였더니 전부 질탬폰을 사용한 사람으로 자궁내염증→부패→패혈증으로 사망한 것이 발표되었기 때문이었다.

나는 그러한 발표 훨씬 전에 그렇게 되리라는 것을 확신하고 있었던 것이다.

(지금 기성세대의 사람들은 그때의 사건을 신문지상과 TV 등을 통하여 잘 알 것이다.)

1980년대에는 난데없이 일본의 박사, 대학교수가 개발하였다고 하면서 자석담요, 자석목걸이, 자석팔찌가 몸에 좋다고 하여 이것을 몸에 부착하거나 자석담요를 사용하는 것이 우리나라에도 크게 유행하였다.

자석담요는 35만원, 자석팔찌는 120여만원을 호가(呼價)하였는데 날개 돋힌 듯이 판매되었다.

그런데 그것이 사람에 따라서는 안 맞는 사람이 있다고 하면서.

나는 그것도 아니라고 하였다. 미국의 FDA에서 공인 받았거나 일본의 박사가, 일본의 대학교수가 아무리 주장한다고 하여도 나는 이치적으로 보아 아니라고 하였다.

(나의 어머님께서도 그것을 쓰시고 싶다고 말씀은 안 하셨지만 눈치로 보아 관심이 있어 하시기에 사드리지 않으면 성의가 없는 것 같아 자석담요를 사 드렸다.

그러나 두어 번 쓰시고는 더 이상 쓰시지 않으셔서, 아까워서 내가 써보았다. 나도 두어번 사용해 보고 버렸다. 오히려 몸이 찌부둥해지기 때문이었다.)

그것이 안 된다는 나의 이론은 아주 간단하였다.

지구자체가 하나의 커다란 자석이다.

지구의 북극과 남극을 연결하는 축(軸)과 11.5° 편향(偏向)된 자력선이 지리상북극(地理上北極, 자기남극 磁氣南極)에서 지리상남극(地理上南極, 자기북극 磁氣北極)으로 흐르는데 몸에 자석(磁石)을 부착하거나 담요를 깔면 지구의 자력선과 몸에 부착된 자력선이 평행하면 신체의 세포, 조직, 기관의 기능이 항진된다고 하면, 정반대이면 기능이 억제가 될 것이고 각도를 이루면 신체기능에 교란(攪亂)이 올 것이라고.

이것은 역시 맞는 말이다. 몸에 부착하거나 자석담요가 몸에 맞지 않을 때가 있다는 것은 자력선이 반대이거나 각도를 이루는 때인 것이다.

암에 관한 의학적인 예를 들면 1990년대 초에 현미경으로 암세포를 관찰한 소견 중에 유통세포측정법(流通細胞測定法, flow cytometry)에 관한 것이 발표되어 이것으로써 암조직의 예후는 거울 보듯이 알 수 있는 것처럼 여겨졌고 학회에서도 이러한 발표가 없으면 학문하는 것 같이 여겨지지 않았으며, 1990년대 중반기에는 angiostatin, endostatin 이 발표되면서 이것이 암 조직으로 가는 혈관을 선택적으로 차단하여 암조직의 성장과 진행을 억제하고 나아가서는 암 조직을 괴사(壞死, necrosis)시킬 수 있다고 전 세계를 떠들썩하게 하였고 Nobel상을 받을 것이란 얘기와 함께 암 치료의 정복은 이제 눈앞에 다가온 듯 보였으나 이상 열거한 이 몇 가지 모두가 수명이 2년을 가지 못하여 증발(蒸發)해 버린 것이다.

마지막 경우에는 암세포에 표지판을 부착 시키거나(tagging) 암세포에만 선택적으로 유전자 조작을 하지 않는 이상 정상조직의 혈관은 제외되고 암 조직으로 가는 혈관만 차단시키기는 곤란하기 때문이다.

(21) 눈으로 보아야 믿는다.

우리는 보통 눈으로 본 것은 믿고 안 본 것은 믿지 않는다.

그러나 그렇지 않다.

옛날 학생시절에 내가 동료에게 무슨 얘기 하였더니 "너 그것을 보았느냐? 네가 보지도 않고 어떻게 그렇다고 얘기하는가?"라고 하기에 나는 "보았다고 믿고 안 보았다고 안 믿는가? 너 초등학교 때에 요술쟁이 구경한 적이 있지? 두 눈으로 똑바로 보았는데 과연 그것이 그러한가?

깜쪽같이 속이지? 보있어도 아닌 깃이 있고, 안 보았어도 이치적으로 그러하면 그런 것이다."라고 말하였다. 역시 그렇다.

눈으로 보았다고 다 그런 것은 아니다. 그 이유는 우선 착시(錯視)가 있고 그 외에 속임수가 있는 것이다. 보았다고 다 그러한 것이 아니고 안 보았어도 이치적(理致的)으로 그러하면 그런 것이다.

역시 예전의 공자(孔子)말씀이 맞다.

"생이지지, 학이지지, 무불통지(生而知之, 學而知之, 無不通之, 태어나면서 알고, 배워서 아니, 통하지 않는 것이 없다.)"이다.

경험(經驗, experience, Erfahren)은 체험(體驗, Erleben)과 다르다.

경험이란 영어로 experience, 독일어로 Erfahren이라 하여 선험적(先驗的)으로 알고, 생각하여 알고, 배워서 알고, 몸소 겪어 보아서 아는 모든 것을 총칭(總稱)하는 것이고, 체험이란 독일어로 Erleben이라 하여 몸소 겪어 보아 아는 것이다.

예를 들면 끓는 물에 손을 넣으면 화상 입는다 하는 사실은 생각해보고 알거나 배워서 알거나 몸소 겪어 보아 아는 모든 것을 일컬어 경험이라 하고, 실제로 끓는 물에 손을 넣어서 화상을 입어보아 아는 것이 체험인 것이다.

생이지지(生而知之)란 선험적 지식(先驗的 知識)으로 경험하기 이전의 태어나면서부터 아는 지식이다.

예를 들면 나는 이렇게 질문한 적이 있었다.

노인의 피부가 갓난아기 피부보다 두꺼운데 피부를 잘라서 자로 재보지 않았는데 어떻게 그것을 알까?

Equus등 중형차의 차체 두께가 Tico같은 소형차의 두께보다 두꺼운 것을 철판을 잘라내어 미세측정기(micrometer)로 측정해 보지 않고서 어떻게 그것을 알까? 이것이 선험적 지식인 것이다.

(22) 식품의 일자표기와 내용표기

우리나라에서는 식품의 일자(日字)표기를 과거에는 제조일자와 유통기간(예, 제조일로부터 1년 등)을 표기하던 것을 1980년대에 폐기일자만 쓰는 것으로 바꾸었다.

그것은 서울의 모대학 경제학 교수가 정계(政界)로 들어가 경제수석도 하고 보사부 장관할 때에 외국에서는 폐기일자를 표시하는데 우리나라에서는 제조일자를 쓰고 있어서 우리나라도 외국처럼 폐기일자를 쓰게 한다고 바꾼 것이 현재에 이르고 있다.

그런데 이것은 틀린 얘기이다.

외국에서는 식품이나 약품에 제조일자(製造日字, date of manufacture)와 폐기일자(廢棄日字, date of expiration) 이 두 가지를 반듯이 표기하다가 선진국에서도 근래에는 "만기일자" 한 가지만 표기하기도 하는데 이때에도 언제나 "만기일자(date of expiration, exp. date)"란 단어를 쓰고 일자(日字) (년월일)를 표기하지, 우리나라에서처럼 아무 문자없이 "날자"만 써서 이것이 제조일자인지 만기일자인지 모르게 하는 경우는 결(決)코 없는 것이다.

이렇게 한 가지만 쓸 때에는 대개 만기 일자를 쓰지만 때로는 제조일자 한가지만 도 쓰기 때문에, 날자가 아직 도래(到來)하지 않았으면 즉 미래이면 만기일자일 것이고(제조일자를 미래로는 하지 않을 것이니까), 일자가 과거이면 제조일자인지 만기일자인지 전(全)혀 알 수가 없어 오직 추정(推定)할 따름이다.

참고로 유통기한이 생수(生水, mineral water)는 2년이고 맥주(麥酒, lager beer)는 1년인데 일부 생수나 맥주는 병입일자(甁入日字, date of bottling)와 만기일자 모두 표기하고 있다.

설사 폐기일자이내라고 하여도 저장, 보관방법에 따라 폐기일자가 훨씬 단축되기도 하는데. 미국에서 공부하고 서독에서 Doktor 학위 받고서도, 한 국가의 정책을 이렇게 잘못 이끌어 간 것이다.

그리고 이러한 것 이외에 신문이나 TV에서 유통기간이 지난 식품이 수거되면 폐기처분하여야 하는데 제조일자만 다시 바꾸어 다시 유통시키는 것이 있다고 보도되고 있다.

종이팩의 우유를 보면 ink를 지우고 다시 일자를 기재하기도 하고, 압박하여 쓴 글자를 압착기로 다시 눌러 펴고 그 위에 다시 글자를 눌러서 쓴 것을 보기도 한다.

그러나 이렇게 비양심적으로 하여도 제대로 얘기하는 사람도 없고 이러한 것을 찾아내어 처벌하였다는 발표도 없고 기껏해야 저녁 9시 뉴스시간에 잠시 나올 뿐이다.

그리고 이러한 일자표기 이외에 식품의 내용과 용량표기가 외국에서는 보기 쉬운 곳에, 눈에 잘 띄게 쓰여 있는데 우리나라 제품에서는 대개 찾아보기가 힘들게 쓰여 있다.

표기하도록 되어 있으니까 쓰긴 쓰지만 찾아보기 힘든 곳에 작게 쓰여 있다.

선진국에서는 소비자가 얼른 알 수 있게 표기하고, 우리나라에서는 표기하지 않으면 위법이니까 표기는 하되 깨알처럼 작게 써서 깊은 곳에 숨겨놓아 소비자가 찾기 곤난하게 한 것이 정반대이다.

식품의 성분에 관하여 한 가지 예를 들면 우유나 cheese는 독일에서는 용량이외에 지방(脂肪, fat)의 양을 크게 표시하고 있다.

보통 우유는 지방이 1.5%이고 저(低)지방우유(low fat milk, fett arme Milch)는 지방이 0.5%라고 쓰여 있고, cheese도 보통은 지방함유가 45%인데 저(低)지방 cheese는 가격이 약간 더 비싸며 지방함유가 20~21%라고 표시하고 있는데 우리나라 제품에서는 이러한 것을 표기한 것을 본 일이 없다.

(23) 여권(passport)에서의 발행 장소 기재

관공서에서 발행하는 증명서류에는 반드시 해당되는 사람의 인적사항(성명, 성별, 생년월일, 여권번호 또는 주민등록번호 등)과 허가내용을 기재하고 이 서류를 발급한 일자(issued on), 유효기간(validated until 또는 through)과 함께 발급장소(issued at)가 필수적이다.

여권뿐 아니라 운전면허증도 기타 모든 것이 그렇다.

1979년 1월 1일부터 4달간 서독 München, 그리고 이어서 1년 6달 동안 서(西)Berlin, 그리고 1988년 4월부터 만 1년간 München대학에 있을 때에 공무출장으로 있었기 때문에 관용여권을 소지(所持)하였다.

여권을 내보이면 서독외무부 심사원은 자세히 보고 매번 물었다. 이 여권의 발급 장소가 어디냐고.

과연(果然) 아무리 찾아보아도 발급장소가 없다. 그리하여 나는 열심히 설명하였다.

일반여권은 여러 도시에서 발급하지만, 이 여권은 관용여권이고, 관용여권은 외무부에서만 발급되고, 외무부는 수도에 있고, 한국의 수도는 서울이니까 이 여권 발급 장소는 서울이라고.

담당공무원은 내 설명을 다 듣고, 못내 못마땅한 표정으로 할 수 없이 Stempel(stamp, 인장, 印章)을 찍어주는 것이다. 나는 민망스럽고 창피함을 느꼈다.

적어도 한 나라의 관용여권을 발급하는 외무부에서 이러한 국제적으로 중요한 여권을 발급하는데 이러한 기본상식도 없다고.

(24) 의사면허증이나 전문의자격증을 갱신(更新)할 때에

의사면허증이나 전문의자격증을 발급할 때에는 해당인의 인적사항(성명, 성별, 생년월일, 주민등록번호 등)과 면허나 자격 명칭과 함께 이것을 발급하게 된 경위, 즉 "언제 시행한 제 몇 회 의사국시 또는 제 몇 회 외과전문의 시험에 합격하였으므로 하는 경위"를 기재하고 발급일자, 유효기간이 있으면 유효기간, 그리고 발급부서와 발급인 또는 발급처(예, 보건복지부장관 또는 대한의사협회장), 발급장소(서울)를 반드시 기재하여야 한다.

그리고 어떤 연유(緣由)가 있어서 갱신(更新)할 때에는 그 내용에 "언제 시행한 제 몇 회 ○○시험통과"는 물론 그 외에 "구(舊)면허증(또는 자격증)의 번호와 처음 발급일자"를 반듯이 기재하여야 한다.

그런데 우리나라에서는 해방 후 1974년 9월, 10월에 고재필 보건사회부장관(조동수 의협회장) 때에 한번 의적부(醫籍簿)를 재정리 하였다.

의사 면허증

(인적사항)

위의 자에게 의사의 자격을 면허함

1974. 9. 24.

보건사회부장관 **고재필**

○○전문의 자격증

(인적사항)

○○과 전문의 자격을 인정함

1974년 10월 19일

보건사회부장관 **고재필**

이렇게 발급하여 언제 제 몇 회 ○○시험을 보았는지, 처음 발급일자가 어떤지 먼저 번호는 어떤지 구(舊) 면허증이나 사격증에 관한 내용은 전혀 없어 시험을 보았는지 안 보았는지도 알 수 없고 갱신(更新)한 날자만 써 있어 30년 전에 의대졸업하고 곧바로 의사가 된 사람은 졸업 30년 만에 의사가 된 것으로 되고, 20년 전에 레지던트 마치고 곧바로 전문의가 된 사람은 19년 동안 19번 전문의 시험에 떨어져 20년 만에 전문의가 된 것으로 되고만 것이다.

그리하여 외국에 번역하여 서류를 보낼 때에는 중견급의사라고 알았는데 그게 아니고 햇병아리 의사가 되어버렸고 집안에서도 남편이 10년 전에 레지던트 마치고, 곧바로 전문의가 되었는데도 왜 9번 떨어지고 10년만에 전문의가 되었느냐고 의아해하니 이러한 것을 설명하여도 집에서조차 의심이 제대로 풀리지 않는 것이다.

흔히 틀리게 쓰거나 말하는 것

(다만 면허증 뒷면에 고무도장으로 옛날 면허번호가 적혀 있을 뿐이니 이것이 무슨 소용 있으랴?)

모든 사람들은 어떠한 직책(예; 장관등)을 맡으면 이것이 크게 영광이라고 생각하지만 그것은 일을 제대로 할 때에 얘기이지 이렇게 엉터리를 하였을 때에는 두고 두고 욕(辱)이 된다는 것을 알아야 한다.

대전에서는 1985년까지 큰 거리의 신호등(信號燈)이 한번 고장(故障)나면 수리하는데 적어도 3일이 걸렸다. 물었더니 신호등을 손보는 기술자가 대전에는 없어서 서울에서 불러와야 하는데 3일 걸린다는 것이다.

국록(國祿)을 먹는 자(者)들이 그렇게 많은데 일하는 사람이 이렇게도 없다는 말인가? 한심하기 짝이 없으며 일국가(一國家)의 중요한 공적(公的)의 업무를 하는 사람들이 이렇게도 기본상식이 없는가? 놀랄 뿐이다.

(25) 소리 나는 대로 쓰기

중국문자인 "한자(漢字)"는 뜻을 나타내는 "표의문자(表意文字)"이고 "영자(英字)나 한글"은 음(音)을 나타내는 "표음문자(表音文字)"라고 하는데 이 표음문자라는 것이 음을 나타내지만 동시에 그 "음"에도 뜻이 있지, 뜻이 전혀 없는 것이 아니다.

따라서 소리 나는 대로만 쓴다는 것은 크게 잘못되고 위험한 얘기이다.

영어는 물론(勿論)이요, 독일어도 그렇고 불어에서도 "리에종(liaison, 연결발음, 연성(連聲)"이라 하여 앞뒤 문자에 따라 발음이 흔히 달라지는데, 그렇다고 문자를 바꿔서 발음 나는 대로 쓰지 않는다.)

(그렇게 되면 알아볼 수가 없는 것이다.)

우리말에 "국물"이라 쓰고 「궁물」이렇게 읽는 사람은 없다. 「궁물」이라고 읽는다.

표음문자라 하나 여기에는 「국에 있는 물(액체)」이란 뜻인데 이것을 발음 나는 대로 쓴다고. 「궁물」이라 하면 "(宮物), 궁중에서 쓰는 물건"이란 말인가?

"김내과의원"이라 쓰고 그대로 읽는 사람은 없다.

「김냇과, 김내꽈」로 읽지, 「김-내-과」라고 말하면 그게 무슨 말이냐고 하고 못 알아들을 것이다.

그래서 소리 나는 대로 쓴다고 「김내꽈의원」이라고 써야 한단 말인가?

「전라도」라 쓰고 「전-라도」라고 읽는 사람은 없다. 「절라도」라고 읽지.

여기에 「전(全)」 글자와 「라(羅)」 글자에 다 뜻이 있는데 소리 나는 대로 써야 한다고 「절라도」라고 써야 옳은가?

영문표기로는 그것도 모자라 「cholado」 즉 「철라도」 또는 「촐라도」라고 표기하고 있으니 참으로 웃음을 금(禁)할 수 없다.

(26) 영자표기(英字表記)

한나라의 문자를 원 발음과 똑같이 다른 나라 문자로 표기하기는 힘들다. 비교적 가까운 발음이 되게 표기할 뿐이다.

우선 모음(母音)을 영자(英字)로 표기한다면 "ㅑ"는 "ㅣ+ㅏ"이므로 "ia"라고 하면 되는데, "애"자는 글자의 모양을 분해하면 "ㅏ+ㅣ"이지만 "ㅏ(아)"와 "ㅣ(이)"를 열심히 빠르게 읽어도 "ㅐ(애)"가 되지 않는다. 따라서 "ㅐ"를 "a+i"로 쓰면 어디까지나 "아이"이지 이 "아이"가 "애"가 되지는 않는다. 그리하여 "현대"를 "Hyundai"라고 쓰니까 어디까지나 "현다이"이지 "현대"라고 읽는 외국인은 결코 없는 것이다.

참고로 우리나라의 모음을 영자로는 "아:a, 이:i, 우:u, 에:e, 오:o"로 하고 그 외에 "애"ae, 어"eo, 으:eu, 의:eui"로 약속하여 쓰고 있다.

그러면 "외, 왜"는 어떻게 쓸 것인가?

"외"와 "왜"는 우리나라 발음의 구별도 힘든데 영자로 구별하여 쓸 수는 없는 것이다.

"외, 왜"글자는 문자구조가 "오ㅣ이"또는 "오+애"로 보아 "oe"라고 쓰는데 모음구조를 분해하면 그런 것 같지만 어디까지나 "oe"는 "오"또는 "오이"발음이지 "외"나 "왜"가 되지 않는다.

("ai"가 "아이"이지 "애"가 아닌 것처럼)

비교적 가까운 발음으로 "wae"라고 적어야 한다.

우리말의 영자표기는 "매큔라이샤워(Mc Cune-Reischauer)" 식(式)을 쓰는데 1970년대에 문교부와 건설부에서 서로 다르게 써 왔다. 그리하여 관공서(문교부식)에서의 표기와 고속도로 표지판(건설부, 매큔라이샤워식)의 표기가 달랐다.

자음(子音)을 문교부에서는 「ㄱ→G, ㄷ→D, ㅂ→B, ㅈ→J」라고 썼고, 건설부에서는 「ㄱ→K, ㄷ→T, ㅂ→P, ㅈ→CH」라고 썼는데 「ㄱ」은 「G」글자와 발음이 똑같지는 않고 「G」보다는 조금 강한데 그렇다고 「K」라고 쓰면 더욱더 안 맞는다.

그런데 1980년대에 정부에서 원어민(原語民) 5사람을 불러서 「부산」을 영자로 쓰게 하였더니 5사람 중에 3사람이 「PUSAN」이라고 썼다고 「ㅂ」을 「P」라고 써야 한다고 하여 「ㄱ→K, ㄷ→T, ㅂ→P, ㅈ→CH」라고 오랫동안 표기하였다.

그래서 「경기도」는 「켕키도」가 되고 「대구」는 「태쿠」로, 「부산」은 「푸산」으로 「조치원(CHOCHIWON)」은 「초치원」, 「조지원」, 「조치원」, 「초지원」 이렇게 4가지로 읽게 된 것이다. 「CH」가 두 번 연속으로 있을 때에 앞 글자는 「ㅈ」으로, 뒤 글자는 「ㅊ」으로 읽어주기를 바라면서 그렇게 썼을 텐데 그것은 쓴 사람의 "희망사항"이지 그러한 규정도 없을뿐더러 아무도 그 희망사항을 알아주지 않는 것이다.

나는 수많이 그렇게 빈정거렸다.

「대구」를 「Taeku(태쿠)」라고 쓴다면 즉 「ㄷ」을 「T」로 쓴다면 「태안반도」의 「태」는 「TT」로 써야 하나?

「부산」의 「부」를 「Pu(푸)」라고 쓰면 「포항」을 「Ppohang」이라고 써야 하나라고.

약 20년 정도 그렇게 써오다가 몇 년 전에 다행히 제대로 쓰게 되었다.

지난 노동절에 처음으로 경상도 안동에 가게 되었다.

그 곳에서 「하회마을」을 방문하였는데 1999년에 영국여왕도 방문하였다고 외국인에게 크게 홍보하고 있었는데 낙동강 물이 마을을 끼고 돌아간다고 하여 "하회(河回)마을"이라 한 것을 영자표기로 「Hahoe」라고 쓰고 있고 "안내서"에도 그렇게 있어서 나는 설명해주는 안내인에게 얘기하였다.

「Hahoe」라고 쓰면 어디까지나 「하호이마을(베트남 도시이름 같음)」이지 「하회마을」이 아니라고.

원음에 가깝게 쓰려면 「Hahoe」가 아니라 「Hahwae」라고 써야 한다고.

(그는 종이에 써 달라고 하여 써 주었지만 고칠 것 같지는 않다.)

외대학원의 광고에 「외대」를 「oedae」라고 표기하고 있는데 이것은 어디까지나 「오으대학원」, 또는 「오이대학원」이지 「외대학원」은 아닌 것이다.

(27) 격(格, case, Kasus)과 조사(助詞, 前置詞, preposition, 토씨)의 사용

"격"이란 문장에서의 "주격(主格), 소유격(所有格), 목적격(目的格)" 등을 표시하며 정확히 써야 말의 내용이 맞는데 이것을 틀리게 쓰는 경우와 "전치사"를 잘못 쓰는 경우가 너무나 흔하다.

▌Addendum 18   2013. 10. 04

라틴어(Latin 語)의 문법(文法)에 명사(名詞, noun)의 격(格, case, Kasus) 은

제 1 격 : 주격 (主格, Nominativ) : 은 (는), 가(이)
제 2 격 : 속격 (屬格, Genitiv)   : 의   (소유격, 所有格)
제 3 격 : 여격 (與格, Dativ)   : 에게   (간접목적, 間接目的)
제 4 격 : 대격 (對格, Akkusativ) : 을 (를) (직접목적, 直接目的)
제 5 격 : 호격 (呼格, Vokativ)   : —야!, —여!
제 6 격 : 탈격 (奪格, Ablativ)   : —로부터

의 6격(格)인데, 독어(獨語)에서는 5격(格)이 1격(格)에 흡수되고, 6격(格)이 3격(格)에 흡수되어 4격(格)으로 되었고, 영어(英語)에서는 다시 3격(格)이 수여동사(授與動詞)를 쓸 때에 4격(格)에 흡수되어 "주격-소유격-목적격" 이렇게 3격(格)으로 되었다.

예를 들면 "너에게 받다"라고 하면 "에게"는 "여격(與格), Dativ)이므로 「--에게 주다」로 하여야 되고, 「받다」는 「--로부터 받다」로 하여 「--로 부터」는 「탈격(奪格, Ablativ, Latin어의 6格」으로 「--에게 받나」라는 말은 말이 되지 않는다. 서로 정반대의 얘기이다.

"--에게"라면 3격(格)으로 상대방에게 주는 것인데 내가 받다니, 받다라는 동사는 "--로부터" 즉 탈격(6格)을 써야하는데, 이 뜻이 무엇인지 알 수가 없다.

「--에게」에 초점을 두면 「주었다」는 내용이고, 「받았다」란 단어에 초점을 두면 「--로 부터」의 얘기인데 이렇게 정반대로 틀리게 쓰는 것이 너무 흔하여(보통 일간신문에도 그렇게), 어느덧 이렇게 틀리게 쓰는 것이 맞는 것처럼 되어 버렸다.

(28) 독일 Doktor가 박사?

독일에서의 이름 앞에 붙이는 칭호에는 남자에서는 "씨(氏, Mr. Herr)", 여자에서는 미성년자에는 "양(孃, Miss, Fräulein)", 성년여성(成年女性)에서는 "부인(夫人, 여사, 女史, Mrs. Frau)"이다.

"Frau"는 "Mrs." 또는 "Madam"과 달라서 결혼과는 상관없다.

우리나라는 미국식과 같아서 50대 미혼녀를 "부인"이라고 했다가는 남의 혼사길 망친다고 뺨 맞겠지만, 독일 사람들은 60대 교수가 20세 여학생에게 "부인(Frau)"이라고 한다. 이것은 결혼과는 상관없이 "성년이 된 여성을 대우"하는 호칭이다.

"Fraulein(양, 孃, Miss)"이라하면 애 취급하여 무시하는 것이 된다.

이러한 호칭 단어 다음에 붙는 칭호가 3가지가 있다. 하나는 "Doktor"이고 다음으로 "Priv. Dozent"와 "Professor"이다. 영어의 "doctor"는 크게 "의사"와 "박사" 두 가지 뜻이 있다.

유명한 Nobel 수상소설인 "닥터지바고"를 처음에는 "박사지바고"라고 번역하였다가 후에 그 내용을 보고, "박사"가 아니고 "의사"가 맞다고 하여 "의사지바고"로 바꾸었다.

미국에서의 의사란 "M.D."는 "Medical Doctor"의 약자(略字)이며 독일에서의 "Doktor"와 전혀 다르다.

독일에서의 "Doktor"는 대학학부를 졸업하면 우리나라처럼 모두가 "학사학위"를 받는 것이 아니라 "Dissertation"이라 하여 학위논문을 제출하여 통과되면 받는 학위가 "Doktor"이며 학부 각(各)분야별로 "문학 Doktor" "공학 Doktor", "철학 Doktor", "수학 Doktor", "의학 Doktor" 등이 있으며 대학 또는 대학교를 졸업하고 논문이 통과되어 "Doktor 학위"를 받는 비율은 대학 또는 대학교마다 다르고, 학과별로 다르지만 평균 20%정도라고 하고 이 "Doktor" 학위를 받으면 대우가 달라진다.

그리고 그 다음 칭호로서 "Professor"는 대학에서 "Habilitation"을 하면 (논문이 심사에 통과되면), "Privat Dozent(private instructor)"가 되고 이러한 자격이 있고 대학에 교수요원 자리가 있으며 심사에 통과되면 "Professor"가 되며 미국이나 우리나라처럼 "조교수, 부교수, 교수" 제도는 없이 그냥 "Professor(교수)"이며 이것은 직업 명칭이 아니고 호칭이라고 이미 언급하였다.

따라서 독일 Doktor는 우리말로 "독토르" 또는 "독일학사"이지, 미국이나 우리나라처럼 학사 끝나고, 석사과정을 마치고 석사학위 받고, 그 후에 박사과정을 마치고 받는 박사학위가 아니다.

그러면 독일에서 공부한 사람으로 우리말로 "박사"라고 할 사람이 없는가? 있다. 그것은 독일에서 교수발령을 받았건 받지 않았건 "Habilitation"을 한 사람을 "박사"라고 해야 맞는데 그것은 독일에서는 그 이상의 학위가 없고, 미국식에서는 "박사학위" 이상의 학위가 없기 때문이다. 우리나라는 언제부터인지 독일에서 "학사(Doktor)학위"를 "박사"라고 부르고 대학교수요원 공채에도 "박사"로 통하고 있는 것이다.

대학학부를 마치고 학사가 된 다음에 석사과정을 마치고 석사학위 받은 다음에, 박사과정을 마치고 받는 최종학위가 박사인데, 독일에서 대학학부만 마치고 받는 "Doktor"를, 더구나 그 다음에 받는 "Habilitation"이란 것이 있는데도, 최종학위인 "박사"라고 함은 그 "내용"으로나 "다른 나라와의 형평(衡平)"에도 맞지 않는다는 얘기이다.

이 말은 대학(교)에서 교수요원 공채 시, 자격요건 중에 "박사"라고 하고 독일에서의 "Doktor"를 "박사"라고 하는 것은 잘못이며, 독일의 "Doktor 학위"로는 안 된다는 얘기가 아니라 이를 포함시키려면 "박사 또는 독일의 Doktor 학위" 소유자라고 말을 올바로 써야지 틀리게 쓰면 안 된다는 얘기이다.

(29) 외과 - 일반외과

외과에서 처음 정형외과가 분리되고 이어서 신경외과(우리나라 제1회 전문의 시험이 1962년), 흉부외과(1972년), 성형외과(1975년)가 각각 분리하여 이와 구별하기 위하여 본래의 "외과"를 1974년 의적부 정리 때에 "일반외과"라고 전문의 시험을 바꾸었다.

물론 "일반외과"라는 단어는 영어로 "general surgery" 독일어로는 "Allgemeine Chirurgie"라고 있으나 대개 "surgery", "Chirurgie"라고 하지 "general surgery", "allgemeine Chirurgie"라고 하지 않는다.

이렇게 명칭을 바꾼데 대하여 나와 유심인(有心人)들은 강력히 비난하였다.

대표적인 미국의 "일반외과 교과서"도 지금까지 "Textbook of Surgery"라고 하지 "Textbook of General Surgery"라고는 하지 않고, 그 안에 "정형외과, 신경외과, 흉부외과, 성형외과"는 물론 "산부인과, 비뇨기과, 안과, 이비인후과, 마취과" 등의 기본적인 내용도 다루고 있다.

나는 얘기하였다.

"내과도 소화기내과, 순환기내과, 호흡기내과" 등과 구별하기 위하여 "일반내과"라고 하지 않는데, 외과는 정형외과, 신경외과 등과 구별하기 위하여 "일반외과"라고 하는가?

집안에 아들, 딸이 성장하여 시집, 장가가서 분가(分家)하여 본집의 규모가 조금 작아졌다고 해서, 그리고 분가된 집과 구별하기 위하여 "본집"의 명칭을 바꾸느냐? 라고.

다행히 1990년대에 본래의 "외과"란 명칭을 다시 찾게 되었다.

(30) 대학원 – 일반대학원

"대학교"에 학부과정 다음으로 "대학원"이 생겨 "석사과정"과 "박사과정"을 두고 (서울대학교에서는 1955년에 시작) 여러 전공과가 있는데 그 이외에 성격상 단과대학에 주로 소속된 "전문대학원"이 생겼으니 "행정대학원, 경영대학원, 교육대학원, 보건대학원" 등이 그 예이다.

행정대학원의 책임자를 "행정대학원장"이라 하고, 대학원의 책임자를 "대학원장"이라 하지 "일반대학원장"이라 하지 않으면서 이러한 전문대학원과 구별하기 위하여 본(本)대학원을 "일반대학원"이라고 공문에 흔히 쓰는 것을 보고 나는 비평하였다.

"다른 부서가 나중에 생겼다고 본가(本家)의 이름을 바꾸느냐?"고. "상표도 한번 등록하였으면 그 회사의 자의(自意)에 의하여 바꾸지 않는 이상 기득권이 있는데 유사한 다른 상표가 나중에 생겼다고 하여 이와 구별하기 위하여 본래의 상표를 바꾸는가?"라고.

학교 행정 하는 사람들이 이렇게 자주 불합리한 판단을 하는 것이다.

(31) 정부대전청사-대전정부청사·국립대전현충원-대전국립현충원

대전시 둔산동(屯山洞)에 제3정부청사가 생겼는데 "정부대전청사"라 하고 대전시 유성구에서 동학사로 가는 길에 서울의 동작동 국립묘지(처음에는 국군묘지라고 하였다)에 이어 국립묘지가 생겼는데 "국립대전현충원"이라 써 붙이고 있다.

일반적으로 명칭을 부칠 때에 맨 앞에 고유 명칭을 쓰고, 그 다음에 그 속성을 나타내는 단어를 기재할 때에는 그 다음에 쓴다.

내가 다닌 "효창국민학교"를 "효창(고유명칭)+공립(속성)+국민학교"라고 하지 "공립효창국민학교"라고 하지 않고, 서울대학교를 "Seoul National University"라고 하지 "National Seoul University"라고 하지 않는다.

그리고 고유 명칭과 지역 명칭이 함께 있을 때에는 지역이름이 고유 명칭보다도 앞선다.

즉 "잠실롯데호텔", "소공동롯데호텔", "부산롯데호텔"이라 하지 "롯데잠실호텔", "롯데 소공동호텔", "롯데부산호텔"이라고 하지 않는다.

즉 여러 단어의 나열(羅列)은 「지역이름+고유명칭+속성(국립, 공립, 사립 등)+기관명칭(대학교, 초등학교 등)」의 순서이다.

따라서 이러한 두 가지 이유로 「정부대전청사」가 아니라 「대전정부청사」로, 「국립대전현충원」이 아니라 「대전국립현충원」으로 하여야 맞는 것이다.

(32) "레떼르"→"라벨"→"레이블(Label)"

부전(附箋, 꼬리표)을 왜 "레떼르"라고 하는지 알 수 없다. 독일어도 아니고 영어의 "Label"에서 온 것이 틀림없는데 아마도 일본사람들이 그렇게 발음하여 우리도 그렇게 한 것으로 생각된다.

여기에서 한 단계 발전한 발음이 "라벨"인데 이것도 틀린 것이다. "레이블"해야 맞는데 아직도 옳게 발음하는 사람이 별로 많지 않은 것 같다.

(33) "스프링쿨러"(Spring Cooler)→"스프링클러"(살수기, 撒水器, Sprinkler)

방화(防火)설비 중의 하나로 방에 연기가 나거나 온도가 높으면 천정에서 물이 뿜어나오거나, 먼지 나는 길에 또는 잔디밭에 물을 뿌리는 살수기(撒水器)가 "스프링클러(sprinkler)"이다.

이것은 발음을 듣고 아마도 방안에 온도가 높아지거나, 연기가 나며 "스프링(spring, 용수철, 龍鬚鐵)"처럼 튀어나와 작동하여 물을 뿌려 "시원하게(쿨러, cooler)"하는 장치라고 과학적으로 생각하여 "스프링쿨러"이렇게 한글로 쓰는 것도 마음에 차지 않아 유식(?)하게 "spring cooler"라고 쓰는 것으로 생각되는데, 사실은 그것이 아니고 물을 뿌리다(살수(撒水)하다, 물 뿌리다, sprinkle)에서 파생된 단어인 "sprinkler"이다.

우리나라 사람들은 틀린 것을 가르쳐주면 고맙게 받아들이긴 커녕 오히려 못 마땅해 한다.

과거에 문교부로 올라가는 공문서류에 틀린 것을 고쳐주었더니 결재 받는 과장들이 떨떠름한 표정으로 언짢아 해 하였다.

(34) ~로서, ~로써

이 두 단어는 전혀 다른데도 흔히 혼돈(混沌)하거나 잘못 쓰고 있다.

-로서(자격, 資格, 영어(as), 독어 (als))

　예: 그는 회장으로서 그 회의를 진행하였다.

-로써(수단·手段, 방법·方法, 제도·制度, 영어(by, through, with), 독어(von, durch, mit))

　예: (1) 이 도구(道具)는 나무로써 만들어졌다.

　: (2) 그 문제는 이러한 방법으로써 해결을 하였다.

▌Addendum 28　　　　2014. 04. 20.　06:20~06:28

(35) 시간에서의 "to"

"to"는 공간(空間)에서는 방향(~쪽으로)을, 시간(時間)에서는 한계점(限界點) (~까지)을 나타내며, 그 시점(時點) 직전까지인데 흔히 그 시점 마지막까지로 잘못 알고 있다.

예(例)를 들면 많은 논문에서 "2013년 1월에서 12월까지"를 "from Jan. to Dec. 2013"라고 쓰는데 이것은 2013년 1월에서 11월까지이지, 12월은 포함하지 않은 것이다. 12월까지를 포함하려면 "from Jan. until(또는 through) Dec. 2013"라고 해야한다.

한 가지 예를 더 들면 외국 박물관에 일요일에 갔더니 "closed to Monday"라고 써 있는데 이것은 월요일까지 문닫고 화요일에야 문 연다는 것이 아니라, 월요일 전, 즉 일요일까지는 문닫고 월요일에는 문을 연다는 얘기이다.

상식 몇 가지

일부는 앞에서 언급한 것도 있지만 필요에 따라 다시 말하는 것도 있는바

(A) 단어의 뜻

(1) 목욕(沐浴)

"목(沐)은 머리감을 목"이고 "욕(浴)은 몸 씻을 욕"이므로 목욕이란 머리를 감고 몸을 씻는다는 말로서 머리를 감지 않고 몸만 씻으면 "목욕"이 아니고 "욕(浴)한다"고 해야 한다.

(2) 아령(啞鈴)

운동기구의 하나인 아령은 아이들이 손에 쥐고 흔드는 방울모양인데 속에 빈 공간이 있고 방울이 있어야 소리가 나는데 빈 공간과 방울이 없어 소리가 나지 않아 "벙어리 아(啞)자(字)"와 "방울령(鈴)자(字)"를 써서 "벙어리 방울"이라 하여 "아령"인 것이다.

영어의 "dumb(벙어리) - bell(종)"과 똑같은 것이다.

(3) 요기(療飢)하다

무엇을 먹는 것을 "요기하다"라고 한다.

피곤하면 쉬고, 졸리면 잠자고, 목마르면 물을 마시고, 배가 고프면 식사하고 그것이 치료이다.

"요기"의 "요(療)"는 치료한다는 뜻이오, "기(飢)"는 "기아(飢餓) 즉 굶주림"이란 뜻이다.

즉 기아(굶주림, 배고픔)를 치료한다는 뜻이므로 배고픈 것을 치료하는 것은 먹는 것이기 때문에 먹는 것을 요기한다고 하는 것이다.

(4) 해우소(解憂所)

사찰(寺刹, 절)에 가면 종종 "해우소"라고 쓴 팻말이 있다. 이것이 무슨 뜻일가?

목마를 때 마실 물이 없고 배고플 때에 먹을 음식이 없는 것도 걱정이지만 소변, 대변이 마려운데 용변할 곳이 없으면 이것도 걱정거리이다.

소변, 대변이 마려워서 "걱정되는 것(憂, 근심 우)을 해결해 준다(解, 풀어준다)"는 곳은 즉 "변소(便所, 화장실(化粧室))"인 것이다.

(5) ○○표시

외국 여러 나라 즉 유럽, 미국, 아시아에 갔을 때 공통적인 단어가 음식점을 "restaurant", 화장실을 "toilet(Toilette)"라고 하는 것이다.

그런데 때로 "○○"표시가 있다. 이것이 무엇일가?

가보면 "화장실"이다. 화장실에서 쭈구리고 앉은 발모양이 아니라 건물 내에서 화장실만은 방 번호가 없기 때문에 "○○"으로 표시하는 것이다.

(6) Restaurant(음식점)

우리말의 "음식점(飮食店)"은 "물을 마시고(飮) 밥을 먹는(食) 집(店)"이란 뜻인데 "Restaurant"이란 국제어이다.

이 말의 뜻은 독일어로 "restaurieren" 즉 "회복하다, 수리하다"라는 말에서 유래한 것이다.〔Latin 어(語)의 restare(뒤에 머물다. 잔류하다, 살아남다)에서 유래(由來)〕

사람 몸이 피곤하고 배고프면 음식을 먹고 휴식을 취하여야 회복한다는 뜻에서 유래된 것이다.

(7) 서초(瑞草)

"서초"란 뜻이 무엇일까? "서(瑞)자(字)는 상서(祥瑞)로울 서"자(字)로 상서롭다는 뜻이고 "초(草)"자(字)는 풀이란 뜻이니 "상서로운 풀" 그러면 이 뜻이 무엇인가?

이것은 "무덤(墓地, 묘지)에 난 풀"이란 뜻이다.

서울 강남(江南)에 요지(要地)인 서초동이 있다.

이곳은 과거에 많은 무덤이 있던 곳이다.

그리하여 "서초동"이란 이름이 붙은 것이다.

이렇게 묘지(墓地)를 개간(開墾)하여 요지(要地)가 되었는데 1980년대에 여기에 세운 가톨릭 의대는 세운지 2~3년 내에 아웅산 사건(1983년)을 포함하여 여러분(약 10분)의 교수님이 타계(他界)하셨다고 전해지고 있으며 1995년에는 그 유명한 삼풍백화점 붕괴사건으로 500여 명의 사망자와 1,000명 가까운 부상자를 내었던 곳이기도 하다.

(8) 동요(童謠)

동요란 뜻이 무엇인가? "아이들(童, 동, 아이)의 노래(謠)"란 뜻이다.

역사적으로 보면 신라시대의 "처용가"는 단순히 동요 같지만 그 내용은 사실이었다.

나는 의예과 때에 외부강사이신 서창제(徐昌濟) 선생님으로부터 국어를 배웠다.

얼마나 정확하게 그리고 열심히 가르치셨는지 나의 대부분의 국어쓰기와 논문교정은 그 선생님으로부터 배운 지식이라고 해도 과언(過言, 지나친 말)이 아닐 것이다.

그 선생님께서는 동요란 "하늘의 뜻을 아이들의 입을 빌려서 하는 말"이라고 하셨다.

예를 들면 아마 조선시대인 것 같은데 "성천에 이경화야! 네 날 살려라" 이러한 동요가 유행하였는데, 당시에 임금이 중한 병에 걸려 "어의(御醫, 임금주치의)"를 불러도 소용이 없고 점점 악화되는데 다시 알아보니 이 병을 고칠 사람은 오직 "성천에 사는 명의(名醫) 이경화"뿐인데 얼마 전에 억울하게 모함에 걸려 처형을 당하였으므로 이제 그 병을 고쳐줄 사람이 없어서 왕은 그 병을 못 고쳐 붕어(崩御, 왕의 사망)하였다.

그래서 "성천에 이경화야! 네 날 살려라!" 하는 동요가 맞았구나하고 나중에 사람들이 감탄하였다고 한다.

또 다른 예(例)로는 이조말엽에 "가보세 가보세, 을밀쩍 을밀쩍, 병신 되면 못가보리-" 하는 동요가 유행하였다고 한다.

그런데 전라북도 고부(古阜)란 곳에서 녹두장군 "전봉준"이 "동학란(동학혁명)"을 일으킨 해가 "갑오년(甲午年)"이고 그 다음해 "을미년(乙未年)"에는 파죽지세(破竹之勢)로 그 일대를 휩쓸었고, 또 다음해인 "병신년(丙申年)"에는 멸(滅)하였던 것이다.

즉 "갑오년에 일어나 (가보세 가보세), 그 다음해인 을미년에는 '을밀쩍 을밀쩍' 강한 세력을 나타내었고, '병신되면 못가보리'는 병신년에 망한다."는 얘기이어서, 나중에 사람들이 어쩌면 그 동요가 그렇게도 신통하게 맞는가? 라고 무릎을 치면서 감탄하였다고 한다.

일본의 근대 연보(年譜)는 "대정(大正)-소화(昭和)-평성(平成)"으로 이어지고 우리나라는 해방후에 일본연호인 "소화"에서 "단기(단군기원)"로 쓰던 것을 박대통령시절 "세계화(globalization)"의 일환으로 공식적인 연호를 "서기(서력기원)"로 쓰게 한 것은 5.16직후 박정희(朴正熙) 최고회의의장이 1961년 12월 2일에 "단기의 폐지법령"을 선포하여 1962년 1월 1일부터이다.

"단기"에서 "2333년"을 빼면 "서기"의 해가 되는 것이다. 나는 잠시 생각해본다. 한국전쟁 (6.25전쟁)이 나던 때를. 그때가 바로 어제 같았는데.

그해는 서기 1950년, 단기로 4283년 이었다. 4283을 거꾸로 하면 3824(삼팔이사) 그리하여 그 해 봄부터 삼팔선이 이사(移徙)한다는 소문이 파다하게 전국을 휩쓸었다.

대남간첩 이주하(李舟河)와 김삼룡(金三龍)을 북한에 억류되어 있는 "고당(古堂) 조만식(曺晩植)선생"과 교환한다는 등, 개성에서의 "육탄12용사"의 폭파작업과는 별도로. 그런데 그해에 6.25전쟁으로 정말로 "3.8"선이 없어지고 즉 "이사"하게 되었고 그로부터 3년 뒤인 1953년 7월 27일에 휴전되어 3.8선보다 긴 휴전선이 생겼는데 이 휴전선의 길이는 "156 miles"로 정확히 "625리(里)"이다.

6.25전쟁으로 625리의 휴전선이 생겼으니 이것도 과연 우연(偶然)일까?

(9) 면허(免許, licence)와 자격(資格, qualification)

면허와 자격을 비슷하게 생각하거나 혼돈(混沌)하는 수가 많은데 이는 전혀 다른 말이다.

"면허(免許)"란 말은 "허락(許諾)을 면제(免除) 해 준다"는 뜻으로 어떠한 행위를 하려 할 때에 매번 관청에 가서 허가를 안 받아도 되도록 그러한 특권을 받았다는 것이다.

예를 들면 의료행위를 함에 있어서 이러한 행위를 해도 되느냐? 하고 관청에서 허가를 앞으로는 안 받아도 된다고 하는 증명서를 준 것이 "의사면허증, 치과의사면허증, 한의사면허증" 등이고 자동차를 운전해도 좋습니까? 하는 허락을 따로 안 받아도 되는 것이기에 운전면허증이며, "내과전문의, 외과전문의" 등 "전문의" 또는 "자동차정비기능사" 등은 그의 능력을 인정해 주는 것이기 때문에, 면허증이 아니고 "자격증"이며 이것은 반드시 국가기관이 아니더라도 공공기관인 학회나 협회에서도 발급하는 것이다.

(10) 직급(職級, grade)과 직위(職位, position)

직급은 등급을 말하고 직위는 그 부서에서의 위치를 얘기하는 것이다.

예를 들면 공무원에서 "1급(관리관), 2급(이사관), 3급(부이사관), 4급(서기관), 5급(사무관), 6급(주사), 7급(주사보), 8급(서기), 9급(서기보)" 또는 대학에서 "전임강사, 조교수, 부교수, 교수"는 직급이고, 관공서나 회사에서 "담당-계장-과장-차장-부장-국장", 또는 대학에서 "학과장, 서무과장, 학생과장, 교무과장, 학장, 총장", 또는 병원에서 "서무과장(관리부장, 사무국장), 간호과장(간호부장), 교육연구부장, 진료부장(진료처장), 병원장"등은 직위인 것이다.

(11) 임명(任命), 임보명(任補命)

"임(任)"은 직급(職級)을 말하고 "명(命)"은 근무처를 말하며, "보(補)"는 일하는 직위(職位, 위치)를 말하는 것이다.

예를 들면 "서울대학교 공과대학 조교수 김인명"을 "부교수에 임(任)"하고, "서울대학교 공과대학 근무를 명(命)"하며, "서울대학교 공과대학 학생과장에 보(補)함" 등이다.

(12) 임원(任員), 직원(職員)

임원은 "고용주(雇用主, employer)이고, 직원은 고용인(雇傭人, 종업원, employee)"이다.

회사에서 "이사(理事) 즉 사외이사, 상임이사, 상무이사, 전무이사, 대표이사(부사장, 사장, 부회장, 회장)"은 경영자인 임원이요, "담당, 계장, 과장, 차장, 부장" 등은 경영자에 의하여 채용된 고용인(종업원)인 직원인 것이다.

정식직원은 직급에 따른 연령한도(정년)만 있고, 그 직위에서의 임기는 없으나 임원은 임기가 2년이므로 특별한 규정이 없어도 임원은 2년이 지나서 보직이 주어지지 않으면 자동해직 되는 것이다.

따라서 과거에는 은행이나 대기업에서 임원(이사)직이 "회사에서 꽃"이라 하였으나 2년 지나면 보장이 되지 않으므로 "인기직"에서 그 반대로도 되었으며, 직원을 합법적으로 해직 시키는(목 자르는) 방법 중의 하나가, 임원으로 빨리 승진시켜 2년 후에 보직을 안 주는 방법으로 활용하게도 되는 것이다.

"노사(勞使)"란 노(勞)자(字)는 일선에서 일하는 사람 즉 고용인(종업원, employee)에 해당되고, 사(使)자(字)는 일시키는 사람 즉 경영인(임원, 이사)인 것이다.

(13) "CH"가 무슨 나라일까?

Europe에서의 자동차번호, hotel에서 먹는 cheese, butter에 "CH"라고 쓰여 있는데 Europe의 "체코(Czechoslovakia)"나 중국의 "China"는 아닌 것 같다.

그러면 "CH"는 무슨 나라일까? 스위스(Swiss, Switzerland, Schweiz)이다.

Europe에서의 국가이름에 "S자(字)"는 "Swiss"이외에 "Sweden", "Spain"도 있

기 때문에 Swiss를 "S"라고 하면 이러한 나라와 혼동되므로 "CH"라고 한다.

이 글자는 "Confederatio Helveticorum(Helvetia 동맹국)"의 약자(略字)로 오늘날의 Swiss 국가지역에 12세기 Roma 제국 때에 "Helvetia"란 나라가 있었기에 그 역사를 되살려 "Helvetia 동맹국"이란 의미에서 "Swiss"를 "CH"라고 쓰는 것이다.

(14) 로마숫자, 연도(年度)표기

숫자표기는 "Arabia 숫자"와 "Roma 숫자" 2가지가 있는데 대개는 "1,2,3,4,5"등의 Arabia 숫자를 쓰고 Roma 숫자는 "책의 제목"또는 "색인면(索引面, index page)"등 소수에서만 사용한다.

Europe에 가면 역사적인 건물이나 성당 또는 기념비에 연대기(年代紀)를 Roma 숫자로 표기하고 있어 이 숫자를 읽지 못하면 알 수가 없다.

Roma 숫자 중에 "Ⅰ(1), Ⅴ(5), Ⅹ(10)"정도는 대개 알지만 그 이외는 모른다.

Roma 숫자는 "5, 10단위"로 끊어서 "7자(字)"가 있다.

즉 "Ⅰ(1), Ⅴ(5), Ⅹ(10), L(50), C(100), D(500), M(1,000)"의 7자이며 "4와 9"는 그 다음 자리인 "5와10"을 쓰고 그 앞에 한자리를 뺀 숫자를 쓴다.

즉 "Ⅳ(4), Ⅸ(9)"로 표기한다.

따라서 "1(Ⅰ), 2(Ⅱ), 3(Ⅲ), 4(Ⅳ), 5(Ⅴ), 6(Ⅵ), 7(Ⅶ), 8(Ⅷ), 9(Ⅸ), 10(Ⅹ)" 이렇게 표시한다.

예를 들면 "283년"은 "CCLⅩⅩⅩⅢ"이고, "296년"은 "CCⅩCⅥ"이며 "1847년"은 "MDCCCⅩLⅦ" 인 것이다.

(15) 모순(矛盾, contradiction, Widerspruch)

이 말의 뜻을 모르는 사람은 없을 터인데 이 말이 어디에서 왔을까?

"모(矛)"는 "세모창 모자(字)"로 끝이 3각형으로 되어 있는 찌르는 무기인 창(槍, a spear)이고, "순(盾)"은 몸을 방어하는 "방패(防牌, a shield)"인 "방패 순(盾)"이다.

고대(古代) Greece 또는 중국에서 방패를 등에 지고 창을 손에 들고 거리에서 외치면서 창과 방패를 팔고 있었다.

"창을 사시오, 창을 사시오, 모든 것을 다 뚫는 창이요.""방패를 사시오, 방패를 사시오, 모든 것을 다 막는 방패이요." 그러자 행인이 "모든 것을 다 뚫는 창으로 모든 것을 다 막는 방패로 막으면 어떻게 되는 것이요?" 라고 물었다는 말에서 연유된, "말의 앞뒤가 조리가 맞지 않고 상반되는" 뜻을 나타내는 단어이다.

(16) 발음에 근거한 몇 단어

(a) "ㄴ"은 부정(否定)을 표시하는 말

우리말의 "아니다." 영어의 "no, not, never, neither" 등, 독일어의 "nein, nicht, nie(niemand, niemals)" 등, 불어의 "ne pas", 일어(日語)의 "나이(ない)" 모두가 "ㄴ"이 부정어로 쓰이고 있다.

(b) "ㅊ", "ㅍ"이 부정적인 표현을 할 때가 많다.

예) "ㅊ" : 처량하다, 처참하다, 참혹, 참담
    "ㅍ" : 슬프다, 아프다. 배고프다

(c) "ㅂ", "ㅍ"이 아버지의 뜻으로

우리말의 "아버지"의 "버", 영어의 "father", 독일어의 "Vater", 우리말의 "아빠", 영어의 "papa" 모두 "ㅂ"또는 "ㅍ"이 아버지를 나타낸다.

(d) "ㅁ"은 어머니의 뜻으로

우리말의 "어머니"의 "머", 영어의 "mother", 독일어의 "Mutter", 우리말의 "엄마", 영어의 "mama (mamma), mammy", 심지어는 송아지까지도 "음매-"하는 "엄마" 비슷하게 발음하여, "ㅁ"은 "엄마(mamma)"를 뜻하며, 엄마로부터 젖을 먹음으로 동시에 유방(乳房)이란 뜻으로 되었다.

(17) Veritas Lux Mea

해방 후에 서울대학교가 탄생하였을 때부터, 서울대학교 mark 에 이 3단어를 넣었는데 근래 이 글자를 없앤다고 하였는데 없앴는지 모르겠다.

이 단어는 Latin 어(語)로서

Veritas : truth(진리), Lux : light(빛), Mea : my(나의)

즉 Truth is my light. (진리는 나의 빛이오)라는 뜻이다.

(18) 말라리아(malaria)

말라리아는 "뎅열(Dengue fever)", "황열(黃熱, yellow fever)" 등과 함께 주로 열대지방에서 발생하는 원충류에 의한 무서운 법정전염병이며, 특히 특효약이 없었던 예전에는 이러한 열병이나 이질 같은 전염성장염이 발생하면 강력한 군대가 싸워 보지도 못하고 쓰러져 참담하게 궤멸(潰滅)되는 예가 허다하였다.

남미의 잉카(Inca)제국이 고산지대(高山地帶)에 세워진 것도 말라리아를 피하기 위한 것이었다.

해발 2500m.이상의 고산지대에서는 말라리아가 없으니까.

이 "말라리아"라는 말은 모기가 전염하는 "plasmodium" 이란 원충류(原蟲類)에 의하여 발생되는 것을 그 옛날에는 몰랐고, 공기가 나쁘면 발생한다고 생각하여,

malaria : mal(bad)+aria(air) 즉 나쁜 공기란 뜻에서 유래된 단어이다.

(19) 아마존강(Amazon 江 , 무유방강, 無乳房江)

Amazon=A(not, absence, 無)+mazon(mast(o)-, Gr. mastos breast 유방, 乳房) 즉 무유방(無乳房)이란 뜻이다.

서부개척시대에 개척자(開拓者)들이 어느 지역을 와보니 여자들이 용맹하여 말 타고 활을 쏘는데, 말 타고 빠르게 뛰며 활을 쏠 때 유방이 흔들거려 활동하는 데에 방해되어(그 예전에는 지금과 같은 꼭 끼는 브래지어(brassiere)가 없었으니까), 유방을 잘라버리고 가슴을 동여매고 활동하였다.

(amputation of the breast=mastectomy)

그리고 인근에 커다란 강이 지나가기에 이 강의 이름을 무엇이라 지을까 하다가 유방이 없는 여성들이 사는 지역에 있는 강이라 하여 "무유방강" 즉 "Amazon 강"이라 명명(命名)하였다.

(20) 비타민(Vitamin)

처음에 비타민이 발견되었을 때에는 "vitamine"이라고 썼다. 그 당시 정의하기로는 "신체내에서 생성되지 않으며, 직접적인 열량(calorie) 공급원이 아니고, 생체기능 유지에 소량이 필요한 물질"이라 하였다.

그런데 초기에 발견된 것 중에 vitamin B1이 thiamine으로 구조식에 amine 기(基, $-NH_2$)가 있어서 모든 비타민에 이 "amine기"가 있는 줄 알고, 생명에 필요하며 성분에 amine기가 있다"고 하여 "생명+amine" 즉 vita(life)+ amine($-NH_2$)=vitamine이란 합성어를 만들었는데 그 후에 보니 이 "amine 기(基)"가 없는 것이 많아 이 단어가 잘못 되었음을 알고 다른 단어로 바꾸려고 하였으나 이미 "비타민"이란 말이 너무 보편화되어 바꾸기 힘들어져서, "amine"의 "e"글자를 빼고 발음만 그대로 나도록 "amin"이라 하여 지금의 "vitamin"이란 단어가 되었던 것이다.

비타민 중에 몇 가지만 예를 들면

(a) Vitamin B1 (Thiamine)

비타민 B1은 일명(一名) thiamine이라 하며 조금 전에 얘기한 것처럼 "e"자(字)가 있다.

thiamine=thio(-SH, sulfhydryl기(基))+amine($-NH_2$) 구조식에 "-SH"와 "$-NH_2$"가 있어서 그렇게 명명한 것이며 비타민의 고소한 냄새는 이에 의한 것이다.

(b) Vitamin B2 (Riboflavin)

비타민 B2는 "riboflavin"이라 하여

riboflavin=ribo(ribose)+flavin(yellow)이다. ribose는 5탄당(炭糖, C(탄소)

가 5개의 탄수화물)의 일종이며, 색깔이 황색이라 flavin 을 붙인 것이다.

비타민을 먹고 소변이 노란 것은 이 비타민 B2에 의한 것이다.

(c) Vitamin B12 (Cyanocobalamine)

신경의 기능을 원활히 하고, 신경에 영양을 주며 빈혈에 관계되는 vitamin B12는 cyanocobalamine이라 하는데 구조식에 "시안기(基)(CN)"와 "cobalt"와 그리고 "amine (-NH$_2$)"가 있어서 그렇게 명명한 것이다.

(d) Vitamin C (Ascorbic acid)

vitamin C의 다른 명칭은 ascorbic acid(아스코르빈산) 이다.

이것이 부족하면 잇몸 등에서 피가 나는 괴혈병(壞血病)에 걸리므로 괴혈병(scurvy)을 없애는 산(酸, acid)이란 뜻에서, ascorbic=a(non)+scorbic(scurvy) 즉 "괴혈병을 없애는 산"이라 하여 "ascorbic acid"라 한다.

(e) Vitamin K

vitamin A, B, C, D, E 등은 alphabet 순서인데 vitamin K는 이러한 순서가 아니고 피의 응고 즉 응혈(凝血)에 중요한 vitamin이므로, 응혈이란 영어로 "coagulation", 독일어로 "Koagulation"이어서 독일어의 K자(字)를 따서 vitamin K 라고 명명(命名)한 것이다.

(21) University (Universität) (대학교)

과거에 우리나라에서는 종합대학교(University)의 기본요건 중의 하나가 4개 이상의 단과대학(college, school)이 있어야 된다고 하였으나 1990년대에 학교 명칭 자율화로 입학정원 35명의 단일학과 뿐인 대학도 "대학교"라 하고 대표자는 "학장"이 아니라 "총장"이라 하게 되었다.

이 "University"란 말은 "University=uni(mono)+versity"로서 uni(mono, 單一)는 단과대학이 여럿이 모여서 하나가 되었다는 데에서 나온 말이며, "단일성

(單一性)" 즉 진리는 한 군데로 모인다는 뜻으로, 이의 반대어는 "diversity=di (two)+versity(다양성, 多樣性)"인 것이다.

(22) brute (야수, 野獸, 짐승), brutal(짐승 같은)

Roma 시대의 정치가로서 씨저(Julius Caesar)가 가장 신임하여 아들처럼 사랑하였던 "Marcus Brutus"는 숨어 있다가 아침 출근길의 "씨저(Caesar)"를 칼로 찔러 살해하였다.

칼에 찔려 운명(殞命)할 때에 Caesar는 그 유명한 말을 남겼다. "야! 너 마저도!"라고.

이렇게 신의 없고 배은망덕(背恩忘德)하는 뜻을 나타내는 단어로 "짐승, 야수"의 의미인 "brute"가 생겼고 이의 파생어(派生語)가 "brutal, brutish(짐승 같은, 야수 같은)"인 것이다.

(23) September (9월), October (10월), November (11월), December (12월)

1년 12달 중에 이 4달만이 숫자에서 유래된 이름이다.

Greek 또는 Latin 어로 "mono"는 1, "bi(di)"는 2, "tri"는 3, "tetra"는 4, "penta"는 5, "hexa"는 6, "hepta, septem(sept, septi)"는 7, "octa"는 8, "nona"는 9, "deca"는 10을 나타낸다.

달(月) 이름을 지을 때에 7월에서 10월까지는 다른 데에서 따온 이름을 안부치고 숫자를 표시하는 말로 이름을 지어서 7월을 "September", 8월을 "October", 9월을 "November", 10월을 "December"라고 하였는데, 나중에야 "Julius Caesar"와 "Augustus 황제"의 이름을 넣어야겠는데 뒤에다 넣기는 좀 안되어서, 6월 다음에 7월을 Julius 의 이름을 넣어 "July"라 하고 8월에 "Augustus"의 이름을 넣어 "August"라 하니 그 다음이 두 달씩 밀려서 9월을 7의 숫자를 나타내는 "September", 10월을 8의 숫자를 나타내는 "October", 11월을 9의 숫자를 나타내는 "November", 12월을 10의 숫자를 나타내는 "December"라 하여 지금까지 이렇게 부르고 있는 것이다.

(24) C/S란?

C : cum (L), with (E), mit (D)
S : sine (L), without (E), ohne (D)

C는 Latin 어(語)로 cum의 첫 자로서 영어로 with, 독어로 mit이다.
S는 Latin 어(語)로 sine의 첫 글자로 영어로 without, 독어로 ohne이다.
즉(卽) 영어로 "with or without", 독어로 "mit oder ohne"의 뜻이다.

(B) 독어, 영어 단어와의 비교

(1) 역사(歷史, history, Geschichte)

(2) 이해(理解, understanding, Verstehen)

(3) 교육(敎育, education, Erziehung)

이 세 단어는 이미 앞(p.11~p.13)에서 영어, 독어와 비교하여 언급하였고

(4) 졸업(卒業, graduation), 졸업식(卒業式, commencement)

우리말의 "졸업"이란 "업(業)을 마친다." 즉 이제까지의 "학업(學業)을 마친다."의 뜻이고, 영어의 "graduation"(등급화, 等級化)은 등급(等級)을 매긴다는 "grade"란 말에서 유래된 단어로 그러한 학업을 한 사람과 하시 않은 사람을 구별하여 등급을 매긴다는 얘기이고, 졸업식을 "commencement"라고 하는 것은 "시작, 개시(開始)"의 뜻으로서 이제까지의 준비과정을 마치고 이제 본궤도(軌道)에 올라가 시작한다는 얘기이다.

예를 들면 미국우주항공국(NASA)에서 이제까지의 발사준비과정을 마치고 발사하여 이제부터 본 궤도에 진입(進入)한다는 뜻이다.

(5) 은퇴(隱退, retire)

우리말의 "은퇴"란 이제 "조용한 곳(은둔, 隱遁)"으로 "물러난다(退)"는 뜻으로 이제까지의 모든 일을 마치고 조용한 곳으로 물러나 숨어나 쉬면서 지낸다는 얘기이고, 영어의 "retire"는 이제 오랫동안 주행(走行)하였으니 바퀴도 많이 마모 되었고, 그래서 낡은 바퀴(used tire)를 바꾸고 새로운(re)바퀴를 장착(裝着, tire)하여 새로운 삶을 시작한다고 하여 "retire"라 하는 것이다.

(C) 반대어(反對語), 바뀐 글자

"university"의 반대어가 무엇이냐고 하면 얼른 답이 나오지 않고, "understand"의 반대어라면 누구나 "misunderstand"라고 대답할 것이다.

그런데 university(대학교, 단일성(單一性)의 반대어는 "diversity"(다양성, 多樣性)이고 understand의 반대어는 "overstand"가 되는 것이다.

물론 overstand 라는 단어는 현재에는 안 쓰이지만 앞으로는 쓰일 것이다.

바뀐 글자로는 의예과 때에 외부강사로서 국어를 가르쳐 주신 서창제(徐昌濟)선생님께서는 이렇게 얘기해 주셨다.

예전에는 글을 전부 필사(筆寫, 직접 붓으로 베끼는 것)하였고, 더구나 책을 불사르고 학자를 땅에 묻은 소위 "분서갱유(焚書坑儒)"의 수난기(受難期)도 있어서 글자에 오류가 종종 있었고 바뀐 글자도 있는데 바뀐 글자 중에 대표적으로 "矮(왜, 난장이 왜)"글자와 "射(사, 쏠 사)" 글자가 바뀌었으니 "矮"글자는 왜소하다(난장이)라는 뜻인데 실제로는 "화살(矢, 화살시)"을 당겼다가 "놓아버리면(委,위, 버릴위)" 쏜다(射)는 글자이고, "射"글자는 쏜다는 뜻인데 글자는 "몸(身, 신, 몸신)"이 "1촌(한마디,寸)"이니 왜소하다는 뜻이어서 이 "矮"字와 "射"字가 바뀐 것이라 하셨다.

(D) 원리와 원칙에 입각(立脚, 근거를 두어 거기에 섬)한 이야기

우리는 흔히 언론이나 지상(紙上)에 발표되는 것은 모든 것이 맞는 것이고 그것도 최신 발표이면 더욱 더 맞다고 생각하는데, 발표되었다고 다 맞는 것도 아니고 더구나 최신이면, 충분한 검증(檢證)을 거치지 않았기에 오류가 더욱 많다는 것은 이미 언급하였다.

또한 어떠한 사실을 발표하면 그러할 때도 있고, 그렇지 않을 때도 있어서 일률적으로 늘 그렇다고 하면 이것 또한 오류(誤謬, error)를 범(犯, commit)하게 되는 것이다.

1970년대 초(初)에 생리대(生理帶)보다는 질(膣) 탬폰(tampon)이 훨씬 편하고 최신식이라 하여 미국에서 최고 권위기관인 식약품청(FDA)에서도 공식 인가되어 크게 유행하기 시작하였지만 "정체(停滯, stagnation) → 염증(炎症, inflammation) → 농양(膿瘍, abscess) → 패혈증(敗血症, septicemia)"이란 원칙에 따라 사람들이 패혈증으로 계속 사망하게 되자 얼마 못 가서 공식적으로 폐기(廢棄)되었고, 1980년대(代)에는 자석담요, 자석팔찌 등이 몸에 좋다고 크게 유행하였지만, 지구 자체가 하나의 커다란 자석(磁石)으로서 지구 자력선의 방향과 맞을 때에는 생체기능이 원활해진다면 그 이외에는 생체기능이 저하되거나, 혼란이 오게 되므로 이러한 것 모두가 원칙에 어긋나 얼마 못 가서 폐기가 되었다고 앞에서 언급(言及)하였다.

1990년대에는 난데없이 당시에 이름이 많이 알려진 가수(歌手)가 남편과 함께 홍보사(弘報士)가 되어 필리핀 마술사가 수술하지 않고 유방암도 치료하고, 담석도 제거한다고 중앙언론에도 크게 보도되고, 그들이 우리나라에까지 와서 시술을 한다고 휩쓸고, 적지 않은 사람들이 그 나라에까지 가서 그 치료를 받으려고 금전을 뿌렸는데 이러한 범(汎) 국가적이고 국제적인 사기행각이 먼 옛날도 아니요, 21세기를 눈앞에 바라볼 때에 있었던 것이다.

(지금의 대부분의 성인들은 그 때를 생생하게 기억할 것이다.)

어떻게 마술(魔術)을 부려 절개(切開)를 하지 않고 유방암을 치료하고 담석(膽石, 쓸개돌)을 제거(除去)한단 말인가?

이 모든 것이 원칙에 어긋나는 일이므로 우리는 어디에 발표되었건 안 되었건, 무슨 공인(公認)을 받았건 받지 않았건, 얼마나 많은 사람들이 동조(同調)와 동요(動搖)를 하건 말건, 원칙(原則)에 맞는가, 맞지 않는가 생각하여 맞지 않으면 아닌 것이다.

1903년 라이트형제가 인류최초로 항공기로 공중을 비행하기 직전까지 당시 세계적으로 최고로 유명한 물리학자가 공식(公式)을 풀어서 인간(人間)은 결코 공중(空中)을 날을 수 없다고 하였고 모두가 그 말을 믿었지만 물리학적으로, 수학적으로 공식을 풀기 전에 거대한 날짐승인 "솔개"가 공중을 자유롭게 날아다니는 것을 보았으면 인간은 그 방법을 몰라서 공중을 날지 못하지 그 원리를 습득하고 배우면 날

아갈 수 있다고 생각했을 것이다.

(비행기가 최초로 날았을 때에 나는 아직 태어나지 않았다. 내가 만일 이 때에 4~5세 이었다면 새가 날아다니는 것을 보고 인간은 날 수 있다고 했을 것이다.)

"아르키메데스의 원리(原理)"인 부력(浮力)을 이용하여 수십만 톤의 유조선이 바다위에 떠다니고, 무게가 거의 없다고 생각하는 공기의 부력과 양력(揚力)을 이용하여 거대한 점보 항공기가 공중을 날아다니는 것이다.

Australia의 의사인 Warren과 Marshall이 활동성 만성위염환자의 위상피(胃上皮)에서 정체불명의 곡선형의 간균(桿菌, 막대기 형의 세균의 일종)을 발견하여 1983년에 의학학술지 Lancet지에 발표하기 전까지는 전 세계의 의사나 학자들이 위에는 위산이 강하여 쇠붙이도 녹이므로 결코 세균이 생존할 수 없다고 굳게 믿고 있었는데, 이 세균(bact-)이 발표되고, 나선형(螺旋形, helico-) 같이 굽어져서 "헬리코박터(Helicobacter pylori)(pylori는 pylorus(위유문, 胃幽門)의 2격, 格임)"라고 명명되었고, 그 후에 이 세균이 만성위염과 위궤양 및 위암발생에 중요한 역할을 함이 인정됨에 따라 그 중요성이 크게 확대되었다. 물론 위궤양이나 위암이 없는 정상인에서도 이 세균이 많이 발견되므로 이것만이 원인은 아니지만 위궤양과 위암발생에 중요한 역할을 하는 것은 틀림없고, 이 균을 치료하지 않으면 궤양이 치유가 잘 되지 않거나 재발을 자주 하며, 위암의 일종인 위 림프종은 암 치료를 별도로 하지 않고 이 세균 치료만 하여도 암이 많이 호전된다고 발표되고 있다.

여기에서는 이러한 균의 역할에 대하여 언급하려는 것이 아니고, 위(胃)에는 산도(酸度)가 높아서 세균이 살 수 없다고 오랫동안, 아주 아주 오랫동안 전 세계의 학자와 의사들이 굳게 믿어왔다는 사실이다.

위산이 높은 것은 위강(胃腔)내(內)이지 위벽은 아니며 이 세균은 위벽점막 상피세포에서 서식하고 있지 위강내에 있는 것도 아니며, 또한 염산이나 황산의 농도가 아주 높아 물질을 직접 부식, 파괴 시키는 정도라면 몰라도, 인체내에 있는 농도에서 세균이 살 수 없으리라고 생각해온 것은 너무나 너무나 잘못 생각한 것이라는 점을 얘기하려는 것이다.

영리한 사람들이 너무나 많은 이 세상에서 어느 한 두 사람도 아니요, 전 세계의 학자들이, 그것도 잠시도 아니고, 그렇게 오랜 역사동안 잘못 생각할 수 있을까? 다시한번 의아해진다.

철(鐵)을 갉아먹는 세균도 있고, 턱이 빠질 정도로 매운 월남(越南, Vietnam)고추나, 충청도 청양고추, 또는 너무나 매워서 속이 쓰린 마늘을 먹어 치우는 세균이 있어서, 이러한 고추와 마늘을 잘못 보관하면 세균이 번식하여 고추나 마늘이 썩어 버리고, 섭씨 100°에서도 아포(芽胞, spore)형태로 있어서 사멸(死滅)하지 않고 생존하고 있는 세균도 꽤 많은데 그 정도의 위산이 있다고 세균이 살 수 없다고 너무나 오랫동안 모두가 단정하였다는 것이 일반적인 현상과 원칙에 맞지 않는다는 것을 다시 한번 강조하려는 것이다.

염증과 암의 관계에 대한 얘기를 하면, 적어도 1960년대까지는 염증과 암과는 무관(無關)하다고 생각하였고, 위궤양에서도 양성궤양과 악성궤양으로 나누고 암은 어디까지나 처음부터 암이지 양성인 궤양에서 암으로는 되지 않아 전적으로 관계가 없다고 미국교과서 뿐 아니라 모두가 그렇게 말하였고 그것이 의학의 기준(基準, standard)이 되고 있을 때에, 나는 이미 학생 때, 레지던트 때(1950-1960년대)에 이를 강력히 부인(否認)하였다.

내가 실험을 하지 않았어도(실험이란 오류(誤謬, error)가 많은 것이다.) 정상세포에서 암이 발생하는데 염증에서는 훨씬 더 암이 잘 발생할 것이다.

염증시에 세포가 변형(變形)되고 사멸(死滅)되고 재생(再生)되는 과정에서는 정상세포가 재생될 때 보다 암세포가 더 많이 발생할 수 있는 것은 너무나 당연(當然)한데 어찌하여 저렇게 원칙(原則)에 맞지 않는 얘기를 할까?

과연(果然) 내가 그렇게 주장한지 20여년이 지난 시점(時點)에서는 위암의 예를 들면 표재성위염 → 위축성위염 → 소장화생(小腸化生, intestinal metaplasia) → 결장화생(結腸化生, colonic metaplasia) → 형성장애(形成障碍, dysplasia, 이형성, 異形成) → 위암으로, 염증인 표재성 위염이 위암으로 진행되는 것이 정설화(定說化)되었고, 현재 보편화 되고 있는 자궁암예방주사는 모두 예방되는 것이 아니고, 자궁경부암의 일부는 인유두종(人乳頭腫, human papilloma) 바이러스(virus)(HPV)에 의하므로 이에 대한 백신(vaccine)으로 바이러스 감염을 예방하여 암을 예방한다는 것이므로 염증이 암을 일으킨다는 것은 이제는 기정사실(旣定事實)로 되었으니 나의 주장(主張)이 20년 이상 앞섰던 것이다.

전부는 아니지만 적어도 일부 악성림프종(malignant lymphoma) (Hodgkin's disease 등)과 백혈병(leukemia)도 나는 바이러스감염으로 세포와 유전자의 변형(變形)과 변이(變異)에 의한다고 생각하고 있다.

▎Addendum 28   2014. 01. 25   07:50 ― 08:25

　인체뿐 아니라 자연현상에서도, 표면온도가 6,000℃인 뜨거운 태양에서 지구가 떨어져나가 서서히 식어가는데 아직 남아 있는 온도로 온천, 화산폭발이 생긴다고 어렸을 때부터 배워왔을 때, 나는 태양이 왜 열이 그렇게 높으며 아무리 뜨거웠다 하여도 수만년 수억년 동안 그렇게 식지 않을까?
　나는 그것을 믿지 않았다.
　그것은 원자핵분열(原子核分裂, nuclear fission, 예 例: Uranium 붕괴, 원자탄)과 원자핵융합(原子核融合, nuclear fusion, 예 例: 수소융합으로 Helium 생성, 수소탄)에 의하여 "energy 불변(不變)의 법칙"에 따라 질량(質量, mass)의 감소로 생성된 energy ("질량은 에너지이다.") 즉 $E = mc^2$ (E: energy,　m: mass(질량),　c: 광속도(光速度) 3X10^{10} cm/sec 초속 30만 km)에 의한 것이며 우주선(宇宙線, cosmic ray)에 방사능이 있는 것도 이에 의한 것이다.
　이러한 원자핵분열, 원자핵융합으로 끊임없이 energy가 생성되어 발생된 뜨거운 열로 태양열, 온천, 화산폭발이 발생하는 것이며, 이러한 energy 생성에 의하여 지각(地殼, lithosphere)의 이동으로 육지와 바다의 변화(육지가 바다가 되고 바다가 육지가 되는 것)와 지각의 충돌로 쓰나미같은 무서운 해일(海溢)이 발생하는 것이다.

▎Addendum 8   2013. 04. 15

　수술방법에 관하여 얘기하면 악성종양(惡性腫瘍)의 수술은 근치수술(根治手術, radical operation)이 정법(正法)으로, 예를 들면 1cm크기의 유방암이라도 근치유방절제술(radical mastectomy)로 유방을 완전히 제거(除去)함은 물론(勿論), 흉벽(胸壁)을 절벽(絶壁)으로 만들어, 환자는 정신적인 손상(損傷)과 함께 일생(一生)을 참담(慘憺)하게 지낼 때에, 나는 그것이 타당(妥當)하지 않을뿐더러 그렇게 많이 제거하여도 치료효과가 더 나아지지 않는다 하고, 유방과 흉벽의 외형은 그대로 두고 피부절개도 별로 눈에 안 띄게 최소화하면서 내부를 충분히 감쪽같이 제거하고 액와상연(腋窩上緣, upper margin of axilla)에 작은 절개(切開, incision)를 가하여 액와부와 흉벽의 림프절제술(radical llymphadenectomy)을 시행하는 소위 "『국소근치절제술』"을 주장하고 1970년대 초(初)부터 시행하여 왔는데(물론 모든 경우에 해당되는 것이 아니고 다만 암이 유방조직내에만 국한되어 있을 때) 그러한지 20여년이 지나자 최소침습수술(最小侵襲手術, minimal invasive surgery)이 학회에서 발표되더니 2000년대(代)가 되어서는 이것이 정법화(正法化)되었으니 내가 주장(主張)하고 시행한 것이 전(全)세계적으로 30여년(餘年)이 앞섰던 것이다.

이것도 또한 암이 직접 침범하지 않은 연부조직(軟部組織, soft tissue)을 많이 제거해 봐야 무의미하다는 나의 원리원칙에 기초를 둔 것이었다.

나는 유방암 3기인 나의 처(妻)도 1995년에 이러한 방식으로 내가 직접 수술하였으며, 근치술후에 가끔 발생하여 환자를 괴롭히는 상지림프부종(上肢림프浮腫, 팔이 붓는 것)을 35년간 시행한 그 많은 환자에서 1례(例)도 경험하지 못하였다.

비근(卑近)한 다른 한 예(例)를 들면 1980년대(年代) 중반기에 새로 생산되는 승용차의 보닛(bonnet, 엔진공간 덮개)은 현대차의 프레스토(presto)등 거의 모두 과거와 반대로 뒤에서 앞으로 열도록 되어있었다.

내가 근무하는 대학병원에서 어느 날 교수 등 몇몇 사람과 얘기가 나와 그것은 잘못되었다고 하였더니, 최근 미국연수 갔다 돌아온 내과 N교수는 나의 말을 비웃으며 힐난(詰難)하였다.

미국에서는 지금 모두 차가 그렇다고.

나는 결연(決然)히 얘기하였다.

"미국에서 최신이라고 다 옳은 것이 아니다.

보닛을 뒤에서 앞으로 열게 되면 덮개를 열고 엔진공간에서 작업할 때에 작업공간이 좁고, 또한 등(燈)을 별도로 비추지 않으면 어두운데다가 3번째로는 무엇보다도 충돌시 위험하다.

앞에서 뒤로 올려 열리는 것은 연결부위(hinge, joint)가 뒤에 있어서, 충돌시에는 보닛중앙부가 위로 튕겨져서 꺾이지만, 뒤에서 앞으로 열리는 것은 충돌시 연결부위가 앞에 고정되어 있으므로 보닛 뒷부분이 튕겨나와 앞좌석의 사람의 목을 쳐서 극히 위험하다"고 얘기하였더니(실제로 목이 절단되어 즉사한 예가 있다함), 내 말을 들은 서무과장은 재래식으로 앞에서 뒤로 열리는 차를 구입하겠다고 하였고, 10여년이 지난후에는 뒤에서 앞으로 열리는 차는 더 이상 찾아볼 수 없게 되었다.

이와 같이 최근 미국에서 개발되었다. 일본에서 개발되고 전 세계에 유행한다고 다 옳은 것이 아니고, 원리와 원칙에 맞는가? 가 중요하다.

1983년과 3년 후인 1986년 두 번에 걸쳐서 나는 경기도 성남시에 있는 새마을연수원에 가서 1주일 과정의 새마을교육을 받았다.

처음 번에는 충남대학교병원 교육연구부장 때에, 두 번째는 충남대학교병원 진료처장 때에 병원의 대표자로서 참가하였다(한 기관에 대표로 한 사람은 가야하는데 모두들 가기 싫어하였다. 나는 기꺼이 참석하였다).

매일 아침 6시에 기상하여 1시간 동안 체조와 구보(驅步, 뛰기)를 하고 7시에 아침식사, 8시부터 오후5시까지 강의, 저녁식사 후 토론 등으로 저녁 9~10시가 되어야 그날 일정이 끝나고 이렇게 월요일부터 금요일까지 진행하고 토요일에는 수료식을 하였다.

당시에는 ①사회지도자반 ②대기업중견 간부반 ③새마을지도자반 ④부녀자반 이렇게 4가지 분야로 나누고 각 분야마다 여러 반이 있었는데 한반의 인원은 15~16명 이었다. 사회지도자 반에는 현직 장·차관, 철도청장, 안기부서기관 등이 있었다.

연자(演者)로는 일부는 내부강사, 그 외에는 외부강사로서 대학교수, 이한빈 전 경제기획원장관겸 부총리 등 전직정부고위직이었다.

그런데 대부분의 강사들이 매시간 국산품을 쓰고 외래품을 쓰지 말라고 강조하였다. 휴식시간에 나는 동료들에게 강력히 비평하였다.

그것은 말이 안 되는 얘기라고.

세계 200여 국가가 모두 수출만 하겠다고 하고 수입하는 나라가 없으면 어느 한 나라도 수출을 할 수 없는 것이다. 수입하는 나라가 없는데 어떻게 수출을 할 수 있단 말인가?

나는 얘기하였다.

놀음판에서 눈을 초롱초롱 빛나는 정도가 아니라 살기를 띠우고 서로 돈을 따려고 하여도, 잃는 사람이 없으면 아무도 따는 사람이 없다고.

즉 수입과 수출을 자유롭게 하여 좋은 물건을 싸게 많이 만들어 내는 국가가 결국 수출 흑자국으로서 수입을 올리게 되는 것이 원칙에 맞는 것이다.

나의 얘기가 끝나고 3년 지나, 그 당시에는 동구권과 팽팽히 대립되어 있던 상황에서, 헝가리, 폴란드 등 동구권 국가와 정부차원이 아닌 민간차원에서 교역(交易)이 이루어졌고 또 조금 지나서 북한물건이 제3국을 통하여 우리나라에 들어오게 된 것이다.

이와 같이 우리는 자연의 원리를 알아야 하고 원칙에 맞게 생각하고 일을 처리해야 하는 것이다.

(E) 치료경험의 예(例)

지난 43년간의 치료경험을 얘기한다면 책을 3권 써도 부족할 것이다. 이 중에서 단 몇 가지만 추려서 간단히 얘기하고자 한다.

(1) 충수염(맹장염) 수술 후에 원인불명의 Shock

1976년 6월, 이곳 충남대학교에 조교수 발령을 받고 온지 불과 얼마 안 되어서 이었다.

새벽 6시에 전화가 왔다. 대전 시내 어느 개인외과의원 원장이라고 한다.

맹장수술(충수절제술)을 시행 받은 환자가 shock 이어서 대학병원으로 보내니 잘 봐달라는 내용이었다.

물론 의사이름도 의원이름도 전혀 모르는 곳이다.

나는 알겠다고 하고 전화를 끊었다.

그리고 대학병원 외과당직 레지던트를 불렀다.

그사이 나는 생각하였다. 왜 맹장수술을 받은 환자가 갑자기 원인불명의 shock에 빠졌을까?

Shock라면 원인별로 ① 저혈액량(低血液量) shock(hypovolemic shock) ② 심인성(心因性) shock(cardiogenic shock) ③ 신경인성(神經因性) shock(neurogenic shock) ④ 패혈성(敗血性) shock(septic shock)로 대별(大別)된다.

저혈액량 shock는 구토(嘔吐), 설사, 발한(發汗, 땀 많이 나는 것) 등으로 수분과 전해질이 감소하거나 출혈이 심하여 혈액량이 부속하여 생기는 것이고, 심인성 shock 는 심장기능이 약화되어 혈액을 제대로 순환시키지 못하여 생기는 것이고, 신경인성 shock는 혈관벽의 긴장도가 낮아져서 혈관이 확장되어 생기는 것이고(예, 페니실린 shock), 패혈성 shock는 패혈증(혈액내에 미생물이 계속 존재하는 상태) 때에 발생하는 것이다.

그러면 맹장수술을 시행 받은 그 환자는 출혈이 많았던 것도 아닐 것이고, 심장 이상도 없었을 것이고, 약물에 대한 과민반응이거나 척추마취 후에 일어나는 혈관의 확장도 없었을 것이고 패혈증도 아닐 것이다.

왜냐하면 그 정도는 수술한 의사가 알 수 있었을 것이니까.

그러면 이 기본적인 4가지 원인에 의한 것이 아닐 것이다.

그렇다면 도대체 무엇 때문인가? 나는 생각해 보았다.

무릎이나 관절이 아프거나 기타의 경우 코티손(cortisone), 프레드니손(prednisone) 등의 부신피질제를 오래 복용하던 사람은 부신피질이 위축되어 마취나 수술 등 stress가 가해질 때에 부신피질호르몬(17-OH corticosteroid)의 분비가 급격히 상승되어야 하는데 그렇게 되지 못하여 상대적으로 부족한 상태가 되어 shock 에 빠지게 된다.

그럴 때에는 이 약제를 투여하여야 shock에서 회복이 된다. 나는 그렇게 생각하고 환자가 응급실에 내원하는 대로 부신피질제인 "Solu-Cortef" 1000mg을 주사하고 Hartmann 용액 등으로 수액전해질요법을 하라고 전화로 지시하였다.

과연 이 주사를 투여하니까 거짓말처럼 환자가 shock에서 회복되었다.

병력(病歷)을 들어 보니 그 환자는 대학병원내과에 다녔다고 하여 아침 9시가 되어 병록지를 찾아보니까 천식으로 오랫동안 부신피질제를 쓰던 환자임이 밝혀졌다.

내가 그렇게 여러 가지로 생각하고 정확하게 판단하고 부신피질제를 신속히 투여하지 않았다면 그 환자는 shock에서 회복되지 못하고 사망하였을 것이다.

환자는 어떠한 약에 과민반응이 있다거나 어떠한 약 특히 당뇨약, 고혈압약, 혈전 방지를 위한 aspirin 계통의 약(clopidogrel 등) 또는 부신피질제를 쓰고 있는가에 관하여 의사에게 분명히 이야기하지 않으면 안 된다.

지금도 그 때 생각을 하면, 그렇게 위험한 상태의 환자를 즉석에서 정확히 판단하여 극적으로 회복시킨데 대하여 뿌듯한 보람을 느낀다.

부신피질에 관하여 한가지 예를 더 들면, 과거의 외과학의 성서(聖書)인 미국의 대표적인 교과서에 "화상 shock의 원인으로 부신피질호르몬(17-OH corticosteroid) 의 부족으로 생각하였으나 혈중농도를 측정하니 낮지 않아서(또는 오히려 높아서) 이 호르몬의 부족이 원인이 아니다"라고 써 있는 것을 보고 세계적으로 저명한 교과서에 틀리게 썼다고 나는 얘기하였다.

심한 화상에서는 hormon의 양이 정상치(正常値)보다 훨씬 높아야 생체가 유지될 수 있는데 정상치보다 높아도 그러한 상황에서 필요한 양보다 적으면 상대적으로 부족한 상태인 것이다.

따라서 정상치보다 높다고 하여도 이 호르몬의 부족이 한가지 원인이 되는 것이다.

(2) 전신(全身) 사지(四肢)가 쑤시는 병

1980년대의 이야기이다. 내가 아는 사람이 자기 친척이 사지가 계속 쑤시고 아파서 내과, 정형외과, 한의원 등 7곳을 다녀도 낫지 않고 지난밤에도 병원에서 지어준 약을 먹으니까 조금은 덜 하지만 아파서 울면서 밤을 새웠다고 나보고 진찰해 달라고 하였다.

그 얘기를 듣고 나는 생각하였다. 여러 과의 전문의가 진찰했으면 어느 정도 알 텐데.

한두 군데가 아프면 근막통증증후군이거나 관절염이거나(류마티스성 관절염이라면 여러 군데가 아프지만) 국소적인 질환일터이고, 더구나 정형외과전문의가 보았으면 어느정도 알 텐데, 온몸이 쑤시다니, 이것은 전신적인 질환이라고 생각하였다.

그렇다면 무슨 병일까? 아마도 틀림없이 "편도염으로 연쇄상 구균이 감염되어 균혈증(菌血症, bacteremia, 세균이 혈액에 간헐적으로 존재하는 상태) 또는 패혈증(敗血症, septicemia 세균이 혈액에 계속 존재하는 상태)에 의한 것"이리라고 생각하고 목 속을 진찰하니까 과연 구개편도가 크게 부어오르고 발적(發赤, 빨개지는 것)이 심하여 나의 진단이 맞다 생각하고 입원시켜서 항생제를 강력히 투여하였더니 전신이 쑤시고 아프던 것이 진통제 없이 깨끗이 거짓말처럼 사라지고 극적으로 나아졌다. 후에 편도절제술을 시행하였더니 완쾌되었다.

(3) 종종 열이 나고 식사나 전신상태가 시원치 않은 아이의 예

유전동 아파트에 이사 온지 2년이 넘어 아파트 입구의 수퍼주인이 내가 의사라는 것을 그제서야 알고 나에게 상의하였다.

초등학교 다니는 아이가 밥 먹는 것도 시원치 않고 특별히 아픈 데는 없는데 가끔 열도 나고, 무럭무럭 자라나야 할 텐데 전신상태가 별로 좋지 않아 병원에 가서 진찰 받고 약을 복용하면 조금 나아지다가 얼마 지나면 또 마찬가지이고 그래서 걱정이 되어 나에게 상의하였다.

병원에 여러 번 갔었으면 위와 장, 간, 신장 등에는 큰 이상이 없을 것이라 생각하였다.

아마도 틀림없이 "인두염과 만성구개편도염이 있고 종종 연쇄상 구균이 감염되어 증상이 악화될 것이다."라고 생각하고 목 속을 진찰하니까 과연 인두가 발적되고 편도가 크게 부어올라서 나의 판단이 맞다하고 항생제를 투여하니까 호전되었다.

그리고 여름방학에 편도절제술을 받게 하였더니 그 후부터는 아픈 것이 다 없어지고 식사도 잘하고 아이가 무럭무럭 커간다고 부모가 매우 기뻐하였다.

그곳 수퍼에 가면 그 부모가 하도 고맙다고 하여 그 후부터 그 수퍼에 가지 않게 되었다.

(4) 갑상선기능항진 환자가 몹시 피곤하고 근육의 힘이 쭉 빠져 버린 예

오래전에 학생으로부터 전화가 왔다. 자기 엄마가 울산시의 어느 학교 선생인데 갑상선기능항진증으로 비행기로 서울에 한 달에 한 번씩 가서 진찰받고 약을 받아 복용하는데 얼마 전부터 몸이 너무 피곤하고 힘이 없어 칠판에 글쓰기조차 힘들다는 얘기이다.

갑상선기능항진증 치료는 혈액을 채취하여 갑상선기능 검사(TFT)를 해가면서 갑상선hormone(T3, T4)치(値)를 정상으로 맞추어 주는 것이고 이것은 초보자도 다 뻔히 아는 것인데 대형대학병원에서 치료받는데 왜 이러한 증상이 왔을까?

나는 그분이 얼마 전에 동위원소 치료를 받았다는 얘기를 듣고 모든 것을 알았다.

갑상선 기능이 항진되어도 피곤하지만 우선 심계항진(가슴이 뛰는 것), 발한, 설사, 체중감소 등 갑상선기능항진의 증상이 있고, 피곤하여도 칠판에 글을 쓰지 못할 정도로 근육에 힘이 없지는 않을 것인데 위의 증상은 없고 근육의 힘이 그렇게 없다면 이것은 갑상선기능항진이 아니라 저하이다.

그러면 왜 갑상선기능이 저하되었을까?

동위원소 치료는 억제효과가 완만하여 갑상선기능이 정상으로 되기까지에는 시일이 걸리므로 빨리 정상기능으로 되기 위하여 항(抗)갑상선제(antithyroid, PTU 또는 methimazole)를 함께 쓰다가 갑상선 기능이 정상으로 되면 이 약 투여를 중지하고, 동위원소 치료에 의하여 해마다 갑상선 기능이 2~3%씩 저하되는데 그 때에는 반대로 갑상선 제제를 투여하여야 한다.

실제로는 기능이 정상 또는 저하 되었는데에도, 한 달에 한번 검사하는 수치로써 아직도 기능이 상승되어 있는 줄 알고 항갑상선제를 계속 쓰고 있기 때문인 것이다.

너무나 피곤하고 힘이 없어 칠판에 글쓰기도 힘들다는 그 얘기 한마디를 듣고 나는 모든 것을 알 수 있었다. 그리하여 현재 복용하고 있는 약을 중지하면 서서히 회복되고, 그 반대인 갑상선제제를 복용하면 신속히 회복된다고 얘기해주었더니, 복용하는 약만 중지하니까 힘없고 피곤하던 증상이 깨끗이 없어졌다고 전화가 왔다.

우리는 검사치도 보고 환자의 상태도 파악하여 종합적으로 잘 판단하여야 한다.

(5) 애기 머리 크기의 위암환자가 식사를 잘 할 수 있을까?

"위내시경과 복부 CT촬영으로 위암이라는 것을 정확히 진단할까?"

이러한 크기의 위암이 있어도 식사를 잘 할 수 있고, 현재 사용되고 있는 위내시경과 복부 CT촬영으로 진단이 안 되는 경우가 가끔 있다.

위(胃, stomach)는 상부로는 식도와 하부로는 십이지장과 연결되고 있는데 이 부위는 좁아서 여기에 종양(혹)이 생겨 어느 정도 커지면 음식물 통과에 장애가 생기지만, 위의 상부 좌측에는 위저부(胃底部, fundus)라고 하여 매우 공간이 넓다.

이 부위에 종양이 발생하면 상당히 커져도 위기능이나 음식물 통과에 장애가 되지 않는다.

위암은 95%가 위 점막에서 생기는 선암(腺癌, adenocarcinoma)이지만 5%에서는 점막 밑에서 생기는 림프종(lymphoma, 1-5%, 3%), 또는 육종(肉腫, sarcoma, 기질종양(基質腫瘍), stromal tumor(GIST, 1-3%, 2%)이다.

이렇게 점막보다 밑에서 생기는 암은 점막을 침범하지 않으면 위내시경 검사로도 확인이 안 되고(위 점막이 정상이니까) 복부 CT촬영을 하여도 그 부위에 종양이 있다는 것뿐이지 어디에서 발생하였는지 위인지, 후복막인지, 대망(大網, greater omentum)인지 알 수가 없다.

나는 그래도 여러 가지로 보아 위암일 것이다 하고 개복을 하였더니 역시 위저부에 생긴 커다란 기질종양인 위암이었다.

근치절제술을 시행하여 완쾌되어 퇴원하였다.

검사방법과 기구가 많이 발달하였어도 역시 개복(또는 복강경검사)을 해 보아야 확실한 것을 알 수 있는 경우가 가끔 있고, 늘 소화가 안 되고 속쓰리다고 하여도 내시경과 조직검사를 해 보면 만성위축성위염과 표재성궤양 뿐인 경우가 허다한가

하면, 커다란 위암이 발견되어 수술을 받아야 된다고 하면, 이렇게 건강하고 밥 잘 먹고 소화도 잘 되는데 수술이라니 무슨 소리냐고 펄쩍 뛰는 사람까지 다양하게 있는 것이다.

(6) 어른 주먹 두 개 크기의 대장암 환자가 대변을 잘 볼 수 있을까?

그렇다. 대변을 잘 볼 수 있다. 10여 년 전이었다.

60대의 여자환자가 어른 주먹 두 개 크기의 덩어리가 우측 복부중간에 만져져 내원하였는데 이러한 종괴(腫塊, 덩어리)가 만져지는 것 이외에는 특별한 증상이나 불편은 없었다. 여러 병원에 다니면서 검사 받았는데 혹은 혹인데 어디에서 발생한 것인지는 알 수 없었다.

대장내시경 검사를 하니 종양이 있는 부위까지는 대장이 정상이었고 그 다음에는 혹에 눌려서 내시경이 더 이상 진입(進入)이 되지 않는다고 하고, 따라서 대장은 정상이라고 하고, 복부 CT촬영상 우측복부에 커다란 종물(종괴)이 나타나고, 이것이 어디에서 발생한 것인지는 알 수 없었고, 대변도 정상으로 잘보고 혈청 CEA 검사치도 정상범위이었고 대변의 잠혈반응도 음성이었다. 대장암에서는 종종 혈청 CEA수치가 상승하고 잠혈반응(潛血反應)이 양성(陽性, positive)이다.

나는 그래도 우측대장암일 것이라고 말하였다.

대장암이 전이(轉移, metastasis)되지 않으면 많은 예에서 혈청 CEA(암표지자의 하나)치가 정상 범위이고, 대변에서의 잠혈반응이 양성인 것이 대장종양에 중요한 검사 소견이지만 음성인 경우도 많고, 커다란 종양이 있어도 대장내강을 막지 않으면 대변통과에 장애가 없다.

개복을 하였더니 상행결장(우측대장)에서 횡행결장 중간부위까지 커다란 암 덩어리 이었고 근치적 절제수술을 시행하여 환자는 완쾌되었다.

오랫동안 환자를 보아왔어도 이러한 경우는 처음 경험하였다. 여러 검사를 하여도 알 수가 없었던 환자를 정확히 진단하고 수술이 잘 되어 흐뭇해하였다.

註: 이 때에는 복강경 검사가 시행되기 전이었다.

(7) 수술받기 싫어하다가 폐인이 된 예

1969년 진해해군 병원에 근무할 때의 일이었다.

분원에서 군인가족을 진료하였는데 하루는 새벽 5시에 수병(水兵)이 찾아와서 응급환자가 왔다고 한다.

나가보니까 헌병상사가 자기 처를 데리고 왔는데 배가 아프다하며 맹장염(충수염)이라고 한다.

환자의 용모와 상태를 보니까 맹장염과는 거리가 멀었다.

맹장염이 심하여 복막염이 되었다하여도 전신상태가 그렇게 고통스러워(agonizing pain state)하지는 않는다.

복부는 약간 팽만되어 있었고 결막을 보니 핏기가 없어 백지장 같았다.

즉석에서 자궁외임신파열이라고 말하고 병력을 물었더니 약 한 달 전에 소파수술을 받았는데 앞으로 배가 아프면 수술을 받아야 될지 모르겠다고 얘기하였다는 것이다. 이때에 이미 소파수술을 하였어도 자궁 내에 태아와 태반조직이 없어서 자궁외임신을 의심하였던 것이다.

그렇다면 소파수술을 끝내고 그 당시에는 초음파 검사가 없었어도 혈액을 채취하여 임신초기에 나타나는 혈청 HCG(human chorionic gonadotropin) 검사를 했어야 한다. 그러다가 한 달쯤 지나 배가 아파서 그 병원에 가면 수술하라고 할까봐 다른 병원에 갔더니 맹장염이라 하여 하룻밤 지내면서 계속 아프다가 새벽에 몹시 더 심하여 왔다는 것이다.

나는 서둘러서 혈액을 준비 시키면서 수술준비를 하는데 이제까지 얘기하던 환자가 순간적으로 의식을 잃으면서 쓰러져 shock 상태가 되었다.

급히 서둘러 마취도 하지 않은 상태에서 개복을 하였더니 혈액이 복강 안에 꽉 차 있었다.

신속히 수술을 잘 끝내었지만 shock 상태가 5분 이상 지속되어 뇌에 손상을 입어 정상뇌기능이 회복되지 못하여 영원히 폐인(廢人, 뇌사상태)이 된 것이다.

① 처음 소파수술을 시행한 산부인과 의원에서 제대로 처치를 하였거나 ② 배가 아플 때에 그 의원으로 갔거나 ③ 하룻밤 지낸 의원에서 맹장염이라고 오진하고 다음날 까지 지체하지 않았던들, 30분만 나에게 빨리 왔던들 깨끗이 정상으로 회복하

였을 것이었는데 어차피 늦게 와서 뇌기능장애가 올 것이라면 그렇게 서둘러 수술하여 생명만 살린 것이 과연 잘 한 것인가? 오랜 세월이 지난 지금에도 나는 안타까운 마음으로 회의(懷疑)를 느끼고 있다.

(8) 심한 통증이 지속하는데 환자가 참을성이 없다니?

분만이나 수술 후에 환자가 심한 통증이 지속하는데 의사나 병원에서는 종종 환자가 참을성이 없다고 한다.

물론 환자에 따라 통증에 대한 예민도가 다르고, 참을성이 없을 수도 있다. 그러나 심한 통증이 지속되면 이것은 이상(異常)이 있음을 우리는 알아야 한다.

두 가지 예를 든다면 한 가지는 나의 애의 인척이었다.

질식(膣式)분만을 힘들게(난산)하고 나서 계속 하복부에 심한 통증이 1주일간 지속하다가 급사(急死)하였다고 한다(실제로 나의 처형임).

산후에 계속 배가 아파서 병원에 가면 산후에는 아픈데 왜 그리 참을성이 없느냐고 좀 참으라고만 하였다 한다. 1979년이라 초음파가 없을 때이었다.

그래도 양손으로 내진(內診)을 잘 하였어야 한다.

물론 사망 후에 부검(剖檢, 시체해부)을 하지 않아 사인(死因, 사망원인)은 증명이 안 되었지만, 나는 그 얘기 한두 마디에 모든 것을 알 수가 있었다.

초산(初産)을 힘들게 하면서 자궁경부가 일부파열이 되면서 동맥이 찢어져 여기에서 나온 혈액이 자궁을 받치고 있는 광역인대(廣域靭帶, broad ligament)속으로 침투하고 이 인대가 팽창하여 심한 통증이 1주일간 지속되다가 더 이상의 압력을 이기지 못하여 광역인대가 파열되면서 혈복강으로 혈액이 복강에 차서 shock로 사망하게 되었다는 것을.

내가 그 당시 독일에 가 있지 않고 한국에만 있었으면 그러한 일은 없었을 것이라고 내내 못내 아쉬워하였다.

또한 예는 10여 년 전 나의 조카의 경우이었다. 서울의 최고 대형대학병원에서 복강경시술로 난소낭종 절제술을 시행 받고나서 밤새도록 통증이 심하여 아프다고 하면 웬 환자가 그렇게 참을성이 없느냐고 야단만 치고, 그렇게 통증에 시달리며 밤을 새우고 아침 일찍 과장이 나와서 보고 응급 개복수술을 시행하였다.

피가 배속에 꽉 차 있었다. 다행히 shock가 되기 직전이라 수술 후 회복되었다.

이상은 분만이나 수술 후에 "심한 통증이 지속되면" 이것은 분명히 이상이 있는 것이지 단순히 참을성이 없어서 이라고 단정하면 안 된다는 대표적인 예이다.

(9) 다리(대퇴, 大腿, 넓적다리)를 펴지 못하면 모두 고관절염(股關節炎)인가?

1969년 지금으로부터 37년 전 진해해군병원 분원에 근무할 때이었다.

하루는 어부(漁父)가 11살 나는 아들을 데리고 왔다.

(군인가족이 아니라도 어쩌다 오는 환자는 봐 주었다.)

그 당시에 진해에는 해군병원이외에 정형외과의원은 한 곳뿐이었다. 오른쪽 넓적다리를 펴지 못하여 그 정형외과에 가서 진찰 받았더니 고관절염이라고, 그래서 한 달간 석고붕대를 해야 한다고 하여 나에게 왔다.

진찰을 하였더니 고관절염이 아니고 요근농양(腰筋膿瘍)이었다.

물론 당시에는 초음파나 CT 촬영이 없었어도 방사선 단순촬영으로 요근선이 불분명해지는 소견이 있고, 진찰을 하여 알 수가 있다.

즉 환자를 진찰대에 눕히고 무릎을 배 쪽으로 끌어서 고관절을 굽혀(flexion), 넓적다리를 움직여 보면 고관절염 때에는 구부리거나(굴절, 屈折, flexion), 펴거나(신전,伸展, extension), 외전(外轉, abduction), 내전(內轉, adduction), 회전(回轉, rotation)의 모든 관절운동에 장애가 오고, 요근염(腰筋炎, psoitis) 또는 요근농양(腰筋膿瘍, psoas abscess)일 때에는 신전만 장애가 오고 다른 운동에는 지장이 없다(아주 간단한 진찰법이다).

나는 근육이 곪아서 그러한 것이니 수술을 받아야 하고 석고붕대는 필요도 없지만 하면 안된다고 하였다.

수술 받으면 걸어 다닐 수 있느냐고 하기에 그렇다 하니까 수술해 달라고 하여 복벽외측에 작은 절개를 가하여 요근에 접근하여 근육을 뚫어서 30ml 정도의 누런 고름을 배출시키고 배농관(排膿管)을 삽입(挿入)하고, 간단히 수술을 끝내었다. 아이는 다음날 뛰어다닐 수 있었다.

매우 기뻐하며 고맙다고 하고 수술 다음날 퇴원하였다.

이상은 그동안 그렇게 많이 보아온 환자 중에 진단에 관한 몇 예를 얘기한 것이고, 직접 시행한 수술에 관하여는 다른 병원에서도 다 하는 수술을 하여도 의미가 있는데, 지금까지 외과전문의 37년간(2006년 현재) 서울의 대형대학병원에서도 못한다고 하는 환자들(특히 진행된 위암, 대장암 등)을 근치수술을 하여 완쾌되었던 그 많은 환자들을 생각하면 크게 보람 있게 느끼곤 하였다.

(F) 부검(剖檢, Autopsy, 시체해부) 이야기
- 부검으로 사인(死因, 사망원인)이 다 밝혀질까? -

암인가 무슨 병인가를 알기 위한 최종 진단방법으로 조직검사를 시행하듯이 사망원인을 밝히는데 최후수단으로 부검이 행하여진다.

그런데 이것으로써 모든 사인이 규명(糾明)이 될까?

(1) 1968년 1월 외과레지던트 3년차 말(末)에 서울대학교병원과 모자병원 관계를 맺고 있던 제주도립병원 외과과장으로 파견 나가서 얼마 안 되었을 때의 일이었다.

제주지방법원으로부터 공문(公文)이 왔다.

1차 부검하고 가매장한 시체를 2차 부검을 해달라는 것이었다.

내용인즉 어떤 사람이 경찰서에서 수사를 받고 나왔는데 다음날 아침에 경찰서 인근 산의 나무에 목매인 시체로 발견되어 이것이 자살인지 수사 중에 구타로 사망한 사체를 나무에 매달아 자살을 위장한 것인지 판가름하기 위하여 20여일 전에 1차 부검을 하였는데 결과가 주민들에게 만족스럽지 않아(자살위장이라고 하지 않아) 계속 항의 농성하여 2차 부검을 하려고 한다는 것이었다.

당시 제주도에서는 종합병원이라고는 제주도립병원 뿐이어서 이곳의 외과과장이 제주도에서는 제일 권위가 인정되었던 것이었다.

나는 부검을 시행하고 10 page에 달하는 부검소견서를 제출하였다.

살아있을 때에 목을 매달았는가? 사후에 매어단 것인가?는 조직의 생체반응(vital reaction) 등으로 확실히 구별이 되어도 아직 살아있을 때에 매달은 경우에는 스스로인지(자살), 타의에 의한 것인지(자살위장)는 알 수가 없다고 하고, 그것은 기타 부대상황으로 판단해야 한다고 하였다.

나는 법원에 가서 재판장인 판사에게 그렇게 얘기하였다. 부검으로써는 알 수 있는 한계(限界)가 있다고.

예를 들면 사람이 살아있을 때에 익사(溺死)하였는가? 사후(死後)에 익사를 가장하여 물에 넣었는가?는 100% 판가름이 된다. 부검하여 폐(肺)와 위(胃)에 plankton 여부(與否)등으로.

그러나 살아있을 때에 익사하였다면, 그것이 실족(失足)에 의한 것인지? 스스로(자살)인지? 또는 뒤에서 누가 떠밀어 물에 빠져 익사한 것인지는 부검을 하여도 전혀 모르는 것이라고.

아주 간단한 얘기이지만 그때 즉석에서 한 얘기가 너무나 맞는 것이다.

(2) 유리에 찔린 목의 상처를 치료하고 나서 1시간 이내에 사망한 어느 남자의 이야기

근래의 일이다.(2005년 7월) 모경찰서 수사과 형사로부터 전화가 왔다. 자문(諮問)을 구할 일이 있어 만나보고 싶다고 하였다.

어떻게 연락하였느냐고 하니까, 사망한 환자가 있어서 국립과학수사연구소에 의뢰하여 부검을 시행하였는데 외과 또는 혈관외과의사의 자문을 필요로 한다고 하여 internet으로 찾아보니 내가 대한혈관외과학회 회장을 지낸 혈관외과의사라 연락하였다고 한다. 내용을 들어보니 얼마 전에 20대(代)의 남자 환자가 목에 상처가 나서 종합병원 응급실에 갔다.

목에 길이 1cm의 자창(刺創, penetrating injury)이 있고 출혈이 있었는데 유리가 떨어지면서 깨어져 찔린 것이라 하였다. 깊이를 재어보니 약 7cm이었다.

상처를 소독하고 지혈을 시키고 투약을 하고 집에 보냈는데(집까지 자동차로 약 20분 거리라고 한다.) 집에 막 도착하자 갑자기 상태가 나빠져 곧바로 택시로 다시 병원에 오던 중 사망하였다고 한다. 조금 전에 치료받고 갔던 환자가 한 시간도 안 되어 응급실에 다시 왔을 때에는 이미 사망한 후 이었다.

환자 측에서 항의하여 수사가 진행되고, 국립과학수사연구소에서 부검을 시행하였다. 형사가 부검 시 찍은 여러 장의 사진과 부검소견서를 나에게 보여주었다.

사망한 사람은 젊은 남자이었다.

사진과 부검소견서에는 신체의 다른 부위 즉 뇌, 심장, 폐, 간, 신장 등 모든 장기에는 이상소견이 없었고, 오직 목에 많은 혈괴(血塊, 피 덩어리)와 함께 경동맥(頸動脈, 목동맥)에 길이 4mm의 열창(裂創, 찢어진 상처)이 있었을 뿐이다.

이러한 소견으로 사인(死因)을 밝힐 수가 없어서 외과 또는 혈관외과의사의 자문을 구하라고 결론을 내렸던 것이다.

50대, 60대의 환자라면 심장의 관상동맥에 동맥경화 소견이 있을 것이고 사인은 이로 인한 심근경색(心筋梗塞, myocardial infarction)이라고 했을 것이다.

나는 생각하였다. 뇌 또는 심근경색이나 관상동맥의 이상도 전혀 없었고, 그 정도의 출혈로 실혈사일 리도 없고, 혈괴로 기관(氣管, trachea)이 눌려 산소부족으로 심장이 멈춘 것도 아닐 것이고(기관이 눌렸다면 목이 답답하고 숨쉬기가 곤란하다고 하였을 것이다.) 그러면 응급실에서 세척하고 지혈시키고 봉합하였다는데, 출혈하는 데에도 그냥 봉합하지는 않았을 것이고, 경동맥이란 큰 동맥이 뚫리는 손상이 있었는데 왜 지혈이 되었다가 나중에 출혈이 있었으며 출혈이 많아서도 아니오, 기관을 눌러서도 아닌데 무엇이 급사(急死, sudden death)를 불러 왔을까? 이 2가지가 문제이다.

그것은 동맥에 열창이 있어도 동맥벽의 일부가 떨어져 나가지 않고 다만 찢어지기만 하면 처음에 출혈하다가 동맥벽의 수축으로 일단 출혈이 멈추고 후에 동맥벽의 수축이 이완되면 다시 출혈한 것이고, 출혈량이 많지도 않고 기관을 압박하지 않았는데도 급사한 것은 총경동맥(總頸動脈)이 뇌로 들어가는 내경동맥과 안면으로 가는 외경동맥으로 분지(分枝)되는 부위에 경동맥동(頸動脈洞, carotid sinus)이 있는데 이 부위가 자극을 받으면 경동맥동반사(頸動脈洞反射, carotid sinus reflex)로 미주신경(迷走神經) - 미주신경반사(vago-vagal-reflex)에 의하여 심장기능을 억제한다.

그리하여 순간적으로 심장기능이 약화되어 심정지(心停止, cardiac arrest)가 되어 사망한 것이다.

그리하여 목의 상처는 일단 지혈이 되었다 해도 상처를 봉합하지 않거나, 봉합하면 배액관(排液管, drain)을 삽입하고 하루 동안 입원시켜 경과를 보아야 한다. 그랬다면 이러한 끔찍한 일(사망)은 발생하지 않았을 것이다.

나는 이러한 기전(機轉, mechanism)을 형사에게 설명하여 주었다.(나의 말을 열심히 기록하였다.) 이러한 것은 부검으로는 알 수가 없는 것이다.

(3) 발치(拔齒, 이를 빼는 것)하고 10분후에 사망한 이야기

잘 아는 사람으로부터 얼마 전에 전화가 왔다(2006. 5. 1).

50대(代)중반인 자기 형이 치과에서 아주 간단히 이를 빼고 약 처방을 받아 200m쯤 떨어진 약국에서 약을 기다리던 중 순간적으로 쓰러져 119 대원이 왔을 때에는 이미 사망한 후 이었는데 세상에 그럴 수가 있느냐고 하였다. 평소(平素)에 심장병, 고혈압, 당뇨 등 조금도 병을 앓아본 적이 없었고 등산도 아주 잘하고 아주 건장하고 또한 건강하였다고 한다.

그리하여 너무나 억울하여 사인을 밝히고자 병록지를 복사하고 경찰서에 수사를 의뢰(依賴)하여 국립과학수사연구소에서 부검을 한다고 하였다.

나는 얘기하였다. 병록지를 복사해 보아야 마취제를 주사하고(잇몸에) 이를 뺐다는 얘기뿐이고, 부검을 한다고 사인을 다 알 수 있는 것도 아니고, 부검을 하여 환자 측에 유리한 것은 하나도 없을 것이라고.

왜냐하면 병록지에는 이를 뺐다는 얘기이고 마취제 주사를 놓았다는 말이 있을 수도 있고 없을 수도 있고, 있다고 해보아야 성인에서 1회 한계용량인 2% lidocaine 25ml 이상을 잇몸에 주사했을 리도 없고, 그래서 병록지 복사해 보아야 아무 소용이 없을 것이고, 부검소견에도 몸에 다른 부위에 손댄 것이 없이 오직 이 뺐다는 것뿐인데 아무 소용이 없을 것이라고.

다른 수술을 하였다면 수술한 부위가 잘못되었다거나 수술한 부위가 아물지 않고 터졌다거나 복부수술을 하였다면 배안에 피가 꽉 차 있었다거나 거즈(gauze)나 수술기구가 뱃속에 있었다거나 그러한 소견을 찾아낼 수 있을지 몰라도 건강하였다고 하여도 연령이 40대, 50대가 지나면 관상동맥(심장에 혈액을 공급하는 동맥)에 동맥경화 등 적어도 신체에 이상이 있을 것이다.

부검결과 사인(死因, 사망원인)은 내가 얘기한대로 관상동맥의 동맥경화에 의한 심근경색이었다.

그리하여 치과에 크게 항의하고 요구하려고 부검을 하였는데 오히려 큰소리치지도 못하고 그냥 주저앉게 되었다.

따라서 환자측이 억울하다고 부검을 한다고 하여 유리하기는커녕 그 반대의 입장이 되어진 것이다.

이 원인은 마취약이 전신에 풀리면서 혈관이 이완-확장되어 순간적으로 혈액순환이 제대로 되지 않아 shock 상태로 되어 사망하게 된 것이다.

이러한 가역적(可逆的)인 신체변화는 부검으로써 알 수 있는 것이 아니다.

이를 빼고 나서 20분~30분 안정하였다면 이러한 일은 없었을 것이다. 안정하지 않고 곧바로 걸어 다닌 것이 이러한 화근을 불러일으킨 것이다.

〈결론〉

이와 같이 억울함을 풀겠다고 부검을 한다하여 억울함을 풀기는커녕 오히려 더 억울 하기만 하고, 부검을 하면 모든 사인을 다 밝힐 수 있다고 흔히 생각하는데 그렇지 않다. 밝혀질 수도 있고 전혀 밝혀지지 않을 수도 있다.

(그 대표적인 3례를 들었다.)

그 이유는 부검은 오직 사후(死後)의 상태를 보는 것이기 때문에 ① 형태학적인 변화 ② 약물의 농도 ③ 독극물의 존재여부 및 농도를 아는 것뿐이지, 살아있을 때에 생체에 어떠한 가역적인 상황이 발생하였는가?는 전혀 알 수가 없는 것이다.

따라서 부검을 한다고 모든 사인이 밝혀지는 것은 아니다.

나는 오래전에 (1970년대) 이러한 얘기를 들었다. 서울대학교법과대학생(부친은 잘 알려진, 서울대학교총장과 국무총리를 역임하심)이 동료들과 함께 등산을 가서 정상에 올라갔다가 이제 힘든 것은 거의 끝났으니까 동네마을 가까이까지 내려와서 배낭에 있던 whisky를 꺼내어 한잔씩 마시었는데 그중에 1명이 조금 있다가 쓰러져서 동료들이 떠메고 마을로 왔더니 이미 사망한 후 이었다고 한다. 이러한 경우 또는 penicillin 등 약제에 의한 과민반응으로 인한 shock, 또는 벌에 쏘여 shock가 일어나는 것 등은 혈관이 갑자기 확장이 되어 혈액순환이 제대로 되지 않고 혈압이 크게 하강하기 때문이다. 이러한 것 등은 부검으로써 알 수 있는 것이 아니다.

따라서 부검으로써 모든 경우에 사인을 다 규명(糾明)할 수는 없다는 것을 재차 강조하는 것이다.

(G) 생활상식의 예

(1) 공기의 무게

공기의 무게는 거의 없다고 생각하나 그렇지 않다.

공기의 무게도 대단하여 표준상태에서의 비중(比重)은 0.001293으로 물의 무게의 773.4분(分)의 1로서 공기의 무게도 생각보다는 대단히 커서 이러한 공기의 무게로 부력(浮力)과 양력(揚力)이 생겨, 커다란 항공기가 비행을 할 수 있고 또한 태풍의 피해도 큰 것이다.

▎Addendum 7   2013. 04. 07

물이 4℃에서 1㎖의 중량은 1gm(비중이 1)이고 공기 1㎖의 무게는 표준상태(0℃, 760 mmHg)에서 0.001293gm 이어서 물과 공기의 중량의 비(比)는 1/0.001293=773.395이다.

따라서 공기는 물의 중량의 773.395 분(分)의 1이다.

공기의 중량은 다음과 같이 계산이 된다.

공기는	질소	(N2,	분자량	2×14=28	구성: 78.09 %)
산소	(O2	분자량	2×16=32	구성: 20.95 %)
아르곤	(Ar	분자량	40	구성: 0.93 %)
탄산가스	(CO2	분자량	12 + (2 × 16) = 44	구성: 0.03 %)

기타 극소량의 헬리움(He, helium), 네온(Ne, neon), 크립턴(Kr, krypton), 제논(Xe, xenon) 등으로 이루어진 혼합가스이다.

각각의 기체의 분자량을 성분비만큼 합산하면

즉 (28 × 0.7809) + (32 × 0.2095) + (40 × 0.0093) + (44 × 0.0003)

= 28.954

즉 공기라는 혼합기체의 분자량은 28.954가 되며 모든 기체는 표준상태에서 1분자량의 체적(體積, volume)이 22.4ℓ (liter)이므로

28.954gm / 22.4liter×1,000㎖=0.001293gm/㎖가 되는 것이다.

(2) 눈(雪)의 무게 그리고 녹으면 어느 정도이 물이 될까?

눈은 솜사탕 같아 녹으면 얼마 안 되고 무게도 거의 없는 것 같으나 그렇지 않다. 눈의 무게는 얼마나 되며 녹으면 어느 정도의 물이 될까?

눈이 녹으면 비가 온 것과 거의 같으나 비는 풀과 나무가 없으면 곧바로 흘러가지만 눈은 산에서는 종종 이른 봄 또는 여름까지 서서히 녹아 장기간에 걸친 수자원(水資源)이 되는 것 이외에 단점으로는 눈이 내리는 동안 시야가 가리고, 내리고 나면 도로가 미끄러워 교통이 두절(杜絕)되거나 항공기가 이착륙을 못하기도 하고 쌓인 눈의 무게로 나무가 부러지기도 하고 비닐하우스가 무너지기도 한다.

장점으로는 수자원 이외에 밭에 있는 농작물을 추위로부터 보호하고(온실효과) 공기 중의 질소를 고정하여 비료효과를 준다.

적설량은 cm로 표시하고 강우량은 mm로 표시한다.

우리나라의 연평균 강우량은 1,500~1,700.mm이며, 이중 40~50%가 장마 때 온다.

그러면 눈이 몇 cm 왔다고 하는데 이것이 녹으면 얼마나 될까? 눈의 모양이 서로 다르고, 습기함유량도 차이가 있으나 평균적으로 녹으면 1/4 높이의 물로 된다.

즉 적설량이 10cm라고 하면 25mm의 강우량에 해당된다.

습기를 많이 함유한 눈에서는 30% 높이의 물로 되어, 적설량 10cm이면 강우량 30mm로 된다.

(3) 1배럴(barrel, bbl)이란 얼마나 될까?

산유국(産油國)에서 원유(原油) 가격을 말할 때 barrel 당 USD 30, USD 60이라고 하는데 이 양이 얼마인지 우리는 리터(liter)로 얘기해야 곧바로 느낌이 온다.

gallon은 영국에서 사용하는 imperial gallon 과 US gallon 두 가지가 있는데 1 imperial gallon 은 4.546 ℓ 이고, 1 US gallon 은 3.7853 ℓ 이다.

1 barrel은 보통액체에서는 영국에서는 36, 미국에서는 31.5 gallons이며, 석유에서는 42 미국 gallon, 35 영국 gallon인데 한국에서는 US gallon을 쓴다. 즉 42 x 3.7853 =158.98(약 159)(ℓ)로서 휘발유 드럼(drum)통(189 ℓ)의 84%이다.

(영국 gallon도 35×4.546=159.11로 역시 159 liter이다).

(4) 무더위 때에 시원하게 승용차를 타고 가는 방법

  삼복(三伏) 무더위 때에 더운 바깥공기가 들어오는 것을 막기 위하여 승용차의 유리창을 꼭 닫고 air con을 상단(上段)으로 하여 시원하게 차를 타고 간다고 대개 생각하나 아주 고성능의 air con이 아니면 그렇게 시원하지도 않고, 찬바람이 오랫동안 몸에 닿으면 저리기도 하고 약간 마비 비슷한 증상도 생긴다.

  이러한 불편도 없애고 아주 시원하게 차를 타고 가는 방법은 창문을 조금 열고 air con을 켜고 가는 것이다.

  물론 고속도로에서는 바람도 너무 세고 소음도 커서 곤란하지만 보통 시내, 지방도 또는 국도를 주행할 때에는 생각했던 것보다 훨씬 시원하다.

  그 이유는 다음과 같다.

  우리 몸에서 열이 방출(放出)되는 경로는 ① 전도(傳導, conduction) ② 대류(對流, convection) ③ 복사(輻射, radiation) ④ 증발(蒸發, evaporation)이 4가지이다.

  전도는 찬 금속을 손에 대면 열이 빠져나가 손이 차게 되는 것처럼 직접 접촉에 의한 것이고, 대류는 몸에 접촉된 더운 공기와 떨어져 있는 다른 공기와 바뀌는 것이고, 복사는 태양열이나 난로에서의 열처럼 직접 전파되는 것이고, 증발은 물 1ml가 기화(氣化, 증기로 됨)될 때에 539 calorie의 기화열을 소모하는(빼앗아 가는) 것이다.

  즉(即) 대기온도가 체온(36.5℃)보다 낮을 때 창문을 열고 차를 주행하면 air con에서 나오는 찬 공기와 더불어, 몸에 접촉되어 있는 더운 공기가 체온보다 낮은 찬 공기(대기온도가 체온보다 낮으니까)로 계속 대체되고, 더 나아가 몸에 있는 땀이 1ml당(當) 539 calorie의 열량을 빼앗아 증발하기 때문에 믿기지 않을 정도로 아주 시원하게 차를 타고 갈 수가 있다.

  (이 글을 읽기만 하고서는 실감(實感)이 나지 않고, 직접 해보면 깜짝 놀랄 것이다.)

(5) 어느 해의 여름이 더위가 길까?

  음력(陰曆) 절후(節侯)로서 가장 더운 때를 삼복(三伏)이라고 하니 즉 초복(初伏), 중복(中伏), 말복(末伏)이 그것이다.

초복과 중복의 간격은 언제나 10일(日)인데 중복과 말복 사이는 10일 또는 20일이어서 20일이 되는 경우 월복(越伏)이라 하여, 삼복기간이 30일이 되어 여름더위가 길어진다. 그러면 어느 해가 그렇게 될까?

이 복(伏)이란 것은 천문학(天文學)적으로 태양이 가장 북극에 가까울 때이다. (우리나라가 북위에 있으니까) 따라서 북반구에서는 여름이고, 가장 더운 때이다.

1년의 음력절후는 24절기(節氣)로 나누고, 1절기 간격은 15~16일이며 천간(天干)은 갑, 을, 병, 정, 무, 기, 경, 신, 임, 계(甲, 乙, 丙, 丁, 戊, 己, 庚, 辛, 壬, 癸)의 10간인데 7번째가 경(庚)이고 하지(夏至)에서 입추(立秋)까지는 3절기(하지-소서-대서-입추)이므로 하지로부터 입추는 45~47일이 된다.

초복은 하지(夏至) 이후(以後, 하지포함) 3번째 경일(庚日)이고, 그로부터 10일이 되는 날이 중복(中伏)이고, 중복에서 10일째 되는 날이 입추(立秋)보다 앞서 있지 않으면 그날이 말복(末伏)이 되고, 입추전이면 다시 10일 지난날이 말복이 된다. 그 이유는 말복은 입추 이후 (입추포함)라야 된다는 법칙에 의(依)한 것이다.

따라서 하지(夏至)가 경일(庚日) 바로 지나서 (辛, 壬, 癸)이면 삼복기간이 20일이 되어 더위가 짧고, 하지가 경일이거나 이보다 바로 앞서면 (戊, 己, 庚)이면 월복하여 삼복기간이 30일로 되어 더운 여름이 길어지는 것이다.

(6) 물이 증발(蒸發)하면 체적이 얼마나 증가할까?

우리는 초등학교 시절에 주전자 물이 끓으면 그 증기가 주전자 뚜껑을 들썩들썩하게 하는 것을 보고 증기기관차를 발명하였다고 배웠다.

그런데 물이 끓어서 증기가 되면 체적이 증가한다고만 배웠지 왜 증가하는지? 몇 배로 증가되는지는 배우지 않았다.

그것은 다음과 같다.

물은 분자량이 $H_2O = (2 \times 1) + (1 \times 16) = 18$(gm)이고, 기체의 1분자량은 어느 것이건 표준상태(0℃, 760.mmHg)에서 용적은 22.4 .liter이다.

즉 물 18mℓ가 증기가 되면 22.4 liter = 22.400 mℓ가 되므로 용적이 증가하는 것이고, 그 배수는 22.400/18 = 1244.4 즉 체적이 1244.4배(倍)로 증가하여 주전자 뚜껑이 들썩들썩하고 증기기관차가 탄생하게 된 것이다.

(7) 물이 위에서부터 어는 이유는?

물이 위에서부터 얼어서 겨울에 얇은 얼음이 깨져 익사하는 사고가 종종 있는데 아래서부터 언다면 이러한 사고는 당연히 없을 것이다. 그러면 왜 이러한 일이 일어날까?

그 이유는 아주 간단하다.

물의 비중(比重, S.G., specific gravity)은 4℃일 때가 가장 크고(1.0), 그보다 온도가 높거나 낮으면 비중이 감소한다. 따라서 물의 온도가 4℃에서 차차 낮아지면 0℃에 가까울수록 비중이 낮아져 0℃에 가까운 찬물이 가장 위로 올라가므로, 0℃가 되어 얼음이 얼 때에는 가장 찬물이 비중이 제일 적어서 가장 위에 있으므로 수면에서부터 얼음이 어는 것이다.

(8) 노인의 입과 몸에서는 왜 냄새가 날까?
아기소변과 어른소변은 어느 쪽이 더 지릴까?

우리 몸에서 물질을 대사(代謝, metabolism)하는 대표적인 장기는 간(肝)이고 그 다음에 신장, 폐등이다.

우리 몸에서 체액이나 대사산물 즉 노폐물의 배설경로는 ①소변 ②대변 ③피부 ④폐의 4가지이다.

신장에서의 소변배설은 ①수분배설(水分排泄, water excretion)과 ②용질배설(溶質排泄, solute excretion)의 두 가지로 분류한다.

정상 소아에서는 신장의 배설기능이 양호하고 연령이 증가함에 따라 신장의 배설기능이 저하되는데(70세에서는 평균 50%가 저하됨) 특히 노폐물 배설이 저하되고 따라서 소변으로 배설 안 되는 노폐물은 다른 3가지 길 즉 ①대변 ②피부 ③폐(호흡기)로 배설되게 된다.

그리하여 아기나 소아에서의 소변은 노폐물이 많아 더 지리고 냄새가 나고, 피부에서와 입김은 달콤한데 노인에서는 소변으로의 노폐물 배설은 감소하고, 반대로 대변, 피부, 호흡기(입김)로 노폐물 배설이 높아져서 대변에서 악취(惡臭)가 더 나고, 피부와 입김이 향기롭지 못하고 나쁜 냄새가 나서 소위 "노인 냄새"가 나는 것이다.

한 가지 예를 들면 생마늘을 한번 먹으면 피부에서 72시간까지 마늘 냄새가 나서, 김치 등 마늘을 먹는 사람은 모르지만, 마늘을 먹지 않는 독일 사람들은 피부냄새로 3일후까지 마늘 냄새를 맡고 질색을 하는 것이다.

(9) 집안의 화장실을 냄새 없이 깨끗이 쓰는 방법

보통 아파트 생활에서 화장실문은 늘 닫아두고, 용변 시에는 사람이 들어오지 못하게 안에서 잠금장치를 눌러서 밖에서 열지 못하게 한다.

그리하여 화장실 안에 사람이 있는지 없는지 밖에서는 알지 못하여 문을 열려고 하다가 잠겨있으면 안에 사람이 있구나하고 알게 된다.

그리하여 화장실은 사용하건 하지 않건 늘 밀폐되어 있어 냄새가 나면 환기 switch를 눌러 환기를 시키고 있다.

그래도 냄새가 나고 습한데 이의 해결은 아주 간단하다.

화장실 문을 늘 열어두고, 용변 시에는 잠글 필요 없이 문만 닫으면 된다.

그러면 밖에서 보아서 문이 닫혀 있으면 사람이 있어서(used, besetzt) 들어오려고 하지 않고, 문이 열려 있으면 사람이 있는지 없는지 알게 되고, 그리하여 거의 늘 문이 열려 있으므로 화장실 냄새가 전혀 없고, 습하지도 않아 깨끗하게 사용할 수 있는 것이다.

(10) 냉장고에서는 음식보관이 얼마나 될까?

대부분 사람들은 막연히 냉장고에서는 음식보관이 매우 길다고 생각하는데 실온(室溫, 18℃~20℃)에서 보다는 대개 길지만 그렇게 길지 않다.

냉장고의 강·중·약의 온도조정에 따라 다르지만 평균 냉장실 온도는 5℃~8℃ (강하게 하면 1~2℃)이고 김치냉장고의 온도는 0℃~1℃이며 실온에서보다 냉장고 온도에서 더 번식이 잘 되는 세균도 있다.

식품은 보관방법이 설명서에 있는 것처럼 실온 또는 냉장고에서 언제까지라고 유통기간이 있는데 이 유통기간은 개봉하지 않았을 때 해당되는 것이다.

예를 들면 butter나 jam 등도 밀폐된 용기에서 한번 개봉하면 유통기간이 많이 남아 있어도 냉장고에서 1달 이내에 다 먹어야지 그 이상이면 변질된다.

특히 잘못 알고 있는 것은 냉동실 음식으로서, 얼어있으니까 아주 아주 오래 보관할 수 있다고 생각하는데 이것도 잘못 알고 있는 것이다.

가정에서 사용하는 냉장고의 냉동실은 영하의 온도가 그렇게 낮지 않아서 오래 보관이 되지 않는다.

실험실에서 쓰는 초저냉장고(deep freezer)는 영하의 온도가 매우 낮아 예를 들면 -80℃, -150℃가 되어 아주 오래 보관되지만, 보통 냉장고의 냉동실은 영하의 온도가 그리 낮지 않아 냉동실의 문을 열 때마다 온도가 상승하여 냉동되었던 고기나 생선이 매번 조금씩 녹았다가 다시 얼고 하여 냉동실보관은 30일 이내로 하는 것이 좋다. (-20℃까지 내려가는 것은 보존기간이 이보다 좀 더 길다.)

(11) 물품을 오래 보관하려면?

여기에는 온도(temperature), 습도(humidity)와 통풍(通風, ventilation)이 주로 관계되는데, 이 중에 통풍이 아주 중요하다.

air con으로 온도를 조절하고 집안은 밀폐시키고, 실내 통풍장치를 가동시키는 것보다 창문을 열어 자연통풍(natural ventilation)을 시키는 것이 훨씬 좋다.

온도와 습도가 높고 통풍이 잘 되지 않으면 책이나 옷에 특히 곰팡이와 진드기가 많이 끼어 물품이 변질된다.

(12) 음식물 찌꺼기를 썩지 않게 하려면?

동회(洞會, 동주민센타)에서 음식물 찌꺼기 수거용 plastic 용기를 배급받았지만 음식물 찌꺼기가 용기에 붙어 있어 아파트에서는 대개 비닐주머니에 음식물 찌꺼기를 담아서 버리게 된다.

어느 때에는 아파트 승강기내에서 악취가 진동하는 음식물 찌꺼기 봉지를 갖고 가는 아주머니를 보았는데 집안에서 얼마나 그 냄새가 진동하였을까?

이렇게 음식물 찌꺼기가 실내에서 썩지 않고 냄새가 나지 않게 하는 방법은 아주 간단하다.

대개 비닐봉지를 싱크대의 수도꼭지에 걸어두고 쓰는데, 이 주머니 바닥을 칼끝으로 여러 군데 찔러서 구멍을 만들면 물기가 빠져 음식물 찌꺼기가 썩지도 않고 따라서 냄새도 집안에 풍기지 않는다.

(13) 고급 모직물이 좋을까?

고급 모직의류, 모직(毛織) carpet는 어떠할까?

해답은 좋지 않다는 것이다. 우선 털이 빠져 날아다녀서 호흡기로 들어가고 이것이 또한 allergy를 일으키는 중요한 요인이 되고, 또 한 가지는 여기에 곰팡이와 진드기가 끼어 번식하여 불결하며 이들 곰팡이와 진드기가 또한 allergy를 일으키는 중요한 원인이 된다. 특히 우리나라 식품도 많이 서구화(西歐化)가 되어 육류, 지방, 특히 butter, cheese, 우유 등 낙농품(酪農品)을 많이 섭취하고, 파, 마늘, 고추, 생강 등 향신료(香辛料)를 적게 먹어 피부에서 지방과 지방산의 분비가 많아지고 이것이 의류나 carpet에 묻어서 여기에 곰팡이와 진드기가 많이 번식하는데다가 집안은 밀폐하여 자연통풍이 없고 온도는 높아 곰팡이와 진드기가 득실거린다.

나는 1979년 여름에 서독에서 한인의사 회장 집으로부터 초대를 받아 1박을 하였는데 그 집 방에는 털이 긴 양털 carpet를 깔아 놓았다.

그들은 거기에서 생활하므로 냄새를 못 맡겠지만 그 방안에는 악취가 진동하여 머리가 띵하고 막 토할 것 같았다.

그 양털 carpet에 발바닥 등 몸에서의 분비물이 붙어 썩고 곰팡이와 진드기가 번식하기 때문이다.

그 양털을 뽑아 현미경으로 보면 아마도 곰팡이와 진드기가 꽉 차서 움직일 것이다.

호주(Australia) 또는 뉴질랜드(New Zealand)는 자연공기는 깨끗하나(공기오염이 적으나) 모직물이 많아 호흡기 질환 환자가 많은 것이다.

고가품이라 모직의류나 양털 또는 털이 긴 고급 carpet를 사서 쓰지 못하는 사람들은 서글퍼 하지 말고 오히려 행복하게 느껴야 할 것이다.

(14) 두터운 면(綿)양말이 무좀에 좋을까?

그렇지 않다. 보통생각하기를 nylon양말은 땀을 흡수 안하고, 두터운 면양말은 땀을 많이 흡수하여 무좀에 좋다고 생각한다. 땀을 많이 흡수하는 것은 맞는 얘기이지만 땀을 많이 흡수한 두터운 양말이 발을 싸고 있어서 발이 건조하지 못하고 습한 상태로 있게 되고 얇은 양말은 조금씩 땀을 흡수하여 곧바로 증발시키기 때문에 오히려 발이 건조하여지고 따라서 무좀이 더 잘 생기지 않는다.

오랫동안 등산하거나 군에서 행군할 때에는 발바닥에 오는 충격을 흡수하여야 좋은데 이때에는 보통의 얇은 양말을 신고 그 위에 두터운 면양말 안쪽에 비누를 발라서 신으면 충격을 흡수함은 물론 양말과 양말 사이에 윤활작용(lubricator effect)을 하여 발과 신 사이에의 마찰이 없어져 물집도 안 생기고 발에 땀 냄새도 나지 않고 무좀도 생기지 않는다.

(15) 목욕을 하지 못할 때에 목욕한 것처럼 몸을 가뜬하게 하는 방법은?

더운 여름에 몸에 땀과 때가 찌들었는데 shower할 곳이 없거나 수술을 받았거나 몸의 상처로 목욕을 못할 때에는 목욕 못 한다고 슬퍼만 할 것이 아니라, 대야에 물을 떠서 물수건을 만들어 몸을 닦고, 또 수건을 물에 빨아 몸을 닦으면 거짓말처럼 shower한 것과 거의 같이 몸이 가뜬해 진다.

(16) 물방울이 튄 종이를 똑바로 펴려면?

종이에 물방울이 튄 다음 마르면 똑바르지 않고 주글주글 해지는데 이것은 물이 묻어 늘어난 종이가 마를 때에 휘어버리기 때문이다.

물 묻은 종이를 매끈한 책상위에 놓고 손비닥을 눌러 말리면 물 묻지 않았을 때와 똑같이 신기할 정도로 종이가 휘지 않고 매끈해진다.

(양손바닥으로 비벼서 누르면 열에 의하여 빨리 마른다.).

(17) 수동변속기와 자동변속기

각각의 장단점이 있어서 일률적으로 어느 쪽이 더 좋다고 할 수 없다.

지금은 자동변속기(自動變速機, automatic transmission, A.T)의 단점을 많이 보완하여 예전보다는 향상되었지만 정속주행(定速走行)시에 자동변속기가 연료를 더 많이 소모하는 것은 관성주행(慣性走行)이라 그리 크지 않지만, 가속-감속이 잦으면 수동변속기(手動變速機, manual transmission, M.T)에 비하여 연료가 더 소모되며, 또한 같은 용량의 배기량(排氣量)의 수동변속기차에 비하여 순발력(瞬發力, 급가속 되는 것)이 더 못하고, 특히 오르막길에서는 수동변속기차에 비하여 힘이 약하며, 고속주행시 자동변속기내의 유체(流體)의 회전의 저항이 높아져 연료가 수동변속기차에 비하여 더 소모되고 성능이 떨어진다.(유체회전(流體回轉)자동변속기)

고속경주용차는 모두 수동변속기이고 승용차는 그런대로 괜찮아도 하중(荷重)이 무겁고 사람을 많이 태우는 버스는 더욱 그러하다.

1990년대에 시내버스, 관광버스 중에서 자동변속기차가 어느 정도 선보였으나, 이러한 단점으로 대부분 들어갔다가 다시 선보이고 있다.

engine brake의 방법으로 배기가스배출을 막거나 엔진으로 유입되는 연료를 차단하는 방법들이 있으나, 경사(傾斜)를 내려갈 때 수동변속기는 중력에 의한 가속도가 엔진을 회전시키는 힘(저항)으로 억제되기 때문에 저단(低段)기어로 자동변속기보다 더 효율적이고 안전하다.

그리고 가끔 문제되는 급발진(急發進)사고 시비(是非)는 수동변속기에서는 결(決)코 발생할 수 없는 것이다.

Addendum 21   2013. 10. 20   15:20—16:00
서울 →대전 중앙고속버스 속에서

자동차의 자동변속기는 비교적 근래의 산물(産物)이 아니라, 60여년전 6.25 한국전쟁이 한참이던 1952년에 미국 GMC 회사의 2.5 ton 대형 군용차(당시 "제므시"라고 하였다.)에 이미 장착(裝着)되어 있었다.

위에 적은 내용이 반세기(半世紀, 50년, half-century) 이상 지속하다가 2000년대에 와서 변속기의 구조(structure)에 일대(一大) 변혁(變革)이 일어나 이제는 더 이상 유체(流體)의 회전에 의하지 않고 판막(瓣膜, valve)의 개폐(開閉)에 의하여 변속이 되어, 위에 적은 자동변속기의 단점(短點)이 모두 보완되었음은 물론(勿論), 보다 더 효율적으로 되어 수동변속기보다 더 우수하게 되었다.

그러나 현재 시내버스나 관광버스는 자동변속기차가 가끔 있지만 이 원고를 마지막 교정하는 이 시점(時點, 2013.10.20)까지도 서울강남고속 terminal에서 출발하는 고속버스는 물론, 고속경주용자동차도 자동변속기를 장착(裝着)한 차는 아직은 1대도 없다.

(자동변속기는 버스는 물론 대형화물차에도 장착하지만 유체(流體)의 slip 현상으로 고속경주용차에서는 사용할 수 없다).

그런데 우리가 유의(留意)하고, 간과(看過, 보지 않고 지나침)하면 안될 것이 있으니 그것은 편리함을 추구(追求)하는 것도 어느 정도라야지.

자동화됨에 비례(比例)하여 인간의 두뇌기능과 육체 수행능력이 저하(低下)되고 퇴화(退化)된다는 점(點)을 명심(銘心)해야 (should inscribe) 할 것이다.

(사진기의 등장(登場)과 함께 미세(微細)한 사물을 실물처럼 그리던 기술은 사라졌고, 계산기(計算機, calculator)의 출현(出現)으로 인간의 두뇌의 계산능력은 한없이 퇴화(退化) 되어 버렸다.)

(18) 탄산가스, 아황산가스란?

탄산가스는 CO_2이고 아황산가스는 SO_2라는 것을 모르는 사람은 없을 것이다.

이 말이 어디서 나왔을까?

"탄산(炭酸)"은 "H_2CO_3"이고 여기에서 물(H_2O)이 빠지면 즉 "$H_2CO_3 - H_2O = CO_2$" 그리하여 탄산에서 물이 빠진 것이 "무수(無水)탄산" 또는 무수(無水)라는 말 대신에 기체를 가스라 함으로 "탄산가스"가 된 것이다.

마찬가지로 "황산(黃酸)"은 H_2SO_4이고 여기에서 산소원자(O)가 하나 빠진 H_2SO_3가 "아황산(亞黃酸)"이다. 여기에서 물(H_2O)이 빠지면 "$H_2SO_3 - H_2O = SO_2$"가 되어 이것이 마찬가지로 "무수(無水)아황산" 또는 "아황산가스"라 한다.

참고로 H_2SO_4에서 S(sulfur)는 우리말로 "유황(硫黃)"인데 이를 함유(含有)한 화학물질을 우리는 "황(黃) 자(字)"를 써서 황화물이라 하고, 일본에서는 유황의 앞 자인 "유(硫) 자(字)"를 써서 유화물(硫化物)이라 하여 H_2SO_4를 우리말로는 황산, 일본에서는 유산(硫酸)이라 한다.

(19) 차아염소산(次亞鹽素酸)이란?

화학물질의 분자식(分子式)에서 뒤에 붙는 음(陰)이온(ion) 물질을 염기(鹽基, base)라 하는데, 이 염기에서 산소원자(原子)(O) 하나가 빠지면 "아(亞)"글자를 붙이고 여기에서 다시 산소원자 하나가 더 빠지면 "차아(次亞)"라고 한다.

즉 "$HClO_3$"는 "염소산(鹽素酸)"이고 여기에서 O(산소원자) 하나가 빠진 "$HClO_2$"는 "아(亞)염소산" 여기에서 다시 O(산소원자)하나가 더 빠진 "$HClO$"는 "차아(次亞)염소산"이 되는 것이다.

영어로는 산소가 빠지지 않은 상태를 "~ate", 산소가 빠진 상태를 "~ite"라고 하여 "황산염"의 "~SO_4"는 "sulphate"라 하고 "아황산염"인 "~SO_3"는 "sulphite"라 한다.

마찬가지로 "질산염(窒酸鹽)"인 "~NO_3"는 "nitrate"이고, 산소원자(O)하나 빠진 "~NO_2"는 "아(亞)질산염"이고 영어로는 "~nitrite"가 되는 것이다.

이상은 음(陰)이온(ion)인 염기(鹽基, base)일 때이고 양(陽)이온(ion)에서는 ion가(價)(ion valence)가 적은 것이 우리말로는 "제1", 영어로는 "~ous"이며, ion가(ion valence)가 많은 것이 우리말로는 "제2", 영어로는 "~ic"이 된다.

예를 들면 "FeO"(산화제1철)에서 철 Fe^{++} 즉 "2가(價) ion"이어서 우리말로 "산화제1철", 영어로는 "ferrous oxide"라 하고, "Fe_2O_3"에서 Fe는 Fe^{+++} 즉 3가(價)이어서 우리말로 "산화 제2철", 영어로는 "ferric oxide"가 되는 것이다.

(20) 아기가 병원에서 울음을 그치지 않는 이유는?

아주 갓난아이가 아니고 사물을 식별할 수 있는 정도의 연령이 된 아기가 병원에 와서 진찰받을 때 대개 운다. 처음에는 낯선 사람이 만지니까 울고 아마도 주사를 맞아본 아기는 그 아픈 경험에 의하여 미리 우는 것이다.

그런데 주사를 맞지 않고 그냥 끝나도 울음을 금방 그치지 않는다. 그 이유는 울던 울음을 갑자기 그치는 것이 멋적으니까 그런 것이다.

(21) 노인부부가 싸움이 적어지는 이유는?

모두 다 그러한 것은 아니지만 젊은 날 커다란 문제없이 그저 성격차이등 비교적 단순한 이유로 싸우던 부부가 연로(年老)하면 싸움이 적어진다.

그 이유는 너무 오랫동안 싸워왔기에 이젠 싸우는 것마저 신물이 나고 싸움에 지쳤다는 것이 그 하나요, 또한 싸울 기운도 많이 줄었지만 중요한 또 하나는 밖에 나가면 누가 그렇게 잘 대해 주는 사람이 없고 나갈 데도 없고 그나마 말동무는 집 안밖에 없기 때문이다.

(22) 고속도로 휴게소 화장실이 무료인 이유는?

우리나라 고속도로 등 도로 휴게소의 화장실은 대개 무료이다. 외국에서는 동전을 넣어야 차단기가 열려 들어갈 수 있는 곳이 많아 동전이 없으면 곤란할 때가 있다.

우리나라에서는 무료이어서 요금도 절약되지만 동전을 꺼내고 넣는 불편이 없어서 좋다.

누구나 무료 화장실을 편하게 이용하며 고마워한다. 그런데 왜 무료일까? 그렇게 마음이 좋아서일까? 아니다. 만일 유료이면 특히 어두울 때 어두컴컴한 인근 뒤쪽에는 소변은 물론 때로는 대변까지의 오물(汚物)이 여기저기 널려 있어 악취도 풍기고 경관도 헤쳐서 휴게소 이용 손님도 줄게 되고 이를 청소하는 데에 보다 많은 비용이 들게 될 것이기 때문이다.

(23) 싸움을 말리지 않는 이유는?

길을 가다가 몸싸움을 하는 것을 목격하는 때가 있다.

그런데 이상하다. 구경하는 사람들이 대개 말리지 않는다. 왜 그럴까? 말리고 싶은데 용기가 나지 않는다. 싸움을 말리다가 두드려 맞거나 때로는 칼에 찔려 죽었다는 뉴스도 발표되기 때문이다.

그러한 위험부담 때문에 싸움을 말리지 않는 경우도 있지만 이제는 그러한 의협심을 가진 사람도 찾아보기 드물게 되었다.

요즘은 특히 귀로 듣는 것보다 눈으로 보기를 좋아한다. 라디오보다 텔레비전을 더 좋아하는 것처럼. 그리하여 가수보다는 연기자가 수입도 더 많고 더 인기직종이라 한다.

레슬링(wrestling)도 하나의 작품이라고 한다.

여성 작가가 쓴 시나리오대로 선수(연기자)가 연출한다는 얘기이다. 만들어낸 연극(drama)도 관람하는 것이 인기 있는데 연기가 아닌 실질적인 싸움을 그것도 무료로 구경하는데 그 재미있는 것을 누가 위험을 무릅쓰면서까지 말릴 것인가?

(24) 복층유리(複層琉璃, thermopane)의 간격

건축물에서 방음재(防音材), 단열재(斷熱材)로서 스티로폼을 많이 쓰는데 이것은 투명하지 않아 투명한 유리창으로 이중창을 설치하기도 한다.

그런데 창틀과 유리가 2열(列)이 아니고 유리 한 장의 가운데에 공간이 있어 두 겹으로 되어있는 것이 복층유리로서 단열(斷熱)과 방음(防音)의 목적으로 쓰인다.

이때에 이 유리의 간격이 어느 정도일 때에 단열의 효과가 가장 클까?

열이 이동(移動, 波及) 되는 데에는

① 전도(傳導, conduction),

② 대류(對流, convection),

③ 복사(輻射, 방사, 放射, radiation)

의 3가지인데 전도는 열이 물체를 직접타고 이동하는 것이고, 대류는 공기(기체)의 이동에 의한 것이고 복사는 열자체가 이러한 매개체(媒介體)를 통하지 않고 직접 파급되는 것이다. 태양열을 직접 받거나 난롯가에서 열을 받는 것이 복사열의 대표적인 예이다.

신체에서 열을 방출하는 데에는 이 3가지 이외에,

④ 증발(蒸發, evaporation)

이 있어서 땀 $1m\ell$가 증발하는 데에는 539 calorie의 열을 빼앗아 가면서 몸을 식힌다. 복층유리의 간격이 작으면 전도에 의하여, 간격이 크면 공기의 대류에 의하여 단열효과가 적어진다.

그리하여 이 간격이 6mm이면 전도와 대류도 방지되고 열적외선이 반사되어 단열효과가 가장 크게 되는 것이다.

(25) 파도(波濤)가 밀려올 때 배(보트, boat)가 뒤집혀지지 않으려면?

작은 배가 떠 있는 바다에 커다란 파도가 밀려오거나 강이나 호수에서 커다란 배가 지나가면서 큰 파도를 일으키면, 이 파도를 어떻게 맞아야 작은 배가 전복 안되고 안전할가? 선박의 측면(側面)에서 파도를 만나면 가장 전복이 잘될 것은 말 것이 없고, 반대로 선박의 앞에서 파도를 만나면 안전할 것 같지만 그렇지 않다.

파도가 선박의 높이보다 높을 때에는 선수(船首, 배의 앞머리)가 물결을 타고 올라가면 몰라도 그렇지 않으면 선체가 물속에 완전히 잠겨 버리거나 아니면 일부 물결이 갑판 위를 휩쓸어 단단히 부착되어 있지 않은 물체는 물론 사람까지도 한 순간에 물속에 날려버리고 만다.

그리고 파고(波高, 파도의 높이)가 아주 크지만 선박이 원체 커서 선박 위를 휩쓸고 가지 못할 때에도 위험성이 있다.

대형선박이 높은 파고위에 올라타게 되어 파도의 정점(丁點, vertex)이 선복(船腹, 배의 중심부)에 오게 되면 선체가 지렛대 중심부에 올려놓은 것 같아 선수(船首, 배의 앞부분)와 선미(船尾, 배의 뒷부분)가 선복(船腹)에서 부러져 선박이 앞뒤 두동강으로 되어 버린다.

작은 통나무배나 근래에 많은 작은 어선처럼 합성수지(合成樹脂, FRP)로 만든 배가 아니고 커다란 선박은 철선으로서 용접하여 만들어졌기 때문에 이 거대한 선박의 중량이 선박의 중간부위의 용접부위에서 이기지 못하여 부러지는 것이며 실제로 세계 2차 대전 때에 대형군함에서 이러한 일이 발생하였다.

따라서 이러한 모든 점을 고려할 때에 파도가 밀려오면 선박의 방향을 파도와 30°, 또는 60°로 방향을 맞추는 것이 파도에 뒤집히지도 않고 물에 쓸려가지도 않고 부러지지도 않아 제일 안전하다.

(26) 선박(船舶)의 중량

선박의 제원(諸元)을 말할 때에 선복(船腹, 배 중심부)에서의 좌우폭, 전장(全長, 선수와 선미간의 길이), 높이를 얘기하고 그 외에 몇 ton급이라고 한다.

3,000 ton급(級) 구축함, 20,000 ton급 순양함, 65,000 ton급 항공모함, 10 ton의 소형어선, 1,500 ton여객선, 30만 ton급 유조선(油槽船)등.

이 ton의 수자는 군함(軍艦)에서는 배수톤(排水噸)으로서 함정자체의 중량을 말하고 군함이 아닌 여객선, 화물선, 어선, 유조선 등에서는 적재톤(積載噸)즉 배에 태우거나 실을 수 있는 중량을 얘기하는 것이다.

적재톤은 선박의 부력(浮力)에 의한 것으로 선박의 중량이 아니라 체적(體積, volume)에 비례하는 것이다.

선박이 가벼워도 즉 배수톤은 적어도 체적이 크면 그 만큼 부력을 많이 받기 때문에 적재톤은 커지는 것이다.

이 부력은 선박이 물에 잠겨 있을 때에 선박에 의하여 밀어낸 물의 양의 무게만큼 부력을 받는 것이다.(Archimedes의 원리)

따라서 부력은 배의 체적에 의하여 결정되는 것이다.

(27) 함정(艦艇)과 선박(船舶)

배를 말할 때에 군용이면 "함정"이라 하고 민간용이면 "선박"이라 하며 군용(軍用)에서 큰 배를 "함(艦)"이라 하고 작은 배를 "정(艇)"이라 한다.

잠수함을 잡는 "함"을 구축함(驅逐艦, Destroyer, D.Dx.)이라하고 그 외 호위구축함(護衛驅逐艦, Destroyer Escort, D.E.), 고속수송함(高速輸送艦, PG. APD), 순양함(巡洋艦, Heavy Cruiser), 전함(戰艦, battleship), 항공모함(航空母艦, Aircraft Carrier)등이 그 예(例)이고, 작은 배를 "정(艇)"이라 하여 감시업무를 하는 초계정(哨戒艇), 바다 속에 있는 어뢰(魚雷, torpedo)나 기뢰(機雷, mechanical mine) 등을 제거(除去)하는 소해정(掃海艇, a mine-sweeper)등이 그 예이다.

민간용인 선박에서는 사람(여객)의 운송을 목적으로 하는 여객선, 유람을 목적으로 하는 유람선, 화물을 수송하는 화물선, 유류를 운송하는 유조선등이 그 예(例)이다.

(28) 보다 작은 상륙함(上陸艦)이 engine 출력(出力)이 더 크다?

자동차나 선박이나 항공기가 움직일 때에 추진력이 필요한데, 정지 상태에서 처음 움직일 때와 가속 시에는 더 많은 힘이 필요하다.

특히 항공기의 이륙(離陸, take off)시(時)에는 강한 추진력이 필요하다.

운행 중에는 저항(抵抗, resistance)에 비례하여 추진력이 커야하고, 연료가 많이 소모되는데 항공기에서는 노면(路面)이나 물과의 저항이 없이 공기와의 저항뿐으로 자동차나 선박에 비하여 저항이 가장 적고, 상공으로 올라갈수록 공기의 밀도가 낮아서 저항이 더 적어진다.

자동차는 노면과의 저항과 공기와의 저항 두 가지를 받아서 항공기보다 저항을 더 많이 받는다.

자기부상열차(磁氣浮上列車)는 노면과의 저항을 극소화시킨 것이며, 지상에서의 공기 저항은 속도에 비례하여 커지기 때문에 대형화물차의 화물칸 앞쪽을 경사지게 한 것은 공기 저항을 적게 하기 위함이다.

예를 들면 Jeep차 같은 SUV(sport차, sport utility vehicle)이 아니고 sedan 형인 승용차의 경우 공기저항은 보다 적게 받는 데에도 시속 96km로 주행 시 연료의 50%가 공기와의 마찰로 인한 저항으로 소모된다.

선박은 물속을 헤치고 나가야 하기 때문에 물과의 저항이 아주 크며 속도의 상승에 비례하여 엄청나게 증가하게 된다.

여객선은 예전이나 지금이나 대개 시속 12~13 knot의 속도로 운행하는데 이것은 engine의 추진력(推進力)이 모자라서가 아니라 속도가 증가할수록 정비례가 아니라 거의 자승(自乘)에 비례하여 연료가 많이 소모되기 때문이다.

우리가 냇물을 건널 때에 발을 물에서 올려 빼고 걷지 않고 물을 헤쳐 나가려면 다리는 나가지 않아서 몸이 앞으로 쓰러지려고 하는 것을 보면 물의 저항이 얼마나 큰가를 느끼게 된다.

그리하여 연료소모를 줄이기 위하여 선박운행속도를 낮추는데 여객선에서 물과의 저항을 줄여서 연료소모도 줄이고 속도를 높이게 고안한 즉 날개를 물밑에 달고 선체를 물위에 뜨게 한 선박이 소위 hydrofoil(수중익선, 水中翼船)인 것이다.

(우리나라에서 운항하는 것을 보면 평균 시속이 70km이다)

그런데 군용함 중에 상륙함(上陸艦)은 함저(艦底, 배의 바닥)가 뾰족하지 않고 평평하게 되어 있어서 해안(海岸)의 육지에 함수(艦首, 뱃머리)를 얹어 놓고 군인은 물론 군용차나 tank, 장갑차 등을 내리고 태우면서 상륙작전 또는 철수작전을 하게 된다.

해안에 배를 얹을 때에는(beaching) 간조(干潮, 썰물)시에 하고, 이륙(離陸, take off)은 해수면이 높은 만조(滿潮, 밀물)시에 한다.

만조시에 배를 얹어 놓으면 이륙이 곤란해진다.

일단 해안에 배를 얹어 놓으면 함저(艦底, 배의 바닥)에 있는 물 tank의 물을 앞으로 옮겨서 배를 안정(安定)되게 정박(碇泊, anchoring) 시킨다.

이륙 시에는 해수면이 높아지기를 기다리고, 함저의 물 tank의 물을 배의 뒤로 옮겨 해안에 얹혀있는 함수(艦首, 뱃머리)의 중량을 최대한 줄이고 강한 추진력으로 군함을 땅에서부터 바다로 이륙시킨다.

이때에 배의 전후(前後)의 길이가 길면 해수(海水)로부터 부력(浮力)을 많이 받아 이륙이 쉽지만, 배의 전후의 길이가 짧아 바다에 떠 있는 군함의 전후 길이가 짧으면 해수로부터의 부력을 적게 받아 군함을 육지에서부터 이륙시키는 데에 더 큰 힘이 필요하게 된다.

그리하여 함수(배의 앞머리)에서 조개입처럼 문이 열리는 3,000.ton급(級)의 상륙함인 LST.(Landing Ship for Tank)의 engine의 추진력은 HP.1,800.(1,800마력)인데 이보다 작은 2,000.ton급(級)의 상륙함인 LSM.(Landing Ship for Man)의 engine의 추진력은 이의 2배가 되는 HP.3,600.(3,600마력)이나 된다.

(29) 해리(海里), mile, knot란?

지상(地上)에서의 1 mile은 약 "1,609m"이고, 바다에서 쓰는 mile은 "해리(海里)"라고 하여 영어로는 "nautical mile" 또는 "sea mile"이라 한다.

1해리는 약 "1,852m"로서 지상 mile 보다 243m 더 길다. 이것은 지구(地球)의 위도(緯度, latitude, parallel)의 1분(分)의 거리(距離, distance)이다.

즉 지구는 적도(赤道, equator)를 중심으로 북극이 북위 90°, 남극이 남위 90°이고 "1°(度, 도)의 60분의 1"이 "1분(分)"이다.

"meter법(法)"을 정할 때에 "지구의 자오선(子午線, the meridian)의 4,000만분의 1"을 1m로 정하였으므로 적도에서 북극 또는 남극까지의 거리가 자오선의 1/4인 1,000 만 meter (10,000 km)이어서 위도(緯度) 1분의 거리는 1,000만 meter를 90으로 나누고(1°의 거리), 이를 다시 60으로 나누면(1분의 거리), 즉 적도에서 북극 또는 남극까지의 거리의 1/5,400(90×60=5,400)의 거리가 1,852 meter 가 되며 이것(1분의 거리)이 "1해리"라 하는 것이다. (10,000,000 meter / 90도×60분=1852 meter/1분)

항해술은 수천년 전부터 발달되어 왔고, 항공기는 20세기(1903년)에야 시작이 되어 항공기에서 쓰는 용어는 선박 또는 항해에서 쓰는 용어에서 대개 갖고 왔으며 대표적인 예가 "cabin(선실, 船室)"이 항공기의 기실(機室)이고, 공항(空港)에는 물이 없는 데도(물과 관계없어도) 항구(港口)라는 글자를 써서 "Airport"라 하는데 이는 "항구"라는 "Port(港)"에 "Air(空)"를 넣어 만든 글자이다.

그런데 이 "해리(海里)"라는 단어는 해상에서만 사용하며 항공에서는 육로(陸路)와 마찬가지로 육상 mile을 쓰고 해상 mile을 쓰지 않는다.

(나는 오래전에 대한항공(KAL) 국제선에 탑승하고 여객전무에게 물었다. 항공기에서는 육상 mile을 쓰느냐? 해상 mile을 쓰느냐? 고. 그는 해상 mile을 쓴다고 나에게 얘기하여주었다. 아마 태평양상공 등 바다 위를 많이 비행하니까 그렇게 생각한 모양인데 대륙간(大陸間, intercontinental) 국제선 대형점보(jumbo) 항공기의 여객전무도 이렇게 틀리게 알고 있는 것이다.)

항공기운항 시에는 지구표면과 고도(高度)가 있어서 장거리 운행시에는 대개 7,000~10,000 meter의 고도로 비행한다. 항공기가 비행할 때의 거리는 직접 비행한 거리가 아니고 지구표면에 투사(投射)한, 즉 지구표면에서의 거리를 말하며 이를 "ground speed(지표속도, 地表速度)"라 하고 여기에서 쓰는 mile은 지상 mile인 1609m인 것이다.

항해(航海)시(時)의 "노트(knot)"는 거리의 단위가 아니라 속도의 단위이다.

즉 1시간에 항해한 "해리"의 수를 "knot"라 하여 10knot라 하면 1시간에 10해리(18.52km)를 가는 속도를 말하는 것이다.

(30) 선박(船舶)을 정박(碇泊)시킬 때에 배 멀미를 적게 하려면?

배를 탔을 때에 배가 흔들려 오심, 구토가 생기는 것을 배 멀미라 하는데 파도가 심한 바다에 선박을 정박시킬 때에 배 멀미를 적게 하는 방법은 선박의 방향을 좌우로 흔들리게 하고 선실의 침대는 전후로 하여 머리는 선수(船首, 배의 앞머리)에 다리는 선미(船尾, 배의 꼬리부분)의 방향으로 있게 하여 파도가 치면 침대에서 몸이 좌우로 구르게 한다.

선체(船體)의 좌우가 상하(上下)로 흔들리는 것을 "rolling"이라 하고, 선수(船首)와 선미(船尾)가 즉 선박의 앞부분과 뒷부분이 상하로 흔들리는 것을 "pitching"이라 하는데 우리 신체는 rolling에는 잘 견디지만 pitching에는 견디지 못하기 때문이다. 즉 함정이나 선박에서 잠을 잘 때에 밤새도록 좌우로 수 백 번 아니 천 번 이상 굴러도 괜찮지만 머리와 다리가 번갈아서 올라갔다 내려갔다 하면 짧은 시간도 견디지 못하는 것이다.

(31) 미끄러운 길을 걸어갈 때에는?

눈이 오고 일부 녹으면서 얼은 길을 걸을 때 미끄러져 넘어지기 쉽다. 이때에 미끄러지지 않고 가는 방법은?

미끄러운 길을 피하거나 등산화처럼 신의 바닥에 깊게 홈이 파인 신을 신어 마찰계수를 높이면 잘 미끄러지지 않는다. 예전에는 새끼줄을 신에 묶고 다니기도 하였는데 그 효과는 아주 크다.

이러한 장비가 없이 비교적 안전하게 걷는 방법은 첫째 "걸음걸이의 폭(보폭, 步幅)을 좁게 하는 것" 즉 성큼성큼 크게 발을 내딛지 말고 총총걸음 식으로 발을 조금씩 내디딜 것과 둘째 보기에는 우습지만 "궁뎅이를 낮추고" 오리처럼 걸으면 잘 넘어지지 않는다.

궁뎅이를 낮추어 신체의 중심을 낮추면 그만큼 안정성(安定性, stability)이 커지고, 중심이 흐트러지지 않아 잘 넘어지지 않는다.

씨름경기를 보면 넓적다리가 커다란 기둥같이 강한 체력을 가진 선수가 한번 중심이 흔들리면 헛개비처럼 넘어가는 것을 보아왔다.

(32) 시내버스가 빨리 가게 된 이유는?

1950년대, 1960년대에 서울이나 부산에서 시내버스 타본 사람들은 버스가 한번 정류장에 서면 손님 더 태우느라고 마냥 기다려 출발을 하지 않아서 짜증났는데 지금은 너무나 잘 달려 특히 출퇴근 시간대에는 버스차선(車線)까지 있어 taxi보다 훨씬 더 빨라 승객은 미안해할 정도로 고마워하고 때로는 불편하기까지 하다.

그러면 승객을 배려해서 빨리 가는 것일까?

아니면 공중도덕성이 향상되어서 일까?

아니다. 버스기사와 차주 자기네들을 위해서이다.

왜 그럴까? 전에는 버스마다 수입을 각자 따로 하였기에 각 차마다 수입을 더 올리려고 오래 기다렸는데, 이제는 노선별로 공동분배 하기 때문에 빨리 종착역에 가서 쉬는 것이 낫지, 오래 기다려 손님을 더 태워봐야 손해이기 때문이다.

1980년부터는 차량이 급격히 많아져서 교통체증으로 버스가 주행이 느려져서 시내도로와 고속도로에 버스차선을 두어 빨리 가게된 것은 누구나 아는 사실이고, 여기서 얘기하고자 하는 것은 그 이전 1950년~1970년 차량이 적을 때의 얘기이다.

서울의 간선(幹線) 시내버스 노선 중에 대표로 영등포 문래동(文萊洞)에서 동대문 넘어 신설동간과 미아리에서 흑석동(또는 상도동) 노선이 있었다.

미아리 노선은 1960년대(年代)에도 5분 배차간격으로 흑석동 행(行)이 3대가고 4번째 차가 상도동으로 가서 상도동(上道洞)행(行) 버스는 20분 간격이었다. 서울역 정거장이나 을지로 입구 상도동행 버스 정류장에는 승객이 피난민 행렬처럼 길에 길게 늘어서 있던 것이 1970년대 초까지 이었다.

이 두 노선이 한강을 건너 강북과 강남을 잇는 대표적 노선이었는데 문래동-신설동 노선의 예를 들면 시발역에서 종착역까지의 소요시간이 1시간 50분이었다.

그런데 주행시간은 단 40분이고 나머지 소요되는 1시간 10분이란 시간은 정류장에서 손님을 기다리는 시간이었다.

왜 기다릴까? 수입을 올리기 위한 것이다. 그게 웬 말인가? 한번 정류장에 도착하면 오래 기다려 앞차와의 시간간격을 오래 두어야 손님을 더 태우고, 그러면 수입이 더 오르니까 그렇다.

각 시내버스는 ○○교통, ○○운수라고 회사이름이 있지만 그것은 등록(소속)을 그렇게 한 것이오, 각 버스마다 차주가 각각 있는 것이다.

각 버스가 수입을 많이 올려야 그 버스의 차주와 버스기사, 안내양이 수입이 오르기 때문이다.

시내버스, 시외버스, 관광버스의 차주가 각각인 것은 예나 지금이나 마찬가지이다.

지금의 관광버스도 그 회사가 그 회사이름 붙인 버스를 전부 소유하고 있는 것이 아니고, 각각의 버스 차주가 관광버스 회사에 등록하여 회비를 내고, 일거리가 관광회사로 주문이 오면 순번으로 받는 것이다.

주중에는 대개 통근버스로 사용하고, 주말에는 관광으로 사용한다.

그리하여 대부분의 관광버스 차주들은 차주겸 기사의 일을 하고 2대 이상의 버스를 소유하고 있으면 어쩔 수 없이 월급기사를 개인적으로 고용하는 것이다. 따라서 관광버스 운전기사를 월급 몇 푼 받는, 목이 잘리면 백수건달 되는 하찮은 사람으로 보면 안 된다. 일부는 채용된 직업기사이지만 대부분은 관광버스 여러 대 소유하고 있는 "실력자"들이다.

그런데 고속버스는 이와 달리 모든 버스를 소유하고 있고 월급기사를 쓰고 있다.

그리하여 차주가 각각 다른 시내버스는 수입을 더 올리려고 한번 정류장에 도착하면 출발할 생각을 하지 않고 차장(안내양)이 시티에 내려와 "○○가요, ○○가요"호객(呼客)행위를 하면서, 심지어는 길가는 사람까지 팔을 끌어 차에 태우려고 하였다.

그러면 뒤에 다른 버스가 한 대, 두 대, 석 대, 넉 대, 아니 다섯 대, 그리고 더 이상 밀리면 저마다 떠나라고 "빵빵, 빵빵"귀가 따갑게 경적(klaxon)소리를 울리고 안내양은 "○○가요, ○○가요" 목청을 높여 소리치고, 길 가는 사람 끌어당기고,

버스정류장은 그야말로 전쟁터 같은 아비규환(阿鼻叫喚)이었다.

그래도 끝까지 버티다가 마지못해 버스가 떠나고, 이러한 광경은 지금 사람들은 상상할 수가 없다.

이러한 것을 막으려고 종착역에는 회사에서 검차원이 있어서 시간을 재는데 예정시간보다 늦으면 과태료를 받아갔다. 승차요금이 5원할 때에 예정시간보다 55초 늦는데에 따라 500원씩 내야했다. 이것을 피하기 위하여 기점(起點, 시발점)에서부터 종착역 몇 정거장 전까지는 느리게 가다가 몇 정거장 남기고는 이 지체된 시간을 만회하려고 질주하곤 하였다.

노인뿐 아니라 젊은 사람까지도 버스 타려고 버스 가까이와도 그냥 달아나는 지금과는 너무나 달랐다.

얼마나 호객행위를 했는지 14~15세 또는 기껏해야 15~16세 되어 보이는 가냘픈 소녀가 목소리는 쇠바가지 찢는 듯한 굵은 목소리로 변하여 "○○가요, ○○가요" 소리치는 소리가 무슨 소리인가 알아들을 수 없이 그저 귀를 찢는 것만 같았다.

그리하여 1950~1960년대 그 유명한 윤석중(尹石重) 동시(童詩)작가는 다음과 같은 시를 동아일보에 발표하였다.

목 쉰 차장

윤 석 중

해는 지고 목은 쉬고
"때문-썰똥-남교요-"
"얘- 이 차 어디로 가니?"
"때문-썰똥-남교요-"
그러나 버스는 알아듣고 달린다.
동대문-신설동-돈암교로…

해는 지고 목은 쉬고
하—얀 초생달이 길 바래주러 나왔다. (1960년대)

지금 이 동시를 기억하는 사람은 거의 없을 것이다.

나는 그 즈음(1960년대) 일간(日刊)신문(동아일보)에 발표된 이 시를 읽었다. 참으로 실감나게 잘 썼다고 느꼈다. 그리고 어디에도 memo해 두지 않았다.

그러다가 이글 쓰면서 이렇게 옮겨 놓았다.

그렇게 안 가던 시내버스가 어느 날 아침부터는 호객행위는커녕(안내양도 없어졌지만) 막 타려고 하여도 그냥 쏜살같이 달아나게 되어 버스가 손님을 태우려는 것인지, 아니면 시발점에서부터 종착역까지 그저 가기 위하여 달리는 것인지 알 수 없게 되었으니 이 이유는 이미 얘기한 것처럼 제도가 바뀌었기 때문이다.

각 버스차량마다 각기 수입을 계산하는 것이 아니라 모든 차의 수입을 함께 모아 공동관리 하기 때문에 어느 차량이 수입이 많아도, 적어도 아무 소용이 없다. 수입을 많이 올려도 헛것이다.

빨리 종착역에 와서 쉬는 것이 좋다.

늦게 운행하면서 손님을 조금이라도 많이 태워 수입을 더 올리면 득(得, 이익)이 되긴커녕 오히려 손해가 되는 셈이니까.

그리하여 이렇게 된 것이다.

이러한 예를 드는 것은, 어떠한 일을 하려면 제도를 그렇게 하는 방향으로 해야지, 제도(制度)는 그 반대방향이면서 말로만 그렇지 않게 하자는 것은 너무나 모순(矛盾)이오, 어불성설(語不成說, 말이 되지 않음)이란 자연의 진리를 말하고자 함이 이 글을 쓰는 또 하나의 이유(목적)인 것이다.

(33) 자가용 승용차가 급증(急增)하게 된 이유는?

경제 상태와 생활여건이 향상(向上)되어 자가용 승용차가 증가된 것은 언급할 필요조차 없지만, 이것만으로는 그렇게 증가할 수가 없다.

그 외에 다음의 몇 가지가 크게 작용하였기 때문이다.

① 생활양식(生活樣式, the life pattern)의 변화

과거에 우리나라 사람들은 열심히 벌어서 저축하고 그리고 자녀들에게 물려주는 것이 돈 버는 목적이었고 서구(西歐)사람들은 벌어서 여행 다니며 인생을 즐기는 것이 돈 버는 목적(目的)이었다.

우리나라에서도 과거의 그것이 완전히 없어지지는 않았지만, 저축하기 위하여 벌고, 자녀에게 주기 위하여 벌던 그 목적이 인생을 즐기고 향락하는 쪽으로 방향(主方向)이 선회(旋回)하였다.

② 체중의 증가, 차(車)타기의 선호(選好)

체중의 증가와 더불어 걷기를 싫어하고 차타기를 좋아하게 되었다.

환자들을 보면 중년(中年)은 말할 것도 없고, 10세 전후에서도 얇은 뱃가죽을 보기가 힘들어 졌고, 예전에는 10리(4km)길도 걸어 다니는 것이 보통이었는데 이제는 200m, 300m, 아니 100m라도 taxi나 자가용차를 타는 사람이 드물지 않게 되었다.

운동량이 적다고 massage에다 health club에 가면서까지.

③ 종합보험의 등장(登場)

과거에는 교통사고가 나도 교통비에다 푼돈밖에 안 되는 책임보험뿐이어서 교통사고가 한번 발생하면 웬만한 회사는 그저 무너져 버린 예가 많아 자가용승용차를 소유하고 유지할 만한 사람도 교통사고를 감당할 수가 없어서 차를 구입하지 않거나 구입을 하여도 자산이 없는 남의 명의를 빌려서 소유하기도 하였다.

그러던 중 1981년 초(전두환 대통령재임시)에 지금과 같은 종합보험제도가 탄생되어 비교적 안심하고 차량을 구입, 소유하게 되었다.

④ 할부판매제(割賦販賣制)

지금까지 언급한 것만으로는 그렇게 많은 판매 실적을 올리지 못했을 것이다.

우리사회의 소비의 증가, 판매실적의 증가는 현금을 전부 지불하여야만 물건을 살 수 있다면 백화점이나 일반상점, 음식점에서의 매상이 그렇게 증가할 수가 없다.

신용카드, 직불카드 등 카드결재, 할부판매 등으로 하여 판매가 크게 증가하게 되

었으니, 옛말에 "외상이면 황소도 잡아먹는다."하였는데, 작은 물건도 아니요, 자동차같이 비싼 물건을 서울의 아파트처럼 투기(投機)목적으로 구입하지 않는 이상, 현금을 다 지불하여야만 차량을 구입할 수 있다면, 지금의 판매량의 몇 분의 1밖에 판매가 되지 않을 것이다.

소액만 지불하고 12달 또는 36달 무이자 할부 판매하기 때문에 차량판매가 그렇게 증가하게 된 것이다.

(34) 이유(理由)와 원인(原因)

이유는 인위적(人爲的)인 것으로 영어로는 "for"를 쓰고, 원인은 자연적(自然的)인 것으로 영어로는 "because"를 사용한다.

예를 들면 "내가 그 회의에 참석하지 못한 '이유'는 서울에 가 있었기 때문이었다." "작년에 흉년이었던 '원인'은 가뭄이 심하였기 때문이었다." 등

(35) 학문(學問)발전에 기여한 한 가지

전투에서 적군과의 경계가 전선(戰線)이며 이 지역에서 싸워서 전진하거나 후퇴하는 것이 "연속전(連續戰)"이다.

이로써 승산이 없을 때 적진 속으로 뛰어드는 것이 "불연속전(不連續戰)"인데 이에는 2가지가 있다.

공중에서 뛰어드는 것이 육군의 "공수부대"가 하는 전투이고 적의 해안(海岸)으로 쳐들어가는 것이 해군, 해병의 "상륙작전"이다.

20세기의 대표적인 상륙작전은 2차 세계대전(1939~1945년)때인 1944년 6월 6일 새벽 6시 아이젠하워 미연합군사령관의 "노르망디 상륙작전"(Normandy; France의 북서 대서양연안도시)이었는데 독일군과 Italy군이 빨리 패(敗)한 원인으로는 여러 가지가 있었지만 그 중에 노르망디 상륙작전의 성공과 독일의 "레마겐 교량(橋梁)"이 매우 견고하여 폭파가 되지 않았다는 것을 들 수가 있다.

서울 남산의 외국인 전용아파트는 TNT 500kg으로 붕괴시켰는데 이 "레마겐"교량은 TNT 1,000kg을 썼어도 폭파되지 않아 연합군의 진격을 늦추지 못한 것이다.

만일 이 교량이 폭파되었다면 연합군의 진격이 적어도 6달은 늦어졌을 것이라고 군사 전문가들은 말하고 있다.

20세기의 전 세계적으로 2대 상륙작전은 이와 함께 1950년 9월 15일 한국전쟁 시의 UN군 총사령관인 맥아더(Mc Arthur)원수(元帥)의 인천 월미도(月尾島)상륙 작전이었다.

밀물(만조, 滿潮)과 썰물(간조, 干潮)의 차이가 크면 상륙작전의 금기(禁忌)인데 도 인천의 간만의 차이는 9 meter인 곳에서 상륙작전을 성공시켰다는 것은 기적에 가까운 것이었다.

20세기(世紀, century)뿐 아니라 전 세기를 통하여 세계적으로 유명한 철수작전 (撤收作戰, evacuation operation)은 1950년 12월 15일에서 24일까지 10일간 의 함경남도의 흥남철수작전이다.

최신장비를 갖춘 미해병 제1사단 1만 2천명이 1949년 10월 1일 모택동(毛澤東) 이 발족(發足)시킨 1년밖에 안된 중공군(中共軍)이 2차 세계대전 때 썼던 군화와 군복, 소총을 갖고,1950년 10월 25일 전투에 개입(介入)하여, 낮에는 영하 20℃, 밤에는 영하 32℃의 혹한속에서, 미군의 10배(倍)인 4개 사단 12만 명의 인해전 술(人海戰術)로 미군을 포위하였으나, 1950년 11월 27일에서 12월 11일까지의 15일간(日間)의 그 유명한 "장진호 전투 (長津湖 戰鬪)"에서 미군은 이 포위망을 뚫고 무사히 탈출하였고, 이 전투로 시간을 벌어서 흥남 철수 작전을 성공시켰다.

(중공군이 이미 흥남(興南)보다 남쪽인 원산(元山)을 점령하였기 때문에 육로는 끊기고 해상으로 후퇴할 수밖에 없었다.)

병력(미군 제10군단) 10만 5천명, 피난민 9만 8천명, tank, 장갑차, 군용차 등 차량 17,500대, 무기 등 군수물자 35만 톤을 193척의 군함과 수송선으로 철수한 것이, 사상(史上) 유례(類例, 비슷한 예)가 없는 대규모 철수작전인 그 유명한 "흥 남철수작전(興南撤收作戰, evacuation operation)"이다.

1950년 12월 23일 맨 마지막으로 피난민을 태우고 흥남부두를 떠난 7,600 ton 급 수송선 정원 2,000명의 "Meredith Victory 호(號)"의 "레너드 라루" 선장은 민간인을 태워야 할 의무가 없는 데에도 적재했던 짐(탄약 200 ton, 포탄 500 발, 유류 油類 200 drum)을 내리고 일말(一抹)의 망설임 없이 태울 수 있는 만큼, 정 원(定員)의 7배(倍)인 피난민 1만 4천명을 태워, 세계 역사상 단일(單一)선박으로 가장 많은 인원을 태운 배로서, "기네스 북"에 "The Greatest Rescue Operation Ever by a Single Ship"(단일 單一 선박에 의한 역사상 가장 큰 구조작전 救助作戰)으로 기록되고 있다.

흥남철수작전 10일째인 1950년 12월 24일 오후 2시 36분.

마지막 배가 흥남을 벗어나는 순간, 흥남에 남겨둔 물자와 흥남 항구시설을 모두 폭파시키는 현장을 보면서 떠났고, 다음날 12월 25일 아침에는 중공군 27사단이 흥남을 점령하였다.

함경남도의 개마고원(蓋馬高原) "장진호 전투 (1950.11.27.~12.11.)"(미국 전쟁역사에서 역사상 가장 고전(苦戰)했던 전투)에 관한 것이 마린러스 作"The Breakout"이란 제목으로 미국에서 책자가 발간(發刊)되었고, 이 흥남철수작전으로 1952년에 강사랑 작사, 박시춘 작곡, 현인 노래의 "눈보라가 휘날리는 바람찬 흥남부두에..." 하는 "굳세어라 금순아"를 탄생시켜 지금까지 애창(愛唱)되어 오고 있다.

그런데 흥남철수작전은 이러한 군사적인 면(面)뿐 아니라, 그 당시 육로(陸路)는 다 막히고 퇴각은 해상(海上)으로 밖에 없을 때에 당시 흥남철수작전 총사령관 미군 제10 군단장인 "에드워드 아몬드(Edward Almond) 소장(少將)"의 결정으로, 10만 5천명의 군인과 군장비 이외에, 피난가겠다고 항구에 나온 민간인 9만 8천명을 후송시켰다는 점에서 역사적으로 세계적으로 유례(類例)없이 유명한데 그러면 그 많은 민간인을 태울 자리가 없는 군용함 LST, LSM에 어떻게 태우고 후송하였을까?

군함내의 빈 공간을 전부 찾아서, tank와 장갑차의 포(砲) 위에, 포 옆에, 군용차 바퀴 옆에, 차량 밑바닥 등 있을 수 있는 공간마다 차곡차곡 끼워서 태우고, 그 이외에 메레디스 빅토리(Mcrdith Victory)호(號) 등 수송선에서는 앉을 자리없이 선채로 꽉 끼워 태우고 부산을 거쳐(부산에는 피난민이 100만 명이나 되어 배에 태운 피난민을 하선(下船)시킬 수 없어) 3일(日)만에 거제도(巨濟島) 장승포항(長承浦港)까지 후송시켰던 것이다.

그리고 이 좁은 배(수송선) 속에서 5명(名)의 새 생명이 태어나기도 하였다.

선박은 예전부터 있어서 상륙작전은 고대(古代)에도 있었지만 공수작전(空輸作戰)은 항공기가 없었던 시절에는 불가능하였다.

삼국지(三國志)를 보면 위(魏)나라의 "등애(登艾)"와 "종회(鐘會)" 두 장수가 유비가 세운 촉(蜀)나라 수도인 성도(成都)를 함락시키는데 "종회"장수는 전선을 따라 한곳 한곳씩 쳐들어가는 "연속전"을 폈고, "등애(登艾)장수"는 아들을 앞세워 길이 없는 산속을 뚫고 공병부대를 투입하여 잔도(棧道, 험한 벼랑같은 곳에 나무를 선반처럼 매달아 만든 길)를 설치하면서 전진하는데, 목적지인 성도(成都) 가까이 바로 뒤에서 공병대장인 아들이 더 나가지 못하고 울고 있었다. 이제까지 그렇게 힘들게 온 것이 허사였다.

그것은 깎아지른 바위절벽이 앞에 놓인 것이다.

"등애" 장수는 담요로 몸을 두루 말고 "나는 먼저 간다" 하고 그 깎아지른 깊은 바위 절벽을 굴러 내렸다.

그리하니 다른 병사들도 담요로 몸을 둘러싸고 굴러 내렸다. 내려오니 하나의 사당(祠堂)이 있었다. 향도관(嚮導官, 길을 안내하는 병사)에게 물으니 촉(蜀)나라의 군사(軍師) 제갈공명(諸葛孔明, 제갈량, 諸葛亮)이 이곳에 300명의 군사를 주둔시켜 지켰는데 촉나라 2대(代)황제이고 유비의 아들인 어리석은 "유선(劉禪)"이 한달 전에 병사를 철수시켰다고 한다.

이곳은 방어요충지라 병사 10명만 있어도 1당(當) 100으로 굴러 내려오는 모든 적군을 모조리 사살할 수 있었는데, 병사가 없어서 안전하게 왔으니 이미 30년 전에 작고한 제갈공명의 지략과 선견지명에 감탄하면서 비록 적국이긴 하지만 그 사당에 들어가 보니 제갈공명의 영정이 있어서 참배하였다. 벽에 액자(額子)가 걸려 있어서보니 사언절귀(四言絕句)의 문구가 써 있었다.

"二火初興 有人此越" (이화초흥 유인차월)
"二士爭衡 不久自死" (이사쟁형 불구자사)
(나관중(羅貫中) 著 삼국지연의(三國志演義)에서)

그 해(年度)의 연호(年號)는 "염흥(炎興)"이고 첫해인 원년(元年) 즉 1년이다.
"二火初興"은 "二火"가 "炎"글자이고, "初"는 "元年"을 가리킨다. 즉 "염흥(炎興) 원년(元年)에 사람이 있어 이곳을 넘는다. 두 선비(장수)가 저울(공로)을 다투는데 머지않아 (不久) 스스로 죽는다. (自死)"

즉 "등애"와 "종회" 두 장수가 "위(魏)나라 황제의 명(命)을 받아 서로 다른 길로 촉나라의 수도 성도를 함락시키는 전투에 공로를 다투는데 "등애"장수가 항공기가 없던 시대에 지금의 공수작전을 펴서 제일 먼저 수도인 성도를 함락시키는 공을 세운 것이다.

성도에서는 아침에 일어나보니 전방과 양쪽에는 적군이 전진하지 않았고, 뒤에는 깎아지른 절벽이라 올 데가 없는데 병사들이 하늘에서 내려왔는가 깜짝 놀랐다.

이렇게 등애가 제일 먼저 공을 세웠는데 제갈공명의 예언대로 관작과 상금을 받긴 커녕 머지않아 종회에 의하여 피살되었고 종회 또한 부하 장수에 의하여 살해되었으니, 이미 30년전에 제갈공명은 (상상할 수 없는) 깎아지른 절벽을 타고 내려와 위나라 군사가 공격해 온다는 것 뿐 아니라 두 장수가 머지않아 죽는다는 것을 어떻게 알았을까?

학문(學問)도 전투와 같아 이에 비유(比喩)하면, 학문의 전개를, 적군과 전투할 때에 전선에서 한걸음 한걸음 나가는 것이 "연역법(演繹法, deduction, deductive method)이고, 공수(空輸)작전이나 상륙작전처럼 적군에 불연속적으로 뛰어들 듯이 가설(假說, hypothesis) 또는 이론(理論, theory)이란 명제(命題, thesis, proposition)를 제시하고 이를 거꾸로 증명하는 것이 귀납법(歸納法, Induction, inductive method)이다.

그리하여 이것이 오류(誤謬, false)라고 판명되면 폐기되고, 옳다고(true) 증명되면 "원칙(原則, principle)"이 되는 것이다.

그리하여 특히 근세기(近世紀)에 와서 학문도 전투에서처럼 연역법뿐 아니라 공수작전이나 상륙작전 같은 불연속적인 귀납법으로 크게 도약(跳躍)하게 된 것이다.

이론 중에 대표적인 것이 20세기의 천재물리학자인 아인슈타인(Einstein)의 "상대성 이론(相對性理論, The theory of relativity)"이다.

이것은 아직도 이론으로 남아있지 principle이 이니다.

옛 어른들의 말씀이 옳은 것은 이론이나 가설이 아니고 결과이다. 이론이나 가설은 틀릴 수가 있지만 결과는 이론이 무엇이건 맞기 때문이다.

그리고 우리의 조상은 복잡한 이유나 설명이 필요 없이 하나의 터부(주술, 呪術)식(式)으로 가르쳐 왔다.

대표적인 몇 예(例)를 든다면 밥상에서 수저를 흔들면 복(福)나간다고 흔들지 못하게 하였다.

수저를 흔든다고 복이 나갈 이유가 없다. 옆의 사람의 눈을 찌를 위험이 있기 때문이다.

그 이유를 설명하면 효과가 없다. 옆의 사람 눈 찔리는 것 별로 신경 안 쓴다. 내가 복이 나간다면 겁을 낸다. 효과가 만점이다.

문지방을 밟지 못하게 하였다. 걸려서 넘어지거나 다치기 쉽기 때문이다. 밤에 손톱, 발톱을 못 깎게 하였다. 그것은 지금처럼 "손톱깎이(nail clipper)"가 있었던 것도 아니요 칼로 자르는데 어두운 등잔불 밑에서 손톱, 발톱 깎으면 다치기 쉽고, 다치면 지금처럼 항생제가 많아도 손톱, 발톱 주위 염증은 잘 낫지가 않는데, 그 시절에는 더욱 고생을 하게 되니 그렇게 금지시켰던 것이고, 또 밤에 머리를 감지 못하게 하였다.

이것은 한여름이 아니면 밤에 추운데 마당에서 머리 감느라면 감기에 걸리기 쉽고, 지금처럼 짧은 머리가 아니고 어깨 밑으로 내려오는 긴 머리를 마당에서 감고 방으로 들어가면 등잔불밑 어두운 곳에서 멍하니 있다가 이것을 보면 산발귀신(머리카락을 풀어헤친 귀신)이 나타난 줄 알고 혼절할 위험이 있기 때문이오. 밥상에서 음식물 찌꺼기를 남기면 복 나간다고 하여 금지시켰던 것은, 남긴다고 복이 나갈리 만무하고, 그렇게 하여 음식물을 마구 버리지 말고 절약시켰던 것이다.

(36) 차를 타고 가도 피곤한 이유는?
차타고 잠들면 피곤하지 않은 이유는?

우리가 걷거나 뛰면 피곤한 것은 당연한데, 걷지 않고 가만히 차를 타고 앉아 있어도 피곤하다.

머리가 흔들리는 것도 한 가지 원인이 된다. 심하면 차멀미도 하고.

그러나 가장 큰 원인은 차를 타고 가면서 몸이 흔들리게 되는데 차가 좌측으로 선회(旋回)하면 원심력에 의하여 몸이 우측으로 가고 차가 우측으로 선회하면 몸은 좌측으로 쏠린다.

차가 가속(加速, acceleration)하면 관성(慣性, inertia)에 의하여 몸이 뒤로 가고, 차가 감속하면 역시 관성에 의하여 몸이 앞으로 쏠린다.

이렇게 차가 운행하는 동안 부단히 몸이 전후좌우로 쏠리는 것을 무의식중에 주로 척수와 소뇌에서 반사적(反射的, reflexive)으로 몸의 균형을 잡아 쏠리지 않게 한다. 그렇게 하려면 사지와 신체구간(身體軀幹, trunk)의 근육이 부단히 수축한다. 그리하여 피곤한 것이다.

　반대로 잠들면 수면을 취하니까 피로가 풀리고 따라서 덜 피곤한 점도 있지만, 주로는 이렇게 몸의 근육이 부단히 수축하지 않고, 차 바닥에 놓은 유리병이 이리저리 굴러다니듯이, 몸을 차에 맡겨 차가 움직이는 대로 저항하지 않고 몸이 움직이기 때문에 피곤하지 않은 것이다.

(37) 차량운행, 선박항해 방향

　영국이나 일본 등에 가면 차량이 좌측으로 다녀서 불편을 느끼게 된다. 우측통행인 우리나라에서는 길을 건널 때에 차가 오는가를, 중간점까지는 왼쪽, 중간점 지나서는 오른쪽을 보는데, 그 곳에서는 습관적으로 중간점까지 좌측을 보고 있으면 우측에서 차가 달려와 당황하게 된다.

　그리하여 차를 타고 내릴 때, 그리고 길을 건널 때에 습관화될 때까지 주의하여야 한다.

　차량이 좌측통행을 하니까 운전석은 우측에 있고 따라서 변속기 손잡이는 좌측에 있게 된다.

　오른손을 주로 쓰는 사람이 인구의 80%이고 좌측 손을 주로 쓰는 사람(왼손잡이)이 20%인데, 자동변속기 조작은 그래도 조금 낫다하여도 수동변속기 조작을 오른손잡이의 사람이 왼손으로 하는 것은 좀 힘들 텐데 습관이 되면 괜찮은가 보다.

　영국과 일본 그리고 이들이 지배하던 나라 호주, 뉴질랜드, 동남아의 여러 나라들은 좌측통행을 한다.

　그 원인을 어디에서 찾을까?

　영국과 일본의 공통점은 섬나라이며 왕국이다.

　그것이 차의 좌측통행과 무슨 관계가 있을까?

　말을 몰고 가는 마부가 손님을 뒤가 아니고 옆에 태울 때 오른손으로는 채찍을 들고 말을 후려치기 때문에 손님을 왼쪽에 태우고, 그리하여 마부가 오른쪽, 손님이 왼쪽에 앉게 되었는데 마부가 앉던 오른쪽에 운전자가 타고 승객은 좌측에 타서 좌측 통행이 되었다는 설(說)이 있다.

　여하튼 우리나라는 대부분의 다른 나라처럼 차량이 우측통행인데 철도와 서울의 전철(지하철) 1호선만 좌측통행이다. 그 이유는 이렇다.

우리나라 철도는 일본이 철도부설권을 갖고 철도를 부설하면서 1899년에 처음 경인선이 개통되었으며 이어서 모든 철도는 좌측통행으로 만들어졌고 일제시대 때에는 모든 육상교통은 좌측통행을 하였다.

해방이 된 후에 미국이 3년간 미군정청에서 통치를 하면서 미국과 마찬가지로 우측통행을 하게 되었다.

그러나 철도는 단순히 상행과 하행을 바꾸어서만 되는 것이 아니다. 이 상행선과 하행선 사이에 필요한 곳에 선을 바꾸는 "전환선(轉換線)"이 있는데 이 연결선은 주행방향으로 모아지게 되어있지, 갈라지는 방향으로 되어 있지 않다. 그래야 전진했다가 후진할 때에 차선이 바뀌지 그냥 전진할 때에 바뀌면 위험하기 때문이다. 그리하여 통행방향을 바꾸려면 전국의 철도의 모든 연결선을 바꾸어야 하기 때문에 그대로 놔두고 좌측통행을 지금도 하는 것이다.

우리나라의 고속도로는 1968년에 착공하여 2년 5개월만인 1970년 7월 7일에 428km의 경부고속도로가 429억 7,000만원의 공사비로 개통되고 이어서 1970년에 착공하여 4년만인 1974년 8월 15일 서울 전철 1호선이 세계 제 28번째의 도시지하철로 개통이 되었다.

이때에 1호선은 국철(國鐵, korail)과 연결하여 있기 때문에 철도와 같이 좌측통행으로 하였고 그 이후의 2호선에서부터 8호선까지와 그리고 부산, 대구, 대전 등 다른 도시지하철(전철)은 철도와 연결되어 있지 않기 때문에 우측통행을 하는 것이다. 수상(水上) 또는 해상(海上)에서는 전부 우측통행이다.

수면(水面)이 평면(平面)인데 한 쪽에서는 좌측통행하고 반대쪽에서는 우측통행한다면 충돌하기 때문이다.

항공로(航空路)는 R20, R40 등 비행로가 있고 이륙(離陸)에서 착륙(着陸)까지 관제탑의 지시에 따라 비행하도록 되어 있다.

(38) 서울지하철에서 전동차가 서행(徐行)하면서 차내가 어두운 것은?

서울의 전철은 지하노선과 지상(地上)노선이 있는데 지하노선에서는 1,500 volt의 직류전기를, 지상노선에서는 25,000 volt의 교류전기를 공급 받는다.

이렇게 직류와 교류가 바뀌는 곳에는 전력공급을 차단(遮斷)하여야 한다. 이 구간을 사구간(死區間, dead area)이라 하여 200.meter를 두고 있다.

이렇게 전력공급 없이 이 구간을 운행(運行)하는 데에는 ① 관성(慣性, inertia, 주행시 계속 주행하려는 특성), ② 중력(重力, gravity)과 ③ 축전지를 이용하고 있다.

즉 전동차가 운행하고 있는 관성에 의하고, 선로가 아래로 경사가 되었을 때에는 중력에 의하여, 그리고 축전지의 전력도 공급받는데 이때에 전력 소모를 줄이기 위하여 열차 내 형광등의 50~80%를 끄고 간다.

그리하여 이 사구간(死區間)을 전동차가 통과할 때에는 전동차의 엔진소리가 들리지 않고 서행하면서 열차 내 전등의 반 이상을 꺼서 어둡게 가다가 이 구간을 통과하면 다시 열차안이 밝아지면서 엔진소리도 나고 속도를 내어 운행하는 것이다.

(39) 서울지하철의 요금관리

우리나라 철도는 일본에서처럼 사설(私設)철도가 없이 모두가 국철(國鐵, 국영철도)인데 국영(國營)으로 하여 왔다가 민영화(民營化)하여 공사(公司)를 발족시켜 공사에서 운영하고 있다. 생활수준이 고급화되면서 비둘기호는 2000년에, 통일호는 2004년에 역사의 뒤안길로 사라지고 무궁화호, 새마을호, 고속철도는 한국철도공사(Korail)에서 요금등 모든 것을 운영관리하고 있다.

그러면 서울의 전철(지하철)은 어디서 운영관리를 할까?
① 한국철도공사(Korail) ② 서울지하철공사 ③ 도시철도공사 이 3회사가 분담하고 있다. 1호선의 지하구간과 2,3,4호선은 서울지하철공사에서 하고, 1호선의 지상구간 즉 청량리역 넘어서 성북, 의정부, 동두천, 소요산; 서울역 넘어서 인천, 수원, 천안등 국철을 이용하는 구간은 국철(國鐵, Korail)에서 운영한다.

그리하여 1호선 전철을 의정부역에서 타고 청량리를 거쳐 수원에서 내리면 청량리역에서 서울역까지의 요금은 서울지하철공사가 하고, 의정부에서 청량리사이와 서울역에서 수원까지의 요금은 한국철도공사의 수입으로 한다.

그리고 5,6,7,8호선은 도시철도공사가 요금 등 모든 것을 관리운영하고 있다.

(40) 승용차의 좌석위치 순서(順序)는?

여기서는 차량이 우측통행이고 운전석이 좌측인 경우를 논하고 좌측통행으로 운전석이 우측인 경우에는 그 반대로 생각하면 된다.

차의 문이 한쪽에 앞뒤 두 개씩인 경우와 한 개씩인 경우를 나누어서 얘기하여야 한다.

(A) 승용차문이 앞뒤에 있을 때

① 직업기사(월급 받는 운전사 또는 운전병)가 운전할 때

뒷좌석 우측이 1번의 상석(上席), 뒷좌석 좌측이 2번째, 앞좌석 우측, 즉 운전사 옆자리 소위 조수석이 3번째로 제일 마지막이다.

따라서 승차책임자 또는 타는 사람 중에 제일 상위자가 뒷좌석 우측에, 그 다음 사람이 뒷좌석 좌측, 그리고 제일 낮은 사람이 앞좌석 우측 조수석에 앉는다. 즉 회사에서의 비서, 군에서 부관이 조수석에 앉는다.

뒷좌석에 3명이 앉을 때에는 우측이 1번, 좌측이 2번, 가운데가 마지막 3번이 된다.

② 자가운전자인 경우

이때에도 한국식은 앞에 언급한 것과 똑같이 행하여지기도 하지만 원래 구미(歐美)식은 운전자 옆자리가 제일 상석으로 대개 부부나 연인사이의 사람이 앉고 뒷좌석은 마찬가지이다.

직업기사가 아니더라도 회사의 상하 여러 직원이 탈 때에는 ①번의 형식을 취하는 것이 보통이다.

(B) 승용차문이 앞쪽에만 있을 때

승용차문이 앞에만 있을 때에는 jeep차(車)이건 sports차(SUV)이건 승용차이건 운전석 옆좌석이 제일 상석이고, 2번째가 뒷좌석 우측, 그 다음이 뒷좌석 좌측, 맨 마지막자리가 뒷좌석 가운데이다.

예를 들면 손님을 taxi로 모셔갈 때 손님을 대접하느라고 뒷문을 열고 먼저 타라

고 하는 것은 아주 촌스러운 1950년대에나 볼 수 있었던 현상이다.

윗사람이 나중에 타야한다.

아랫사람은 먼저 타면서 머리를 수그리고 차속으로 기어 들어가고 기어 나오고, 윗사람은 타고 내리기가 편한 오른쪽 자리에 앉는다.

그런데 한국식으로 생각하면 먼저 타면 실례가 되는 것 같다. 윗사람보다 아랫사람이 먼저 타거나, 남자가 여자와 탈 때에 남자가 여자를 먼저 뒷좌석 안으로 들어가게 하고 나중에 타야지, 먼저 타서 속으로 들어가면 신의(信義)가 없고 얌체같이 보인다.

그러나 사실은 그렇지 않다.

그러면 왜 이러한 방식이 생겼을까?

뒷좌석 좌측에는 머리를 숙이고 더 멀리 들어가고 나가야 되기 때문에 불편해서일까? 그것도 약간의 이유가 될 수 있겠지만 그것이 주(主)가 아니다. 그러면 그 이유는 무엇일까? 그리고 앞좌석과 뒷좌석의 차이에 관하여는 정면충돌 할 때에 뒷좌석이 조금 더 안전하니까 높은 사람이 뒤에 앉고, 낮은 사람은 다쳐도 되니까 앞자리에 앉는 것일까?

직업기사가 아니고 자가운전자일 때, 그리고 승용차문이 앞쪽에만 있는 차에서는 앞좌석이 상석(上席)인데 충돌할 때에 앞좌석이 더 안전하여 앞좌석이 상석이 될까?

직업기사이건 아니건, 차의 문이 하나이건 둘이건, 앞좌석의 안전성은 마찬가지이다.

예의가 바르기로 유명한 영국의 함상(艦上)에서 보면 그 이유를 알 수가 있는 것이다.

군함이 이륙(離陸)힐 때에는 모든 장병들이 다 타고 나면 마지막에 함장(艦長)이 오른다.

함장이 배에 오르면 함내에 방송이 울려 퍼진다. "함장승함~. 함장승함(乘艦)~."

그러면 공회전(空回轉)하던 engine을 가속시켜 출항하는 것이다.

군함이 목적지에 다다르면 많은 장병들이 함실에 있거나, 갑판(甲板) 또는 함현(艦舷, 군함가장자리)에 나와서 내릴 생각을 하지 않고 있다가 함장이 제1번(番)으로 함상에서 내리면 그 때에 함내에서 방송이 다시 울려 퍼진다.

"함장퇴함~. 함장퇴함(退艦)~."

그러면 모든 사람이 일어서서 줄지어 내리게 된다.

군함은 커서 타고 내릴 때에 머리를 수그리는 것도 아니다. 먼저 타는 사람이 머리를 오래 수그려야 하기 때문에 불편하여 나중에 타는 것이 아니다.

승용차의 좌석의 순서도 바로 그것이다.

즉 "제일 높은 사람은 맨 마지막에 타고 제일 먼저 내리는 것이다."자동차도 여기에 따른다.

그리하여 승용차문이 앞쪽에만 있는 차에서는 앞좌석이 위험성이 더 커도 가장 늦게 타고 가장 먼저 내리는 자리이므로 맨 앞좌석(조수석)이 가장 상석이 되는 것이다.

재래식의 한국식에서 윗사람을 먼저 태운 것은 육지보다도 차를 타고 있는 것이 더 호강시킨다고 생각하여, 이 호강스러운 차안에 조금이라도 빨리 모시기 위함에서이었다.

앞뒷문이 있고 직업기사가 운전하는 상급자의 승용차를 승차책임자가 아닌 사람이 혼자 탈 때에는, 예를 들면 도지사차를 도지사 아닌 다른 손님이 혼자 탈 때에는 앞좌석(조수석)에 앉거나 또는 뒷좌석에 앉을 때에는 우측은 도지사 좌석이므로 우측을 비워두고 좌측에 앉아야 한다.

또 한 예를 들면 회사의 과장급이 사장차를 운전기사 데리고 혼자 탈 때에 비서가 앉는 앞자리 조수석에 앉거나(직급이 낮은 사람) 뒷좌석에 앉으려면(직급이 높은 사람) 좌측운전석 뒤에 앉아야 한다.

차의 중심이 좌측으로 기울긴 하지만, 사장이 앉는 뒷좌석 우측은 비워두어야지 그 자리에 앉으면 무례(無禮)가 되는 것이다.

군용차의 예를 들면 장성급 jeep차를 장성급이 없이 부인이나 부관이 탈 때에는 앞자리를 비워두고 뒷자리에 앉아야 한다. 마찬가지로 장성급 승용차에서는 장성급이 타지 않았어도 뒷좌석 우측은 비워두고 부관은 앞자리 조수석에, 장성급의 부인이나 남편(여성장군일 때)은 뒷좌석 좌측에 앉아야 한다.

(41) 우리나라의 행정구역(行政區域)

우리나라 한반도는 원래 22만km²의 넓이에 8도(道)이었다. 토끼귀로부터 남쪽으로 함경도(咸鏡道), 평안도(平安道), 황해도(黃海道), 경기도(京畿道), 강원도(江原道), 충청도(忠淸道), 경상도(慶尙道), 전라도(全羅道) 그리하여 "조선8도"라 하였는데 중부지역 3도 즉 황해도, 경기도, 강원도를 제외하고는 동서가 아닌 남북으로 나누어 함경남·북도, 평안남·북도, 충청남·북도, 경상남·북도, 전라남·북도 이렇게 하여 13도(道)가 되었다.

그런데 충청도에서는 충청남도에 속하여 있는 천안(天安)은 서울과 대전 중간 서울기점(起點) 84km인 북쪽에 있고, 충청북도에 속하여 있는 영동(永同)은 대전과 대구사이의 남쪽에 있다.

왜 충청남도는 북쪽에 있고 충청북도는 남쪽에 있을까? 행정구역으로는 남도, 북도하지만 지리적으로는 북도는 동쪽에 있고 남도는 서쪽에 있다.

그렇다고 다른 도는 모두 남도, 북도 하는데 충청도만 "충청동도", "충청서도"라고 하기가 곤란하여 남도, 북도라고 하는 것이다.

도의 이름은 큰 도시의 앞자(字)를 따서 함경도는 함흥(咸興), 경성(鏡城, 이 경성은 일제시대 때의 서울을 경성(京城)이라 하여 서울의 경성과 혼돈을 피하기 위하여 대개 북경성이라 하였다.), 평안도는 평양(平壤, 평안남도의 도청소재지이며, 조선 8도의 제 2도시), 안주(安州), 황해도는 황주(黃州, 사과로 유명함), 해주(海州, 황해도의 도청소재지, 해주 배로 유명함), 강원도는 강릉(江陵), 원주(原州, 강이 없는 대표적인 큰 도시), 충청도는 충주(忠州), 청주(淸州)(두 도시 모두가 충북에 속해있고 지금의 대전, 천안이 아님), 경상도는 경주(慶州), 상주(尙州)(그 예전에는 지금의 부산, 대구가 아니고 경주와 상주가 경상도의 대표적인 2도시이었다.), 전라도는 전주(全州, 전라북도의 도청소재지), 나주(羅州, 나주 배로 유명함)에서 따온 이름이고, 경기도는 서울(경, 京)이 있는 기호(畿湖)지방이란 데에서 그렇게 이름을 붙인 것이다. (畿란 글자는 수도 주위 지방이란 뜻이다.)

도(道)가 아니고 지방(地方)으로 나누면 8지방이 된다. 관북지방(關北地方), 관동지방(關東地方), 관서지방(關西地方), 기호지방(畿湖地方), 영동지방(嶺東地方), 영남지방(嶺南地方), 호서지방(湖西地方), 호남지방(湖南地方)이 그것이다.

북쪽은 대륙(중국, 러시아)과 접경하는 지역이라 "관문(關門)"이라는 뜻에서 "지경문관(關)자(字)"를 쓰고 북(北)과 동(東), 서(西)로 나누어 함경북도를 "관북지방", 함경남도와 강원도를 "관동지방", 평안도를 "관서지방"이라 하고, 그 남쪽은 백두대간(白頭大幹), 태백산맥의 "준령(峻嶺)"을 중심으로 준령의 동북쪽을 "영동지방"이라 하여 강원도를 말하고, 동남부를 "영남지방"이라 하여 경상도를 일컫고, 태백산맥에서 동쪽으로는 경사(傾斜)가 급박하게 동해에 이르러 평야와 호수가 없고, 태백산맥 서쪽으로는 경사가 완만하여 서해에 이르기 때문에 호수(湖水)가 많아 서쪽을 "호(湖)자(字)"를 넣어, 강원도를 영동이라고 한데 맞추어 충청도를 "호서(湖西)지방"이라하고, 전라도를 "호남지방"이라 하였으며, (황해도)경기도는 서울 즉 수도 도읍이라는 "기(畿)자(字)"를 넣고 태백산맥의 서쪽이라 호수도 많고 호남, 호서지방의 연속이라 "기호지방"이라 하게 된 것이다.

따라서 지방이름의 북쪽은 대륙과 연결되는 관문이라 하여 "관(關)자(字)"를 넣어 "관북, 관동, 관서"지방이라 하고, 그 남쪽으로는 동쪽은 태백산맥 준령의 "영(嶺)자(字)"를 넣어 "영동, 영남"지방이라 하고 서쪽은 평야와 호수가 많아 "호수호(湖)자(字)"를 넣어 "기호, 호서, 호남"지방이라 하게 된 것이다.

(이렇게 8지방중 7지방은 동북쪽을 시작으로 시계방향으로 동서남북 표시를 하였다 즉, 관북-관동-영동-영남-호남-호서-(기호)-관서지방)

이렇게 우리나라가 13도(道)이던 것이 해방과 더불어 38선으로 갈리게 되어 5도는 북한에, 8도는 남한에 속하게 되었는데 전라남도에 속하였던 가장 큰 섬인 제주도(濟州島, Insel. island)란 섬이 해방 후에 제주도(濟州道, Land. province)로 승격되어 9도(道)가 되었다.

시(市)는 서울특별시 그리고 5.16후인 1963년 1월 1일 제2의 도시인 부산시가 경상남도에서 분리하여 정부직할시로 되어 "2시(市), 9도(道)"의 체제를 오랫동안 유지하였다.

그러던 중 1981년 7월 1일 대구가 경상북도에서, 인천이 경기도에서 분리하여 제3, 제4의 도시로 되고(그 때에 경북에서는 대구라는 커다란 덩어리가 떨어져 나가 크게 반발하던 것이 엊그제 보는 것 같다.), 이어서 1986년 11월 1일 광주가 전라남도에서 분리하여 제5의 도시, 1989년 1월1일 대전이 충남에서 분리하여 5번째로 직할시, 이로부터 8년 6월 후인 1997년 7월1일 울산이 경남에서 분리하여 6번째의 직할시가 되어 우리나라는 "7시(市) 9도(道)"의 16지역으로 행정구역(行政區域)이 되었다. (2006년 현재)

9도(道)중에, 강원, 충북, 전북, 제주의 4도는 직할시가 없고, 나머지 5도 중에 경기도는 서울과 인천, 경상남도는 부산과 울산의 각 2개의 특별시 및 직할시가 있고, 경북에는 대구, 충남에는 대전, 전남에는 광주 이 3도는 1개씩의 직할시를 갖고 있다.

(참고로 독일에는 Berlin, Hamburg, 그리고 Bremen 이렇게 3개의 직할시가 있다.)

9도(道)중에 충북은 유일하게 바다에 면하지 않은 내륙지방이고, 제주도는 유일하게 4면(面)이 바다인 섬이고, 나머지 7도는 한 면(面) 또는 2면 (경남, 전남)만 바다에 접하고 있다.

1967년 당시 충북과 제주도 2도는 지리적으로 이렇게 정반대이면서 이 2도의 2가지 공통점은 도기관지가 이 2도에서만 간행(刊行)되었고, 관광지 이외에는 통행금지 시간(새벽 0시부터 4시까지)이 있었을 때에 이 2도에서만 통금시간이 없었다. (통금시간은 해방직후인 1945년 9월부터 시작하여 36년 4월 지속하다가 1982년 1월 5일 새벽 4시를 기하여 전방의 접적지역과 후방해안을 제외한 전국에서 해제되었다.)

이 "직할시"란 명칭은 1995년 1월 1일 "광역시"란 명칭으로 바뀌었다.

대표적인 종합국립대학교는 한 도(道)에 하나씩 있도록 한 "국립대학교 설치령"에 따라 서울과 부산 2곳은 "시(市)"의 이름을 따서 서울대학교, 부산대학교라 하였고, 나머지는 "도(道)"의 이름으로, 대구는 경북에 속하여 있어서 경북대학교, 마찬가지로 전남대학교, 충남대학교, 전북대학교, 충북대학교, 강원대학교, 제주대학교라고 명명(命名)하게 되었다.

특별시, 광역시, 도(道), 시(市)의 행정위치를 보면 도지사(道知事)는 차관급이오, 도에 속한 시의 시장은 국장급인데 광역시장은 도지사와 같은 차관급이고, 서울특별시장은 장관급이다.

해방 후에 우리나라 행정구역은 "특별시(또는 광역시)-구(區)-동(洞) 또는 로(路)-가(街)-번지"로 되어 있어 예를 들면 "서울특별시-종로구-연건동-번지" "서울특별시-용산구-청파동-3가-번지" 이런 식(式)으로 "구" 다음에는 대개가 "동"이고 소수에서는 "동"이 아니고 "로(路)"로 되어 있다.

대표적인 예가 "서울특별시-중구-을지로3가-번지", 서울역의 주소는 "서울특별시-중구-남대문로-5가"이다. (路는 종로, 을지로, 충무로, 남대문로, 퇴계로, 원효로 등)

서울특별시 - 구(區) - 동(洞) - (가, 街) - 번지
　　　　　　　　　　O동(洞) - 번지
　　　　　　　　　　로(路) - 가(街) - 번지

광역시 - 구 - 동 - 번지
특별시(또는 광역시) 이외에는
도(道) - 시(市) - 〔구(區)〕 - 동(洞) - 번지
　　　　- 군(郡) - 읍(邑) - 리(里) - 번지
　　　　　　　　　면(面)

　동(洞)이 커져서 분할할 때에 초기에는 그 다음에 "가(街)"를 넣어 1,2,3 식(式)으로 (예를 들면 "용산구-청파동-3가")하던 것을 "가(街)"를 넣지 않고 "동(洞)"앞에다 숫자를 넣어 분할하고 "로(路)" 다음의 "가(街)"는 그대로 두었다. (예. 신림3동, 을지로5가). 예를 들면 "상도동-3가"라 하지 않고 "상도3동" 이러한 식으로 하여 서울의 신림동은 서울특별시-관악구-신림본동~13동까지 있어 14동이 되었고 봉천동은 서울특별시 관악구-봉천본동~봉천11동까지 있어 12동이나 된다.
　도(道)다음이 시(市)가 있으면 "시-(구)-동"으로 커다란 시는 구(區)가 있지만 작은 시는 "구"가 없이 "시-동-번지"로 되고, 시가 아닌 곳은 전부 "군(郡)"이고 마찬가지로 큰 도시인 "읍(邑)"이 있으면 "도-군-읍-리"가 되고 "읍"이 없으면 "도-군-면-리"의 행정구역 이것이 해방 후 50년간 지켜져 왔다.
　유성온천지역의 주소는 지금은 "대전광역시-유성구"이지만 대전에 편입되기 전의 주소는 "충남-연기군-유성읍"이었다.
　그리하여 지금의 충남대학교 주소는 "대전광역시-유성구-궁동-220번지"인데 과거에는 "충남-연기군-유성읍-궁동리-220"이었다.
　"읍"은 "시"와 마찬가지로 수가 적어서 대부분의 행정구역은 "도-군-면-리"체제이어서 "도군면리"를 "영자(도)-다컸(군)-시집가(면)-어떠(리)"라는 문구(文句)가 나돌기도 하였다.
　제주도의 서귀포 남쪽 우리나라의 최남단 섬으로 "가파도(加波島)"와 "마라도(馬羅島)"가 있어 "돈을(가파도)(말아도) 된다."라든가, 강원도의 "기린(麟)의 말굽(蹄)도시"인 "인제(麟蹄)"와 "원통(元通)"이란 도시는 "(인제)가면 언제 오나, (원통)해서 못 견디겠네"라고 읊기도 하였다.
　그리고 읍이 시로 승격되거나 "시"의 인근이 "시"로 편입되는 식으로 조금씩 변화가 있었다.

예를 들면 전라도의 "정읍(井邑)"이 시로 승격되면서 "정읍시"라고 '읍'과'시'를 다 쓸 수 없고 읍 대신 시라고 하면 "정읍(井邑)→정시(井市)" 이렇게 되면 어감이 불편하여 "정주시"라고 하였는데 지금은 그 이름도 사라졌다.

충청남도 대전시는 1983년 2월 15일 서쪽의 유성읍과 북쪽으로 신탄진과의 중간지점인 회덕(懷德)을 대전에 편입시켜 대전시의 면적을 확장시키고 대전천(川)을 중심으로 동쪽을 동구, 서쪽을 중구라고 처음으로 2개의 "구"를 만들어 "충남-대전시-구-동"의 형태를 갖추었고 유성을 충남-대전시-중구-유성출장소"라 하던 것을 1989년 1월 1일 북쪽으로 신탄진과 충남-대덕군을 전부 흡수하여 6번째 도시, 5번째의 직할시가 되어 중구, 동구, 서구, 유성구, 대덕구 이렇게 5"구(區)"로 나누어, 충남 대덕군은 사라지고 대전직할시 대덕구로 되었으며 당시의 면적은 $539km^2$로 서울의 605km2에 이어 두 번째의 큰 면적을 갖는 도시가 되었다.

과거의 행정구역의 개편(改編)은 읍(邑)이 시(市)로 승격되거나 시(市)의 외곽(外廓)에 있는 군(郡)의 일부가 시(市)로 편입되어 구(區)로 된 것인데 해방 후 50년간의 이러한 전통을 깨고 일대(一大) 변혁(變革)을 일으킨 것이 1995년 1월 1일 YS정권 때이다.

즉 도(道)에 속하여 있던 군(郡) 전체를 직할시(광역시)에 속하게 하거나 군(郡) 자체를 시(市)로 만든 것이다.

"군"을 "광역시"에 속하게 한 예로는 "경상남도-기장군"을 "부산광역시-기장군"으로 하여 "광역시"에는 "구"만 있던 것을 "구" 또는 "군(郡)"을 두게 되었고, 군 자체를 시로 만든 예는 "경상남도-통영군"을 "경상남도-통영시"로, "충청남도-아산군"을 "충청남도-아산시"로, "충청남도-보령군"을 "충청남도-보령시"로, "전라북도 익산군"을 "전라북도 익산시"로 만든 것 등이다.

"경상남도-통영군-통영읍"으로 되어 있던 "통영읍"을 1955년에 "시(市)"로 승격(昇格)시키면서 충무공 이순신의 전투 및 유적을 기리어 "통영읍→충무시"라고 하였다.

(이순신의 사후 150여년 지나서 만든 충무공(忠武公)이란 시호(諡號)에 대하여 우리나라 20세기의 문필가의 거두(巨頭) 춘원(春園) 이광수(李光洙)작가는 "이순신"이란 소설에서 이렇게 썼다. "나는 충무공이란 호를 싫어한다. 그것은 조정(朝廷)의 간신배(奸臣輩)들이 만들어낸 말이기 때문이다."라고 하였다.)

통영읍은 "경상남도-통영군-통영읍"에서 "경상남도-충무시"로 되었다가 통영군 자체가 통영시로 개칭되면서 충무시는 통영시의 일부가 되어 버리고 "충무시"란 이름은 역사속으로 사라져 버리고 말았다.

한두 가지 예를 더 들면 충남 보령군내에 위치해 있던 "대천시"는 "충남-보령군-대천읍"에서 1986년 시로 승격되어 "충남-대천시"로 되었다가 1995년 보령군 자체가 보령시로 되면서 대천시란 이름은 사라지고 대천동 등 10개의 동으로 쪼개어져 보령시의 일부가 되었으며 충남 온양도 마찬가지이다

"충남-아산군-온양읍"에서 1988년 "시"로 승격되어 "충남-온양시"이던 것이 마찬가지로 1995년 행정개편시에 아산군 자체가 아산시로 되면서, 온양시는 온천동 등 19개의 동(洞)으로 쪼개어져 아산시의 일부가 되어 그 역사와 유서(由緒)가 깊은 "온양"이란 이름도 사라져 버렸고,

"전라북도-익산군"도 "군(郡)" 자체가 "시(市)"로 되어 "전라북도-익산시"로 되면서 "전라북도-이리시"는 "익산시"의 일부가 되어 역사깊은 "이리시"란 이름도 증발(蒸發)되어 버렸다.

이와 같이 부산에는 "기장군", 대구에는 "달성군", 인천에는 "강화군"과 "옹진군" 이렇게 3개의 광역시는 "군(郡)"을 소유하고 있고, 군(郡)에만 "읍(邑)" 또는 "면(面)"이 있던 것을 도(道)에 속하여 있는 "일반시"에도 "읍" 또는 "면"을 갖게 되었다.

그리하여 "시(市)"에는 "구(區)"만 있던 것을 광역시에는 "군(郡)"을, 일반시에는 "읍" 또는 "면"을 갖게 되었다.

Addendum 4   2012. 12 20.

그렇게 지내다가 전국적인 도로명과 주소번지의 개편이 2011.7.29에 공표하여 홍보 기간을 거쳐 2014.1.1부터 시행할 예정이다.

즉 동(洞)을 없애고 대로(大路)-로(路)-길(번길)로 나누어 노폭(路幅)이 40m(왕복,往復 8차선)이상은 '대로(大路)', 12-40m 미만 (왕복 2-8차선미만)은 '로(路)', 그 이외는 "길" 또는 '번길'이라하고, '길'은 갈림길이 나오는 대로 '1,2,3'으로 하고, '번길'은 기준점에서 거리(meter)의 10분의1 수자를 부처서 1,2,3으로 나타낸다.(예. 3번길은 30m)

번지는 좌측을 홀수(奇数, odd number), 우측을 짝수(偶数, even number)로 하고 '대로'와 '로'는 20m 단위로, '길과 '번길'은 10m 단위로 하여 1,2,3번지라 한다.(예. 길에서 20번지는 200m 거리임)

독일에서는 모든 주소가 거리로만 되어있지는 않고 광장(廣場, Platz, plaza)이 있는 곳은 '광장 몇 번지'로 하고, 거리로 표시 할 때에는 큰 거리는 로(路, Straße, street), 작은 거리는 골목(Gasse)으로 구분하고, 번지는 좌측은 홀수, 우측은 짝수로 하며 (우리나라의 새 번지는 여기에서 따온 것임), 번지를 완전히 순서대로 하고 있어서 2번지와 3번지사이에 새로 건물이 지어지면 먼저 2번지를 2-a, 나중 것을 2-b번지로 하여 번지가 건너뛰는(순서대로 되어있지 않은)경우는 결코 없는 것이다.

그 이후 2006년 7월에 제주도는 활성화의 일환(一環)으로 "제주특별자치도"로 되었고, 2012년 7월 1일에는 충청남·북도에 걸쳐 "세종특별자치시"가 태어났다.

이것이 해방(1945년 8월 15일) 후 2015년 3월 13일 현재까지 69년 6월간의 우리나라 행정구역의 변화를 요약한 것이다.

(42) 서울기점(起點)

서울의 기점은 3가지로 대별(大別)할 수 있는데 기차에서는 "서울역"을 기점으로 하고, 일반도로에서는 "광화문 4거리"에 있는 이정표(里程標)가 새겨진 돌을 기점으로 하고, 경부고속도로에서는 "제3한강교"(지금의 한남대교) 남단을 기점으로 하고, 호남고속도로에서는 경부고속도로 하행선 146 km의 "회덕"을 기점으로 하였다.

1970년 7월 7일 경부고속도로가 개통될 때부터 1990년대 말(末)까지 거의 30년간은 서울을 통과하는 고속도로는 전부 서울을 기점으로 하던 것을 부산 등 남쪽을 기점으로 하여 북쪽으로 올라가는 방식으로 바뀌게 되었다.

경부고속도로 개통(開通)시(時) tollgate는 한남대교 남단 8km지점인 양재(良才)(지금의 전철3호선 양재역)에 있어서 "양재 tollgate"라 하였고 tollgate문의 수는 차선(車線)과 같이 상행선 2개, 하행선 2개이었다.

통과차량의 증가로 이 4개의 문을 증가시키다가 문을 증가시키는 것만으로는 서울에서 빠져나가는 차량이 먼 거리에서부터 밀집, 정체되는 것을 감당할 수 없고 또한 서울근교의 개발로 이곳 주민이 다니기가 불편하여(매번 고속도로 통행료를 내야하기 때문에), 고속도로의 tollgate를 더 멀리 옮겨야 했기에 12km를 더 내려서 한남대교 남단 20km지점으로 옮겨 오늘에 이르게 되었다.

그리하여 고속도로 통행료는 12 km구간을 감(減)하여 약간 싸게 되었다.

요금 정산(精算)은 고속도로에 진입할 때 하던 것을 고속도로에서 빠져 나갈 때에 목적지가 달라지면 다시 계산하여야 되고 또한 진입(進入)을 원활하게 하기 위하여 빠져 나갈 때에 정산하는 방식으로 바뀌게 되었다. 그 후에 하이패스(hi-pass)라 하여 전자식(電磁式)으로 자동으로 정산하는 차선(車線, lane)을 별도로 만들어 고속도로 진입과 퇴거를 한층 더 신속하게 하여 고속도로 통행을 획기적으로 원활하게 하였다.

(43) 겨울에 눈이 많이 내리면 풍년(豊年)?

눈이 많이 오면 물론 교통이 두절되고, 교통사고가 많아지고, 가옥, 비닐하우스가 무너지고, 나무가 부러지는 등 피해가 많지만 농작물에는 어떨까?

일반적으로 풍년이 된다고 한다. 그 이유는 3가지로 얘기할 수 있다.

우선 수량(水量)이 풍족하여져 가뭄에 허덕이지 않게 되고, 비닐하우스 없이 외기(外氣)에 노출되어 있는 땅에 있는 농작물(보리등)은 눈이 덮어 보온효과로 얼어 죽지 않는다. 그리고 또 하나는 눈이 쌓이면 대기 중의 질소(N_2)가 고정(固定)되어 땅에 질소비료를 준 것과 같은 효과를 나타낸다.

그리하여 눈이 많이 내리면 그 해는 풍년이 되는 것이다.

(44) 노인(老人)이 눈물을 흘리는 이유는?

노인과 얘기를 하다보면 종종 눈물을 닦는 것을 본다. 그리 슬픈 얘기를 나누는 것도 아닌데 무엇이 그리 슬프실까? 그리고 혼자 계실 때에 무슨 슬픈 생각을 하시면서 눈물을 흘리시나?

연령이 드시면서 오히려 감수성이 증가하고 감상적이 되어 저리도 슬퍼하시며 눈물을 흘리시는 것일까?

아니다. 슬퍼서 우시는 것이 아니라 눈물이 밖으로 흘러 내려 닦는 것이다.

입안(구강, 口腔)에는 구강점막에서 점액이 분비되는 것 이외에 타액선(唾液腺, 침샘)이 있는 것처럼, 눈에는 누선(淚腺, 눈물샘)이 있어 눈물을 계속 분비하여 결막(結膜)과 각막(角膜)을 보호하고 있으며 이러한 눈물은 "비루관(鼻淚管, nasolacrimal duct)"을 통하여 코 속으로 흐른다.

그런데 노인이 되면 이 관이 좁아지거나 막혀서 눈물이 코로 제대로 흐르지 못하여 눈에서 넘쳐흘러 닦는 것이지 그렇게 슬퍼서 눈물을 흘리시는 것이 아니다.

(45) 추우면 눈물이 나는 원인은?

추우면 노인뿐 아니라 아이도 눈물이 눈에 고여 닦게 된다. 그 이유는 무엇일까?

눈이 건조되면 점막이 상하니까 결막과 각막을 보호하기 위하여 눈물이 계속 분비되며 이 눈물은 "비루관"을 통하여 코 속으로 흐르는데, 최루탄 가스등 화학물질이나 찬 공기 등 물리적 자극이 가해지면 눈물 분비가 더 증가한다. 이러한 자극 물질로부터 점막을 보호하기 위한 것이다.

따라서 날씨가 추우면 눈물 분비는 증가하는데 눈의 비루관 입구는 찬 공기에 닿아 수축하여 좁아져서 눈물이 코로 잘 흐르지 않아 눈에 눈물이 고이는 것이다.

(46) 굴(석화, 石花, oyster) 안 먹는 달은?

여름에는 특히 어패류(魚貝類)에 의한 식중독이 잘 발생하는데, 그 중에서도 굴, 조개종류가 잘 일으킨다.

식중독을 일으키는 미생물 중에는 Salmonella(장티푸스도 이 세균에 의함), Vibrio 등이 있다.

특히 간(肝)이 나쁜 사람은 비브리오(Vibrio)에 주의해야 한다는 것은 잘 알려져 있다.

횟집에서 몸에 좋다고 하여 피조개의 피를 작은 잔에 모아서 손님에게 종종 주는데 이것은 Vibrio 중독에 위험천만한 것이다.

나의 인턴시절 동료인턴이 여름에 신혼여행 갔다 와서 장출혈로 입원하였는데 salmonella 장염(장티푸스)에 의한 장출혈로 진단이 되었고, 수술을 받지는 않았지만 거의 한달 입원 치료받는 동안 20.pints 이상의 수혈을 받았다.

일반적으로 생선보다는 조개종류 특히 피조개 그리고 굴이 위험한데 여름에는 특히 주의하여야 한다.

굴을 먹지 않는 달은 "5월, 6월, 7월, 8월"이다. 영어로는 "May, June, July,

August"이며 1년 12달 중 이 넉 달마은 "R자(字)"가 없고 나머지 달은 R이 있다. 즉 "R자"가 없는 달은 생굴을 먹지 말아야 한다.

(47) 방문(房門)의 밀고 당기는 방향은?

복도의 문의 움직이는 방향은 독일식은 밀거나 당기거나 한 방향이고, 미식(美式)은 밀고 당기는 양(兩)방향이라고 언급하였는데 방문은 전부 한 방향이다.

방의 문을 열 때에 복도 쪽으로 열리는가? 방 안쪽으로 열리는가? 이다.

공공용(公共用)의 방(房)(public room)일 때에는 복도 쪽으로 열리고, 개인방(private room)일 때에는 방 안쪽으로 열리게 되어있다.

학교건물이건 회사건물이건, 병원건물이건, 호텔이건 공공건물에서는 마찬가지이다.

예를 들면 호텔 내에 식사도 하고 회의도 할 수 있는 8-10명의 수용인원인 방이 공공용의 목적으로 건축 되었는가? 개인용도로 지어졌는가? 는 문의 방향을 보면 알 수가 있다.

개인용도의 방의 문이 복도 쪽으로 열리게 되면 복도를 지나가는 사람을 다치게 하므로 안쪽으로 열리게 되어있고, 공공용의 방문이 안쪽으로 열리게 되면, 화재 등 긴급 시에 사람들이 문에 엉켜 빠져나가지 못하여, 불에 타 죽거나 매연으로 질식사 하는 것을 막기 위함이다.

승용차의 문은 어차피 바깥쪽으로 열리게 되어 있는데 충돌 시에 문이 찌그러들어 열리지 않게 되면, 안에 사람이 갇혀서 구조하기가 힘들다.

특히 화재라도 발생하면 차안에서 살려달라고 절규하는 것을 밖에서 뻔히 보면서 불에 타 죽기도 한다. 그리하여 이러한 것을 방지하기 위하여 근래에는 대개 충돌하면 문이 밖으로 튕겨져 열리도록 구조설계가 되어있다.

방의 문이나 자동차의 문은 그렇게 중요한 것이다.

나는 대학 건물 내에 200여명 수용인원의 도서관의 철문이 안쪽으로만 열리게 되어 있는 것을 보고, 이렇게 설계하고, 감리하고, 건축하고, 준공검사하고 또한 편안하게 이러한 시설물을 사용하는 것을 보고 아연(啞然, 말 못함)과 고소(苦笑, 쓴웃음)를 금(禁)치 못 하였다.

(48) 제2천년기(第二千年紀, the 2nd millennium)중반의 "92년"의 해

제2천년기 중반인 1392년, 1492년, 1592년은 무슨 해일까? 앞뒤는 우리나라에 관한 것이고 가운데는 세계적인 해이다.

임진왜란은 조선조(朝鮮朝)인데 어느 때일까?

조선조(1392-1910년) 전반기 말인 개국 200년째이다.

1392년은 태조(太祖) 이성계(李成桂)가 조선을 세운 해이고, 100년 후인 1492년은 콜럼버스(Columbus)가 미대륙을 발견한 해이고, 또 다시 100년 후인 1592년은 7년간의 임진왜란이 발발(勃發)한 해이다.

(49) America, Columbia, Ecuador

독일 및 유럽의 몇몇 나라와 도시이름은 독일식이란 제목에서 언급하였고 그 외 몇몇 나라이름을 살펴보면 America는 Columbus가 발견하였다는데 이름은 America이다.

물론 Columbus는 지구는 둥그니까 인도를 가는데 동항로(東航路)로 가지 않고 "서항로(西航路)"로 가도 된다고 믿고 서항로로 가다가 도착한 곳이 인도인 줄 알고 "서인도"라고 한 곳이 지금의 America 대륙은 아니더라도 America 대륙을 발견한 사람이 Columbus임에는 틀림없다.

그러나 America 대륙은 Columbus의 이름을 따서 붙이지 않고 Amerigo Vesbucci(아메리고 베스부치)의 이름을 따서 America라고 하였고 Columbus의 이름을 딴 것은 중미(中美)인 Columbia란 나라이름이다.

에콰도르(Ecuador, 남미공화국)란 나라이름은 지구의 적도(赤道, equator)에 걸쳐 있어서, 적도란 "equator"에서 "에콰도르(Ecuador)"라고 한 것이다.

적도란 'equator'는 주야평분선(晝夜平分線)으로 북극과 남극과의 거리가 같다(equal)는데서 나온 말이다.

(50) Korea, China, 日本, Indonesia, Taiwan, Formosa

"코리어(Korea)"라고 한 것은 우리나라의 고구려, 백제, 신라의 삼한시대이후 고려왕조(A.D.918-1392) 때에 국제무역을 활발하게 하여 외국에서 "고려(高麗)"를 "코리어"라고 하고 영어로 "Corea"라고 적었다.

"C문자(文字)"는 "A, O, U" 앞에서는 "America, Canada, Columbia, Cuba"처럼 "K"발음을 하고 "E, I" 앞에서는 "S"발음을 하므로 코리아를 "Corea"로 써 오던 것을 후에 "Korea"로 바꿔 쓰게 되었다.(10세기 때의 외국지도에는 "Corea"로 적고 있다.)

고려란 이름은 궁예(弓裔)가 철원에 도읍지를 정하고 "태봉국(泰封國)"이라 하던 것을 궁예의 부하장수이었고 송악(松岳, 지금의 개성(開城))의 토호(土豪)였던 왕건(王建)이 송악(松岳)에 도읍을 정하고, 고구려의 옛 영화(榮華)를 되찾고 잃어버린 고구려의 땅, 만주, 북간도등 옛 영토를 찾아야겠다는 일념(一念)하에 국호(國號)도 "고구려(高句麗)"의 "구(句)"자(字)를 빼고 "고려"라고 한 것이었다.

중국(中國)을 "China(차이나)"라고 하는 것은 중국은 중세기(中世紀)때 "지나(支那)"라고 하였고, "지나"를 영자(英字)로 "China.(지나)"라고 쓴 것이 영어식 발음으로 "차이나"라고 읽게 되었고, "일본(日本)"은 Asia.에서 동쪽에 있고 동쪽에서는 태양(太陽, 日)이 떠오르고 태양이 떠오르는 "발원지(發源地, 근본, 根本)"란 뜻에서 "태양(日)+근본(本)"하여 "일본(日本)"이라고 하게 되고 국기도 태양의 빨간 덩어리로 한 것이다.

"인도네시아"는 인도(Indo)해양지역에 섬이 많은 (Nesia)이란 뜻에서 "Indonesia"라고 하게 되었고 "타이완(Taiwan)"은 "대만(臺灣)"을 원음(原音)에 가깝게 적은 것이고, Formosa는 포르투갈어(語)로 "아름다운 섬"이란 뜻이다.

(51) New York, Florida

미국의 제1도시인 동부의 뉴욕시는 영국의 York.지방에 해당되는 새로운(new) 요크지방이란 뜻에서 "New York"이라고 하였고, 북미(北美)의 남부지역은 비가 많고 일기가 따뜻하고 꽃이 만발하여, "꽃이 만발한"이라는 뜻에서 Florida가 되었다.

(Spain어로 '꽃'은 'flor'이고, '꽃이 만발한'이란 뜻의 'florido'의 여성형이 'florida'이다.)

(52) 한강인도교(한강대교), 제2, 제3, 제4한강교
길치-아감-당재-도내 tunnel

19세기에는 서울의 한강에 다리(교량, 橋梁, bridge)가 없었다. 20세기에 들어서서 1965년 제2한강교가 개통될 때까지 서울의 한강에는 "한강철교"와 "한강인도교" 단 2개뿐이었다.

광나루(廣津)에는 광나루다리(광진교, 廣津橋)가 있었지만 경기도 광주로 가는 길에 있었으며 강남이 개발되기까지에는 서울의 동남쪽에서 경기도로 가는 교량이지 서울의 교량은 아니었다.

처음의 한강의 다리는 경인철도 부설공사 시(時) 용산과 노량진을 연결하기 위하여 건설한 "한강철교"가 1900년에 준공되었고 이어서 이 철교보다 약간 동쪽에 1917년에 준공한 다리가 "한강인도교(한강대교)"이다.

이 한강인도교에는 서울에 전차가 부설되면서 제일 가운데에는 전차철로가 있어서 1968년 4월 전차가 철거될 때까지 전차가 다녔고, 그 양쪽으로는 자동차로(路), 그 밖으로는 인도(人道)가 있었다.

한강물은 주로 남쪽에서 흐르고 있어서 물이 있는 곳에는 교각 사이가 길어 남쪽에 6개의 arch가 있고 인도교 중간에는 중지도(中之島)가 있고 여기에 전차와 버스정류장이 있어서 여기서 사람이 내려서 한강으로 내려가 1960년대 초까지 여름에는 한강에서 수영을 하였다.

이렇게 자동차와 사람이 다니는 서울의 교량은 하나뿐이었으므로 6.25한국전쟁 때에 적의 남침을 저지하기 위하여 한강인도교 하나만 폭파하였던 것이다.

거의 반세기(半世紀, 48년간)를 서울의 한강에는 인도교 하나뿐이었다가 5.16 이듬해인 1962년 6월 20일에 마포구 합정동(合井洞)과 영등포구 당산동(堂山洞) 사이에 교량건설을 착공하여 2년 7월 후인 1965년 1월 20일에 길이 1,048m, 폭 18m의 4차선의 교량을 준공한 것이 "제2한강교"이다. 한강에 인도교가 또 하나 생겼으므로 먼저 있던 한강인도교를 "제1한강교"라고 이름을 바꾸었다. 제2한강교 개통으로 강북에서 김포공항과 인천으로 가는 교통의 소통이 현저히 깜짝 놀라게 원활하게 되었다.

그 후 군사적 필요성에 의하여 용산구 한남동과 강남구 신사동(新沙洞)을 잇는 교량을 착공하여 1969년 12월 25일에 준공하고 1970년 7월 7일 경부고속도로와 함께 개통한 다리를 "제3한강교"라 하였고 강북과 경부고속도로 사이의 교통의 소통을 원활히 하는 데에 커다란 역할을 하여 왔다.

1968년부터 한강개발계획에 따라 여의도를 잇는 교량이 필요하여 마포구 용강동(龍江洞)과 여의도(汝矣島)를 잇는 다리를 1970년 5월에 완공한 것이 "제4한강교"이다.

여의도는 한강중에 거의 남쪽에 위치하여 행정상으로 "영등포구 여의도동"이 되고, 북쪽 마포구와 연결되는 제4한강교를 "서울대교"라 하고 여의도 남단에서 영등포와 연결되는 짧은 다리를 "서울교"라고 하였다.

이와 같이 1968년부터 여의도를 잇는 제4한강교를 건설하고 여의도의 공군비행장을 이전 시키고 여의도를 본격적으로 개발시켜 황무지 상태에서 서울의 맨허탄으로 비약시켰다.(제2한강교는 이미 건설한 다리위측에 새로운 다리.2개를 더 만들어 1982년에 준공시켰다.)

이어서 1972년에 잠실에 건설한 다리를 제5한강교라 하지 않고 잠실대교라고 하면서부터 계속 건설하는 다리는 이름을 붙이고 숫자를 쓰지 않다가 1984년에 제1, 제2, 제3, 제4한강교도 숫자를 빼고 이름을 바꾸었다.

그리하여 (1) 한강인도교(1917-1965)→제1한강교(1965-1984)→한강대교(1984~)

(2) 제2한강교(1965-1984)→양화대교(楊花大橋)(1984~)

(3) 제3한강교(1969-1984)→한남대교(漢南大橋)(1984~)

(4) 제4한강교(1970)→서울대교(1970-1984)→마포대교(麻浦大橋)(1984~)

이렇게 이름을 바꾸어 오늘에 이르고 있다.

그 후 용산구 서빙고동(西氷庫洞)과 영등포구 반포동(盤浦洞) (후에 서초구(瑞草區) 사이에 국가비상시에 대비(對備)하여 홍수(洪水)때 물에 잠기는 다리를 건설(1975년 착공 1976년 준공)하여 잠수교(潛水橋)라 하고 그 위에 건설한 교량을 반포대교라 하였다.

경부고속도로가 1970년 7월 7일 개통되면서 대전에서부터 남쪽으로의 tunnel은 순서대로 "길치 tunnel" → "아감 tunnel" → "당재 tunnel" → "도내 tunnel"이던 것이 후에 대전 tunnel, 대덕 tunnel, 옥천 tunnel 등으로 바뀌어 이름을 보고 위치를 알기에는 편하여졌지만 그 연유(緣由)와 유래(由來)가 담긴 이름이 없어져 아쉽던 중 고속도로를 부분적으로 직선화(直線化)함에 따라 그 일부구간은 변경되어 충북 옥천까지는 대전 tunnel(길이 812 meter), 증약 tunnel(길이 755 meter)로 되었다.

(53) 전차, 버스, 택시요금

최초의 국산 택시는 1955년의 군용지프(jeep)차 비슷한 "시발택시"이었고 버스는 휘발유 50 gallon(189 liter)자리 drum통을 쪼개고 망치로 펴서 차체를 만들고 미군군용차의 폐기된 엔진을 얹은 버스이었다.

그리하여 1950년대와 1960년대 초(初)에 서울 시내버스를 타면 버스 내부 앞문 가까이에 "제작표"가 붙어 있었다. 지금처럼 "현대"나 "대우"가 아니고, "출력:128마력/2800 rpm. 하동환 보데제작 주식회사" 이렇게 쓰여 있었다.

즉 하동환 사장이 경영하는 공장에서 드럼통을 쪼개고 망치로 두드려 이 버스의 차체를 만들었고, 엔진출력은 분(分)당 2800회전 시 128마력을 낸다는 얘기이다.

(외국 사람들이 버스 만드는 현장을 보고 그 기술에 감탄하였다 한다.)

taxi meter기(器)가 부착(附着)되기 전에는 손님이 타기 전에 운전사와 요금을 흥정하여 맞으면 가고, 그렇지 않으면 가지 않고, 목적지에 도착하고 나서는 처음 얘기 때보다 더 많이 갔다고 가끔 요금 더 내라ㅗ 시비가 붙기도 하였다.

지금의 Tico비슷한 제일 작은 "마메다꾸시(콩 택시)"는 요금이 조금 쌌고, 몸집이 큰 택시는 더 비쌌다.

요금 meter기를 처음 부착하였던 1962년, 1963년의 taxi요금은 기본 2km에 30원, 500meter주행마다 5원씩 가산되었으며, 시간 병산제(倂算制)가 아니어서 차가 밀려 기본 2km를 가는데 40분이 걸려도 기본요금이었다.

1960년 4월 19일 이전의 자유당 시절에는 서울의 차량을 제한하는 조치로 소위 "5.8 line"이란 것이 있어서, 군용차와 관용차를 제외한 서울의 차량은 "5800대"로 제한하였다.

그러다 자유당 말기에 경무대(지금의 청와대) 곽영주 경찰서장의 권한으로 서울 차량 번호판을 얼마큼 더 내 주었다.

지금 보면 꿈같은 얘기이다. 마음대로 차량등록을 할 수 없고 숫자가 제한되어 있어서 당시 서울시내 중고버스가 대개 210만원이었는데 차량 값은 30만원이고 차의 번호판(운행허가증)의 값이 180만원이나 되었다.(지금의 개인 taxi번호판값 비슷함.)

전차요금은 1968년 4월 서울과 부산에서 전차가 철거되기까지 "2원 50전"이었는데 구간제가 아니어서 청량리 종점에서 타고 영등포 종점에서 내려도 2원 50전이었다.

서울시내버스는 1950년대에 구간제(區間制, 예를 들면 미아리 ↔ 흑석동(상도동) 노선(路線)은 미아리—돈암동, 돈암동—종로4가, 종로4가—서울역, 서울역—흑석동(상도동) 이렇게 4구간으로 차장(車掌, 안내양)이 2구간, 3구간, 4구간 별(別)로 빨간 딱지, 파랑 딱지, 노랑 딱지를 주었다.)를 하던 것을 복잡하여 구간제를 폐지하고 5원으로 통일하였으며 대학원생을 포함한 학생요금은 2원 50전이었다(1960년대).

시내버스 요금도 계속 상승하여 1978년에는 80원, 1980년에는 100원, 2007년 현재에는 950~1,000원이 되었다.

1970년 7월 7일 경부고속도로 개통 시(時) "서울-부산(428km)" 고속버스 요금은 2,000원이었고, "서울-대전(152.3km)" 고속버스 요금은 720원이었는데, 하절기라고 20% 할인해 준다하여 "580원"하였고 하절기를 넘어 동절기가 되어도 계속 몇 년간 580원을 유지하였다. (서울-부산은 1600원)

그러다 서서히 올라 1978년 12월에는 서울-대전 요금이 910원, 2007년 현재에는 8,200원, 우등고속은 12,000원이 되어 10~20배가 되었다.

경부고속도로가 개통되고 얼마간은 taxi합승도 있어서 서울-부산 요금이 10,000원이어서 4명이 2,500원씩 내고 구경도 하면서 다녀보기도 하였다.

경부고속도로 개통 시 고속도로 휴게소에서의 핫도그(hotdog)는 10원이었고 햄버거는 30원이었다.

(54) 교량(橋梁)의 아취(arch)

교량위의 활모양의 arch는 무엇 때문에 있을까?

다리 모양을 내기 위한 것일까? 아니다.

교량의 상판(上板)이 밑으로 내려가지 않도록 위에서 끌어당겨 받쳐주는 것이다.

교량을 건설할 때에 교각(橋脚, 다리기둥)을 세우고 교각과 교각사이에 상판(上板)을 얹어서 연결하는데 교각사이의 간격이 짧으면 괜찮지만 간격이 길면 상판에서 하중을 견디는 힘이 약하여 교각사이의 상판을 받쳐주어야 한다.

그렇게 하는 데에는 여러 가지 방법이 있는데, 교각사이가 그렇게 길지 않을 때에는 교각에서부터 상판 밑까지 arch를 만들어 이 arch와 상판 및 교각사이에 돌이나 기타구조물을 쌓아서 궁형(弓形, arch)의 정점(頂點, vertex)이 상판의 중앙이 되게 하여 상판의 하중(荷重, 무게)이 가장자리 즉 교각에서 받도록 교량 밑에 arch를 건축하는 방식으로, 높고 큰 성당의 dome이나 건축물의 원형지붕이 기둥하나 없이 세워져 있는 것은 다 이러한 원리를 이용한 것이다.(교량의 상판 밑에가 arch)

즉 원형지붕의 정점에서부터 아래로 내려오면서 건축물의 모든 하중이 지면에 접(接)하고 있는 원주(圓周)에서 전부 받게 되어 기둥이 필요 없이 견딘다.

또 다른 방법은 교각과 교각사이 상판(上板)위에 철제 arch를 만들어 여기에서 철주(鐵柱)를 교량상판에 내려뜨려 부착시켜서 상판이 아래로 내려가려는 것을 arch에서 끌어 당겨 받쳐 주는 것이 교량의 arch의 기능이고 역할이다.

따라서 상판의 위 또는 아래에 있는 arch는 다리같이 보이게 하기 위한 미관상의 작품이 아니다.

그런데 이러한 철제+조불의 arch를 교각사이에 세우는 것도 교각사이의 거리가 어느 정도 짧을 때이고, 이 거리가 더 길면 arch를 세울 수가 없다.

이렇게 강이나 해협(海峽)에 교각을 세우기 곤란하고 거리가 길면 양쪽 언덕에만 철주(鐵柱, 철기둥)를 세우고 이 양측 철주사이에 많은 강한 철심(iron core)을 넣은 cable을 연결하여 고정(固定) 시키고 이 cable에서 일정한 간격마다 수직으로 강선(鋼線)을 내려뜨려 교량의 상판을 지탱하게 한다.

따라서 양측 철주를 연결하는 cable은 위로 향한 궁형이 아니고 거꾸로 아래로 향한 즉 중심부가 낮고 양측 철주에서가 높은 모양을 하게 된다.

이러한 교량을 과거에는 조교(弔橋)라고 하였는데 지금은 현수교(懸垂橋, suspension bridge)라 하고 대표적인 것이 미국의 San Francisco의 금문교(金門橋, Golden Gate Bridge), 우리나라의 남해대교, 광안대교 등이다.

그리고 이와는 조금 다르게 중앙의 주탑(主塔)에서 교량의 전후로 양측 상판(上板, beam)으로 직접 cable(wire)을 부채살처럼 연결하여 상판을 지탱(支撑)하는 교량을 사장교(斜張橋, cable-stayed bridge)라 하는데 한강의 Olympic 대교, 인천대교, 서해대교, 진도대교 등이 그 예이다.

이러한 것은 하중을 많이 받는 경우이고, 큰 하중을 안 받을 때에는 교각과 교각 사이의 상판을 tank나 장갑차의 양측 각각 7개의 바퀴를 둘러싸는 "무한궤도"처럼 평면에서 연결고리를 연결하여 다리를 버티게 할 수 있다.

이러한 교량을 "truss식(式)교량"이라 하는데 이것은 무거운 하중을 받는 교량에서는 금기(禁忌)이다.

연결고리가 강하여도 무거운 하중을 지탱하기가 곤란하기 때문이다.

강(江)에서의 교량은 양측 언덕 가까이에 물이 별로 없는 부위는 교각을 많이 세워 arch를 세우지 않고 직접 상판을 깔고, 중심부에 물이 깊은 곳에는 교각의 간격을 많이 떼어 세우고 교각사이에 arch를 세우는 것이 보통이다.

한강대교의 예를 들면 물이 많은 남쪽에는 교각간격을 길게 하고 6개의 arch를 세웠고 북쪽의 물이 적은 부위는 교각간격을 짧게 하고 arch를 세우지 않았다.

한강의 11번째 교량인 성수대교는 하중을 많이 받는 데에도 물이 많은 부위에 교각사이가 긴 데에도 arch를 세우지 않고 처음으로 truss식으로 세운 교량으로 연결고리가 늘어나고 끊어져서 교량바닥이 30cm 심지어는 50cm까지 내려 앉아 턱이 진 것을 이것을 뜯어내고 근본적으로 보수해야 하는 것을 내려앉은 부위를 asphalt만 덮어 씌워 눈가림 보수만 하였다가 1994년 10월 21일 아침에 제5, 제6교각사이가 무너져 버스1대, 승합차1대, 승용차4대와 함께 49명이 떨어져 32명의 사망자를 내었으며, 다음 해인 1995년 6월 29일에는 서초동의 5층 건물 삼풍백화점이 너무나 심한 부실공사(不實工事)로 무너져 이 양대(兩大) 붕괴사고는 전 세계에 커다란 뉴스를 장식(裝飾)하게 되었다.

(55) 간척사업(干拓事業)과 갯벌(개펄, Tideland)

한반도의 면적은 22만 평방 km이고 남한은 99,720km², 북한은 120,538km² 이며, 남한의 면적은 여러 차례의 간척사업으로 약간 넓어졌다.

시화호, 새만금호 등 바다를 메꾸어 육지로 유용하게 이용하는 것은 국토를 넓혀 땅을 더 이용한다는 장점이 있겠으나 이에 따른 많은 문제점이 생긴다.

바다와 육지가 자연적으로 접(接)하여 굴, 조개는 물론 많은 조류(藻類, 김, 미역등)와 어류(魚類)의 보고(寶庫, 집산지)가 되는데 간척사업으로 이러한 것이 없어지고, 철새의 도래지(到來地)도 없어지고, 또한 갯벌(개펄, Tideland)이 없어지게 된다.

이러한 풍부한 수산자원이 없어짐과 함께 갯벌이 없어져 생태계(生態系)가 파괴되는 것이다.

갯벌의 역할은 무엇보다 많은 생물이 서식하면서 바닷물로 흘러오는 많은 노폐물, 쓰레기, 공해물질을 분해하여 정화(淨化) 시키는 것이다.

심지어(甚至於)는 비닐(vinyl)까지도 분해한다.

이와 같이 많은 수산자원이 없어지고, 여러 개의 크나큰 정화조(淨化槽)의 역할을 하는 정화시설이 없어지고 생태계가 파괴되어 커다란 손실을 입는 다는 것을 알아야 한다.

충남 서산(瑞山)은 전부터 공업이나 무역업이 발달하기 전에 충청남도에서 특히 부유하다고 하는데 이는 대륙붕(大陸棚)의 영향으로 굴곡(屈曲)이 심한 리아스식(式)(Rias coast)의 태안반도의 기나긴 해안선과 이에 따른 풍부한 수산자원에 의한 것이다.

인간은 과학문명의 발달과 이기(利器)로써 자연(自然)의 섭리(攝理)에 순응(順應)하여 삶을 보다 더 편하고 윤택하게 영위(營爲)하는 것이지, 자연을 정복(征服)하거나 자연과 투쟁하면서, 자연과 역행(逆行)하면서 살 수는 없는 것이다.

과학이 발달하였다고 하여도 천둥, 번개, 소나기, 장마, 우뢰(雨雷)를 없애거나 집채보다 더 높게 밀려오는 파도를 없애거나 집이 날아가는 태풍을 막을 수도 없고 폭우와 폭설을 막을 수도 없다.

그저 기껏해야 크게 가물 때에 많은 비용을 들여 약간의 인공비를 내리게 하는 정도뿐이다.

몇 년 전의 쯔나미의 태풍과 해일을 막기는커녕 원시적인 벌레와 동물은 이미 하루 전부터 해일(海溢)이 올 것을 알고 모두 피하여 전혀 희생자가 없었는데 초현대적인 과학문명을 자랑하는 인간은 해일(海溢)이 코앞에 닥쳐 올 때까지 전혀 감지하지 못하여 엄청난 피해를 입었던 것이다.

항공기가 일단 이륙하면 관성항법장치(慣性航法裝置, I.N.S Inertia Navigation System)로 비행한다 하여도 수많은 radar와 계기판을 장착한 초대형 여객기가 옛날과 마찬가지로 조종사가 눈으로 보아야 이착륙(離着陸)이 가능하지, 아직은 승객을 태운 여객기가 무인(無人)으로 이착륙하지 못한다.

강물에서는 강물의 흐름과 강바닥의 지형으로 인하여 물결이 소용돌이치면서 안으로 빨려 들어가는 소(沼, whirl)가 있다.

이 지역에 들어가면 물속에서 24시간 지낸다거나 한강정도는 단숨에 건넌다는 수영선수도 물밑으로 빨려 들어가 다시는 햇빛을 보지 못하며, 항공기에서는 비행 중에 기류(氣流)의 차이로 고도(高度)가 급강하하면 자동차가 비포장지대를 가는 것처럼 덜커덕 충격이 오는데 이것을 실속(失速)이라 한다.

이러한 정도가 아니고 강물의 소용돌이치는 whirl처럼 기류가 소용돌이치는 와류(渦流)속으로 들어가게 되면 아무리 커다란 점보비행기도 비행능력이 소실되어 수직추락하고 만다.

항공기는 상공에서 폭파되어 추락하면 커다란 조각의 잔해(殘骸)가 남고, 공중에서 폭파되지 않고 온전한 채로 해수면(海水面)으로 추락하면 잔해는 산산조각이 나게 된다. 이렇게 항공기(航空機)의 이상이나 조종의 실수가 아니라 기류의 이상과 와류(渦流)로 증발된 항공기가 세계역사상 여러 건(件)이 기록되고 있다.

기계문명이 발달되어도 이러한 자연현상을 이겨나갈 수는 아직은 없는 것이다. 그리고 앞으로도 영원히.

그리하여 자연의 섭리(攝理)에 따르고, 자연에 순응(順應)하면서 살아야하고 자연을 파괴하면 인류가 멸망한다는 진리(眞理)를, 우리는 우리와 관계없는 남의 얘기로 듣고, 산(山)을 깎아 버리고 삼림(森林)을 베어버리고 바다를 메꾸면서, 개발(開發)이라는 미명(美名)하(下)에 대자연을 파괴하면서 살아가고 있는 것이다.

(56) 부검(剖檢)으로 모든 사인(死因)을 밝힐 수 있을까?

부검이야기에서 간단히 언급한 것을 조금 더 상세히 얘기 하련다.

이 말의 색조(色調, 뉘앙스, nuance)나 분위기로 보아서 대답은 "아니다"일 것 같다. 그것은 맞다.

그러나 거의 모든 사람들은 부검(剖檢, autopsy)으로 모든 사인(死因)을 밝힐 수 있다고 생각할 것이다.

나는 법의학(法醫學) 전문가가 아니어서 의학상식으로 말하려고 한다. 부검이란 사체를 검사하는 것으로서 이미 사망하였으므로 기능검사는 시행할 수 없고

① 두개강, 흉강, 복강 등에 출혈이 있는가? 암등 종양이 있는가? 장기나 혈관 등에 손상이 있는가? 농양이나 이물(異物)이 있는가? 괴사(壞死)된 조직이 있는가? 동맥경화가 있는가? 등 사체외부와 내부의 형태를 눈으로 관찰하고 조사하는 것
② 조직을 채취하여 현미경으로 조직 검사하는 것과
③ 혈액, 소변 등 체액과 조직(뼈, 머리카락포함)내의 중금속, 독극물 등 성분을 분석하고 정량(定量)하는 것

이 3가지로 대별(大別)할 수 있을 것이다. 물론 DNA검사도 하지만 이것은 부검하지 않고도 얼마든지 할 수 있지 부검해야만 하는 것은 아니다.

따라서 부검을 아무리 철저히 한다하여도 그 이상은 알 수 없으므로 모든 사인(死因, cause of death)을 다 밝힐 수는 없는 것이다.

대표적으로, 체험한 몇 예(例)를 들면,

① 외과 3년차(年次) 레지던트말(末) 때의 일이었다.

모자(母子)관계에 있었던 제주도립병원 외과과장으로 파견 나가 있었던 1968년 1월이었다.

제주도에서 해방 후 가장 큰 사인에 관한 사건이라고 한 소위 제주시 화북동(禾北洞)사건이었다.

내용인즉 어느 선원이 어떠한 혐의로 경찰서(파출소)에서 조사를 받았는데 다음날 아침 화북동 뒷산에서 나무에 목매단 시체로 발견되었으니, 이것이 목매단 자살인지, 취조를 받던 중 사망하여 목을 매달아 자살로 위장한 것인지에 관한 것이었다.

(뒷산에서 자살하였다고 발표하였더니, 가족과 주민들이 취조 받다 사망하니까 자살위장이라고 항의하고 데모하고 커다란 난리가 일어났던 것이다.)

1차 부검이 끝나고 땅속에 가매장한 상태이었는데 제주도립병원이 제주도의 유일한 종합병원이어서, 제주지방법원으로부터 2차 부검을 시행하여 사인을 밝혀달라는 공문을 받았다.

당시 제주도에서는 제주도립병원 외과과장이 최고의 권위자이었으므로,

나는 긴장되었다. 나는 이제까지 살아있는 사람만 수술하여 왔지 사체를 부검해 본 적이 없었으니까.

그것은 병리의사들이 하는 일이지 외과의사의 일은 아니었다.

못한다고 할 수 없어서 당시 법의학연구소 "우상덕(禹相德)소장" 저(著) "법의학"이란 책을 자세히 읽어보고 부검에 임(臨)하였다.

10면(面, page)에 달하는 "부검감정서"를 작성하여 이것을 들고 재판장을 직접 찾아가 설명하였다.

"부검을 하여 조직을 보니 "활력반응(活力反應, vital reaction)"이 있었다. 즉 살아있을 때에 목을 매달은 것이다. 사후(死後)에 목을 매달았으면 이러한 소견이 없다.

그러나 스스로 목을 매달았는지, 의식을 잃고 거의 사망한 상태이지만 아직 심장이 약하게나마 뛰고 있을 때에 이를 사망한 것으로 알고 타인에 의하여 목을 매달았어도 같은 소견이다.

따라서 이의 감별은 그 외의 상황으로 판단하여야 한다.

예를 들면 살아있을 때에 익사(溺死)하였는지? 사후에 물에 던져 넣었는지는 부검으로 명확하게 알 수 있다. 살아있을 때에 익사하였다면 폐(肺)와 위(胃)에 plankton이 있다.

이것이 없다면 사후에 물속에 넣은 것이다.

그러나 살아있을 때에 익사한 것이 자살인지? 발을 잘못 디뎌 실족(失足)한 것인지? 아니면 누가 뒤에서 떠밀어 물에 빠져 사망한 것인지는 즉, 자살, 실족사, 타살인가는 부검으로 전혀 알 수가 없습니다."라고 말하였다.

40년이 지난 지금 생각하여도 그 때의 즉석설명이 너무나 잘 되었다고 아니할 수가 없다.

② 나는 오래전에 이러한 얘기를 들었다.

서울대학교 법대생이 친구들과 추운 겨울에 등산 갔다가 거의 다 내려와서 긴장도 풀리고, 배낭에 있던 위스키 한잔씩 마셨는데 의식을 잃고 쓰러졌다.

동료들이 등에 업고 마을로 내려와 보니 이미 사망한 후 이었다.

이러한 경우 사인을 알기 위하여 부검을 한다면 어떠한 소견이 나올까? 부검으로 사인을 규명할 수가 있을까? 혈액을 채취하여 분석하면 미량(微量)의 alcohol만 검출(檢出)될 것이다.

이것은 alcohol농도가 높아서(alcohol intoxication)가 아니라 체내의 수분과 염분(Na^+)이 부족된 상태에서 소량의 alcohol로 혈관벽의 평활근이 순간적으로 이완(弛緩, relaxation)되어 혈압이 유지되지 못하여 shock상태로 되어서 사망하게 된 것이다.

우리나라의 뱀은 열대지방의 뱀과 달라 뱀에 물려 뱀의 독소(毒素, venom)로 사망하는 예는 거의 없다.

그러나 벌에 쏘여 사망하는 예는 종종 있다.

얼굴에 화장품을 바르거나 몸에 향수를 뿌리거나 음주 후에는 벌에 더 잘 쏘인다.

벌에 쏘여 심한 통증이 shock에 관여되기도 하지만 소량의 독소에 의하여 혈관이 이완되어 혈압이 떨어지고 shock가 되어 사망하는 것이다. 페니실린(penicillin) 등 약물 shock도 미찬가지이다.

이러한 경우 부검을 하면 사인을 규명할 수 있을까?

특별한 독극물에 의하여 혈관이 수축된 상태가 아니라면 어떠한 원인으로 사망하건 임종에 가까우면 심장과 혈관이 약해져 비슷한 현상이 된다.

따라서 이러한 경우 부검으로는 그 사인을 알 수가 없는 것이다.

③ 얼마 전에 아는 사람으로부터 전화를 받았다.

50대(代)후반인 자기 형이 힘이 장사이고 등산도 자주 매우 잘하는데 치과에서 간단히 이를 빼고 약 처방을 받아서 약 200 meter 떨어진 약국에 가서 약 조제를 기다리다가 쓰러져서 119에 연락하여 대원이 와보니 이미 사망하여 영안실에 옮겼다는 것이다.

고혈압, 당뇨등도 없었고 힘이 장사이었는데 이럴 수가 있을까? 어처구니 없어하며 노발대발하고 경찰에 신고하여 치과의 의무기록을 복사하고 국립과학수사연구소에서 부검을 한다는 것이었다.

크게 분개하는 것은 이해하고도 남지만 나는 수사나 부검을 하지 말라고 하였다. 해 보아야 진료가 잘못되었다고 나올 것은 없고 모르고 있던 신체이상만 나올 테니까.

의무기록을 복사해 보아야 이를 뺐다는 얘기이고 더 자세히 기록했다면 epinephrine 섞은 마취제 2% lidocaine 몇 mℓ주사했다고 할 터인데 lidocaine 한계인 500 mg이면 2% 25 mℓ인데 단단한 잇몸에 불과 몇 mℓ 주사 놓았겠지, 25mℓ이상 놓았을 리도 없고, 부검할 것이 없다.

개복수술을 하였다면 뱃속에 피가 차 있다거나 gauze나 pad 또는 수술기구가 들어가 있었다거나 수술한 부위가 터지고 농양(고름)이 찼다거나 그러한 것이 있을까? 확인해 본다 하겠지만, 간단히 이(치아)하나 뺀 것인데 발치한 행위에 대한 잘못이 머릿속부터 발끝까지 갈기갈기 잘라서 부검을 한다고 나올 것인가?

아무리 건강하였다고 하나 나이가 50대 후반이면 뇌혈관에 이상이 있다거나 몰랐던 암이 나타난다거나 심장혈관에 동맥경화가 있다거나 심근경색이 나타나거나 이제까지 몰랐던 소견이 나타나면 나타났지 유가족이 원하는 치과의사의 잘못은 나올 수가 없고, 환자의 불리한 소견만 나올 것이기에 부검을 하지 말라고 하였다.

혈액 등 체액과 조직을 채취하여 분석해 보아도 환자가 독극물을 먹지 않은 이상, 기껏해야 소량의 마취제만 검출될 것이다.

나는 그 결과를 훤히 알기 때문에 불필요하게 여러 사람이 수고를 하고, 시신을 갈기갈기 쪼개지 않도록 하기 위하여 말렸던 것이다.

그러나 그 분은 이렇게 억울한 일이 생겼는데 원인을 밝혀야 된다고 나의 말을 듣지 않고 부검을 하게 하였다.

그는 나를 10여년 전부터 알아왔고 가끔 만났지만 나의 말의 10분의 1도 모르고 있었다.

2주 후에 부검결과가 나온다고 하여 그 결과를 몹시 기다리고 있었다. 내가 그렇게 설명해준 얘기는 묵살하고.

부검결과는 역시 심장의 관상동맥이 좁아져 있어서 심장의 이상이라는 것이었다.

가족이 그렇게 고대하던 치과의사의 과오에 의한 것이란 근처에도 가보지 못 하였다.

나의 말을 듣지 않은 결과이다.

그러면 왜 급사(急死)하였을까?

나는 부검하기 전에 그에게 그 사인(死因)을 얘기하여 주었다.

때는 2006년 5월 1일 노동절, 초여름이지만 더운 날씨이었다.

운동을 좋아하였다하니 운동을 했을 것이다.

근육질 체격이어서 수분과 염분손실이 더 많다. 그러한 상황에서 국소마취제 주사를 맞고 혈관이 약간 이완된 상태에서 잠시 "안정"을 취해야 하는데, 발치하고 나서 곧바로 200 meter정도 다시 걸어갔을 때에 혈관벽의 긴장도(blood vessel tone)가 유지되지 못하고 순간적으로 이완(relaxation)되면서 뇌와 심장의 허혈로 쓰러진 것이다. 곧바로 수액과 염분을 공급하고 혈관벽의 긴장도를 높이는 약을 투여했다면 회복되었겠지만 이러한 처치가 없어서 사망한 것이다.

이것은 앞서 말한 등산가서 정상에 올라갔다가 거의 다 내려와서 수분과 염분의 손실이 많고 긴장이 풀린 상태에서 한 잔의 위스키로 쓰러져 사망한 경우와 똑같은 이치이다.

이와 같이 부검은 육안적 및 현미경적 형태의 변화를 보는 것과 독극물등 성분을 분석하는 것이기에 이러한 변화가 없다면 사인을 알지 못하는 것이지 대부분 사람들이 생각하는 것처럼 부검을 하면 모든 것을 다 밝혀내는 것이 아니다.

④ 마지막으로 최근(2005년 7월)의 한 가지 예를 더 들려고 한다.

충남의 모 경찰서 수사과 형사로부터 전화가 왔다. 자문(諮問)을 구할 일이 있으니 만날 수 있느냐는 것이다. 만나겠다고 하니까 두 분의 형사가 자료를 갖고 왔다.

내용인 즉 얼마 전에 충남의 모 종합병원의 응급실에 20대의 젊은 남자가 목에 자창(刺創, 찔린 상처)이 있어서 왔다. 환자의 말에 의하면 유리가 떨어지면서 다쳤다고 하는데 목의 옆에 길이가 1cm, 깊이가 비스듬하게 7cm정도 되었다고 한다.

응급실의사가 소독 식염수로 세척하고, 상처를 봉합하고 주사와 약을 주고 집에 보냈는데 taxi를 타고 집까지 약 20분 거리라고 하였다. 집에 가자마자 목이 아파서 곧바로 다시 병원으로 taxi를 타고 오는 도중에 차 안에서 쓰러졌는데 응급실에 도착하니 이미 사망한 후이었다.

치료받고 응급실에서 떠난 지 1시간 내의 일이었다.

그리하여 경찰에 신고되고 국립과학수사연구소에서 부검하였다.

자료를 갖고 온 형사들은 나에게 그 병원의 병록지 복사한 것과 국립과학수사연구소의 부검소견, 사진과 감정결과를 보여주고 사인(死因)을 물었다.

(응급실 의사의 조서 받은 것은 보여주지 않았다.)

흉부, 복부, 뇌, 뇌혈관, 심장 및 심장혈관 등 다른 부위에는 아무 이상이 없었고 다만 경동맥(頸動脈, 목의 옆에 있는 동맥)이 4mm 찢어져 있었고, 그 주위에 혈괴(血塊, 피덩어리)가 있는 소견뿐 이었으며, 감정서에는 외과전문의 특히 혈관외과 의사의 자문을 받으라는 내용으로 끝맺음 하였다.

그리하여 경찰서 수사과에서 internet으로 혈관외과 의사를 검색하여 본 결과 내가 대한혈관외과학회 회장도 지내고 그리하여 연락을 하였다 한다.

부검의도 대량 출혈도 아니었고 기관(氣管)을 압박하여 숨을 못 쉬게 한 것도 아니어서 그 사인에 관하여 임상의에게 자문을 구하라 한 것이었다.

나는 설명하였다.

대량의 실혈(失血)이 아니라 소량의 출혈로 생명이 위험해지는 경우는 대표적으로 뇌와 심장이다.

뇌의 연수(延髓, medulla oblongata)는 단 몇mℓ의 출혈로 사망할 수 있고 심낭내의 급성출혈은 20-30mℓ의 출혈로도 심장박동이 장애되어 치명적 일수가 있다.

목에 출혈로 기도를 압박하면 저산소증으로 심박동이 장애되어 위험해진다.

그러므로 갑상선 절제등 목 부위에 수술을 받으면 24시간 잘 관찰하여야 한다.

잠자고 있거나 의식이 저하된 상태에서 기도가 압박되면 그대로 사망하기도 하지만 정신이 명료한 상태에서 기도가 압박되면 숨을 쉬기가 곤란하여 답답하다고 불편을 호소하였을 것이다.

응급실에서 치료 받고 차를 타고 20분 거리의 집에 갈 때 숨을 쉴 수가 없다. 답답하다는 말이 없이 목이 아프다는 말만 하였다면 기도를 어느 정도는 압박하였겠지만 저산소증으로 심박동을 억제시킬 정도는 아닌 것으로 추정(推定)이 된다.

그러면 그 사인(死因)이 무엇일까?

그것은 목의 상처부위의 출혈로써 호흡을 못할 정도까지는 아니더라도 어느 정도 기도(氣道, 氣管, trachea)를 압박하고 있었고 경동맥의 찢어진 부위(부검소견서에는 그냥 경동맥이라고만 기술하였지 총경동맥의 분지부에서 어느 정도의 위치라고는 기술이 안 되어 있었음)에서의 출혈이 경동맥을 따라 총경동맥의 분지부(分枝部)에 있는 경동맥동(頸動脈洞, carotid sinus)에 자극을 주어 미주-미주신경반사(迷走-迷走神經反射, vago-vagal reflex)인 경동맥동반사(carotid sinus reflex)에 의하여 심기능(心機能)이 억제되어 심정지(心停止, cardiac arrest)에 이른 것이다.

그렇다면 경동맥이 찢어졌으면 출혈이 심하였을텐데 응급실의사는 왜 그것을 모르고 상처를 세척하고 봉합하였을까?

목의 상처 입구가 1cm이고 깊이가 7cm이면 유리가 떨어져 다친 것이 아니고, 유리등 예리한 물체에 의하여 찔린 것이다.(환자는 형사적인 문제로 찔렸다고 하지 않고 유리가 떨어져서 다쳤다고 하였을 것이다.)

의사는 환자의 얘기만 믿지 말고 이치적으로 생각하여 내부의 상처를 잘 관찰했어야 한다.

입구가 좁아서 절개를 더 가하지 않으면 내부를 다 볼 수는 없다. 작은 정맥이라도 찢어지면 혈액순환이 되는 이상에는 출혈이 심한데, 더구나 동맥이 찢어졌으면 피가 솟구쳐 나왔을 텐데 그것을 몰랐을까?

정맥이나 모세혈관 손상에 의한 출혈은 지속적인데 반(反)하여 동맥출혈은 주로 수축기에만 고압으로 뻗쳐 나오고 동맥벽에는 평활근세포가 많아서 이러한 혈관근세포가 수축하면, 즉 동맥벽이 수축하면 일시적으로 출혈을 하지 않다가 혈관벽이 이완되면 다시 출혈을 하게 된다.

따라서 상기 환자는 응급실에 도착하였을 때에는 경동맥이 수축하여 동맥출혈은 없었고 20분 정도 지나서 집에 도착하였을 때에는 동맥벽이 이완되어 출혈이 시작되어 목을 누르고 기도를 조금 압박하다가 경동맥을 따라 피가 흘러서 생긴 혈괴가 경동맥동을 압박하고 자극을 주어 '경동맥동반사'가 일어나서 급속히 심박동을 억제하여 심정지에 이른 것이다. 이러한 것을 나는 거울 보듯이 자세히 설명하여 주었다.

그러면 응급실의사는 어떻게 하여야 했을까?

외상 후 6시간 내의 신선상처(fresh wound)라고 하여 세척하고 나서 1차 봉합한 것은 잘못이다.

상처입구가 1cm이고 깊이가 7cm이면 배액관을 삽입하거나 개방시켰다가 나중에 봉합했어야 한다.

입구가 더 크다면 봉합을 하여도 반듯이 배액관(排液管, drain)을 삽입하여야 한다.

얼굴이나 목은 6시간 지나도 1차적으로 봉합할 수 있다함은 상처 감염에 관한 얘기이지 상처에서의 출혈에 관한 점은 생각하지 않은 것이다.

갑상선 수술처럼 수술시야를 모두 확인하고 봉합하여도 가끔 지연출혈(遲延出血, late bleeding)이 발생하는데 더구나 7cm 깊이로 속이 보이지 않는 부위에서 손상부위도 전부 확인이 되지 않은 상황에서 지연출혈은 얼마든지 생길 수 있는 것이다.

그리고 수술 후 24시간은 관찰했어야 한다. 입원할 수 없는 환자라면 응급실 대기실에서라도.

이 환자가 상처를 봉합하지 않거나 배액관을 삽입하고 병원에서 24시간 관찰하였다면 출혈 시 곧바로 처치하여 그렇게 급사(急死)하는 사고는 결코 발생하지 않았을 것이다.

이러한 경우도 부검 자체만으로는 사인이 규명되지 않고 임상적으로 여러 가지 의학지식을 동원하여야 사인을 알 수 있었던 한 가지 예(例)이었다.

(57) 요약(要約, summary)과 결론(結論, conclusion)

보통 논문을 쓸 때에 요약과 결론으로 끝맺음 하는데 이 두 가지가 다 있기도 하고 어느 것 하나가 빠지기도 하며 종종 이 두 가지를 비슷하게 생각하여 바꾸어 쓰기도 한다.

그러나 이것은 분명히 다르다. 요약이란 이제까지의 이 논문의 관찰이나 실험성적을 간단하게 추린 것이요, 결론이란 이러한 관찰성적이 어떠한 의미를 나타내는가? (it's significance)를 말하는 것이다.

예를 들면 "요약"에서 "주의를 많이 하였음에도 불구하고 교통사고가 발생하였다."이면 이에 대한 결론은 "고(故)로 주의를 할 필요가 없다."라는 결론을 내릴 수도 있고, "따라서 보다 더 많은 주의를 요한다."라는 정반대의 결론을 내릴 수 있는 것이다.

(58) Medicine과 Surgery의 뜻은?

임상과(臨床科)에서 "내과(內科)"하면 "internal medicine"이라 하고 "외과"라 하면 "surgery"라고 한다. Medicine의 뜻을 광의(廣義, broad sense)와 협의(狹義, narrow sense)로 나누어 보면, 광의로는 "의학"이란 의미이고, 협의(좁은 뜻)로는 "내과"란 뜻이다. medical treatment(내과적 치료)=conservative treatment(보존적 치료, 保存的 治療)=non-surgical treatment(非手術的 治療)이다.

Surgery의 의미는 광의로는 "외과학"이란 학문이고, 협의로는 "수술(operation)"이란 뜻이다.

따라서 "surgical treatment"는 "외과적 치료"이고, surgery는 operation(手術)과 똑같은 의미로 쓰인다.

(59) 소리대로 적기

앞에서 잠시 언급하였지만 조금 자세히 얘기 하려한다.

문자(文字)는 분류법에 따라 의미를 나타내는 표의문자(表意文字)와 소리를 나타내는 표음문자(表音文字)로 대별(大別)한다.

중국의 한자(漢字)는 대표적인 표의문자이고, 영어, 독어나 한글은 대표적인 표음문자이다.

이것은 상대적인 뜻이지 절대적이 아니다.

표음문자는 표의문자에 비하여 그 글자자체에 뜻이 적다는 얘기이지 전혀 없는 것은 아니다.

가령(假令) "대전(大田)"을 "한밭"이라 하는데 "한"이란 "큰"이란 뜻이고, "밭"이란 "田"을 뜻한다.

이렇게 한글로 한밭이라 적어도 그 글자 하나하나에 뜻이 있는 것이다.

또한 표음문자라 하여 반드시 소리 나는 대로 적는 것은 아니다. 써 놓은 글자가 "Ural-Altaic 어(語)"의 "두음(頭音)법칙"에 따라 발음이 달라지고, 앞의 문자와 뒤의 문자가 연결될 때에 발음이 달라지는 경우가 많다.

Ural-Altaic 어의 두음법칙(頭音法則)의 예를 들면 "오줌 뇨(尿)"글자는 "비뇨기과"처럼 뒤에 올 때에는 "뇨"로 발음하고, 앞에 올 때에는 "요도(尿道)"처럼 "요"로 발음하지, "비요기과"라고 하거나 "뇨도"라고 하지 않는다.

뒤에 오는 문자에 따라 앞에 오는 문자의 발음이 달라지는 예로는, "전라도(全羅道)"라 쓰고 "절라도"라 발음하지, "전"하고 "라도"라고 하지 않는 것은 "ㄴ"이 "ㄹ" 앞에 올 때에 "ㄹ"로 발음하기 때문이다. 그렇다고 발음 나는 대로 쓴다고 "절라도"라고 쓰지 않는다.

표음문자인 불어(佛語)에서도 마지막 자음(字音, consonant)은 발음하지 않고 (silence), 연결음(連結音, liaison)에서 발음이 달라진다.

그렇다고 발음되는 대로 표기(表記)한다면 무슨 말인지 알 수가 없어지고 대혼란이 온다.

예를 들면 Mont Blanc(몽블랑)이라 읽으며 Mont(몽, mountain), Blanc(블랑, white) 즉 white mountain(白山, 눈이 덮여서)의 뜻인데, 소리 나는 대로 적는다고 "Mong Blang"이라 하면 무슨 뜻인지 알 수가 없어진다.

영어에서 "I want to go."를 흔히 "아이 워너 고우"라고 발음한다고 "Ai wo no gou"라고 쓰거나, "I wanted to go."를 "아이 워니 더 고우"라고 발음한다 하여 "Ai wo nido gou"라고 쓰면 무슨 말인지 알 수가 없을 것이다.

우리말의 "몇의 일(日)"에서 "며칠"로 된 것이나 "닭의 알"에서 "달걀"로 이미 오래 전에 굳어져 버린 것은 할 수 없어도 그저 막연히 소리 나는 대로 적는다면, "국물"을 "궁물"이라 발음하지 "국"하고 쉬고 나서 "물"하는 사람은 없을 것이다.

그렇다고 소리 나는 대로 적는다고 "궁물"이라 적으면 이것이 무슨 뜻일까? 아마도 "궁물(宮物)" 즉 "궁중(宮中)"에서 쓰는 물건(?) 이렇게 생각할 것이다.

"김내과(金內科)"라 쓰고 "김내꽈"라 발음하지 "김내-과"라 하지 않으며 그렇게 발음하면 무슨 말인지 모른다. 그리고 소리 나는 대로 적는다고 "김내꽈"라 쓴다면 이 또한 무슨 말인지 모른다.

따라서 표음문자가 소리를 나타내는 문자라 하여 무조건 소리 나는 대로 쓴다는 것은 잘못된 생각이다.

(60) 절약(節約)의 뜻은?

보통 돈을 무조건 안 쓰는 것을 절약이라고 생각하는데 그것은 잘못된 생각이다.

금전이란 갖고만 있으면 금덩어리를 땅에 묻어 놓고 있는 것과 같아 "보증(保證)"은 될 수 있지만 그 가치가 나타나지 않는다. 돈은 쓸 때에 즉, 지출할 때에 그 "금력(金力)"의 "위력(偉力)"이 나타나는 것이다.

즉 "절약이란 써야 될 때에는 쓰고 안 쓸 때에 안 쓰는 것이 절약이다. 써야 될 때에 안 쓰는 것은 어리석음이오, 안 쓸 때에 쓰는 것은 낭비(浪費)이다."

쓸 때에 안 쓰는 것이 어리석음이란 뜻은 써서 돈의 능력을 발휘시켜야 될 때에 쓰지 않고 사장(死藏)시켜 그 능력을 발휘 못하게 하면 어리석다는 뜻이다.

(61) 양수리(兩水里), 승일교(承日橋), 대청댐(大淸 dam)

한강에 북한강과 남한강이 갈라지는 곳을 "양수리(兩水里)"라 하고 이 근처 능내에는 조선 후기에 다재다능(多才多能)한 "다산(茶山) 정약용(丁若鏞)"의 묘소가 있다. 강의 모양으로 보아 강이 갈라진다고 하여 양수리라 하였지만 물줄기는 한데 모아져 한강이 되므로 "합수리(合水里)"라고 해야 맞을 것이다.

북한강의 지류(支流)이고 저 유명한 유행성출혈열(流行性出血熱, EH fever, epidemic hemorrhagic fever)의 virus를 이호왕(李鎬汪) 교수님께서 처음 발견한 한탄강(漢灘江). (그리하여 이 virus가 "한탄 virus"가 되었다.)

이 강은 지질학적으로, 익은 밤송이가 터지듯이 지표(地表)가 갈라져서 생겨, 강안(江岸) 즉 강의 양쪽 언덕이 경사가 지지 않고 깎아지른 절벽으로 되어있다.

이 강을 건너면 "임꺽정(林巨正)"이 최후까지 싸우며 버텼던 "고석정(孤石亭)"에 이른다.

이 한탄강은 6.25 한국전쟁 때 아군과 적군이 여러 차례 밀고 밀리고 하던 곳이다.

전쟁 당시에 교량(橋梁, 다리)이 없어 아군과 적군 모두가 불편을 겪어 서로를 위하여 다리를 건설하기로 합의하고 교량을 세웠다.

전쟁 중에 전투하는 아군과 적군이 합의하여 함께 교량을 건설한 예는 세계 역사상 극히 드문 일이다.

그리하여 이 교량의 이름을 남한의 "이승만(李承晩)"대통령, 북한의 "김일성(金日成)"주석의 가운데 글자를 따서 "승일교(承日橋)"라 명명(命名)하게 되었다.

그리고 대전의 북쪽 금강(錦江)의 대표적인 다목적 dam이 1975년 5월에 착공

되었다. dam의 이름을 충남의 "대덕군(大德郡)"과 충북의 "청원군(淸原郡)"사이라 하여 "대청 dam(大淸 dam)"이라 하자고 하였는데 이 말을 들은 박정희대통령은 "대전(大田)"과 "청주(淸州)" 사이에 있으니 "대청 dam(大淸 dam)"이라 하라고 하였다 한다.

"시(市)"를 보는 눈과 "군(郡)"을 보는 눈은 이렇게 대통령과 각료(閣僚)사이에 달랐던 것이다.

이 dam은 착공 5년 7월 뒤인 1980년 12월에 완공되어, 박대통령은 이의 완공을 보지 못하고 서거(逝去)하셨던 것이다.

(62) 살 같은 세월(歲月), 한 순간(瞬間), 놀멘시, 날래

지금은 별로 안 쓰지만 과거에는 "살 같이 흘러가는 세월, 어쩌고……" 하는 말을 많이 썼다.

예전에는 화살이 가장 빠른 물체이었으므로 빨리 지나가는 세월을 "살(화살, 시, 矢)같이 지나가는 세월"이라 하였다.

("살 같이 빠른 세월"이란 말을 이제는 더 안 쓰는 것은 "화살"보다 7배 빠른 "총알"이 나왔기 때문이다(시속 1,100 km).

그렇다고 "총알같이 빠른 세월" 그렇게 까지는 말하지 않는다.)

"순간"이란 "짧은 시간"이란 뜻을 모르는 사람은 없다.

눈꺼풀이 마비되었으면 아예 눈을 뜨지 못하지, 눈 깜짝거리는 것을 천천히 하는 사람은 없다.

따라서 "짧은 시간"을 나타낼 때 "눈 깜짝거릴 순(瞬)"자(字)와 "사이 간(間)"을 넣어 눈 깜짝거리는 시간 즉 "순간(瞬間)"이라 하였다.

평안도 사투리에 "놀멘시 오지 말고 날래 오라우-" 이 말이 무슨 뜻일까? 아주 문학적인 표현이다.

놀면서 하면 느리지 빠를 수 없다. 날아다니는 것은 빠르지 느릴 수 없다. 느리면 떨어지지 날지 못 한다.

그리하여 "놀멘시(놀면서, 천천히)오지 말고, 날래(날아서, 빨리)오라"는 뜻이다.

(63) 등산 또는 구보(驅步)시(時)와 수영(水泳)시(時)의 호흡법 차이

100.meter 단거리 경주가 아니고 장거리의 등산이나 구보시에는 박자(拍子, rhythm)가 잘 조화되고 심장, 폐, 하지(下肢)로의 혈액순환, 근육, 신경계가 조율(調律) 있게 움직여져야 된다.

처음에 빨리 시작하지 말고 서서(徐徐)히 그리고 일정하게, "slow and steady" "langsam und ständig"의 원칙에 따라야 한다.

얼마큼 가면 숨이 차서 입을 벌리고 숨을 마시기 쉬운데 이것은 금물이다. 숨을 입으로 마시면 금방 지쳐 떨어진다. 숨이 차더라도 흡기(吸氣, 숨 마시는 것)는 반드시 코로하고, 호기(呼氣, 숨 내쉬는 것)는 코 또는 입으로 하여도 무방(無妨)하다.

예를 들면 마음속으로 "하나-둘-셋-넷"하면서 코로 서서히 숨을 마시고, "하나-둘-셋"하면서 코 또는 입으로 숨을 내쉰다.

그런데 수영(水泳)시(時)에는 이와 반대이다.

수면 위에서 잠시 동안에 숨을 마셔야 되니까 코로 서서히 숨을 마시다가는 물이 코로 들어온다.

(머리를 물속에 담그고 수영하고 숨 쉴 때에만 머리를 수면 위에 내밀 때 뿐 아니라, 머리를 수면 위에 내놓고 수영할 때에도 코로 서서히 숨을 마시면 물결이 치기 때문에 코 속으로 물이 들어온다.)

그리하여 입을 벌리고 잠간 동안에 숨을 마시고, 코로 서서히 숨을 내쉰다.

따라서 지상에서와 물에서의 호흡법이 반대가 된다.

(64) 사람이 임종(臨終)시(時) 숨을 내 쉬고 죽을까?

마시고 죽을까? 호흡(呼吸)이란 뜻은?

시골에서 임종(臨終)을 많이 지켜 본 사람은 사람이 사망할 때에 숨을 마시고 죽을까? 내 쉬고 죽을까? 를 잘 알겠지만 웬만한 의사나 간호사도 자세(仔細)히 보지 않으면 모른다.

숨을 내쉬고 죽는다. 내 쉰 다음에 숨을 마시는 데에는 힘이 들기 때문에 숨을 마쉴 기운이 없으면 즉 숨을 내쉰 상태가 지속되면 사망하는 것이다.

영어로는 이 말 표현이 상당히 과학적이다.

영어로 숨을 마시는 것을 "inspire"라고 하고 내 쉬는 것을 "expire"라고 하는데 사람이 사망한 것을 "expire" 했다고 한다. 즉 숨을 내쉬고 더 이상 숨을 마시지 못하였다는 것이 곧 사망했다는 뜻이다.

신체의 어느 부위가 움직이는 데에는 근육의 수축과 이완에 의한다.

사람의 근육은 3가지로 나누어

① 사지나 구간부 즉 골격에 붙는 근육을 횡문근(橫紋筋, 골격근)
② 내장과 혈관에는 평활근(平滑筋, 내장근)
③ 심장에는 심근(心筋)이 있다.

그런데 호흡은 폐가 부풀어졌다 오무러졌다 하면서 이루어지는데 이것은 폐 자체의 근육의 수축과 이완에 의해서가 아니라 수동적으로 움직인다.

즉 흉강(胸腔)이 좁아지면 폐(肺)가 쪼글어 들어 공기가 나가고(呼氣), 흉강이 넓어져서 음압이 되면 폐는 탄력에 의하여 늘어나서 숨이 마셔지게 된다.(吸氣)

흉강(胸腔, thoracic cavity)이 커지면 음압(陰壓, negative pressure)이 되어 공기가 들어오고, 흉강이 좁아지면 양압(陽壓, positive pressure)이 되어 공기가 나가서 호흡이 이루어진다.

흉강이 넓어지는 데에는(吸氣), 흉벽의 늑간근(肋間筋, intercostal muscles)과 거근(鋸筋, serratus muscles, anterior, posterior superior, and posterior inferior) 그리고 횡격막의 수축에 의한다. 따라서 흡입하는 데에 힘이 드는 것이다.

이상을 요약하면 숨을 내쉬고 나서 흉강을 넓혀서 음압을 만들어야 숨을 마시게 되는데 이때에 힘이 들기 때문에 숨을 내쉬고 나서 마시지 못하면 사망하게 된다. 따라서 숨을 내쉬고 죽는 것이다.

그리하여 호흡이란 호흡(呼吸)＝호기(呼氣, expiration)＋흡기(吸氣, inspiration)

영어로는 respiration＝inspiration＋expiration

즉 inspiration과 expiration을 repetition(반복)한다하여 respiration이라 한다.

호흡이란 다른 단어로는 breath 가 있는데 호흡은 출생시부터 사망시까지 하므로 birth(출생, br)～death(사망, eath)

＝ br ＋ eath ＝ breath 가 된 것이다.

(65) 향수(香水)의 종류

향수는 인공으로 합성하는 것이 있고, 자연적인 것이 있으며, 자연적인 것으로는 식물성, 동물성이 있다.

식물성에서는 꽃, 잎, 줄기 등 여러 부분에서 추출하며 많은 종류가 있고 동물성으로는 대표적으로 사향(麝香)이 있다.

향수는 그 지속시간에 따라 다음과 같이 분류한다.

가장 오래 지속하는 것부터 들면

① parfume
② Eau de parfume
③ Toillette
④ Eau de Toillette(독일의 Köln지방에서는 Eau de Cologne(Kölnisch Wasser) (4711)
⑤ deodorant 탈취제(脫臭劑)의 순서로 약해지고 지속시간이 짧아진다.

(66) 휴일(休日)로서의 절(節)과 공휴일(公休日)

"절"과 "공휴일"을 막연히 비슷하게 생각하기도 하는데 그렇지 않다.

"절(節)"은 "민속명절(民俗名節)"과 "국경일(國慶日)" 2가지로 나뉘며 민속명절은 구정(舊正)과 추석(秋夕) 단 2번뿐이며 민족 대이동(大移動)으로 이동시간을 고려하여 얼마전부터 앞뒤로 하루씩 3일을 휴일로 하고 있다.

국경일은 3월 1일(삼일절), 8월 15일(광복절), 10월 3일(개천절)의 단 3번뿐이며, 공휴일로는 1월 1일(신정), 음력 4월 8일(석가탄신일), 5월 5일(어린이날), 6월 6일(현충일), 12월 25일(크리스마스)이며 2005년 관공서의 근무를 주5일제로 하면서 노는 날이 많다고, 4월 5일(식목일), 10월 1일(국군의 날), 10월 9일(한글날)이 2008년부터 공휴일에서 제외되었음은 물론, 4대 국경일의 하나이며 대한민국 정부수립 때부터 60년간 지탱해 왔던 7월 17일 제헌절마저 휴일(休日)에서 탈락시켰다.

註: 10월 9일 한글날은 이 글을 교정하는 2013년부터, 5년만에 다시 공휴일로 복귀되었다.

Addendum 29 2014. 5. 5 18:35~18:45

그리하여

휴일(休日) = 6일(공휴일) + 3일(국경일) + 6일(명절, 2회 x 3일)

= 15일(日)이며, 주말(土, 日)과 평균 4일이 겹쳐

(15 × 2/7 = 4.29), 실제로 11일(15-4)이 된다.

따라서

1 년(年)의 근무일수 = 365 - [(2일 x 52주) (주말) + 11 (휴일)]

= 365 - (104 + 11) = 365 -115

= 250일(日)이 되는 것이다.

(67) 항공기 탑승시의 용어

1980년대(年代) 초(初)에는 사회의 여러 제도가 바뀌었다.

몇 가지 예를 들면 중·고생의 두발자율화, 교복자율화(그 후에 많은 학교에서 자율적으로 다시 교복이 생겨났지만), 그리고 전국 관광지와 4면이 육지로 둘러싸인 충청북도와 4면이 바다로 둘러싸인 제주도 이외의 7시(市) 7도(道)에서는 24시부터 익일 새벽 4시까지 통행금지시간 이어서 군용차, 경찰차, 구급차, 소방차, 화물자동차등을 제외한 일반 차량은 통행이 금지되어 있었는데 이러한 통금시간이 해제되었고,(1982.1.5.) 그렇게 까다롭던 해외여행이 자율화되면서 남녀노소를 불문하고 시골사람이건 도시사람이건 동남아는 물론 유럽, 미대륙을 이웃집처럼 드나들게 되었다.

따라서 많은 사람들이 항공기를 이용하고 국제공항은 시장처럼 붐비게 되었다.

이렇게 공항과 항공기를 많이 이용하게 되었으며 여기에서 쓰는 말들이 있는데 영어단어는 대개 알지만 때로 잘못 아는 수도 있고 더구나 우리말은 생소(生疎)한 경우가 많아서 잠시 정리해 보고자 한다.

우선 항공기가 이착륙(離着陸)하는 정류장을 공항(空港)이라 한다. 공항에는 물이 없는데 "물수(水)"글자가 들어간 "항(港)"글자를 쓰니 웬일인가? 의아하게 된다.

항공기는 20세기 초 즉, 1903년 라이트 형제가 처음 비행에 성공한지 1세기의 짧은 역사이고, 선박의 역사는 수 천 년 이상의 매우 오래이기 때문에 항공에서 쓰

는 단어는 수상, 선박에서 쓰는 단어와 공동으로 쓰거나 이에서 유래한 것이 많다.

즉 선실이란 "cabin"은 선박, 항공 양측에서 공용으로 쓰이고, 항공기의 정류장은 선박의 정류장인 "항구(港口)"란 단어 앞에 공중(空中)이란 말을 넣어 "공항(空港)"이란 단어를 만든 것이므로 공항에 물이 있는 것은 아니다. 이것은 영어에서 항구인 "port"에 공중이라는 "air"를 넣어 "airport"라고 한 것을 우리말로 번역한 것이다.

배에 승선(乘船)하거나, 항공기에 탑승(搭乘)하는 것, 선박이 출항(出港)하거나 항공기가 이륙(離陸)하는 것을 "embarkation"이라 하고, 항구에 선박이 상륙(上陸)하거나 항공기가 공항에 착륙(着陸)하는 것을 똑같이 "disembarkation"이라 한다.

▍Addendum 24   2013. 11. 03   07:30-07:50

수상, 선박에서 쓰는 단어가 항공에서 뿐 아니라 육상(陸上)에서도 공용(共用, common)으로 쓰이고 있으니, 자동차(自動車)에 부착(附着)하여 지도(地圖, map)와 목적지로 길을 안내하는 navigation은 항해술(航海術)이란 뜻에서, 항공술(航空術)의 뜻으로 되었는데, 이제는 항지술(航地術)의 역할(役割)도 하게 되었다.

"항공술"은 "navigation" 또는 "aeronautics"라 하는데, aeronautics(항해술, 航海術)=aero(air, 공중空中)+nautical(선박의, 해상의)는 합성어(合成語)로 역시(亦是) 항해에서 유래(由來)한 단어이다.

사람이 타고 다니는 물체(vehicles)에 타는 것을 자동차에서는 "승차(乘車)"라 하고 여객선, 화물선등 선박에 타는 것을 "승선(乘船)"이라 하고, 군함에서는 타는 것을 "승함(乘艦)", 내리는 것을 "퇴함(退艦)"이라하며, 항공기를 타는 것을 탑승(搭乘)이라 한다.

국제 항공기를 탑승할 때에는 육상이나 수상교통과 달리 한 번에 좌석표가 달린 표를 구입하는 것이 아니고 2단계로 나누어진다.

즉 항공편명(flight number), 출발지, 목적지, 날짜, 시간, 등급(first, prestige, business, economy), 요금 등이 적힌 것을 "ticket(항공권, 航空券)"이라 하고 이것은 요금을 내고 구입하며 여기에는 좌석이 배정되어 있지 않다.

공항의 항공회사 접수대에서 항공권을 받고, 여권을 확인하고 화물로 부칠 짐을 부치고 좌석이 적힌 표로 교환하여 주는데 이것이 "boarding pass(탑승권, 搭乘

券)"이다.

    탑승 시까지의 단어를 우리말과 곁들여 정리해 보면

ticket	(항공권 航空券)
boarding pass	(탑승권 搭乘券)
ticketing	(발권, 發券)
processing	(수속 중, 手續 中)
boarding	(탑승 중, 搭乘 中)
delayed	(지연, 遲延)
cancelled	(결항, 缺航)
embarkation	(탑승, 搭乘, 이륙 離陸)
disembarkation	(양륙, 揚陸, 상륙, 上陸, landing)

    항공기에 탑승하면 기내에서 손님에게 알려주는 정보(information)가 11가지가 있는데 우리말과 함께 정리해 보면

(1) altitude	(고도, 高度)
(2) ground speed	(지표속도, 地表速度)
(3) atmospheric temperature	(대기온도, 大氣溫度)
outside temperature	(외기온도, 外氣溫度)
(4) head-wind	(역풍, 逆風)
(5) tail-wind	(순풍, 順風)
(6) local time at origin	(기점 현지시각, 起點 現地時刻)
local time at departure	(출발지 현지시각, 出發地 現地時刻)
(7) local time at arrival	(도착지 현지시각, 到着地 現地時刻)
local time at destination	(목적지 현지시각, 目的地 現地時刻)
(8) local time at present position	(현지점 현지시각, 現地點 現地時刻)
(9) time to destination	(잔여 비행시간, 殘餘 飛行時間)
(10) estimated arrival time	(도착 예정시각, 到着 豫定時刻)
(11) distance to destination	(잔여 비행거리, 殘餘 飛行距離)

    출발지를 "기점(起點, origin)"또는 "출발지(departure)"라 하고 도착지를 "도착지(arrival)"또는 "목적지(destination)"라 하며, 항공기 밖을 "대기(大氣, atmosphere)" 또는 "외기(外氣, outside)"라 한다.

"local time"이란 그 지역의 "현지시각(時刻)"을 말하며 고도(高度)는 meter 또는 foot, 속도는 "시속 kilometer 또는 mile"로 표시한다.

(이착륙시에는 knot를, 고속에서는 마하(mach)를 쓰기도 한다. 1마하는 음속(音速)으로서 1,224 km/hr임)

장거리 비행 시 고도는 대개 8,000~10,000meter, 속도는 700~1,000 km/hr이고, 이착륙시의 속도는 기상조건과 항공기 중량에 따라 다르나, 이륙(離陸, take off)시(時) 235km/hr, 착륙(着陸, landing)시(時) 250km/hr이다.(대형(점보) 항공기(여객기)에서).

항공에서의 mile은 1,852 meter의 해상 mile이 아니고 1,609 meter의 지상 mile이고, ground-speed란 해발 8,000~10,000meter의 높이로 비행하는 실제 거리가 아니고 지구표면에 투사(投射)하였을 때의 지구표면 즉 지표상(地表上)의 거리를 얘기한다.

(68) 두 지점 왕복에 비행시간이 차이가 있을까?

물론 차이가 있다.

① 기체(機體)
② 기상조건
③ 비행노선

이 3가지의 여건으로 나누어 생각할 수 있다. 기체의 여건으로서는 항공기 engine 출력과 기체의 하중(荷重)에 관계되고 기상조건으로는 순풍(順風)인가? 역풍(逆風)인가? 의 기류(氣流)의 방향(方向)과 풍속(風速)에 의하여 영향을 받는다.

순풍에서는 속도가 증가하고 역풍에서는 늦어지며 풍속이 클수록 그 영향이 큰 것은 당연하다.

그 외에 비행노선에 의하여 영향을 받는데, 남북의 방향으로 비행 시에는 왕복 시 별 차이가 없고, 동서(東西)의 방향으로 비행 시에는 차이가 나는데 서(西)쪽에서 동(東)쪽으로 비행 시에는 비행시간이 짧아지고, 동(東)쪽에서 서(西)쪽으로 비행 시에는 비행시간이 더 길어진다.

이는 지구가 서쪽에서 동쪽으로 자전(自轉)하기 때문에 서쪽에서 동쪽으로 비행

시에는 지구의 자전방향과 같아서 배가 강물을 따라 내려가는 것처럼 같은 방향이어서 속도가 빨라지고, 동쪽에서 서쪽으로 비행 시에는 지구의 자전방향과 반대로 비행하기 때문에, 배가 강물을 거슬러 올라가는 것과 같은 현상이어서 시간이 더 걸린다.

　이러한 영향은 위도(緯度, latitude)가 적을수록, 즉 적도(赤度)에 가까울수록 크고, 북극이나 남극에 가까울수록 그 영향이 적어진다.

(69) 우레와 우뢰, 공과 영, 파이팅, 에이에스(A/S)

　신문에서 보면 "우레 같은 박수"이렇게 쓰는데 말뜻이 "커다란 소리의 박수"란 표현일 텐데 그렇다면 "우뢰(雨雷)같은 박수(拍手)"라고 해야 맞다. "우뢰"는 양(陽)전기의 구름과 음(陰)전기의 구름이 만나서 방전(放電)되면서, 번개가 번쩍 치고 그 후에 나는 커다란 천동(天動)소리이고, "우레"는 꿩 부르는 소리이다.

　꿩 부르는 소리가 그렇게 클 리도 없고, 꿩 부르는 소리로 박수를 쳤다는 얘기는 아닐 것이다.

　단어를 바르게 써야 할 것이다.

　전화 안내 114에서나 휴대전화기(cell phone)에서 숫자 "0"을 늘 "공"이라 한다. 공모양으로 둥그렇기 때문인지 모르겠다. 그러나 Arabia 숫자 0,1,2,3…에서의 "0"은 어디까지나 "영(零)"이지 "공(空)"은 아니다. 영(0)은 "＋1"과 "－1"의 중간에 위치하는 훌륭한 상수(常數)이지 존재하지 않는다는 뜻인 공(空)이 아니다.

　영어에서는 "지로우"또는 "지어로우"(zero)이렇게 3-4음절이므로 alphabet O.글자와 모양이 비슷하여 간략하게 한음절인 "오"라고 말하기도 하지만 우리말은 "영"이나 "공"이나 다 같이 한 음절이다.

　대중매체(매스컴)에서 바르게 표현하여야 한다.

　그리고 운동경기 등을 하기 전에 잘해보라고 하는 구호로 흔히 "화이팅"하는데 이것은 영어의 fighting이다.

　이의 뜻은 전투, 싸움, 투쟁이지 경기를 끝까지 잘해보자는 선전(善戰)이 아니다. 아무렴은 치고받고 싸우자는 것은 아닐 것이다. 따라서 "고우 언(go on)"등 다른 맞는 단어를 써야할 것이다.

물건을 사고 나서 보증 수리 받는 것을 흔히 "에이에스"라고 하고 A/S라고 쓰는데 after service의 약자이다.

이의 뜻은 "봉사 후에"인데 전혀 말이 되지 않는다.

물건을 사고 나서(after), 수리등 손봐준다.(service)이렇게 만든 단어 같다. "개런티(guarantee, 보증, 保證)"라고 올바르게 써야 한다.

(70) 왕(王)과 황제(皇帝)

황제는 대개 여러 제후(諸侯)들을 거느리고, 이 제후들을 왕(王)이라 하고 그 위에 군림하였다.

우리나라의 고려, 이조때의 역사를 보면 조선조말 국운이 풍전등화 같고 조정에는 간신배와 매국노(賣國奴, 나라를 팔아먹는 자)들이 들끓고 국력이 극히 쇠퇴하였을 때에 황제란 칭호가 처음 등장한다.

아마도 이러한 상황에서 중국에 조공(朝貢)을 바치지 않아도 되는 속국이 아닌 독립국가란 점을 강조하기 위한 것으로 생각된다.

왕과 황제에 관한 단어 몇 개를 정리해 보면

왕(王)은 영어로는 king, 독일어로는 der König.라하고 황제(皇帝)는 영어로는 emperor, 독일어로는 der Kaiser라고 한다.

서양에서는 최초의 대표적인 황제를 Julius Caesar(BC 100~44)로 보기 때문에 독일어로는 황제를 Kaiser라고 일반 명사화하였다.

왕의 부인은 왕비(王妃, queen)이고 황제의 부인은 황후(皇后, empress)이다.

신하(臣下)가 왕을 부를 때에는 "전하(殿下, the Royal Highness)"라 하고 황제를 부를 때에는 "폐하(陛下, The Majesty)"라 한다.

왕에 대하여 신하는 궁전(宮殿)밑에 있다는 뜻으로 "전하(殿下)"라 하고, 황제는 더욱 높아서 궁전 밑의 섬돌(돌계단 폐, 陛)밑에 있다는 뜻으로 "폐하(陛下)"라 한다.

왕은 신하에게 자신을 겸허하게 표현하여, 홀로된 부인인 과부라고 쓸 때의 "적을 과(寡)"글자를 넣어 "과인(寡人)"이라 하고, 황제는 신하에게 자신을 "짐(朕)"이라 한다.

이렇게 황제와 왕은 전혀 다르므로 혼돈하지 말아야 한다.

(71) pound, foot, mile, meter

우리는 독일처럼 CGS(cm, gram, second)단위를 써서 미·영(美·英)처럼 foot, pound, mile하면 실감이 잘나지 않는다.

여기서 간단히 바꾸는 방법을 소개하려 한다.

pound(lb)를 kg으로 바꾸려면 lb수치의 1/2에서 다시 이의 1/10을 빼면 된다.

예) 120 lb → 60-6= 54 kg

1 foot는 30.48 cm 이므로 foot×0.3=m

예) 2,000 ft → 2000 ×0.3 = 600.m

그리고 mile × 1.6 = km   예) 20 mile = 32km
      mile × 4 = 리(里)   예) 20 mile = 80리
      km × 2.5 = 리(里)   예) 20 km = 50 리
      압력 mm Hg × 1.36 = cm H2O   예) 10 mmHg = 13.6 cm H_2O
      면적 m2 /3.3=평(坪)   예) 660 m2 = 200평
      또는 m2 × 0.3 = 평(坪)   예) 200 m2 = 60평
      초속(秒速) m×3.6=시속(時速) km   예) 10 m/sec = 36 km/hr

풍속은 초속 몇 meter라고 하는데 실감이 오지 않는다.

초속 20m의 강풍이라면 (20 m/sec ×3.6=72 km/hr) 시속 72km 이고 초속 50m의 강풍이면 시속 180 km이다.(압력에서 1.36은 수은(Hg)의 비중이 13.6이고, cm 단위이므로 13.6 × 1/10= 1.36)

▎Addendum 2   2012. 10. 12

미터(meter)

미터(meter)는 지구의 자오선(子午線, the meridian, 지구의 북극과 남극을 연결하는 원)의 "4,000만분의1"을 "1미터(meter)"로 정(定)하여, 적도(赤道, equator)에서 북극 또는 남극까지의 거리는 이의 4분의1인 1,000만미터 즉 "1만 km (10,000 km)"인 것이다.

따라서 서울~부산 직선거리가 400 km이면 적도와 북극까지 거리의 "25분의1"이 된다.

신문에서 어느 누가 트랙터(tractor)로 터키(Turkey) 동서(東西) 1만 4000km를 여행하였다는 기사(記事)를 보고, 네덜란드(the Netherlands, Holland) – 핀란드(Finland) 거리가 1,500 km, 네덜란드-브라질(Brazil)거리가 9,500 km인데 어떻게 터키 동서 1만 4,000 km를 여행하였다는 사람의 말만 듣고 1급(一級)신문에 터키동-서거리가 적도-북극간의 거리의 1.4배(倍)가 되는 1만 4,000 km라는 기사를 썼을까? 조금만 상식이 있어도 그러한 오류(誤謬, error)는 없었을 것이라고 놀라움을 금(禁)치 못하였다.

(72) 원족(遠足), 월사금(月謝金)

　해방 전후에 학교에서 쓰던 대표적인 말로 1년에 한번 또는 두 번 학교수업을 하지 않고 야외에 가는 것을 원족 간다고 하였는데 그 후에 소풍 또는 야유회로 바뀌어서 지금 원족이라 하면 신세대에서는 모를 것이다. 그 원뜻은 걸어서(足)멀리(遠) 간다는 것이다.

　지금은 학비를 1학기에 한 번씩 내고 수업료 또는 등록금이라 하지만 그 시절에서는 초등학교에서 학비를 매달 내었는데 월사금이라 하였다.

　그 뜻은 매달(月)가르쳐주시는 학교와 선생님에게 감사하여(謝)내는 돈(金)이라는 뜻인데, 요즈음 가르쳐준다고 학교와 선생님에게 감사해 하는 학생이 과연 얼마나 있을까?

(73) 사은회(謝恩會)

　원족, 월사금이란 말은 없어졌지만 사은회라는 말은 지금까지 쓴다. 학교에서 학생들이 졸업할 때에 가르쳐주신 선생님을 모시고 식사하는 자리이다.

　단어 그대로 선생님께 그 가르쳐주신 은혜(恩惠)에 감사(感謝)하여 마련한 자리(會)인데 졸업생 중에 감사하는 학생이 과연 있을까? 의문이다.

(74) 전등(電燈)이나 선풍기(扇風機)를 110volt와 220volt를 바꿔 쓰면?

　110 volt용(用)을 220 volt에 연결하면 전압의 과부하(過負荷)로 전등은 끊어지고 선풍기 motor는 타 버린다.

　반대로 220 volt용을 110 volt에 연결하면 전등의 밝기는 1/4로 되어 60 watt 전구라면 15 watt의 밝기를 내고 선풍기에서는 조금 돌아가려고 하다가 결국 선풍기 motor가 타 버린다.

그 이유는 전력(watt)은 전압(voltage)의 자승에 비례한다. 그리하여 전압(V)이 1/2로 되면 밝기(W)는 1/4로 되는 것이다.

(W = V×I , I = V/R , W = V×I = V×V/R = V^2/R I는 전류, R은 저항)

그런데 선풍기에서 전압이 1/2로 되면 motor가 움직여야 하는데 힘이 약하여 제대로 돌지 못하면 "energy불변의 법칙"에 의하여 전기 energy가 운동 energy로 전환이 되지 못하고 열 energy로 바뀌어 온도가 높아져서 타게 된다.

(75) 회전하는 선풍기를 붙들면?

선풍기 motor가 탄다.

220 volt용을 110 volt에 연결한 것처럼 전기.energy가 운동.energy로 되지 못하고 열energy로 되어 motor가 탄다.

(76) 합목적적(合目的的)의 뜻?

이 뜻이 "목적에 부합(附合)되다."라는 것은 다 아는 것이고 여기서 얘기하려는 것은 두 개의 적(的)이다.

앞의 "적(的)"은 화살을 화살판에 쏠 때의 과녁(과녁적, 的, target) 즉 목표 바로 그 가운데 점(點)을 말하고 뒤의 "적(的)"은 일본인들이 만들어낸 형용사 어미이다.

영어에서 명사(名詞)를 형용사로 만들 때에 "~ic", "~tic"을 많이 쓰므로 "~tic"은 일본발음으로 "데끼, てき"이고, 的 (적)도 "데끼 てき"라고 읽기 때문에 영어의 형용사 어미 "tic"을 한자(漢字)로 표현한 것이 "的"이다.

(77) 우리나라의 자동차종합보험과 의료보험의 시작

우리나라의 자동차보험은 책임보험과 종합보험 두 가지로 되어 있어 책임보험은 의무사항으로 오래전부터 있었고 종합보험은 선택사항으로 1981년 3월경에 시작되었고 가족한정 자가운전종합보험은 1983년에 생겼다.

종합보험이 의무사항으로 이것이 있어야 운행증이 발급되어야지, 선택사항으로 있는 것은 말이 되지 않는다.

(참고로 독일은 보험이 의무사항으로 가입증이 있어야 운행증이 발급되며 1988년 당시 보상한도가 100만 Mark(6억원)와 200만 Mark(12억원)두 가지 중에 하나를 선택해야 했다.)

국가시책에 의한 의료보험은 1977년 7월 1일에 시작되었고 모든 공무원을 의료보험에 가입시킨 공무원개(皆)보험은 1년 6월후인 1979년 1월 1일이고, 전 국민 개(皆)보험은 처음 시작 12년후인 1989년 7월 1일이었다.

(78) 백화점(百貨店)에서의 가격정찰제(價格正札制)

지금은 대형백화점이 많고 의례히 정찰제이어서 언제부터 정찰제가 되었을까? 가 관심 밖의 일이지만 1960년대 전반기까지만 하여도 백화점은 주인이 각각인 영업점포가 모여 있는 상태이었고 가격정찰제가 없어서 묻지 않으면 가격을 알 수 없었고 묻고 나서 사려면 10-20%를 깎는 것이 아니라 1/2 또는 심지어 1/3로 깎아내리고 흥정을 하지 않으면 바가지 쓰는 것이고 묻고 가려면 값을 내리고 얼마이면 사겠느냐고 붙들고 놓아주지 않고 그대로 가면 욕을 하고 그리하여 물건을 사려면 고역(苦役)이었다.

그러하던 것을 귀금속, 시계, camera부만 제외하고는 백화점점포(店鋪)를 직영제로 하고 가격정찰제를 처음으로 시행한 것은 대한철광개발주식회사 이혁기(李赫基)부사장이 서울충무로 입구의 신세계백화점 부사장으로 부임한 1966년 6월 1일 이후이었다.

이것이 효시(嚆矢)가 되어 전국의 백화점으로 확산되었고 더 나아가 수퍼마켓 등 많은 상점에서도 가격표시를 하게 되었다.

(과거의 충무로 입구의 신세계백화점은 그렇게 하였는데 현재 대부분의 백화점은 직영이 아니고 점포(店鋪)를 빌려주고 매출액의 20-30%를 수수료로 받아들이고 있다.)

(79) 두 가지 이상의 술을 마시면 더 취(醉)할까?

보통 그렇다고도 하지만 그러한 근거는 없다.

한가지이건 두 가지이건 전체 마신 alcohol.양이 문제이지 다른 종류 마셨다고 더 취하는 것은 아니다.

(80) 농도가 다른 두 가지 종류의 술을 마실 때 순서가 다르면 취하는 정도가 다를까?

다르다. 농도가 낮은 것(예. 맥주)을 먼저 마시고 그 후에 농도가 높은 것(예. 위스키)을 마시는 것보다 농도가 높은 것을 먼저 마시고 그 후에 낮은 것을 마시는 경우에 더 취한다.

다시 말하면 맥주 마시고 위스키 마시는 것보다 위스키마시고 맥주마시는 것이 각각의 양이 똑같다하여도 더 취한다.

그 이유는 농도가 높은 술이 음식과 섞여 있어 장 점막에 닿지 않아 흡수 안 된 alcohol.이 그 후에 마신 농도가 낮은 술에 의하여 장(腸)내에서 alcohol.이 확산되어 장 점막에 접촉하는 양이 많아 흡수가 신속히 많이 되기 때문이다.

(81) 취하는 정도는 마시는 술의 양에 꼭 비례할까?

그렇지 않다. 많이 마시면 취하고 적게 마시면 취하지 않지만 개인차이도 있고 같은 사람이라도 그 양에 정확히 비례하지 않는다.

취하는 정도는 혈중농도(조직농도)에 관계(비례)되는데 이것은 음용(飮用, drinking) - 흡수-대사(代謝) - 배설의 과정을 거치고 조직농도=흡수-(대사+배설)이므로 마신 양(量)중에 흡수되는 양과 속도가 다르고 또 대사와 배설되는 양에 따라 달라진다.

즉 공복 시 빨리 마시면 신속히 흡수되고 식사와 함께 또는 후에 서서히 마시면 alcohol의 흡수되는 속도가 느리고 흡수되는 양이 적어서 쉽게 취하지 않는다.

그리고 간 기능이 좋을수록, 그리고 alcohol분해효소가 많을수록 alcohol분해를 빨리 하고, 신장의 배설기능이 좋으면 alcohol농도가 빨리 저하되고, 맥주같이 낮은 농도의 술을 마시면 이뇨억제 hormone인 ADH의 분비가 억제되어 이뇨작용이 더 활발하여진다. 그리하여 심지어는 간에서 대사가 되기도 전에 배설되어 맥주를 많이 마시면 소변에서 맥주냄새가 나기도 하고 말을 많이 하면 호흡기도로 alcohol이 많이 빠져 나간다.

춤추고 노래하면서 마시면 별로 취하지 않는 이유는 춤추고 노래하는 동안 술을 마시지 못하여 마신 양(量)이 적은데다가 또한 호흡기도로 alcohol이 많이 빠져 나가기 때문이다.

이와 같이 똑같은 양을 마셔도 장에서 흡수되는 정도, 간에서 대사에 의한 분해, 신장과 호흡기도로의 배출에 따라 혈중농도는 달라지게 된다.

▌Addendum 19   2013. 10. 04

간(肝, liver)에서의 alcohol대사(代謝, metabolism, 분해 分解, disintegration)는 alcohol 분해효소에 의한다.

alcohol(-OH)이 산화되어 aldehyde(-CHO)로 되고, 다시 산화되어 유기산(有機酸, organic acid, —COOH)으로 되는 과정에는 산화효소인 탈수소효소(脫水素酵素, dehydrogenase)에 의(依)한다.

즉(卽) ethyl alcohol(C_2H_5OH)l-(alcoholic dehydrogenase)-산화 (oxidation) → acetaldehyde (C_2H_5CHO)- (aldehyde dehydrogenase)-산화 (oxidation) → acetic acid(C_2H_5COOH)

이 탈수소효소의 양은 인종(人種, race)과 개인에 따라 차이가 커서 예를 들면 aldehyde dehydrogenase -1,2,3,4, & 5 중에 가장 중요한 —2 는 동양인의 40%에서는 결여(缺如)되어 있으며, 이 효소가 부족하여 aldehyde가 몸에 축적되면 음주후 심계항진, 안면홍조등 많은 증상을 일으킨다.

(82) 해장술의 의미는?

숙취(宿醉)란 혈중 및 조직 내의 alcohol 농도가 아직 높이 남아있다는 것 외에
① 마시는 ethyl alcohol이 아닌 methyl alcohol그리고 다가(多價) alcohol인 propyl alcohol, butyl alcohol, amyl alcohol등 fusel oil,
② 염료, 향료, 방부제등 불순물과
③ 뇌혈관운동이 관계된다.

즉 뇌혈관벽의 평활근이 교감신경 자극에 의하여 수축되고 부교감신경의 자극에 의하여 확장되는데 뇌혈관이 수축되면 혈액순환이 적어져서, 그리고 뇌혈관이 확장되면 뇌에 울혈(鬱血, congestion)이 일어나서 두통 등 뇌의 증상이 일어난다.

음주를 하면 안면이 창백(蒼白, pale)해 지거나 홍조(紅潮, flushing)를 띠우는 것도 이러한 안면의 혈관운동의 변화에 의한 것이다.

음주를 하고 나면 혈중 alcohol농도가 일정한 속도로 떨어지는 것이 아니라 속도가 느리기도 하고 빨라지기도 하는데 빨리 저하될 때에는 이러한 뇌혈관운동 장애가 일어나 뇌증상이 나타난다.

따라서 해장술이란 alcohol은 조금 더 섭취되지만 혈중 alcohol농도가 급격히 떨어져 뇌혈관운동장애가 오는 것을 혈중 alcohol농도를 다시 조금 올려줌으로써 이러한 뇌혈관의 수축이나 확장을 정상화시켜 증상을 완화시키는 데에 그 의미가 있다.

(83) 우리나라의 학년도 시작은?

1945년 8월 15일 일제시대 로부터 해방되고 3년간 미군정청(美軍政廳)문교부에서 관할하였고, 1948년 8월 15일 대한민국 정부가 수립되고 그 다음해인 1949년까지는 신 학년 시작이 9월1일이었다.(9월1일~8월31일)

6.25 한국전쟁이 발발한 1950년에 6월1일을 새 학년으로 시작하였다가 2년 후인 1952년 부산피난정부에서 4월1일~3월31일로 하였으며 5.16 다음해인 1962년부터 3월1일 ~ 2월28일(또는 29일)로 하여 오늘에 이르고 있다.

즉 (1) 1945~1949년 : 9월 1일~8월 31일
　　(2) 1950~1951년 : 6월 1일~5월 31일
　　(3) 1952~1961년 : 4월 1일~3월 31일
　　(4) 1962년~2007년 현재 : 3월 1일~2월 28일(또는 29일)

(84) 공주(公州)와 철도

충청남도 공주시는 옛날 말로 웅천(熊川)으로 온조(溫祚)가 하남위례성(지금의 서울 송파구 풍납동)에 도읍을 정하고 백제(百濟)를 세운 후 문주왕 원년(A.D. 475년)부터 성왕 16년(A.D. 538년)까지 5대(代) 63년간 백제의 도읍이 되었다.

그 후 백제가 멸망하던 A.D. 660년까지 122년간은 부여(扶餘, 예전의 사비성 泗沘城)가 도읍이 되었다.

1898년부터 철도가 부설되기 시작하였는데 그 당시 공주의 갑부(甲富) 김갑성이 공주로 철도가 통과하면 시끄럽다하여 관청에 부탁하여(로비하여) 철도가 들어오지 못하게 하여 대전(大田)으로 철도가 놓여지게 되었다.

(85) 온갖, 한숨의 뜻은?

"온갖"이란 "모든 것"이란 뜻인데 그 어원(語源)은 "온"은 옛글에서 "100"이란 뜻이고 여기에서 유래(由來)되었다. 100이란 많다는데서 모든 것이란 의미로도 쓰였다. 참고로 "즈믄"이란 "1000"이란 옛글이다.

"한숨"이란 크게 두 가지인데 "한숨에 달려가다"에서처럼 "호흡한번"이란 뜻과 "한숨 쉬다"처럼 "길게 내쉬는 숨"이다.

한(恨)이 맺혀있다는 뜻도 있지만 그 보다는 "한"이란 "크다"는 뜻의 고어(古語)이므로 "큰 숨" 즉 길게 내쉬는 숨이란 뜻이다.

대전(大田)을 우리말로 "한밭(큰 밭)"이라 한다.

대전에는 사립대학교인 "대전대학교"와 기능대학이 전신(前身)인 국립대학교인 "한밭대학교"가 있는데 결국 두 이름은 똑같은 것이다. "대전대학교"를 한글로 쓴 것이 "한밭대학교"인 것이다.

(86) "전문(專門)"이란 단어의 역할

대학에는 전문이란 말을 붙이면 등급이 낮아지고 이 단어를 빼면 위상(位相)이 높아져서 "보건전문대학"을 전문이란 단어를 빼어 "보건대학"이라 격상(格上)시켰다.

그런데 학원에는 "전문"이란 단어가 붙어야 더 위상이 높아지는데 전에는 "운전학원"이라 하던 것을 근래에는 "운전전문학원"이라 한다.

"운전비전문학원"은 없는데도.(물론 전문이라고 붙인 데에서는 면허시험을 보긴 하지만.)

(87) 냄새가 잘 빠지는 연통 또는 환기통

큰 건물에서 중앙난방과 중앙환기장치가 있을 때에는 해당이 없지만 이러한 것이 없는 건물이나 가옥에서 옥외로 설치한 연통이나 환기통을 어떻게 설치하면 냄새가 잘 빠질까? 에 관하여 말하려 한다.

화장실에서 환기통이 옥외로 나와 바람개비처럼 계속 회전하여도 냄새가 제대로 빠지지 않는 것을 흔히 본다.

방법은 옥외로 나간 연통이나 환기통을 수직으로 얼마간 올리고 그 다음 직각으로 수평(水平)으로 하는데 이 이행부위(移行部位)에 베어링(bearing)을 넣어 자유로 회전하도록 하고 수평의 연통에 깃털 같은 날개를 달면 수평의 연통은 바람이 불어가는 방향으로 놓이게 된다.

바람이 불면 유체(流體)의 속도와 압력은 반비례(反比例)하는 "베르누이(Bernoulli) 법칙"에 따라 바람이 불면 연통 또는 환기통내의 압력은 이에 비례하여 낮아져 화장실의 냄새나 연탄난로 등이 있는 실내의 냄새와 연기는 깨끗이 빠져 나가 거짓말처럼 냄새가 나지 않는다.

6.25한국전쟁 이후 1970년대(年代)까지 연탄난로를 많이 사용하였다.

1972년 내가 사는 서울 영등포구 신림동집 부엌에 있는 난로에서, 특히 바람이 불 때에는 연통내의 연기가 잘 빠져 나가지 않아 석탄이 잘 타지 않아서 추운데다가 연탄냄새가 집안에 새어 나와(환기시키려고) 문을 열어 더욱 추워질 때에 내가 직접 연통을 사서 이렇게 만들어 연탄냄새는 흔적이 없어지고 석탄불은 너무 잘 타 오히려 아궁이의 공기 들어가는 구멍을 막아야 했으며.

1990년 충남대의대 학장이 되었을 때에 지하에 있는 시체실습실에서 풍겨 나오는 formalin냄새가 건물전체에 배어 있던 것을 환기통을 이렇게 만들어 formalin냄새를 더 이상 맡을 수 없게 하였다.

(88) 영양분과 건강

건강강좌를 듣거나 발표를 보면 대개 충분한 양분을 섭취해야 한다고 하는데 이 말에 주의를 하여야 합니다. 충분(充分)하다는 뜻은 넉넉하다, 부족함이 없다는 뜻으로 "적정(適正)"과 "과다(過多)"를 포함한 뜻입니다.

필요한 영양분이 부족하면 생체의 건강을 유지하는 데에 장애가 오지만 "과다"도 나쁩니다.

비만, 고지혈증, 당뇨, 고혈압뿐 아니라 생체에 섭취된 영양분은 체내에서 필요한 만큼 쓰이고 나머지는 분해-대사가 되어 배설되고 배설이 안 되는 것은 체내에 축적되게 됩니다.

예를 들면 단백질이 필수적이지만 이의 분해산물은 질소(nitrogen)산화물, 그리고 유황(sulfur)이 있는 경우에는 독(毒)한 황화물(黃化物, 아황산가스, 황산 등)이 발생하여 계란 썩는 냄새 등 독성물질로 작용합니다.

vitamin만 하여도 수용성(水溶性, water-soluble)인 B군(群), vitamin C등은 과량이면 소변, 땀 등으로 배설되지만, 지용성(脂溶性, fat-soluble) vitamin인 A 또는 D는 과량이면 배설이 되지 않아 과(過) vitamin A증(症) (hypervitaminosis A), 과(過)비타민 D증(症) (hypervitaminosis D)으로 뼈의 이상과 함께 여러 가지 신체의 증상이 발생합니다.

예전에 어느 중년부인이 신체에 모호한 증상이 있어서 여러 병원 다니면서 검사를 받아도 이상소견이 발견되지 않아 진단이 내려지지 않았는데 어느 대학병원에서 교수가 환자에게 혹시 장기간 복용하는 약이 있느냐고 물으니까 환자가 별 관심 없이 지나가는 얘기로 미국에 가 있는 딸이 보내주는 종합 vitamin을 계속 먹는다고 하여 의사가 그 영양제를 중지시켰더니 신체의 불편하던 증상이 서서히 사라졌다고 하는 예도 있습니다.

대식가(大食家)치고 건강한 사람이 없습니다.

건강한 사람은 놀랍게도 소식가(小食家)입니다.

그 많은 음식을 소화시키고, 흡수시키고, 분해, 대사시키고 또 배설시키느라고 신체의 장기(臟器, organ)가 과잉노동을 하고, 또 그 독성분해산물이 체내에 장시간 남아있기 때문입니다.

그 이외에 또 한 가지 중요한 것을 언급하지 않을 수 없습니다. 특히 1950년대 이후로는 음식물이 여러 가지 화학물질, 성장촉진제, 환경호르몬, 항생제, 제초제, 농약, 화학성 세제(洗劑)등과 함께 수은, 납, 비소, 카드뮴등 많은 중금속에 오염(汚染)되어 음식물을 많이 먹으면 이러한 독성물질을 많이 먹게 되며 특히 중금속은 한번 몸에 흡수되면 배설이 잘 되지 않습니다.

몸에 좋다고 하는 녹차도 엄청난 양의 농약이 있어서 뜨거운 물을 부은 첫잔은 버리고 마셔야 되며 그래도 몸에 좋다는 녹차를 많이 마시면 농약도 그 만큼 많이 섭취하여, 몸에 과연 이득이 되었는가는(녹차의 좋은 성분-농약 등 해로운 성분=∧) 이것을 셈해 보아야 합니다.

조선시대의 왕(王) 중에 영조(제위 52년)는 50년 이상 왕위에 있었지만 장수하지 못한 왕이 많이 있었습니다. 왕(王)이 단명(短命)한 원인으로는 궁녀(宮女)가 많아서 라고도 하지만, 그보다는 내시(內侍)에 의하여 독살(毒殺)당한 경우가 아니라면 많은 경우 음식섭취를 과량으로 하고 보약을 많이 복용한 경우입니다.

보약에는 특히 수은(Hg), 납(Pb), 비소(As)등이 많아 중금속 중독이 되는 것입니다.

▎Addendum 16   2013. 09. 10   10:50

중국을 처음으로 통일하고, 중국사(中國史)에 가장 큰 영향(影響)을 끼쳤던 세계적인 대왕(大王) 진시황(秦始皇)도 어의(御醫)가 지어준 보약(補藥) 탕약(湯藥)을 많이 마셔, 이 속에 있는 다량(多量)의 수은중독(水銀中毒, mercury poisoning)으로 불사(不死, 죽지 않음)의 꿈이 허망(虛妄)하게 무너져 49세(歲)에 생(生)을 마감(磨勘)하게 되었던 것이다.

건강한 신체에 건강한 정신이 들고, 건강한 정신에 건강한 신체가 들지만 육체와 두뇌와는 어느 정도 반대 작용이라고 얘기할 수 있습니다.

신경이 날카롭고 예리하고 신경질적인 사람이 육체가 튼튼하지 못합니다. 머리가 좀 둔하고, 신경이 무디고, 잔걱정 없고 잘 먹고 누가 업어가도 모를 정도로 깊이깊이 잠 잘 자는 사람은 육체는 튼튼합니다. 그리하여 많은 보약들은 육체는 건장하게 만들지만 머리를 둔화시킵니다. 옛 어른들께서 어린애들을 보약을 먹이지 못하게 한 것이 그러한 연유(緣由)에서 이었습니다.

예를 들면 아이가 말하기 전에 녹용 등 강한 보약을 먹이면 언어중추인 좌측 측두엽의 "Broca 21 영역"이 발달하지 못하여 벙어리가 되는 것입니다.

제2차 세계대전 후에 영양상태가 좋아져 신체가 전체적으로 커졌다고들 하는데 물론 그것은 맞는 얘기이지만 그것만은 아닙니다.

식물성음식이건 동물성음식이건 많은 성장촉진제를 계속 먹고 있는 것이 또한 중요한 요인이 됩니다.

성장촉진제로 식물과 동물이 크는데 유독 사람만이 안 클 리가 없는 것입니다.

따라서 "충분한 양분"이 아니라 "적절한 양의 양분"이 건강유지에 필수적이라고 해야 합니다.

(89) 운동과 건강

흔히 운동을 많이 하면 건강하다고 하는데 이것도 맞지 않습니다.

운동을 하여야 심장, 폐, 근육의 기능과 혈액순환이 원활히 되고, 신체저항력도 상승하고 그리하여 운동이 건강유지에 필수적이고 운동을 하지 않으면 건강을 유지할 수 없는 것은 물론이지만 과도(過度)한 운동은 건강에 해롭습니다.

심장의 부담이 커지고 운동에 따른 대사산물, 노폐물이 그 만큼 많아져서 나쁜 영향을 주며, 체격이 크고 특히 근육질인 사람은 튼튼해 보이지만 가냘픈 사람에 비하여 심장에 부담이 커서 심장으로 인한 사망위험이 더 커집니다.

자동차에 비유(比喩)하면 1년간 차고(車庫)에 차를 세워둬도 녹슬고 차가 망가지지만 매일 500km씩 험한 길을 달리면 1년 후에는 낡은 차가 됩니다.

동물에서 보면 종족(種族, species)의 차이에 따르지만, 자기 몸의 300배(倍)를 뛰는 벼룩이나 운동량이 빠르고 많은 하루살이는 수명이 짧고 거북이나 코끼리처럼 운동량이 느린 동물은 오래 사는 것처럼 사람도 음식을 많이 먹고 운동량이 많으면 건강에 좋지 않고 단명하고, 소식(小食)하면서 적당량(비교적 적은 양)의 운동을 하는 사람이 건강하고 장수합니다.

(90) 모기와 파리의 생태차이(生態差異)

파리는 낮에 활동하고 밤에는 잠을 자는데, 모기는 낮에는 커튼이나 옷장 뒤 컴컴한데서 잠을 자고 밤에는 활동을 하는 것이 파리와 생태가 정반대이다.

피를 빨아먹는 파리도 있지만 우리 주변의 파리는 대개 음식물이나 쓰레기, 오물, 대변등을 먹으러 다니면서 세균, 병균, 기생충난등을 사람에게 오염시키는 데에 반하여, 모기는 사람의 피를 빨아 먹는 데에 그치지 않고 뇌염virus나 원충류(原蟲類)인 malaria(말라리아), filaria 등을 몸에 감염시켜 치명적인 피해를 주기도 하고 화학물질을 몸에 주입(注入)시켜 붓고 가렵게 만들면서 인간에게 피해를 주고 있습니다.

(91) 승용차 유리창 문을 닫고 다니면?

예전에 승용차에 에어컨이 있기도 하고 없기도 할 때에는 남들이 보기에 에어컨 있는 것처럼 보이느라고 더운 여름에 땀을 흑리면서도 문은 닫고 다니기도 하였는데 지금은 에어컨 없는 차가 아마 없을 것입니다.

여름에는 에어컨 키느라고, 추울 때에는 히터 트느라고 사시사철 1년 내내 창문을 닫고 다니는 차가 대부분이고 봄·가을에나 어쩌다가 유리창을 조금 내리고 가는 차를 봅니다.

주행시 외부와 환기되게 하면 창문을 닫아도 공기가 통하지만, 실내만 환기되게 하거나 차가 정지하고 있으면 외부와 환기가 되지 않아 차내의 산소농도는 급격히 저하되고 탄산가스(CO_2)농도는 높아져 10-15분 지나면 졸리기도 하고 머리가 띵하기도 합니다.

차가 정지한 상태에서 창문을 닫고 히터나 에어컨을 틀고 있으면 질식사하게 됩니다.

무엇보다도 유리창을 닫고 주행하다가 물에 빠지면 차외부의 수압(水壓)에 의하여 문을 아무리 열려고 하여도 열리지 않아 차안에서 익사(溺死)하고 마는 것입니다.

(92) 좌석대(座席帶, 좌석띠)를 착용(着用)하면 안전할까?

위의 답은 무엇일까? 를 생각해 보지 않아도 말의 색조(色調, 뉘앙스, nuance)만 봐도 "아니다"일 것입니다.

영어로는 "seat belt(좌석띠, 좌석대)"라고 하는데 때로 "safety belt(안전띠, 안전대)"라고도 하지만 이것을 했다고 늘 안전한 것은 아니므로 seat belt라 함이 타당(妥當)합니다.

이것은 항공기에서는 1930년부터, 자동차에서는 1960년부터 사용하기 시작하였습니다.

seat belt는 항공기나 버스 또는 승용차의 뒷좌석에서처럼 골반부만 고정(固定)시키는 "lap belt"와 승용차 앞좌석처럼 어깨와 가슴과 배를 고정시키는 것이 있는데 이를 "diagonal shoulder restraint"라고 하며 이것은 차의 위에 고정점이 있고 어깨를 거쳐 길이를 조절하여 차의 하방(下方)가운데에 고리를 끼우고 복부를 거쳐 차의 하방(下方) 외측으로 가는 "2점식(二點式, two-points restraint)"과 차의 외측 하방에 고정점이 있고 복부를 거쳐 차의 하방(下方) 가운데에 고리를 끼우고 어깨를 거쳐 차의 외측 상부로 가는 "3점식(三點式, three-points restraint)"의 2가지가 있는데 2점식은 한번 고리에 끼면 belt의 길이가 조절이 되지 않아 길이를 조절하려면 다시 고리를 빼고 조절하고 고리를 끼워야 되는 불편이 있고, 3점식은 고리에 끼워도 서서히 당기면 길이가 길어지고, 충돌할 때처럼 갑자기 당기면 길이가 고정되어 belt를 착용하고도 상체를 움직이는 데에는 지장이 없으면서 충돌시에는 고정된다는 장점을 살린 것으로서 1980년대 초에 pony같은 작은 차에는 2점식 belt가 생산되었으나 그 이후 이것은 더 생산되지 않고 지금은 모든 차가 3점식 belt로 바뀌었다.

모든 의학자나 공학자들이 그렇게 생각하여 3점식만 생산할 터인데 그렇지 않습니다.

belt를 매고 상체를 움직일 때에 belt의 길이가 길어질 수 있다하는 것은 가만히 있으면 조금씩 조여진다는 얘기이며 흉부가 조금씩 조이게 되는 경우에는 답답하게 되므로 이것을 방지하기 위하여 belt가 짧아지지 않도록 잠금장치가 있기도 하는데 그럴 것이면 아예 길이가 고정되는 2점식 belt가 더 나은 것입니다.

그것보다도 주행하다가 갑자기 충돌하면 belt가 상체를 잡아주지만 운전자가 장애물을 보고 서서히 감속하면 belt가 늘어나 상체가 좌석 뒤 받침대에 고정이 안 되고 앞으로 밀린 상태에서 충돌하면 특히 운전석에서는 복부가 조종륜(소위 핸들)에 받쳐 복부손상이 자주 오게 됩니다.

따라서 2점식이 훨씬 더 안전한데 사람들은 이것을 생각 못 하고 막연히 그리고 단순히 서서히 움직일 때에는 belt가 늘어나서 상체를 움직이는 데에 편하고 충돌할 때에는 고정이 되기 때문에 안전하다고 잘못 생각하고 있습니다.

현재에는 모든 사람(의학자, 공학자 포함하여)이 3점식이 더 편리하고 안전성(安全性)도 (2점식과) 같다고 하여 이렇게 하겠지만, 앞으로 20-30년 지나면(내가 지적하는 이 위험성을 알게 되어, 전세계적으로) 2점식을 하게 될 것입니다.

그리고 belt를 착용하면 두부(頭部, 머리, head)손상과 사지(四肢, 팔, 다리)의 손상은 크게 감소하고, 흉부손상은 약간 감소하지만 복부손상은 착용한 경우와 하지 않은 경우에 전체적으로 보면 비슷합니다.

나는 오랫동안 belt를 착용한 운전자가 흉부(가슴)와 간파열, 위 또는 장파열등 복부손상 환자를 많이 보아왔는데 그 손상은 이러한 기전(mechanism)에 의한 것이며 이것을 생각하는 사람을 나는 아직 보지 못하였다.

그리고 belt를 정확히 고정해야 합니다. 즉 shoulder restraint는 어깨가 의자 뒤 받침대에 오도록 해야 하고, lap belt는 골반을 고정해야지 배에 고정하면 belt에 의한 복부손상이 발생합니다.

그런데 무엇보다 belt를 착용하였을 때의 치명상은 척추(脊椎, vertebra)입니다. lap belt착용 시에는 요추(腰椎, 허리 척추뼈)의 골절(骨折) 및 전위(轉位)로 척수(脊髓, spinal cord)가 손상되면 하반신 마비가 되고, shoulder restraint를 착용하였을 때에는 경추(頸椎, cervical vertebra)의 골절-탈구(fracture-dislocation)로 경부의 척수가 손상되면 사지마비가 되는데 이러한 척수손상은 belt를 착용하였을 때가 착용하지 않았을 때보다 월등히 높은 것입니다.

그 발생기전은 belt를 착용한 점을 중심(pivot, 지렛목)으로 1차충돌(primary collision, primary impact)시 심하게 척추가 전방(前方)으로 굴절(屈折, flexion)되었다가 곧바로 이어서 이의 반동작용(反動作用)에 의한 2차충돌(secondary collision, secondary impact)로 척추가 심하게 신전(伸展, extension)되어 척추가 골절-탈구되면서 안에 있는 척수가 손상되기 때문입니다.

특히 운전석 옆 좌석의 승객이 belt를 하지 않고 충돌하면 머리가 앞 유리창에 부딪치지만 belt를 하고 특히 졸고 있으면 아주 위험합니다.

상체는 고정된 상태에서 경추의 골절-탈구로 척수가 손상되어 사지마비가 발생합니다. 실제로 두 차가 가볍게 접촉사고를 일으켜 두 차의 손상도 경미하였고 두 운전자도 다치지 않았는데 운전석 옆 좌석의 승객이 사지마비가 발생하는 것은 shoulder restraint를 하고 졸고 있었기 때문입니다.

belt를 매지 않았으면 머리만 앞 유리에 조금 찢었을 것을 belt를 착용함으로써 평생 치명적인 불구가 될 수 있기 때문에 belt를 착용하면 늘 안전한 것이 결코 아닐뿐더러 더 나아가 belt미착용 때보다 치명적인 척수손상이 월등히 높다는 것을 알아야 합니다. 그리고 차가 강이나 바다로 추락하였을 때에는 belt를 풀지 못하여 익사(溺死)하게 됩니다.

(93) Air bag을 장착하면 안전할까?

Air bag.(inflatable restraint)장착(裝着)이 웬만한 차에 필수적이고 이것을 달면 아주 안전한 것처럼 생각이 되지만 그렇지 않습니다.

물론 장착하지 않았을 때에 비하여 승객의 안전에 도움이 되기도 하지만 어린이나 앉은키의 차이에 따라 air bag이 안면이나 두부손상을 일으키기도 하고, 흉부,

복부의 손상 더 나아가 척수의 손상을 일으켜 air bag을 한 경우가 더 위험할 수 있다는 것을 알아야 합니다.

따라서 air bag장착된 차에 seat belt를 착용하였다고 아주 안전하다고 생각하면 크게 잘못 생각하는 것입니다.

(94) Sports차는 승용차보다 안전할까?

지프(jeep)차 같은 sports차(SUV, sports utility vehicle)가 승차감은 승용차(sedan)보다 못하지만 험한 길도 잘 가고 무엇보다 쇳덩어리의 차대(車臺, frame)가 듬직하게 있고 앞에도 강한 범퍼(bumper)가 있어서 생명을 보호하는 데에는 최상으로 생각이 되어 인기가 높지만 실제는 그렇지 않습니다.

약한 승용차와 충돌하였을 때에는 상대방 차는 크게 찌그러들고 튼튼한 sports차는 끄떡도 하지 않아 이때에는 더 안전한 것은 틀림없지만 꼭 그렇게 충돌하라는 법은 없습니다.

충돌하는 대상물이 유연할 때에는 더 안전하다고 할 수 있겠지만 대상물이 강한 고형물(固形物) 즉 다른 sports차나 버스, 화물차, 담벽, 가드레일, 나무등과 충돌할 때에는 승용차보다 훨씬 더 위험합니다.

그 이유는 $KE = \frac{1}{2}MV^2$, $V = l/t$, $KE = \frac{1}{2}M(l/t)^2$

KE : 운동 energy (kinetic energy)
m : 질량 (mass)   v : 속도 (velocity)
t : 시간 (time) ℓ : 길이 (length)

즉, 충돌하여 차가 정지하면 운동 energy가 "0"이 되므로 이 energy가 몸에 흡수되는데 이것은 위의 공식(公式)에서 보는 바와 같이 시간의 자승(自乘, square) (t^2)에 반비례(反比例)합니다.

충돌 시작하여 차가 우드득 찌그러들면서 끝날 때까지의 시간이 짧으면 흡수되는 energy가 커집니다. 차가 유연하여 engine room은 어느 정도 많이 찌그러들고 사람이 있는 cabin은 건재해야 안전합니다.

　예를 들면 유연한 승용차가 충돌하여 찌그러드는 것이 끝날 때까지 2초(秒)걸렸고, 단단한 sports차가 1초 걸렸다면 시간이 1/2이어서 energy흡수는 4배가 되고, 0.5초 걸렸다면 시간이 1/4이어서 energy흡수는 16배(倍)가 되며, 이 흡수된 많은 energy에 뇌와 심장이 못 견딘다는 것입니다.

　그리하여 승용차 앞부분이 크게 부서져 승객이 크게 다쳤거나 즉사하였겠다고 가보면 운전자는 약간 긁히거나 멀쩡하고, 반대로 sports차가 충돌하여 차가 멀쩡하여 사람은 끄떡도 없겠다했는데 가보면 운전자는 앉은 상태에서 사망했다는 것은 귀신조화가 아니라 이러한 이유에서입니다.

　그리고 sports차는 중심이 높아, 승용차라면 괜찮을 정도의 낮은 턱, 예를 들면 찻길 옆의 인도(人道)의 턱에 걸려도 전복(顚覆, rollover)이 잘 됩니다.

　그 외에 운전자가 이 차는 안전하다고 믿고 난폭운전을 하는 것도 위험을 증가시키는 요인이 됩니다.

　이러한 sports차의 단점을 모르고 그저 승차감이 좋지 않아도 몸의 안전을 위해서는 그 정도는 기꺼이 감수해야 한다는 생각도 하고, 거기에다 차체가 높아 시야도 좋고 운전하면서 낮은 승용차를 보면 왕이 된 것 같고, 승용차는 너무 나약하고 위험스럽게 보여, 승용차에서 sports차로는 바꾸지만, 한번 sports차를 타면 승용차로 바꾸지는 못하는 것입니다.

(95) 광폭(廣幅) tire와 커다란 실내거울은 좋을까?

　승용차도 그렇지만 특히 sports차에서는 종종 직경도 더 크고 폭이 아주 넓은 광폭(廣幅)타이어(tire)를 장착하고 심한 경우 반(半) 2층집이 굴러다니는 것처럼 신나게 질주하는 것을 가끔 보는데 이것은 아주 위험합니다.

　아마도 안전성도 더 좋고 제동거리도 더 짧아 좋다고 해서 그렇게 한 것일 텐데 그러한 말에 현혹(眩惑)되어서는 안 됩니다.

　타이어 폭이 넓으니까 접지면(接地面)이 넓어 급제동시 제동거리는 조금 짧아지겠지만, 제작된 차의 적정타이어보다 크고 넓은 타이어는 차의 베어링(bearing)등 여러 부위에 무리(無理)를 일으켜 차가 견디어 내지 못하고 또한 차의 중심이 높아 전복이 잘 되어 위험합니다.

그리고 운전석의 앞에 차 실내에 뒤를 보는 거울을 수입품이라 하면서 커다란 직사각형의 거울로 바꿔서 부착시키기도 하는데 그것은 위험합니다.

원래 달려있는 작고 모퉁이가 없이 둥글둥글한 거울이 훨씬 안전하고, 크고 모가 있는 거울은 차의 충돌 시 승객에게 커다란 손상을 더 자주 일으킵니다.

결론적으로 자동차생산 공장에서 출고된 것에 손을 자꾸 대면 댈수록 차량유지나 안전성에 그만큼 더 해를 끼친다는 것을 알아야 합니다.

(96) 오토바이(autobicycle)가 굉음(轟音)을 내면서 질주하는 이유는?

오토바이는 보통의 승용차보다 소리가 더 크며 특히 귀가 따갑게 폭발음을 내면서 질주하는 폭주족을 가끔 보는데 이것은 불법입니다.

소음기를 떼고 가기 때문에 소리가 요란해 지는데 그 이유는 엔진(engine)의 힘을 더 크게 하기 위함입니다.

소음기(消音器, muffler)의 원리는 엔진이 작동을 하면 기계의 접촉, 마찰, 회전하는 잡음과 belt가 돌아가는 소리 이외에 피스톤(piston)은 실린더(cylinder, 기통, 氣筒)내에서 흡입-압축-폭발-배기의 4행정(行程, stroke)을 거치는데 폭발과정후에 고압의 기체가 대기로 나오면서 압력이 급강하하기 때문에 폭발음이 발생합니다.

이러한 연소된 고압의 기체의 압력을 서서히 떨어뜨리기 위하여 소음기 연통 앞부분과 뒷부분 사이에 칸막이가 여러 개 있는 배기통을 달아서 압력이 서서히 떨어지게 하여 폭발음을 감소시키는 것이 소음기인데, 소음기의 연통이 터지거나 칸막이가 녹슬어 떨어지면 소리가 커집니다.

이렇게 압력을 서서히 줄이면 배기관 내의 기체의 흐름에 저항이 생겨 cylinder 내에 배압(背壓, back pressure)이 생겨 엔진의 출력을 저하시킵니다.

따라서 소음기를 떼면 커다란 굉음이 나면서 배압이 없어져서(감소하여) 엔진의 출력이 더 커지기 때문에 오토바이가 폭발음을 내면서 질주하는 것은 이러한 원리에 의한 것입니다.

(97) 디젤엔진(Diesel engine)과 가솔린 엔진과의 차이점은?

① gasoline엔진은 역회전이 되지 않아 내리막길에서 변속 lever를 후진으로 하

거나 오르막길에서 전진으로 해 두면 차가 밀리지 않는데 Diesel engine은 역회전되기 때문에 주차 brake를 세게 당기거나 자동변속기에서 P에 두지 않으면 차가 밀린다.
② 가솔린 엔진(gasoline engine)은 spark plug에서 점화(點火)시켜야 폭발하기 때문에 전기장치가 필수적이지만 디젤엔진은 점화장치가 없이 착화식(着火式)이기 때문에 세워둔 차가 밀리면 그냥 시동이 걸린다.

가솔린 엔진에서는 gasoline을 cylinder내에 분사시키고 압축과정에서 piston이 상사점(上死點, upper dead point)으로부터 화염 전파시간 전에 spark plug에 전기로 점화를 시키면, piston이 상사점에 도달하였을 때에 화염이 전파되어 폭발을 일으키게 되는데, 디젤엔진에서는 공기를 고압으로 압축시킨 상태에서 분사구(噴射口, injection nozzle)로부터 Diesel유를 분사시키면(spark plug에 점화시키지 않고) 고압에 의한 고온으로 스스로 점화(點火)되는 착화식(着火式)이다.

(98) 부력(浮力)과 양력(揚力)

배를 물 위에 뜨게 하는 힘을 부력이라고 하고 항공기를 공중에 뜨게 하는 힘을 양력이라 하는바, 부력은 선박을 물에 담그면 아르키메데스(Archimedes)의 원리에 따라 선박이 물속에 들어가면서 밀어낸 체적만큼의 물의 무게의 부력을 받습니다.
항공기에서는 아랫면을 평평하게 하고 윗면을 둥글게 하면 유체(流體)의 흐름의 속도와 압력은 반비례(反比例)하는 "베르누이(Bernoulli)법칙"에 따라 아랫면은 공기의 흐름이 느려 압력이 높고 윗면은 공기의 흐름이 빨라 압력이 낮아져 항공기를 뜨게하는 양력이 생기며 이는 속도에 비례한다.

(99) 1psi는 어느 정도의 압력일까?

독일, 우리나라는 CGS(cm, gram, second) 단위이어서 미국, 영국에서 사용하는 foot-pound는 실감이 잘 나지 않는다.
1psi는 0.07기압이고, 14.22 psi는 1기압이다.

1atm(기압)=1kg/cm² 즉 물 1cm²에 1meter의 깊이의 물은 100gm이고 10 meter이면 1kg이므로 수심 10.meter이면 1기압이고 수심 30 meter이면 3kg/cm² 즉 3기압(atm)이 된다.

psi=pound per square inch이므로 1psi=1×0.45365 kg/(2.54 cm²)=0.0703 kg/cm² 따라서 1psi는 0.07 kg/cm²=0.07 atm(기압)이다.

(100) 스케이트(skate)가 얼음 위를 미끄러져 가는 이유는?

흔히 얼음판은 평평하고 skate날은 뾰족하여 미끄러져 가리라고 생각하지만 그렇지 않습니다.

skate날이 좁아 얼음과 접촉면이 좁으면 그 좁은 면적에 전체 하중이 걸리므로 단위 면적의 압력과 저항은 더 커져서 미끄러지지 않습니다.

똑바른 유리판이나 철판위에 skate신을 신고 나가보려고 하면 전혀 나가지 않고 몸이 앞으로 고꾸라지고 맙니다. 이 판(板)위에 기름을 바르면 잘 미끄러져 나갑니다.

온도와 압력의 관계는 온도가 상승하면 압력이 상승하고 반대로 압력이 상승하면 온도가 상승합니다.(저 유명한 대(大)물리학자 퀴리부인은 추운 겨울 날 방이 너무 추워 이불위에 책, 의자 등을 올려놓아 이 중량으로 체온을 유지하였던 것이다.)

체중이 가는 skate면적에 모아지면 단위 면적의 압력은 높아지고 이 압력상승에 의한 접촉면의 온도가 상승하여 발생하는 열에 의하여 얼음이 녹아서 물이 되면 이것이 윤활제(lubricator)의 작용을 하여 얼음 위를 미끄러져 나가게 되는 것입니다.

따라서 영하의 온도가 그게 낮으면 얼음이 잘 녹지 않고, 체중이 가벼운 사람은 온도가 조금 높은 온도에서, 그리고 체중이 무거운 사람은 조금 더 낮은 온도에서 잘 미끄러져 나가게 됩니다.

(101) 운전시 조종륜(操縱輪) 잡는 방법은?

조종륜은 steering wheel인데 흔히 handle이라고 잘못 얘기합니다.

작동하거나 작업하는 둥그런 물체를 "wheel"이라고 하고 "handle"은 버스, 전동차의 손잡이처럼 단순히 손을 잡고 있는 것을 얘기합니다.

잡는 방향과 잡는 힘에 관하여 언급하면

① 잡는 방향 : 8시 20분 또는 7시 25분의 방향입니다.

운전 시 조종륜을 잡는 방향은 1960년대(代)에 10시 10분이라 하였는데 지금도 그렇게 가르치는 것 같다. 이것은 정중선의 전방에서 좌우 각각 60°로 조종륜의 전방1/3이고 양팔의 각도는 120°인데 이것은 그렇게 하여야 조종륜을 원활하고 자유롭게 회전시키며 또한 급감속 또는 충돌 시에 양팔을 뻗쳐 몸을 보호하리라고 생각하기 때문이다.

몸을 지탱하는 데에는 일리가 있겠지만 회전시키는 데에는 어떠한 위치라도 마찬가지이다.

무엇보다도 그러한 방향으로 잡으면 양쪽 팔이 매우 피곤하여 진다.

역으로 8시 20분 방향으로 잡아서 양쪽 팔이 후방으로 120°로 하거나 더 나아가 7시 25분 방향으로 양쪽 팔이 정중선에서 30°씩 양쪽 팔의 각도가 60°로 하면 아주 편하다.

10시 10분 방향으로 잡으면 잠시 운전하여도 양쪽 팔이 피곤하여지고, 8시 20분 방향이면 편하고, 7시 25분으로 잡으면 오래 운전하여도 전혀 피곤하지 않다.

② 조종륜을 잡는 힘 : 가볍게 잡아야 한다.

서독 München에 있을 때에 München공대를 졸업하고 기계공학 Doktor학위를 받은 Herr Dr.eng. Park는 나에게 운전할 때에는 조종륜을 힘 있는 대로 세게 붙잡아야 한다고 강조하였다. 그러나 그것은 틀리다. 나는 아무 말도 하지 않았다. 그것이 틀리다고 얘기해보아야 알아들을 것 같지도 않고 그를 설득시켜야 될 이유도 없다.

보통 운전시 조종륜은 가볍게 잡아야 한다. 그 이유는 이렇다.

① 조종륜을 세게 잡으면 차의 진동과 충격이 팔과 상체에 그대로 전달되는데 가볍게 잡으면 손에서 대부분 흡수하여 팔과 상체에 충격이 미치지 못한다.
② 가볍게 잡으면 앞바퀴가 울퉁불퉁한 도로를 지나거나 돌이나 물 고인 곳을 만나면 조종륜이 돌아가서 위험하고 충돌시에 팔의 힘으로 버티지 못한다 하겠지만 그렇지 않습니다.

보통 주행시 세게 잡고 있으면 ① 차에 충격이 팔과 어깨에 많이 전달되는 것은 물론 ② 손과 팔이 피곤하여 정작 힘있게 잡아야 할 때에는 맥없이 조종륜을 놓치고 맙니다. 반대로 보통 주행시 가볍게 잡고 있다가 조종륜에 충격이 오면 무의식 중에 반사적으로 세게 잡게 됩니다.

이렇게 반대로 작용하는 것을 사람들은 모르고 평상시 세게 잡고 있다가 유사시에 조종륜을 놓쳐 버리고 마는 것입니다.

(102) 1950~1960년대의 청량리, 마포, 서대문, 무교동, 종삼, 묵정동, 쥐약의 뜻은?

청량리(淸凉里) : 그 당시 "청량리 뇌병원, 원장 최신해(崔臣海)"의 신문광고가 하도 많이 나와 머리가 돌았다 싶은 사람을 보고 "청량리에 가야겠다"고 얘기하였다. 그리하여 "청량리(淸凉里)"하면 뇌에 이상(異常)이 있다는 뜻으로 통하였다.

마포(麻浦) : 지금 형태의 아파트는 마포에 처음 생겨 "마포(麻浦)"하면 아파트를 떠 올리게 되었고 그 보다 더 전에는 연평도에서 조기배, 새우젓배가 많이 와서 팔았기 때문에 "조기, 새우젓"을 뜻하였다. 그 후에 '마포종점'이란 노래가 나와 이 노래로 더욱 유명해졌다. 그리고 손으로 주물러 양념한다는 "주물럭 고기"도 마포에서 시작하였다.

서대문(西大門) : 서대문 4거리에서 북쪽 영천쪽으로 가면 서대문 형무소가 일제시대 때부터 있었다. 그리하여 "서대문에 간다"하는 것은 "형무소(감방)에 간다"는 얘기였다.

무교동(武橋洞) : 무교동에는 직장인과 서민들에 맞는 선술집과 낙지집이 모여 있어서 무교동에 간다하면 대중술집에 가서 주로 낙지 먹는다는 얘기이었고.

종삼(鍾三), 묵정동(墨井洞) : 서울역, 청량리역, 영등포역 근처에는 의례히 매춘업소가 있게 마련인데 종로3가에서 북쪽으로 지금의 도시공원자리와 묵정동에는 조선 말엽부터 유곽(遊廓)으로 유명하여 종삼, 묵정동하면 매춘(賣春)의 뜻으로 널리 쓰였다.

쥐약 : 1950년대에는 특히 가옥이 허술한데다가 쥐도 먹을 것이 없어서 극성이었다. 쥐를 잡기 위하여 쥐약을 많이 썼는데 쥐약을 섞은 밥을 동그랗게 빚어서 쥐가 먹을 만한 곳에 놔두어 쥐를 잡았다.

그런데 문제는 이것을 쥐만 먹는 것이 아니라 고양이도 먹고 개도 먹고 때로는 사람도 먹어 희생되는 일들이 종종 벌어졌다.

고양이는 이것을 직접 먹기도 하고 쥐약 먹고 죽은 쥐를 집어먹어서 죽기도 하곤 하였다.

지금은 고양이가 먹을 것이 많아 쥐를 보아도 힘들게 잡지 않지만.

내가 살던 용산구 청파동 3가 집에서 몇 집 아래에 살던 초등학교 다니던 예쁜 소녀가 있었는데 엄마가 쥐를 잡으려고 부엌가마솥 옆에 놔둔 쥐약 넣은 먹이를 무심코 먹는 것 인줄 알고 먹고는 "엄마! 부엌에서 그 밥알 먹었다"고 하였다.

엄마가 깜짝 놀라 "그것 쥐약인데"하고 놀라 뛰면서 동네 "마돈나의원"에 데리고 갔다. 그러나 속수무책이었다. 그 딸은 의사와 엄마가 함께 지켜보는 가운데 배가 타 들어가면서 펄펄 뛰다가 쓰러져 죽어버리고 만 것이었다.

그렇게 엄마가 만든 쥐약먹이로 예쁜 딸을 저승으로 보내기도 하고 쥐약으로 적지 않은 사람이 희생되었다.

그런데 그 당시 이 쥐약은 유기인(有機燐, organic phosphorus)을 주성분(主成分)으로 하였다.

인이라면 묘지에서 도깨비불도 일으키고, 화염을 일으키는 성냥알갱이의 주원료이다. 이것을 먹으면 위와 장에서 흡수되면서 타기 때문에 뜨거워서 펄펄 뛰며 돌아다니다 쓰러져 죽는다.

그리하여 학교에서도 떠들고 이상한 짓 하는 애를 보면 "쟤 쥐약 먹었나?"하는 말이 유행하였다.(나는 이 쥐약의 해독제를 모르고 있었다.)

그런데 내가 외과레지던트 마치고 해군에 입대하여 해군대위(大尉)로 진해에서 복무하던 1969년 7월, 7년만의 한미합동상륙작전이 울산 앞바다에서 "금룡작전(金龍作戰, Golden Dragon Operation)"이란 이름으로 1주일간 거행되었다. 박정희 대통령이 직접 참관하였다.

당시에 전문의는 육지(3개의 해군병원)에서 근무하고 함상근무(艦上勤務)는 안 시켰지만 이 작전훈련에는 외과 전문의가 승함(乘艦)하여야 한다고 하여 나는 LST. 815기함(旗艦)에 타고 1주일간 작전에 참가하였다. 그 때에 진해해군함대 22전대 사령관인 해군대령이 나에게 물었다. "배대위! 쥐약 먹은 개를 어떻게 하면 살릴 수 있을까?"하고. 나는 모르겠다고 하였다. 그 사령관은 나에게 개의 입을 억지로 벌리고 치약을 짜서 밀어 넣으면 개를 살릴 수 있다고 하였다. "쥐약"성분인 "인"이 위에 들어가서 흡수되기 전에 쥐약과 발음이 비슷한 "치약"을 위(胃)속으로 짜 넣으면 이와 반응하여 인이 타지 않아 치약이 해독제(解毒劑, antidote)로 작용하는 것이다.

시간이 조금 지나 "인"이 이미 흡수되었거나 타기 시작하면 아무 소용이 없는 것은 너무나 당연하다.(나는 이러한 얘기를 들었고, 내가 직접 쥐약 먹은 개를 이렇게 살려본 경험은 없는 것이다.)

(103) 1960~1970년대의 이문동, 남산, 동부이촌동의 뜻은?

"이문동(里門洞)", "남산(南山)"의 뜻은 공포의 대상(대명사) 이었고, **동부이촌동(東部二村洞)**은 "도둑촌(村)"의 뜻이었다.

1961년 5.16후에 미국CIA(Central Intelligence Agency, 중앙정보부)를 본따 청량리 넘어 이문동에 중앙정보부를 만들고 김종필(金鐘泌)씨가 초대 중앙정보부장을 지냈다.

중앙정보부는 후에 안전기획부(안기부)를 거쳐 국가정보원(국정원)으로 이름이 바뀌어 오늘에 이르고 있다.

세상이 좁다하고 호령하고 하늘을 날던 사람도 거기 한번 가면 날개 다 잘리고 삼복(三伏)의 엿가락이 되어 오는 곳이기에 "이문동에 가볼래?"하면 가장 공포스러운 곳을 지칭하는 단어이었고, "남산"에는 분실이 있어서 같은 의미로 쓰였다.

동부이촌동(東部二村洞) : 인근의 서빙고동과 함께 서울의 호화주택이 밀집되어 있는 곳이어서 "호화촌", "도둑촌"의 뜻으로 쓰였다.

1960년대 말에 서울과 경남 진해 사이에 항공노선이 있었다. 세기항공(世紀航空)에서 운영하였으며 4인승(人乘)소형 "파이피 체로키(Piper Cherokee)"가 비행하였는데 계기비행(計器飛行)이 아니고 시계비행(視界飛行)이어서 낮은 항공을 경부선 철도 따라 다녔다.

때는 1969년 8월 23일 진해에서 출발하여 서울로 가던 항공기에는 당시 여당의 공화당 소속의 조창대(曹昌大)국회의원, 진해화학공장장, 해병중령 등 4명이 탑승하고 있었다.

공화당 소속의 부산지역구 국회의원 한 사람은 조의원과 함께 서울로 오려고 하다가 이왕 부산에 내려 왔으니 지역구 당원들을 만나겠다고 일정을 바꾸어 예약했던 항공좌석을 취소하였다.

한편 진해에서 교육 중이던 해병중령 한 사람은 이 항공으로 주말에 서울로 집에 가려다 좌석이 없다하여 대기자명단으로 올리고 진해에 머물러 있다가 좌석이 있다는 연락을 항공사로부터 듣고 급히 탑승하게 되었다.

　진해화학은 진해에 있는 비료공장으로 충주비료에 이어 우리나라의 4번째 비료공장(肥料工場)이라 하여 "제4비(肥)"라고 불렀다.

　당시 조종사는 조선일보사 소속 항공기의 조종사로 오랫동안 근무하다가 이곳(세기항공)으로 자리를 옮긴지 6달째이었다.

　경부선 철도 따라 오다가 서울 가까이 경기도 안성 상공에서 구름과 비등의 악천후를 만나 안성의 산과 충돌하여 기체와 조종사, 탑승객 모두가 산산조각이 났다.

　조의원의 빈소는 자신의 집인 동부이촌동에 차려졌고, 박정희 대통령은 당시 모(某) 장관을 대동하고 직접 조문하였다가 나오는 길에, 그 장관은 바로 근처에 있는 자신의 집으로 각하를 모시고 싶었다.

　아마 대(代)를 이어 가문의 영광이라고 생각했으리라…

　그러나 이것이 치명타(致命打)가 될 줄을 어찌 꿈에라도 생각할 수 있었으리오!

　살림집에는 에스컬레이터(escalator)가 설치되어 있었다.

　박대통령은 지극히 검소하였고 사치를 싫어하였다.

　유고(有故)시(時)에 20년이 넘어 칠이 다 베껴진 허리띠의 버클(buckle)을 보고 사람들은 놀랐다.

　20년 가까이 집권한 한 국가의 원수(元帥)가 어찌 그렇게 검소(儉素)할 수 있을까? 하고. '장관의 봉급이 얼마인데 살림집에 에스컬레이터를 설치할 수 있는가?' 조사를 시키니까 진해일대의 임야야산을 비롯하여 수많은 축재(蓄財)가 밝혀지면서 반 마디 비명(悲鳴)도 못 지르고 모든 날개와 꼬리는 물론 몸통까지 통째로 공중산화(空中散華)해 버리고 만 것이었다.(이상은 내가 직접 본 것이 아니라 진해에 있을 때에 일부는 신문에 보도되고, 일부는 전해들은 얘기로서 당시에 대부분 사람들이 알고 있던 내용이다.)

　이 사실이 알려지면서 그 후부터 동부이촌동은 도둑촌의 대명사가 되었다.

(104) 등심구이, 함흥냉면, 곰탕집

　1950년대 까지만 하여도 고기를 구워 먹을 때에는 철사를 가로세로로 엮어서 만든 적쇠(석쇠)를 숯불 위에 올려놓고 이 적쇠 위에 고기를 얹어 놓아 구워 먹었다.

그리하여 고기가 직접 불에 많이 타고, 고기물이 불 위에 직접 떨어지기도 하고 작은 고기조각은 적쇠에서 숯불 위로 떨어져 타고 연기가 나고, 그렇게 음식점이나 집에서 구워 먹었다.(지금도 적쇠에 구워 먹는 곳이 있다.)

그런데 지금은 구멍이 없거나 가운데에만 작은 구멍을 낸 철판을 불 위에 얹어 놓고 그 위에 등심이나 불고기를 올려놓아 고기가 직접 불에 타지 않게 굽고 있다.

등심구이를 이러한 철판에 구워먹는 것을 선보인 집은 1950년대 말 1960년대 초 무교동의 "화정"과 명동의 "신정" 두 집이었으며 이것이 크게 인기를 얻어 전국으로 확산되었다.

함흥냉면은 종로4가에서 청계천 방향으로 조금 가다보면 "함흥냉면원조(元祖)"라고 지금도 있는데 1962년 당시에는 마당이 있는 조그마한 조선집에서 영업을 하였으며 그 때에 이미 30년이 넘었다고 하였다.

아마도 이 집이 가장 대표라 할 수 있다.

1960년대(代)에 곰탕집으로는 무교동(武橋洞)의 "하동관(河東館)곰탕집"이 가장 유명하였다.

점심시간에는 12시 정각에 가도 자리가 없다고 하였다. 음식 맛도 좋고 내용도 푸짐하지만 가마솥에 150명분이건 200명분이건 한번 준비한 것만 팔고 손님이 와도 없다고 하지 손님이 많겠다하면 가마솥에 물을 넣어 더 불려서 팔지 않는다고 알려지면서 그 신용이 널리 퍼져 더 많은 손님을 끌어 모았다.

(105) 갈비, 불고기, 주물럭, 낙지집

갈비는 서울에서는 홍능이, 서울근교에서는 수원이 유명하였다. 수원갈비는 손바닥만큼 크다고 하였다.

그리하여 갈비하면 홍능갈비, 수원갈비가 대명사처럼 되었고, 불고기집은 종로4가의 "우래옥(又來屋)"이 가장 유명하였다.

손으로 고기와 양념을 주물러 만든다고 하여 "주물럭"이란 메뉴(menu)가 생겨났는데 주물럭은 마포에서 시작하여 "마포"하면 아파트와 주물럭이 떠오르고, 낙지집은 무교동에 군락(群落)을 이루어 무교동하면 비교적 저렴한 술집과 낙지집을 가리켰다.

(106) 보철치아(補綴齒牙)에 츄잉껌(chewing gum)이 들러붙는 것은?

자신의 치아에는 껌이 잘 안 붙는데 보철한 치아에는 잘 붙는다.

그 이유는 치아는 단단한 돌 같지만 생체의 일부이므로 피부나 점막처럼 약간의 액체가 분비되기 때문에 껌이 들러붙지 않고, 보철치아에는 분비물이 없어서 잘 들러붙는다.

(107) 인구증가가 둔화(鈍化)된 것은?

폭발적인 인구증가가 국가적인 걱정거리이어서 산아제한, 피임, 불임시술을 장려하고, '아들·딸 가리지 말고 하나만 갖자!'는 구호 아래 인구증가 억제가 하나의 중요한 국가적인 시책(施策)이었고, 출산을 장려하는 프랑스, 서독이 전혀 다른 세상 같던 50년대, 60년대에서 어느새 출산이 낮아서 생산인구가 감소하고 국민이 고령화되어 걱정하고 거꾸로 출산을 장려하고, 출산하면 혜택을 주는 정책으로 바뀌었으니 왜 이렇게 바뀌었을까?

자녀 교육이 너무 힘들고, 교육과 양육에 너무 많은 비용이 들기 때문이라고 흔히 얘기하는데 그것이 정답은 아니다.

식생활도 곤란하던 때에 그렇게 많은 자녀를 가졌고, 지금은 자가용차를 끌고 다니지 않는 사람을 볼 수 없고 생활이 훨씬 윤택하게 되었는데에도 오히려 출산이 감소하게 되었으니까.

그 이유는 자녀가 가치있는 투자대상(投資對象)에서 탈락(脫落)되었기 때문이다.

"어느 부모가 자녀에게 투자하고 그 수익을 거두어들이겠다고 하겠느냐?"마는 그렇지 않다.

자녀는 부모에게 불평(不平)과 요구사항이나 많았지 부모에 대한 효도는 찾아보기 힘들고, 특히 부모가 나이 들었을 때에 자녀는 더 이상 편안히 쉴 수 있는 안식처(安息處)와 보호울타리가 아니라는 것을 부모가 알게 되었기 때문이다.

더 나아가 부모에 의하여 살해당하는 자녀는 극히 드문데 반(反)하여 자녀로부터 구박과 폭행당하는 부모가 증가하고 자녀에 의하여 살해당하는 부모도 드물지 않게 되어 자녀를 힘들게 양육하고 교육시키고 속 썩고 때로는 피해당하는 것 보다 살아있는 동안 자신의 인생을 즐겁게 살아야겠다는 방향으로 생활태도가 선회(旋回)되었기 때문에 인구증가가 둔화 된 것이다.

이러한 현상을 나는 이미 40여년 전부터 말해왔다.

(108) 퇴직(退職)한 사람에게 관대(寬大)(?) 한 것은?

관공서(官公署)뿐 아니라 여느 직장에서도 대개 현직(現職)에 있는 사람들이 퇴직한 사람에게는 비리(非理)를 들추어 내지 않는다. 왜 그럴까?

이미 나간 사람에 대한 예의(禮儀)가 아니기 때문일까? 아니다.

이미 퇴직하였기 때문에 직접 다룰 수 있는 영역(領域, territory, domain)밖이어서 일가?

그것은 약간 이유가 될 수도 있다.

그러나 퇴직한 사람에게 관대한 듯이 보이는 보다 더 근본적인 것은 나간 사람을 불러다 비리를 캐면 현직에 있는 사람들이 북어쾌 엮어 놓은 것처럼 줄줄이 걸려들기 때문이다.

(109) 대학입시 당락(當落)을 결정하는 논술고사(論述考査)

수능시험에 고득점자가 너무 많아 변별력(辨別力, the power of discrimination)이 형편없고 내신(內申) 1·2등급이 너무나 많아 흔히 논술에 의하여 대학입시 당락(當落)이 결정되는 것은 잘못 되어도 너무나 잘못 된 것이다.

물론 어떠한 제목(題目, subject)을 주고 어떻게 논리적으로 전개(展開)해 나가서 결론을 내리느냐? 하는 두뇌능력을 알아본다는 것을 모르는 사람은 없겠지만 그 많은 수험생들의 글을 어느 누가 꼼꼼히 챙겨 읽을 것이며, 평가하는 사람들의 기준이 달라서 객관성도 크게 결여(缺如)된다는 점도 중요하지만 그 보다 앞서 논술도 하나의 화술(話術)이며 그것을 종이에 옮겨 놓은 것이므로 논리적으로 말 잘하는 것을 평가하는 것인데 그렇다면 누가 가장 말을 잘할까?

아마도 유능한 사기(詐欺)꾼 일 것이다.

그 이론정연(理論整然)하고 빈틈없는 유창(流暢)한 말에는 아주 영리(怜悧)한 사람도 감쪽같이 넘어가버리고 만다.

그 다음으로 말 잘하는 사람은 정치하는 사람, 외판원(外販員)들 일 것이다.

역사의 한 기원(紀元)을 이룬 "퀴리부인"이나 "아인슈타인 박사"가 우리식의 논술시험을 보았다면 아마 낙제 점수를 받았을 것이다. 그뿐이랴?

자연과학자뿐 아니라 저-세계적으로 유명한 건축가나 예술가가 논술 잘했다는 얘기는 들어보지 못하였다.

까딱하다가는 대학이 유능(有能)한 사기꾼이나 떠벌이의 집합소가 될지도 모르겠다.

이러한 논술이 대학입시에 당락(當落)을 결정하다니 너무나 한심(寒心, 차디찬 마음)한 노릇이다.

(110) 합리적(合理的, reasonable)인 대학입시제도.

어떠한 약도 부작용(副作用)없는 것이 없듯이 완전무결(完全無缺)한 방법은 없다.

우리나라의 교육제도는 해방 후 반세기(半世紀, 50년)동안 그럭저럭 지탱(支撑)해오다가 90년대에 들어서 대통령 직속기구인 "교육개혁심의 위원회"가 발동되고 나서 교육제도가 곤두박질한 것은 국민 모두가 너무나 잘 알고 있는 것이다.

그럭저럭 잘되어 나가던 것을 무엇이 근본적으로, 전적(全的)으로 잘못되었다고 개선(改善)도 아니요 어마어마한 개혁(改革)이란 단어를 써가면서 송두리째 바꾸어 놓은 것이 이 꼴이 되었다.

우리사회는 뜯어 고치는 것이 곧 업적(業績)이요 향상(向上)이라고 잘 못 알고 있다. 그리하여 수많은 것이 고치고 나서 향상은커녕 악화 되는 것이다.

가장 합리적인 방법은 대부분 옛날식으로 돌아가는 것이다. 고득점자가 많아 수능시험에서 거의 만점 받고서도 떨어지는 이러한 변별력(辨別力, the power of discrimination)을 가진 시험을 시행하다니 말이 되지 않는다.

합격선(合格線, cutline)이 45~55%일 때가 가장 변별력이 크고 80~90%를 넘거나 10~20% 이하이면 변별을 할 수 없다는 것은 기본상식이다.

합격선이 80~90%를 상회하면 가장 낮은 층의 수험생이 실수가 없어서 만점을 받고, 가장 우수한 학생은 착각이나 실수를 하여 성적이 떨어져 우수한 능력을 변별하기는커녕 거꾸로 되는 경우가 허다하며, 합격선이 10~20%가 되면 아주 수준이 낮은 수험생과 중·상급 수험생이 모두 같은 성적이 나와 변별 할 수 없는 것이다.

방법은 완전히 예전처럼 대학에 맡기거나 아니면 ① 국어(1,2) ② 영어 ③ 국사 ④ 수학(1,2) ⑤ 과학(1,2 / 물리, 화학, 생물 중 택일)을 기본 과목으로 국가시험을 보고, 각 대학은 전기와 후기 또는 3기(期)로 나누어 즉 2-3군(群)으로 나누어

독자적으로 시험을 치루고 이 중 대학의 자율에 따라 30~50%를 의무적으로 국가시험 성적으로 하게 하는 방법이 가장 합리적이 될 것이다.

그러면 2번 시험보기 때문에 수험생에게 부담이 된다고 하겠지만 그렇지 않을 뿐더러 오히려 더 합리적이고, 타당(妥當)하다, 왜 그런가하면 어차피 공부한 상태이므로 두 번 치룬다고 그렇게 부담될 것도 없을 뿐더러 한번 치루는 것보다 더 정확하고 공평(公平)한 것이다.

그 이유는 한번 시험에 조금 실수하였다하여도 두 번째 시험에 만회(挽回, 회복)할 수 있기 때문이다.

기본 과목 국가고사는 정상적으로 고교를 졸업하면 알아야 할 것을 평가(評價, evaluation)하는 것이고, 각 대학에서는 대학과 학과의 특성에 맞게 시험을 치루고 선발 할 수 있어야 하는 것이다.

그 나라 국민이라면 국어와 국사(國史)는 기본적으로 어느 정도 알아야 할 것이다.

전투에서 보면 비교적 강한 병력(兵力)이라도 지도자(지휘관)가 어리석으면 패(敗)하고, 보통의 병력으로도 우수한 지도자가 있으면 승리 할 수 있으며, 기계를 예(例, example)로 들면 ① 고안, 발명하는 사람이 있고, ② 남이 발명한 기계를 복사·제조하는 사람이 있고, ③ 그 다음으로 대부분의 사람들은 남이 만들어 놓은 기계를 이용하고 있다.(자동차를 발명하는 사람이 있고, 발명된 자동차를 생산하는 사람이 있고, 대부분은 생산된 자동차를 이용하고 있는 것이다.)

따라서 극소수의 우수한 사람이 전인류(全人類)를 인도(引導)하고 있어서 선진국에서처럼 우수한 인재(人材)를 육성(育成)해야 되겠거늘 우리는 오히려 우수한 사람이 나올까봐 두려워 억지로 끌어내려 하향평준화(下向平準化) 해온 것이 그 동안의 우리 교육의 실태(實態)이었으니 한심(寒心)한 정도를 지나 참담(慘憺)하기 까지 하다.

(111) 수련의(修鍊醫), 레지던트(resident)기간(期間)

1958년 우리나라에서 인턴·레지던트제도(制度)가 처음 생겼을 때에(1957년까지는 인턴과정없이 각 과에서 의국원으로 수련하였고, 전문의 시험은 1958년에 제1회 시행) 여러 과(科)를 1년간 순회하면서 수련을 하는 직책(職責)을 인턴(intern)이라하고, 인턴이 끝나고 전문분야의 과(科)에서 수련(修鍊, 修練)을 하는 직책을 레지던트(resident)라 하며 인턴과 레지던트를 "수련의"라고 하였으며 resident수련을 마치고 전문의 시험에 합격하면 해당과(該當科) 전문의가 되며, 종합병원 중에서 이러한 인턴·레지던트를 수용(受容)하는 병원을 수련병원이라 하는데 인턴만 있는 병원을 "I 병원"(기본과만 있으면 가능)이라하고, 인턴·레지던트를 수련하는 병원을 "IR병원"이라하며 이는 병원협회의 인가(認可)를 받아야 한다.

인턴만 수련하는 병원은 인턴을 모집하여도 지망자가 없고(레지던트가 없으니까), 또한 기본 진료과 뿐이어서 인턴수련을 제대로 할 수 없어 대학병원과 모자협정(母子協定)을 맺어 I 병원(자병원, 子病院)의 인턴정원을 모병원(母病院, IR병원)에서 합쳐 모집하여 대개 2달씩 인턴을 교대로 자병원에 파견근무하게 한다.

resident기간은 모든 진료과에서 4년(인턴과 레지던트 합하여 5년)으로 하였던 것을 전문의가 모자라서 배출(輩出)을 늘려야 된다하여 1983년에 외과계(系)(일반외과, 정형외과, 신경외과, 흉부외과, 성형외과)를 제외한 모든 과(科)는 3년으로 1년 단축(短縮)하였다가 1988년에 산부인과와 비뇨기과가 4년으로 환원(還元)되고 이어서 1990년에 처음과 마찬가지로 가정의학과를 제외한 모든 과(科)가 4년으로 복귀(復歸)되어 오늘에 이르고 있다(가정의학과는 초기에는 인턴없이 3년하다가 그 후 인턴 마치고 레지던트를 3년함).

이렇게 1년을 단축하면 4년이라고 해봐야 끝나기 전 몇 달 동안은 진료업무는 쉬면서(월급은 마찬가지로 받음) 시험 준비 기간으로 들어가 실제로는 3년 반인데, 3년으로 하면 2년 반으로 되어 이런 짧은 기간에 어떻게 전문과의 수련을 쌓아 전문의라 할 수 있으며, 더구나 전문의 배출의 증가를 목적으로 1년 단축하여 3년으로 하였어도 계속 전문의 배출이 증가한 상태를 유지하는 것이 아니라 처음 한해(1년)만 2배(倍)(해마다 숫자가 똑같다하면)가 배출되지 그 다음해부터는 똑같을뿐더러 또한 커다란 문제는 대부분의 수련병원에서 레지던트 정원(定員)을 증가시키려고 노력하고 있는데(낮은 임금으로 인력을 쓰려니까)

② 년차(年次)마다 resident인원이 같다하여도 수련병원의 resident전체 인력(人力, manpower)은 3.5에서 2.5로 줄어(3년 반이 2년 반으로 되니까) 70%(2.5/3.5=0.714)로 감소(減少)되어 환자진료에 차질(蹉跌)이 생긴다는 것을 우리 정책자(政策者)는 전(全)혀 생각하지 않고 이러한 중대(重大)한 정책을 그저 막연(漠然)히 단순(單純)히 주먹구구식으로 "전문의 배출을 늘려야 하니까 기간을 4년

에서 3년으로 줄인다."하였으니 한심(寒心, 찬 마음)하기 그지없다.

인턴(intern)이란 원래 병원 안(內, in)에서 여러 과(科)를 돌면서(turn → tern) 수련한다는 데에서 온 말이며, 레지던트(resident)는 퇴근하고 나서 멀리 떨어진 집으로 가지 않고 병원구내에 거주(居住, 상주, 常住, residence)하면서 일을 한다는 데에서 유래(由來)한 것이다.

수련의라고 하니까 "실습생, 연습생"같다하여 "전공의(專攻醫)"라고 명칭을 상향(上向)(?)조정하여 오늘에 이르고 있고, 의료기관 명칭은 전공병원이라 바꾸지 않고 그대로 수련병원이라 하고 있다.

그리하여 수련의 없는 수련병원이 되어버렸다

(112) 영어회화(英語會話, English Conversation): 말하기(Speaking)와 듣기(Hearing)

예전에는 잠시 불어(佛語, French)가 "국제외교언어"로 사용되기도 하였지만, 영어가 국제공용어(國際公用語, International Official Language)가 된지 이미 오래되어 누구나 영어를 잘해야 한다고 한다.

독일에서도, 프랑스에서도 중국에서도, 러시아에서도, 베트남에서도, Africa에서도, 너도, 나도….

국내에서 폐쇄적으로 있지 않고 국제무대에 서려면 너무나 당연한 얘기이다.

그런데 외국어를 조금 말하는 것은 그리 힘들지 않지만 자유자재(自由自在)로 구사(驅使)한다는 것은 그리 쉽지 않다.

제나라 말이라도 빨리하거나, 발음(發音, pronunciation)이 불분명하거나, 특히 사투리(方言, dialect)를 쓰면 알아듣기 힘들다.

같은 중국어라 하여도 광동어(廣東語)다 무슨어다 하여 사투리가 심(甚)하다.

내가 München대학병원 시절에 nurse station에서 낮번(day duty)과 저녁번(evening duty) 간호사들이 환자 인계(引繼)하는데 따발총처럼 쏘아대는 말을 나는 도무지 알아들을 수 없어서 독일외과의사에게 그 말을 알아들을 수 없다 하였더니 웃으며 Bayern사투리라 독일의사들도 반정도 밖에는 알아듣지 못한다고 나에게 얘기해주었다.

제나라 말도 힘든데 남의 나라 말이야 오죽할까?

영어를 몰라서는 남과 어깨를 나란히 하지 못하고 낙오자(落伍者)가 되는 것은 뻔하다.

그런데 우리는 여기서 적어도 "2"가지를 유의(留意)하여야 한다.

첫째는 "어학(語學, language)과 문학(文學, literature)은 다르다"는 것과 둘째 "모든 국민(國民)이 다 외국어(外國語, foreign language)를 그렇게 잘해야 하는가?"이다.

간단히 얘기하면, ① 어학은 말하고(speaking), 듣는 것(hearing)이고, ② 문학은 읽고(reading), 해석(解析, analysis)하고 작문(作文, composition, writing)하는 것으로, 대학에서도 국어국문학과, 영어영문학과, 독어독문학과 등… 이렇게 어학과 문학을 나누고 있다.

회화(會話, conversation)는 못하여도 영문서적을 마음대로 읽고, 해석하고 영문으로 문학작품을 써서 노벨문학상(Nobel Prize for Literature)도 받을 수 있는 것이다.

그런데 중학교 3년, 고등학교 3년 합 6년 동안 영어를 배웠는데도, 영어회화를 못한다고 크게 비난(非難, blame, condemnation)하고, 또 비난받고 있다. 이는 주로 영문학을 교육시킨 것이며 회화를 잘하면 더욱 좋지만 영어시간에 영문학을 가르쳤다고 잘못된 것은 전(全)혀 아니다. 그리하여 영어회화를 어려서부터 해야 한다고 하여 심지어(甚至於)는 유치원들어가기 전부터, 국민하교, 중학교, 고등학교에서 원어민(原語民)교사(教師)다, 학원이다, 나아가서는 미국, Australia(호주), Canada등 원어 현지(現地)에 어학연수 하느라고 전국이 난리이며 이를 위한 개인의 시간과 노력의 소요(所要)는 말할 것도 없고, 전국적인 비용도 년간 40만 명에 10수조(兆)원의 천문학적이라 발표하고 있다.

그 나라 사람처럼 얘기하고 들으려면 그 나라에서 태어나 집에서나 사회에서나 그 나라 말을 해야 한다. 집에서는 한국말을 하고 밖에 나가서는 영어로 하면 여러 해 동안 영어권(英語圈) 또는 미어권(美語圈)에 살아도 한계(限界)가 있다.

그리고 외국어 회화습득은 어렸을 때에는 빨리 배우고, 빨리 잊어버리고, 나이가 들어 배우면 늦게 배우고 빨리 잊어 버려서, 계속(영어회화를)하지 않으면 어렸을 때 말을 배웠건, 나이들어 배웠건 빨리 잊어버리는 것은 공통이다.

다음 두 번째로 "모든 사람이 과연 영어를 그렇게 유창(流暢)하게 말하고 들어야 할까?" 답(答)은 "아니다."이다.

"필요한 사람"만 **"필요한 만큼"**하면 되는 것이다. 옛말에 "간질(癎疾, epilepsy, 지랄병)이외에는 다 배워두는 것이 좋다"고 하였다.

여러 가지를 다 잘하면 좋지만 사람은 불행(不幸)하게도 그렇게 할 수가 없다.

Olympic경기에서 혼자서 20가지 종목(種目)의 운동경기에 금메달을 받으면 좋지만 그 20가지 종목을 열심히 하여 한 가지 종목에도 Olympic후보(候補)선수 문턱에도 못가서 낙오자(落伍者)가 되는 것이고 한 가지 종목을 잘하여 금메달(金medal)을 받으면 성공하는 것이다.

5명의 선수에게 20개의 종목의 운동을 시켜서 각각 금메달 20개씩 도합 금메달 100개를 목표하다가는 금메달 1개는 커녕 동메달 한개도 못 건지며, 100명의 선수에게 1가지 종목의 운동을 시켜 각각 한 개씩의 금메달을 따서 합하여 금메달 100개를 따면 전 세계에서 1위를 하는 것이다.

모국어(母國語, mother language)가 아닌 외국어회화를 그 모든 국민이 다 그렇게 유창하게 해야 할 필요가 어디 있을까?

그렇게 하기 위하여 시간과 노력을 엄청나게 하면 언제 자기 본업(本業)을 익힐 것인가?

software를 개발하는 사람은 software개발을, 화가는 그림을, 작곡가는 작곡을, 조각가는 조각을 하는 데에 많은 시간과 노력을 써야지, 영어 말하기와 듣기에 대부분의 시간과 정력을 소모하면 언제 자기본업을 공부하고, 향상시킬 수가 있을까?

국제선 항공기 조종사는 외국인 관제사와 통화를 잘해야 하니까 영어로 말하기와 듣기를 잘해야 되지만 그것도 비행에 관한 얘기만 하면 되지 그 외의 얘기는 필요 없고, 항공기 정비사는 정비를 잘하는 실력과 기술이 있는 것이 생명이거늘 직업상 불필요한 영어 말하기와 듣기를 공부하느라고 정비 지식과 기술이 모자라 항공기를 추락시키면 그 얼마나 어리석고 애석한 일이며, 청소하는 사람은 자기본연의 청소를 잘하면 되는 것인데 유창하게 영어 말하기와 듣기 공부하느라고 청소를 엉망으로 한다면 이것이 잘하는 일일까? 회사직원 100명 중에 영어회화가 필요한 사람이 1사람이라면 그 1사람만 영어회화 잘하는 사원을 채용하면 되는 것이지 어찌하여 영어회화가 필요 없는 99명까지 영어회화 잘하는 사람을 채용한단 말인가? 영어회화가 필요 없는 회사에서는 본연(本然)의 일만 잘하는 사람을 채용하면 된다.

자동차 부품납품업체는 직원이 영어회화 못하여도 좋은 부품을 생산하여 납품하면 되는 것이고 회사가 번성하는데 불필요한 영어회화를 잘하면서 엉터리 부품을 생산하면 그 회사는 망하고 마는 것이다.

그리고 외국인을 접할 수 있는 자리 즉(卽) 기차표·버스표매표원, 열차승무원, 택시·버스기사, 음식점종업원 등은 가장 기본적인 의사(意思)소통 정도의 영어 듣기와 말하기만(그것은 간단하다)하면 되었지, 영어회화가 불필요하거나 기본의사소통이면 충분한 사람에게까지 모두에게 획일적(劃一的)으로 유창한 영어회화를 요구하는 것은 너무나 어리석고, 개인뿐 아니라 국가의 낭비(浪費)이다.

대학이나 기타학교의 입시(入試)에, 회사의 입사(入社)에 그리고 위정자(爲政者)가 영어회화를 획일적으로 모두에게 강요(强要)하지 않고 그냥 놔두면 영어회화가 필요한 사람은 필요한때에 배워서 하게 되는 것이다.(일본정책도 이렇게 한다.)

어쩌면 위정자나 국민 거의 모두가 똑같이 "모두가 영어회화를 유창(流暢)하게 해야 한다."고 어리석은 말만 되풀이를 할까? 한심(寒心, 찬 마음)하기 그지없다.

우리가 목적하는 것은 "잘 살자는 것"이지 "영어회화를 잘하는 것" 자체가 목적이 아닌 것이며 영어회화를 잘하는 것은 "잘 살기 위한 소수 국민의 수단"이지 "다수국민의 목적"이 아닌 것이다.

"잘 살기 위한 소수 국민의 수단"을 "전체국민의 목표"로 잘못 판단하지 말아야 한다.

그리하여 영어회화를 깜짝 놀라게 잘 못하는 일본은 미국 다음으로 세계에서 가장 잘 살며, 영어회화를 모국어로 깜짝 놀라게 잘하는 필리핀은 세계에서 가장 잘 못사는 것이다.

(113) 인기(人氣)있는 교수(敎授, professor).

교수의 평가(評價, evaluation, assessment)를 학장이나 교무과장이 하지 않고 직접 강의 받는 학생이 한다는 것이 참으로 합리적(合理的, reasonable)이고, 정확(正確)한(accurate) 것이라고 흔히 생각하는데 사실은 불행(不幸)하게도 그와 반대이다. 학교와 학원이 다르다는 것을 알아야 한다.

학교는 족집게 학원과는 정반대로 학생으로부터의 인기도(人氣度)와 실력있고 열심히 가르치는 것과는 관계가 적은 것이 아니라 반비례(反比例)하는 것이다.

특히, 대학에서 정시(定時)에 수업을 시작하여 수업시간 마지막까지 강의하고, 열심히 출석확인(check)하고, 시험문제 어렵게 내고, 채점(採點)엄격히 하는 교수는 인기는커녕 수강신청자도 거의 없고 인기도 없어서 대학에 붙어 있으면 다행(多幸)이고 까딱하면 대학에서 도태(淘汰, 목 나감)되며, 늦게 들어와 출석도 안 부르고, 학생 분위기 잡아주면서 적당히 강의하고 일찍 끝내고 시험문제 쉽게 내고 성적 잘 주면 아주 인기있어 수강생이 넘치는 교수가 되는 것이다.

1980년대(年代)에 조선일보 1면(面)의 "만물상(萬物相)"의 "난(欄, column)"에 "교수의 인기도"에 관하여 이러한 글이 써있었다.

"...아마도 해방 후의 우리나라의 대표적인 대학교수의 표상(表象, 본보기)이라면 우리나라의 철학(哲學, philosophy)"이란 학문의 기틀을 세우신 서울대학교 문리대(文理大) 철학과 박종홍(朴鍾鴻, 평양출신이고 평양고보를 거쳐 1932년 경성제국대학 철학과를 졸업하심)교수일 것이고, 또 한분은 우리나라의 두 번째 국제 Olympic 위원회(IOC)위원인 서울대학교 문리대 사회학과 이상백(李相佰)교수일 것이다. 수업시간 철저하고 엄격하신 이러한 교수님은 학생들로부터 평가를 받았으면 낙제 점수 받았을 것이다...."라고.

그렇다. 나는 국립대학교 교수 30년동안에 120명의 의학과 학생 앞 교단에서, 그리고 그 외의 여러 공석(公席), 사석(私席)에서 여러번 이렇게 얘기 하였다.

"학생들의 눈치를 보고, 학생들의 비위(脾胃)를 맞추거나 학생들에게 아부(阿附, flattery)하거나 학생들에게 인기전(人氣戰)쓰는 교수나 학장은 대학을 떠나야 대학이 된다.

얼마나 미비(未備, deficiency)하고 하자(瑕疵, defect)가 많고, 자신(自信)이 없으면 학생들에게 아부(阿附)하는가? 충분한 지식과 확고(確固)한 원칙을 갖고 학생을 가르치고 대학을 이끌어 가야지..."라고.

(114) 인간의 평등성(平等性)

1969년 레지던트를 마치고 해군대위로 임관되어 진해해군병원에 근무 할 때 이었다.

그 당시 경부선 열차 "특급"통일호에는 객차 1량(輛)을 연결하여 군용차량으로 하고 장교는 부대에서 직인 찍힌 출장증을 받아 무료로 승차하고(아마도 국방부에서 차비를 철도청에 지불 하였을 것이다.) TMO 수송관(군인)이 승차권을 검사하였으며 소위에서 대령까지 타고 장성급은 타지 않았다.

영관석(領官席)은 앞쪽에, 위관석(尉官席)은 뒤쪽에 있었고 자리가 모자라면 계급이 제일 낮은 소위부터 자리를 내주어야 했다.

어느 날 나는 뒤에서 어느 소위가 하는 얘기를 들었다.

전에 어느 중위가 자리가 없어 서있으니까 수송관이 소위인 자기더러 일어서라고 했다면서 저나 나나 다 같은 장교인데 일어서라고 한 것이 부당했다고 잘난 듯이 떠드는 얘기를 듣고 나는 생각하였다.

"저자(者) 큰일 날 사람이군!" "저런 자가 어떻게 한국군 장교 소위란 말인가?" "소위나 중위나 다 같은 장교이다." 그러한 논법이면 소위와 대령, 소위와 대장도 다 장교이니 똑같고, 일등병과 참모총장, 대장도 다 같은 군인이니 똑같고, 회사의 사장이나 말단 사원이나 다 같은 회사 사람이니 똑같고, 대통령이나 국무총리나 아파트경비원이나 청소하는 미화원(美化員)이나 다 같은 국민이니까 다 똑같다는 논법(論法)이다.

"무식한 정도를 지나 몰상식(沒常識)해도 분수가 있어야지"라고 생각하고 그 후에 그러한 얘기를 여러 번 하였다.

꿀벌사회뿐 아니라 인간사회도 계급사회이다.

계급이 없어서는 모든 조직이 유지 될 수가 없다.

군대에서 사령관이 없고 지휘자가 없으면 어떻게 전투를 할 수 있을까? 군대뿐이랴? 회사에서 사장(社長)과 말단 사원이 똑같으면 누가 회사를 경영 할까?

옛말에도 뱃사공이 둘이면 배가 산으로 간다고 하였는데..

민주사회에서 똑같은 것이 있다. 두 가지가. 그 하나는 기회(機會, opportunity)이고, 또 하나는 인격(人格, personality)이다.

"기회"란 무엇인가? 기회란 예전에는 천민(賤民)출신이면 과거(科擧, 관직임용시험)에 응시 할 수 없었다.

민주사회에서는 범법행위를 하지 않았으면 응시자격에 맞추어 누구나 어느 시험(예, 사법고시, 행정고시 등)에도 응시 할 수 있고, 어떠한 선거이건 조건이 갖추어지면 누구나 대통령이건, 국회의원이건 입후보 할 수 있는 것, 이것이 기회의 평등이다.

그러면 "인격"이란 무엇인가? 집에서 기르던 닭을 잡아먹었다고 법에 걸리지 않는다. 예전에 노예(奴隷)는 일잘 못한다고 마구 때려도 되었고, 노예시장에 팔아먹어도 되었고 심지어(甚至於)는 죽여도 법에 저촉되지 않았다.

그것은 닭이나 노예에게는 인격이 부여(賦與)되지 않았기 때문이고, 왕(王)을 죽여도 살인자이지만 걸인(乞人, 거지)을 죽여도 똑같은 살인자가 된다. 그것은 거지도 왕과 똑같은 인격이 부여되었기 때문이다.

따라서 민주사회란 기회와 인격이 똑같다(평등하다)는 것이지, 직위·직급·계급의 차이가 없이 똑같다는 것은 전(全)혀 아니다.

(115) 지켜지지 않는 규정(規程)은 무의미(無意味)?

오래전에 나와 친한 법률을 전공한 법대교수와 얘기하다가 이러한 말을 들었다. "처벌을 강화(强化)해도 범죄 행위가 없어지는 것은 아니니까 처벌을 강화할 필요가 없다."고.

나는 유구무언(有口無言) 아무대꾸도 하지 않았다. 그렇게 말도 안되는 소리 하는 사람에게 안타깝게 설득(說得)시킬 필요가 없으니까. 전문가라는 사람들이 엉뚱한 소리 하는 것은 너무 흔한 일이니까.

나는 후에 다른 자리에서 이렇게 얘기 한 적이 여러번 있었다. 70년대에 대전 갈마동에서 유성으로 가는 길은 왕복 2차선이었다. 중간 커브(curve)길에는 속도 제한 시속 40 Km라고 써 놓았다. 그 속도로 가는 차는 없었다. 대개 70 Km로 다녔다.

그렇게 써놔도 지키는 사람이 없으니까 아무 의미 없다하여 떼어 버린다면 어떻게 될까? 아마 시속 100 Km로 갈 것이다. 속도제한 시속 40 Km라고 하였으니까 그나마 70 Km로 가는 것이다.

마찬가지로 처벌규정을 해도 모두가 지키는 것은 아니니까 폐지한다고 하면 어떻게 될까?

살인하면 중형(重刑)에 처한다 해도 살인 행위가 없어지는 것이 아니니까 어차피 지켜지지 않는다고 하고 살인자도 처벌 안한다면 어떻게 될까?

문밖에 나가면 길거리 여기저기서 끔찍한 살인 행위를 목도(目睹, 목격〈目擊〉)할 것이며 전국이 살인자로 들끓을 것이다.

우리나라에 살인강도가 3명이라면 정말로 운 나쁜 사람이라야 만나서 피해를 당하지 보통은 10년간 살인강도 만나려고 전국 방방곡곡(坊坊曲曲)을 헤매어도 못 만날 것이다.

그런데 살인강도가 30만 명이라면 여기저기서 살인 행위가 자행(恣行)되어 문밖에 잠시 나갔다가는 살아 돌아오기 힘들게 되어 사회는 아수라장이 될 것인데 이 양자(兩者)가 어찌 똑같단 말인가?

모든 것은 수자(數字)의 차이이다.

"있느냐?, 없느냐?"가 아니라 "어느 정도(수자)인가?"가 중요하다.

그리하여 대현인(大賢人) 소크라테스(Socrates)는 일찍이 "우주삼라만상(宇宙森羅萬象)은 수자(數字)"라고 하지 않았던가?

(116) 같은 행위(行爲)가 시기(時期)에 따라 다를까?

그렇다. 달라도 크게 다르다.

국가간에 또는 대인관계(對人關係)뿐 아니라 어느 개인에서도 시기에 따라 그 의미가 크게 달라진다.

예를 들면 어떠한 기금(基金)을 한참 쓸 수 있는 나이에 사회에 기부(寄附, donation)하는 것과 임종(臨終) 직전(直前)에 하는 것은 다르다.

사후에 모든 것을 자녀에게 상속만 하지 않고 임종직전이라도 사회에 헌납(獻納)한다는 것이 기특(奇特)하기는 하지만 한창 쓸 수 있을 때에 내주는 것과 어차피 죽을 때 갖고 가지 못할 것이니까 숨넘어가기 직전에 내어 주는 것은 그 의미가 전(全)혀 다르다. 자녀에게 증여(贈與)도 어차피 줄 것인데 하고 미리 증여하는 것과 나중에 하는 것과는 전혀 다르다.

나중에 증여하면 부모에게 잘 보여야 유리할 터이니까 마음에 없어도 부모에게 충성을 하지만, 증여를 미리 해버리면 자기 몫이 적다고 불평이나 하고 이제는 더 이상 잘 보일 필요도 없다하여 냉대 받는 부모를 우리는 허다(許多)히 보아왔다.

"어차피 ○○할 것인데.. 하고 미리 해도 마찬가지다." 하는 논법(論法)이라면, 영생(永生, 영원히 끝없이 사는 것)하는 사람은 없으므로 "어차피 죽을 몸인데"하고 5살, 10살에 죽어버리는 것이 80세-90세까지 사는 것과 마찬가지라는 얘기가 되는 것이다.

(117) 미싱의 뜻

요즘 보통 가정에서는 재봉틀(裁縫틀, 재봉기, 裁縫機)을 구경(求景)할 수가 없다. 세탁소나 옷 수선소에 가야 볼 수가 있고, 재봉틀을 보지 못한 주부(主婦)가 대부분인 것이다.

그러나 과거에는 여성이 시집갈 때의 혼수(婚需) 제 1호로 준비하는 것이 재봉틀이었다.

해방 후 6.25전에는 미제 "싱어(Singer)장수표"가 가장 유명하였고, 6.25후에는 일제 "자노메(巳の目, 뱀의 눈)"가 제일 좋았다.

그런데 이것을 재봉틀이라고도 하지만 대게 미싱이라 한다. 미싱이란 말이 어디서 나왔을까? 재봉기가 영어로 "sewing machine"인데 앞 글자 "sewing(소우잉)"은 빼고 뒤의 글자 "머신"을 일본식으로 "미싱"이라고 불렀던 것이다.

(118) Radio, AM, FM, Hi-Fi, HD

radar, sonar, laser, CT, MRI, PACS의 뜻

Radio는 원래 방사(放射), 복사(輻射), 무선(無線)의 뜻을 나타내는 결합사(結合辭)로서 그 뜻이 변천되어 전파(電波)에 의한 음성방송과 이를 수신하는 수신기(受信機)를 가리키게 되었다.

반송파(搬送波)를 변조(變調, modulation)하는 방법에는 진폭(振幅, amplitude, 음의 강약, 強弱)을 변화시키는 진폭변조(振幅變調, A.M., Amplitude Modulation)와 주파수(周波數, frequency, 음의 고저 高低)를 변화시키는 주파수변조(周波數變調, F.M., Freguency Modulation)의 두 가지가 있다.

라디오의 수신기나 녹음의 재생장치에서 나오는 음이 원음(原音)에 매우 가깝게 한 것이 Hi-Fi(high fidelity, 고충실음향재생장치, 高充實音響再生裝置)이다.

텔레비전의 화질(畵質)을 높인 것을 H.D(high definition, 고화질, 高畵質)TV라 한다.

"radar"(전파탐지기, 電波探知機)는 "radiodetection and ranging"에서, 잠수함을 찾아내는 "sonar"(수중음파탐지기, 水中音波探知機)는 "sound navigation and ranging"에서, "laser"는 "light amplification by sensitized emission of radiation(방사선 감작방출(感作放出)에 의한 광증폭(光增幅)"에서, CT는 computed(computerized) tomography(전산단층촬영, 電算斷層撮影)에서 "MRI"는 "magnetic resonance Imaging, 자기공명영상, 磁氣共鳴影像)"에서, PACS는 pictures archiving and communicating system(영상저장전달장치, 映像貯藏傳達裝置)에서 각각 앞 글자를 따서 만든 단어이며, "ranging"은 "범위조절(範圍調節)"의 뜻이다.

MRI는 초기에는 NMR(nucleo-magnetic resonance, 핵자기공명, 核磁氣共鳴)이라고 하였다.

(119) 부통령제도(副統領制度)

우리나라에서는 이승만 대통령 때에 이시영(李始榮)선생이 부통령으로 계시다가 부통령으로서 할 일이 없다고 사직(辭職)한 이후로 부통령이 없었다.

1960년 3월 15일 부통령제도 선거(이승만 대통령, 이기붕 부통령)를 하였지만 취임하기도 전에 4.19로 무산(霧散) 되었다.

그리고 5.16 이후에는 미국식을 따라서 미국의 CIA와 FBI의 기능을 하는 "중앙정보부(지금의 국정원)"와 대통령궁(大統領宮, 청와대)에 특별보좌관(경제수석 등) 제(制)를 신설하였지만 부통령제는 도입(導入)하지 않았고, 행정부의 국무위원(장관)은 대외적인 얼굴이요, 실제로의 정책은 주로 특별 보좌관(○○수석)에서 나오고 있다.

미국은 "부통령제"를 존속시키고 있다.

그런데 이 "부통령제"는 국고(國庫)만 낭비하고 할일이 없다. 맡기면 할일이 생기겠지만, 특별보좌관이 있고, 총리에 해당되는 국무장관(國務長官, the minister of state)이 있고 육군장관, 해군장관 등 각 부서에 장관이 있어 부통령에게 일을 맡기면 중복이 되어 오히려 일이 안 된다.

따라서 부통령은 필요 없을 뿐더러 있어서는 안 된다. 꼭 부통령을 두려면 제도를 바꾸어야 한다.

대통령직을 계승 못하도록.

그 이유는 미국 헌법에 "대통령 유고(有故) 시(時)에 그 잔여임기(殘餘任期)를 부통령이 계승(繼承)한다." 이러한 항목(項目)이 독소조항(毒素條項)이다.

얼른보기에는 그럴듯하고 잘 된 것 같지만 이치적으로 말이 안 되고 가장 위험 항목이다.

"회장이 유고시에 (제1)부회장이 잔여임기동안 회장이 된다."이러한 조항은 권력이나 이해(利害)가 깔리지 않은 "동창회(同窓會)"나 "친목회(親睦會)"같은데 에서 할 얘기이지 대통령 같은 막강(莫强)한 힘과 권력을 갖고 있는 자리에 "제 2인자"가 그대로 계승한다는 것은 "대통령 후보로서 당선 안 된 사람이 대통령이 된다는 것"자체가 우선 이치(理致)에 맞지 않고 타당(妥當)치 않은 것이고(그 사람을 부통령으로 뽑았지 대통령으로 뽑은 것은 아니니까), 위험 독소요소(危險 毒素要素)라 함은 대통령 취임 하루 지나 대통령을 제거(除去)하면 하루 짧은 임기(미국에서는 4년-1일)동안 자동적으로 대통령이 되기 때문인 것이다.

　권력이나 돈이 많을 때에는 외부(外部)보다는 측근(側近, 가까운 사람)부터 주의하여야 한다.

　즉 피해를 당했을 때에 이익을 볼 수 있는 자리에 있는 사람을 경계해야 하는 것이다.(생명보험가입도 마찬가지이다.)

　세계적인 영웅 "시저(Julius Caesar)"는 아들같이 믿고 사랑하던 '브르터스(Brutus, BC85~BC42)'로부터 출근길에 칼을 맞고 "브르터스! 너마저"라고 외치면서 죽어 갔고, 박정희 대통령은 그렇게 믿던 중정부장에 의하여 해를 입었던 것이다.

　서독수상 콜(Helmut Kohl)은 후계자를 만들지 않아 16년간 수상(首相)자리를 지켰고, 1973년 수도경비사령관 윤필용(尹必鏞)육군소장은 골프 치면서 대통령 후계자 구상(構想) 얘기를 하였다가 하루아침에 뇌물(賂物) 수뢰죄(收賂罪)로 영창(營倉)속에 투옥(投獄)되었고, 조선(朝鮮) 후기(後期)에 정치를 잘하였다고 평가받는 영조(英祖)는 왕세자(王世子)가 왕위를 기다린다는 모함(謀陷)을 믿고 자신의 둘째 아들인 사도세자(思悼世子)를 뒤주속에 가두어 굶겨 죽인 가공(可恐)스리운 참사(慘事)가 벌어졌고 사도세자빈(思悼世子嬪) 혜경궁홍씨(惠慶宮洪氏, 정조〈正祖〉의 어머니)는 이 가슴이 터지고 뼈가 부스러지는 한(恨)을 한중록(恨中錄을 閑中錄이라고도 쓴다.)에 담고 있다.

　그러면 대통령 유고(有故) 시(時)에는 누가 일을 맡아 할 것인가? 그것은 아주 간단하다.

　부통령 아니더라도 다음 서열은 언제나 있는 것이다. 같은 국무위원(장관, 長官)이라도 위치가 같지 않고 서열(序列)이 있다. 우리나라의 95년 이전 24국무위원의 순서는 명칭(名稱)에 따라 "외무-내무-재무-법무-국방-문교- … -보사"의 순서로

상식 몇 가지　235

"외무부가 1번, 내무부가 2번, 재무부가 3번, 법무부가 4번, 국방부가 5번, 문교부가 6번, … , 보사부가 13번"의 서열이었다.

4.19후에 이승만 대통령이 하야(下野, 들로 내려감)하시고 나서 부통령, 국무총리가 모두 없어 장관서열 1번인 허정(許政) 외무부장관이 국가수반(國家首班)으로 앉아 100일 동안 과도기(過渡期)의 정부를 끌고 나가면서 대통령(윤보선, 尹潽善)과 총리(장면, 張勉)를 탄생(誕生) 시켰던 것이다.

이렇게 단기간(短期間) 과도기(過渡期)를 이끌어야지 남은 기간 대통령직을 계승한다는 것은 말이 안 된다.

미국도 어느 때에는 헌법을 바꾸어 부통령제를 없애거나 부통령이 대통령직을 계승 못하도록 해야 하고 또 그렇게 될 것이다(아마도 50~100년 이내에).

1963년 11월 22일 텍사스(Texas)주(州) 달라스(Dallas)시(市)에서의 케네디(John F. Kennedy)대통령피격 후 당시 부통령(존슨, Johnson)이 배후인물인가? 하고 도마 위에 오르고 있는 것도 이러한 연유(緣由)에서이다.

(120) 총기소유자유화(銃器所有自由化)

미국이 대표적인 총기 소유 자유국(自由國)이다. 돈만 있으면 집안 마당에 대포(大砲)나 고사포(高射砲)도 갖다 놓을 수 있다. 총기 소유 자유화를 반대하면 흉악한 자(者)가 많아서 보신용(保身用)으로 있어야 된다고 한다.

그 말이 맞을 때도 있다. 그러나 보신보다는, 결격(缺格)사항만 없으면 총기를 마음대로 구입하고 휴대하기 때문에 희생자가 월등히 많아지는 것이다. 서부개척시대(西部開拓時代)에는 그래야 됐을지 모르지만 미국이 독립한지 231년(2007년 10월 현재)이나 되는데 이제는 바꾸어야 한다.

총기 소유를 찬성하는 사람들은 총기 소유를 허락하지 않아도 불법으로 많이 소유한다고 할 것이다.

그러나 범법(犯法)행위를 하면서 불법(不法)으로 총기를 소유할 때와 자유롭게 합법적으로 소유할 때와는 그 수자가 천지(天地)차이일 것이다.

총기란 가장 간단하게, 나라를 외부로부터 지키는 군인과 국내의 범법자들로부터 보호하기 위하여 수사기관(경찰)에서만 소유해야지 민간인이 휴대해서는 안 된다.

경찰관이 흉악범과 겨룰 때에 유리한 점이 있어야지 양쪽에서 모두가 똑같이 총(銃)을 갖고 있다면 어떻게 정의(正義)를 지키겠는가?

그리하여 미국에서는 보안관(保安官)도 종종 사살당하고 있는 것이다.

내가 서독에 있을 때에 독일 어느 외과의사에게 당신나라에서는 민간인이 총기를 휴대 할 수 있느냐고 물었더니 민간인이 어떻게 총기를 소유하느냐고 펄쩍 뛰었다.

미국의 지도자 중에는 총기 소유를 불법화(不法化)하고 싶어도 무서워서 못 할 것이다.

총기 생산회사의 막대(莫大)한 이익이 걸려있는 문제이니까.

대통령과 힘 겨루던 막강한 FBI(후버국장)를 축소화 하고 천문학적인 이권이 달린 마약(痲藥, narcotics)을 엄하게 다스렸던 존 F. 케네디(John F. Kennedy)가 피격 당한 것을 보아도…

자세(仔細)히는 몰라도 여러 통신회사의 이권(利權)때문에 전화카드로 복잡하게 전화 거는 것을 간소화(簡素化) 하고, 과다(過多)한 변호사 수를 적정수준으로 낮추고, 부통령제를 없애고, 총기소유를 불법화하는 대통령이 나오면 미국은 한층 더 살기 좋은 사회가 될 것이다.

▌Addendum 3   2012. 10. 12

(121) 대통령의 몇 대(代)표기(表記)

우리나라에서는 기간(期間, term)을 중심(中心)으로 얘기하고, 미국에서는 사람을 중심으로 얘기한다.

이승만 대통령은 3번(1948~1960년)을 하여, 1대, 2대, 3대(代) 대통령이라 하고, 박정희 대통령은 5번(1963~1979년)을 하여 5대, 6대, 7대, 8대, 9대(代) 대통령이라 하는데, 조지 워싱턴(George Washington)은 2번(1789~1797년)하였어도 초대(初代)대통령, 프랭클린 루즈벨트(Franklin Roosevelt)는 4번(1933~1945년)을 하였어도 32대(代) 대통령이라 하는 것이다.

▌Addendum 5   2012. 12. 20

(122) 소아가 성인에 비하여 체표면이 상대적으로 큰 이유는?

약의 투여량(dosis medicamentosa)을 기술할 때에 12세 이상 성인에서의 1일 용량(또는 1회 용량 × 1일 몇 회)을 말하고 소아에서는 체중 kg당 몇 mg이라 하는데 더 정확하게는 체표면 m2당(當) 얼마라고 한다.

그 이유는 약의 대사(代謝, metabolism)는 체중에 비례하는 것이 아니라 제표면(體表面, body surface)에 비례(比例, proportion)하기 때문이다.

그런데 소아는 성인에 비하여 상대적으로 체표면이 더 크다. 그 이유는 신장-체표면-체중이 출생시에 50cm-0.22m2-3.3kg, 성인에서는 165cm-1.73m2-66kg으로 신장은 3.3배(倍), 체표면은 7.86배, 체중은 20배로 된다.

그러면 왜 이렇게 증가에 차이가 날까?

그것은 신장은 A^1 (길이), 체표면은 A^2 (면적, 길이의 自乘, 제곱), 체중은 A^3 (체적, 길이의 三乘, 세제곱)으로 증가하기 때문이다. 즉 성인에서 체중이 20배(66/3.3)될 때 체표면은 7.86배(1.73/0.22)로 체중이 체표면적에 비하여 2.54배(20/7.86) 더 증가했다는 것은 체표면이 체중에 비하여 2.54배 적게 증가했다는 것 즉 신생아에서는 성인에 비하여 '체표면/체중'이 2.54배가 된다는 것을 말하는 것이다.

▮Addendum 7   2013. 03. 31

(123) 1 시간 시차(時差)의 거리(距離, distance)는 얼마나 될까?

지표(地表, 지구의 표면)의 위치를 표시할 때에 가로(東西)를 경도(經度, longitude)라 하고, 세로(南北)를 위도(緯度, latitude)라 하며, 영국 런던(London)의 남동부 왕립(王立) 천문대가 있던(1948년에 이전함) 그리니지(Greenwich)천문대를 중심으로 동서를 각각 동경·서경 180도(지구가 둥글어서 360도 이니까)로 나누고, 남북은 적도(赤道, equator)를 중심으로 각각 북위·남위 90도(원주의 1/4 이니까)로 나누었다.

시간도 그리니지 천문대를 표준시간으로 하였으며 동경·서경 합하여 360도가 24시간이므로 1시간 차이는 경도 15도(360도/24시간)의 거리이다.

이 거리는 적도에서가 가장 멀고, 양극(북극, 남극)으로 갈수록 짧아지게 된다.

예를 들면 미국은 동부-서부가 3시간 차이이므로 서경(西經) 45도에 걸쳐 있는 것이다.

생활상식 몇 가지라는 소제목 하에 10여 가지 말한다는 것이 쓰다 보니 어느 덧 (123)번이 되었습니다.

일단 이 항목은 이것으로 끝내고 다음 항목으로 가려고 합니다.

제가 쓰는 모든 것은 평소에 생각하고 말해 오던 것을 정리한 것이지(이제까지 해 오던 제 얘기가 맞는가 몇 가지 확인해 본 것은 있어도) 별도로 백과사전이나 문헌고찰을 한 것이 아니며, 아울러 제1부 했던 이야기들에서는 이미 언급했던 것을 알면서 문맥의 전후 흐름에 맞춰서 또는 필요에 의하여 다시 말한 것이 있음을 말해둡니다.

했던 이야기들

(1) 수자(數字)의 의미

고대 Greece의 Athene철학자 Socrates(BC 470~399)는 우주의 삼라만상(森羅萬象)은 "수자"(No. numero. number. Nr. Numerus. Nummer)라고 하여 수자의 중요성을 역설(力說)하였다. 그러나 이것이 무슨 궤변(詭辯, sophism)이란 말인가? 그러나 그렇지 않다.

그 말은 맞다. "유(有)"와 "무(無)"가 모두 수자의 차이인 것이다.

천(千) 또는 만(萬)이란 수자는 어떠한가?

1㎜의 길이는 눈이 좋아야 보인다. 그런데 도로를 주행(走行)하는 특장차가 아닌 일반차량의 크기의 제원(諸元)의 한계는 차폭이 2,500㎜, 전고(全高, 높이)가 3,500㎜, 전장(全長, 길이)이 12,000㎜이다. 전장의 한계는 1970년대 초(初)까지는 10,000㎜이었다가 증가되었다.

바로 땅위에서 보는 버스보다 10층에 올라가 땅에 서 있는 버스를 보면 믿기지 않을 정도로 기차처럼 길이가 긴 데에 놀란다.

눈에 겨우 보이는 1.2㎜의 만 배가 이다지도 클 수 있을까?

껑충 뛰어 "10"이란 수자를 보면 취직을 하여 월급이 80만원이라면 그렇게 저임

금일 수 있을까? 불평한다.

월급이 800만원(2007년 현재)이면 장관월급(연봉 8,500만원, 2000년전후 신문발표)보다 높아 인구 5%이내에 해당되는 고소득자가 된다. 10세의 아이가 사망하면 제대로 살아보지도 못하고 너무 어려서 사망하였다고 애처로워 한다.

100세까지 살면 염치없이 저렇게 오래 사는가?

자녀를 위시하여 모든 사람의 눈총을 따갑게 받는다. 이러한 차이가 "10"이라는 수자이다.

한층 더 나아가 우리는 2배의 수자를 모르고 산다.

4-5세의 아이가 운동장 저 멀리서 걸어오는 모습을 보면 땅에 붙어있는 것 같다. 키가 100cm이다.

200cm 키의 사람을 대하면 전선대 같다.

큰 키를 바라지만 이것은 너무나 크다. 이것이 "2"라는 숫자의 차이이다. 이렇게 우리는 2배라는 수자마저 실감을 못하고 살아가고 있는 것이며, 우주의 삼라만상이 수자라는 성현(聖賢)의 말뜻을 이제 어렴풋이 알 것 같다.

(2) 다수(多數)의 의미(意味)

다수의 위력(偉力)은 대단하다. 오합지졸(烏合之卒)의 다수의 군대가 소수의 정예부대에 의하여 궤멸(潰滅)당하기도 하지만, 재래식 무기로 무장한 다수의 군대의 인해전술에 의하여 최신으로 무장한 군대가 패(敗)하기도 하고(6.25.한국전쟁시), 한 두 마리이면 아무것도 아닌 메뚜기떼의 다수공격에 의하여 밭에 있는 농작물이 폐허(廢墟)가 되기도 한다.

투표에서는 반 표(半票), 한 표 차이가 유(有)와 무(無)를 갈라놓는다.

다수가 이렇게 위력을 나타내는 경우가 많지만, 문제는 그 "의미"에 있다. 다수가 언제나 옳은 것은 아니라는 것이다.

에이브러햄 링컨(Abraham Lincoln)은 대통령 되기 전 변호사 시절에 이러한 이솝얘기를 즐겨서 인용하였다 한다.

족제비가 닭을 잡아먹다가 들켜서 재판을 받게 되었다. 야단(惹端)났다. 변호사 여우를 선임하여 재판을 받는 자리에서 변호인 여우는 원숭이 재판장에게 이렇게 변론하였다.

"재판장님! 저 족제비가 닭을 잡아먹는 것을 보았다는 증인은 3명 있습니다. 그러나 보지 못하였다는 증인은 9명이 있습니다. 재판장님은 이 "3"과 "9"라는 수자를 참작하시어 판결해 주십시오."

투표나 수자 처리하는 데에서는 3과 9는 game이 되지 못한다. 그러나 보았다는 증인은 1명이라도 그 의미가 절대적이요, 보지 못하였다는 증인은 100명이라도 별 의미가 없는 것이다.

우리는 외형적인 수자에만 의미를 부여하지 말고 그 자체의 의미가 무엇인가를 파악하여야 한다.

투표의 가장 맹점(盲點)은 다수가 이기는데, 다수가 늘 옳은 것은 아니라는 데에 있다. 코페르니쿠스(Copernicus)가 지동설(地動說)을 발표한 16세기 초(初)의 전 세계인구가 10억 1명이었다면 10억 명은 천동설(天動說), 1명은 지동설로 1명은 옳고 10억 명은 틀린 것이었다.

따라서 수(數)의 위치와 중량에 따라 중요성이 다르며, 다수라는 것은 여론에 휘말리기 쉽고 더구나 어리석은 사람이 의외로 많다는 점에서, 다수이면 무조건 옳다고 하는 원시적인 위험한 생각에서부터 그 의미를 분석, 파악하여야겠다.

(3) 성취도(成就度)

어떠한 일의 성취도(performance, 실적, 實績, result)는 "① 재능(ability)"과 "② 노력(endeavor)"과 "③ 운(運, fortune)"의 "3변(邊)으로 이루어진 삼각형의 면적"이다. 각 변이 클수록 면적이 커지며, 2변이 아무리 커도 1변이 0이면 면적은 없는 것이다.

(4) 투약(投藥)의 2대원칙

투약(administration)의 2대원칙이 무엇이냐고 물으면 대답하는 사람이 없다. 질문이 막연(漠然)하여서이다. "첫째는 임신 때에 안전한 약은 없다는 것이고, 둘째는 이익과 손해를 저울질하여(weighing) 이익이 손해보다 클 때에 투여한다."는 것이다.

어떠한 약도 임신 때 안전한 약은 없으며, 부작용이 없는 약은 없는 것이다. 따라서 투약함으로써 얻을 수 있는 이익과 이로 인한 손해를 서울질하여 이익이 더 클 때에 투약하는 것이다.

임신 때에 특히 금기(禁忌, contraindication)되는 약은 ① hormone제(劑) ② 항생제 ③ 항대사제(抗代謝劑, antimetabolites) ④ 항암제 ⑤ 정신신경안정제 ⑥진통제등이다.

(5) 전직(前職)의 의미

전직(former or previous post or position)의 의미(significance)는 현직의 권한(power)은 없지만 예우를 받는 데에 그 의미가 있다.

따라서 하루를 장관하여도 평생 장관이라 호칭되는 것이며, 현직은 아니지만 전직 대통령은 대통령 안 한 사람과는 다른 것이다.

(6) 싸움에 관하여

싸움이란 단어는 부정적(否定的)인 단어이다.

가능한대로 피하는 것이 좋다. 그러나 사회를 살아가는 데에 완전히 없을 수는 없다. 말싸움도 안 하는 것이 좋은데 몸싸움은 더욱 더 그렇다.

왜 그런가하면 싸워서 이긴다는 보장도 없을뿐더러 이기더라도 피해가 크다. 세계 권투선수권 대회 우승자도 텔레비전 화면에 보면 눈에 피멍이 들고 코가 주먹코가 되기 십상이다.

이긴 쪽이 그러한데 진 쪽은 말할 것도 없다.

맞아서 죽기도 한다. 그리하여 싸움에 관하여는 "지는 것 보다는 이기는 것이 낫고, 이기는 것보다는 안 하는 것이 낫다."이렇게 나는 늘 얘기하여 왔다.

(7) 고집(固執)과 집념(執念)

고집과 집념은 비슷해 보이지만 전혀 다르다.

고집은 부정적(否定的)인 단어이고, 집념은 긍정적(肯定的)인 단어이다.

고집은 상황의 변화에 따라 대처하지 못 하고, 한 가지 결정하거나 마음먹은 것을 여건이 달라지고 상황이 불리하여져도 감행하여 흔히 손해를 보거나 전투에 패배를 당하여 버려야 하고, 집념은 한번 마음먹은 것을 여건이 나쁘고 곤란한 처지에서도 굽히지 않고 관철(貫徹)하는 의지이다.

전투나 사업에서도 전진해야 할 때에 전진하고, 후퇴를 하여야 할 때에 후퇴를 하여야 승리를 거두지 "사나이 먹은 마음 굽힐 소냐? 승리를 위해서는 전진!"이라 하고 오직 전진-전진하다가는 패배는 물론 전멸당하기 십상이다.

그리하여 모든 것은 방향과 때를 제대로 맞추어야 한다.

(8) 용기(勇氣), 집념(執念), 체념(諦念)

어떠한 일을 수행(遂行)하는 데에 어려움이 있다고 포기하면 성취하지 못한다. 그러나 여건과 상황이 불가능할 때에 그만두지 않으면 성취도 못하고 변고(變故)를 당한다.

악천후에서 이착륙 하다가 항공기가 추락하거나 산을 등반하다가 조난사를 당하는 등.

따라서 "어떠한 어려움이 있어도 관철(貫徹)할 수 있는 용기와 의지와 집념이 있어야 함은 물론(勿論)이지만, 상황에 따라서는 체념(諦念)할 줄 아는 지혜(知慧)가 있어야 한다."이렇게 나는 수많이 얘기하곤 하였다.

(9) 아첨(阿諂)과 찬사(讚辭)

아첨과 찬사는 다 좋게 들리는 얘기이어서 비슷해 보여도 전혀 다르다.

아첨(阿諂, flattery)은 상대방에게 듣기 좋게 얘기함으로써 상대방을 헤치고 자신의 이익을 취하는 것이고, 찬사(讚辭, a praise)는 상대방의 장점을 알아주고 찬양하여 더욱 더 북돋아 주는 것으로서, 아첨은 비천한 것이고, 찬사는 고귀한 것이다.

(10) 왕도(王道)가 따로 없다.

여기에서의 왕도는 "임금으로서의 도리"가 아니라 "어떠한 일을 하는 데에 마땅히 거쳐야 되는 과정"이란 뜻으로 순리(順理)에 따라야 된다는 뜻이다.

예전에 서양의 어느 엄마가 아기에게 비타민을 많이 먹였더니 부럭부럭 자라서 계속 더 많이 먹였더니 그 다음에 키가 자라지 않았다.

Vitamin D가 과량이어서 뼈에 칼슘이 많이 침착되어 사지(四肢)의 장골(長骨)의 성장판이 조속히 석회화되어 굳어 버렸기 때문이다.

(11) 일사불란(一絲不亂), 질서정연(秩序整然)

우주의 삼라만상(森羅萬象)에는 대자연의 법칙이 있고 질서가 있으며, 사회에서도 질서가 정연하여야 한다.

부모형제, 전후, 좌우, 상하의 질서가 붕괴되면 멸망한다. 부하(部下)가 사령관이 되고, 사령관이 부하가 되면 대군(大軍)도 궤멸(潰滅)된다.

전투에서 후퇴할 때에도 질서정연하게 해야지 질서가 흐트러지면 적군의 화살과 포탄에 의해서보다도 아군(我軍)의 말발굽에 짓밟혀 죽는 수가 더 많은 것이다.

(12) 세상에 틀림없는 2가지

일이 제대로 되지 않고 뒤틀렸을 때에 사람들은 말한다. 한 치의 앞도 내다볼 수 없는 것이 세상일인데도, "저렇게 될 줄 알았는데 이렇게 되었다"고. 그러면 나는 "모든 것은 가변(可變)이고 불확실하다. 단(單) 2가지만 빼고는.

이 세상에서 틀림없는 2가지란 하루에 한번 씩 지구(地球)가 자전(自轉)한다는 사실과 1년에 한번 씩 지구가 태양주위를 공전(公轉)한다는 사실. 이 2가지 이외에는 모든 것이 불확실한 것이다."라는 말을 여러번 하였다.

그리고 이 세상에 공평한 것 단(單) 한 가지는 세월이 감에 따라 나이 한 살씩 먹는 것이다.

그렇지 않으면 권력있고 돈있는 사람은 10년에 한 살 먹을 것이요. 권력없고 돈없는 사람은 1년에 10살 먹을 것이다.

(13) 2가지 부류(部類)의 사람

"사람의 분류를 여러 가지로 할 수 있는데 그 중의 하나는 긍정적(肯定的, positive)인 사람과 부정적(否定的, negative)인 사람으로 나눌 수 있다.

긍정적인 사람에게는 맨손으로 밤송이를 까라는 등. 완전히 불가능한 것 이외에는 모든 것이 가능하다.

그러나 부정적인 사람에게는 되는 것이 아무 것도 없다.

그리고 그 안 되는 이유는 언제나 적어도 5가지 이상이 있는 것이다."

(14) 사람의 분류(分類)

사람을 "능력"과 "신의" 2가지 변수(變數, parameter)로 분류한다면 4가지 조합(組合, combination)이 된다.

① 능력이 있고 신의가 있는 사람이 최상(最上)이고, ② 그 다음이 능력이 없고 신의가 있는 사람이고, ③ 또 그 다음이 능력이 없고 신의가 없는 사람이며, ④ 최하위(最下位)로 경계해야 될 위험인물은 능력이 있고 신의가 없는 사람이다.

이러한 사람이 회사에 들어오면 회사를 말아먹고, 나라를 맡으면 국가를 멸망시키는 것이다.

(15) 지침과 기준

지침(指針)은 시계나 나침반 또는 계량기의 바늘(needle, indicator, pointer)로서 방향이나 방법을 알려주는 준칙(準則, guide)이며, 기준(基準)은 기본이 되는 표준(標準, standard, criterion)이다. 즉 방향과 평균 또는 평균치(표준치)이어서 개인과 상황에 따라서 변이가 크게 있는데 흔히 이것을 고정(固定)된 것으로 생각하고 이것과 차이가 나면 잘못하는 것으로 여긴다.

예를 들면 아기에서 생후 며칠 또는 몇 주, 체중 몇 kg이면 몇 시간마다 몇 mℓ의 우유를 먹이고, 무슨 수술을 할 때에는 수술 당일, 술후 제1일, 술후 제2일... 등에는 항생제를 포함한 투약을 어떻게 해야 한다는 지침을 마련해야 한다고 여기저기서 저마다 외치고 이 기준치와 다르면 잘못 아기를 키우거나 처방이 옳지 않다고(엉터리라고)하는 것은 아주 학문적인 것 같이 보이지만 크게 잘못된 것이다.

다시 말하면 수술시 투약지침도 하나의 방향과 안내(guide)이어서, 염증이 있으면 항생제를 더 써야 되고, 가래가 많이 있으면 거담제(祛痰劑, expectorant)를 더 써야 하는 것이지 이러한 소견이 있거나 없거나 통일된 일정한 투약지침에 따라야 한다는 것은 어불성설(語不成說, 말이 되지 않음)인 것이다.

보통 성인에서 중노동을 하지 않아도 밥을 곱빼기로 하루 3그릇씩 먹지 않으면 못 견디는 사람도 있고 하루에 반 공기씩 2번만 먹는 소식가(小食家)도 많으며, 양(量)이 커서 우유를 더 먹겠다는 아기를 먹이지 않으면 정신적으로 욕구불만과 신경질을 일으키고, 양이 적어 적게 먹는 아기를 지침에 따른다고 코를 막고서라도 억지로 먹이느라고 애쓰면 신경질적이 되고, 먹는데 대한 공포감을 일으키고, 우유가 기도로 흡인(吸引)되어 폐렴(또는 사망)까지 일으키기도 한다.

지침이란 어디까지나 방향과 평균치(표준)를 얘기하는 것이다. 상황과 개인에 따라 거기에 맞게 변형(變形, modify)시켜야 하는데, 아주 학문적인 것처럼 지침에 맞게 한다하고 실제로 그 상황에서 잘못하는 "우(愚, 어리석음)"를 범(犯)하여서는 아니 된다.

(16) 주어진 환경

사회를 살아가거나 전투를 할 때에 환경과 여건이 좋을 수도 있고 나쁠 수도 있다.

무엇을 하려면 "여러 조건이 나빠서…"하고 아예 포기하거나 노력을 안 하게 되면 아무것도 할 수가 없다.

서울대학교 의대 미생물학 교실의 이승훈(李承薰)교수님은 나에게 이렇게 가르치셨다.

"여건이 나쁘다 한탄하지 말고, 주어진 환경 하에서 최선을 다하라."고.

(17) 마라톤 (marathon)

나는 운동선수가 아니어서 전문적인 지식은 없다.

그저 상식으로 생각하는 것이다.

운동 중에는 육체적으로 제일 힘든 운동이 마라톤이고 기술적으로 제일 어려운 운동은 체조라고.

체조는 기술적으로도 힘들지만 커다란 위험성도 따른다. 물론 위험성이 없는 운동은 없겠지만 체조는 특히 더 그렇다. 그것은 사고(事故)가 일어날 위험성이 크기 때문이다. 어느 국가대표 체조선수 여고생은 연습 중 사고로 목뼈를 다쳐 영구적인 사지마비가 되었다고 보도되었다. 권투는 위험하다. 이겨야 돌아오겠다고 해외출전 갔던 김득구 선수는 운동경기 중 뇌손상으로 시신으로 돌아왔다.

역도는 120kg이건, 150kg이건 한 번에 드는가, 못 드는가, 한 순간에 달려 있지만 42.195km란 마라톤은 "체력"과 "정신력"을 겸비하여야 한다.

체력에 못지않게 "강한 정신력, 지구력(持久力)"이 있어야 한다.

육체적으로 힘든 씨름은 22세가 환갑이라고 하는데, 체력으로 힘든 마라톤은 20대 후반기 또는 30대가 우승하는 예가 많다. 체력은 청소년보다 떨어지지만 정신력이 더 강인하기 때문이다.

1986년 아시아 게임에서 17세인 임춘애는 마라톤에서 우승하였다. 전 국민이 2년후인 1988년 Olympic에서 우승할 것이라고 기대하였다.

한국 사람으로 Olympic에서 마라톤 우승은 1936년 Berlin에서 손기정선수가 우승한 것이 유일하다.

그러나 일제시대 이어서 태극기가 아닌 일본의 일장기(日章旗)를 달고 뛰었기 때문에 이제 처음으로 태극기를 단 소녀가 우승하리라고 기대에 부풀었다.

그러나 나는 사석(私席)에서 늘 그렇게 말하였다.

"임춘애는 이제 끝났다. 그가 왜 뛰었는가?

라면만 먹고 우유를 먹지 못하여 우유 먹기 위하여 뛰었는데 이젠 그 많은 상금과 후원금과 평생 먹을 우유는 말할 것도 없고 등심고기, 갈비, 생선회…평생 먹을 것이 꽉 차서 뛰어야 될 이유도 없어졌고, 많이 먹어 살도 쪄 체중도 늘어 뛰기도 힘들어질 것이고 거기에다 강한 인내력과 지구력 등 성신력이 있긴커녕 뛰어야 될 동기(動機, motive)나 의욕마저 없어지기 때문이다."라고 말하였다.

모든 국민의 기대와 달리, 내 말은 그대로 적중(的中, 화살이 과녁 맨 중앙에 박힘)하여, Olympic 우승은커녕 출전 근처에도 가보지 못하고 부진(不振)한 성적을 조금 내다가 곧바로 은퇴해 버렸던 것이다.

격려하여 앞으로 우승하라고 한 잘못된 정책이 앞날의 유망주를 그렇게 허무하게 영원히 땅속에 묻어버리고 만 것이었다.

(18) 상속(相續)

1960년 12월 31일 나의 선친께서 세상을 떠나셨을 때의 우리나라의 상속법은 100%가 장남(長男)으로만 되어 있었다. 우리 집에는 상속될 것이 없어서 해당사항이 없었지만 그러한, 말이 안 되는 우리나라의 법을 보고 한심(寒心, 찬 마음)한 정도를 지나 슬프기까지 하였다.

호주(戶主)인 가장이 별세하면 장남이 가장(家長)이 되어 모든 것을 맡아서 살림을 꾸려 나가고 제사(祭祀)도 도맡아 하고, 왕이 붕어하면 왕세자(王世子)가 왕이 되어 국가를 다스리는 것과 같이 한다는 것을 그 어느 누가 모르겠느냐? 마는 일반 가정은 왕가(王家)가 아니다. 집안에서 아버지와 아들은 엄연히 다른 것이다. 아버지가 안 계시다고 어떻게 아들이 아버지가 될 수 있겠는가?

어머니, 그리고 장남 이외의 모든 자녀가 아무 권한이 없다는 것이 말이 되는가? 더구나 딸에게는 아무 권한을 없게 하고 아들딸 구별 말고, 남아선호(男兒選好)하지 말라는 모순(矛盾)에는 하도 어이없어 유구무언(有口無言), 말이 나오지 않는 정도를 지나 그 무식한데 대한 경멸감(輕蔑感)과 분노감(憤怒感)마저 치밀어 오른다.

장남이 동생들을 공부도 시키고 모든 뒷바라지를 아버지가 하던 것처럼 어떻게 할 수 있겠는가? 그리고 어머니는 아들 눈치보고 구걸(求乞)해야 한단 말인가?

장남은 이미 독립하여 돈도 벌고 모든 유산 다 상속받고 겨우 제사나 지내는 둥 마는 둥하고 동생을 제대로 공부도 시키지 않고 시집 안간 여동생 결혼도 안 시키고 자기네들은 흥청망청 돈 쓰며 지내는 경우가 얼마든지 있다.

그렇다고 엄마가 다 맡아도 안 된다. 모든 재산을 다 갖고 다른 남자에게 가 버리면 자녀들은 아버지의 재산 한 푼도 없이, 공부도 못 하고 고아(孤兒)가 되어 버리고 마는 것이다.

이리하여 장남이나 엄마는 아버지와 다른 것이다.

이 간단한, 원시적(原始的)인 진리를 그 위정자(爲政者)들은 어찌도 그렇게 모르고 무식하게 처리할까?

그리하여 나는 사석(私席)에서 기회 있을 때마다 이렇게 주장하였다.

"이렇게 너무나 잘못된 법(法)은 조속히 고쳐져야 된다. 장남, 차남 가리지 말고 아들딸 가리지 말고, 시집간 딸, 시집안간 딸 가리지 말고 모두에게 1:1:1식(式)으로 해야 한다. 엄마는 자녀와 똑같을 수 없으니 1.5로 하고"

그 후에 차남이하에게도 주고, "몇 대(對) 몇"이라 하고, 그리고 딸에게는 없던 것이 시집안간 딸에게는 상속이 있고 시집간 딸은 없다는 둥, 아들과 딸은 2:1이라는둥 시집안간 딸과 시집간 딸은 2:1이어서 시집간 딸은 아들과 4:1이라는 둥 여러 과정을 거쳐 세월이 흐르면서 결국 내가 이미 40여 년 전에 주장하였던 대로 이제야 그렇게 된 것이다.

즉 배우자는 1.5, 그 나머지자녀는 아들이건 딸이건, 시집갔건 아니 갔건, 장남이건 막내이건 모두가 1:1:1 식(式)으로.

그리하여 법률전문가들로 이루어진 국가시책보다 나는 40여년이 더 빨랐던 것이다.

얼마 전에 텔레비전과 신문에서 보았다. 어느 문중에서 딸들에게도 재산을 상속하여 달라고 하고 문중(門中)에서는 그 문중의 규정에 딸들은 안 주게 되어 있다고 하여 그 재판이 대법원에까지 올라갔다고.(문중의 규정보다는 국가의 법률이 상위(上位)임)

그 판결이 어떻게 나왔는지 모르지만(내가 그 문중의 사람이 아니니까), 나는 그 문중에게 묻겠다.

모든 것을 떠나서 같은 자기의 자녀이면서 아들과 딸을 차별대우하는 것은 불공정(不公正)하고(상업에서도 불공정거래(不公正去來)는 불법(不法)임), 인륜(人倫)의 도리(道理)에도 맞지 않는다. 딸은 시집(시가, 媤家)가버리니까 없어진다고 생각하지만 그것은 잘못이다. 이러한 깊은 진리를 한문 글자가 만들어진 수 천 년 전에 이미 다 알고 있었다. 시집-시부모-시누이-시동생 하는 남편 쪽을 의미하는 "시"글자가 남자가 주체(主體)가 아니고 "媤"즉(卽) "계집녀(女)" 글자가 들어가 여성(女性)이 주체인 것이다.

따라서 자녀(子女)의 성(姓)도 강제적 까지는 아니더라도 부모의 희망에 따라 엄마의 성(姓)을 따를 수 있게 해야 된다.(독일은 이미 오래 전부터.)

그리고 뿌리를 찾아야 된다하고 가계(家系)를 그렇게 중요시 하는 사람들에게 한 가지 충고(忠告)하겠다.

그렇게 가계도(家系圖)와 가계보(家系譜)를 중요시 한다면 지금처럼 부계도(父系圖)로 하지 말고, 모계도(母系圖)로 하라고.

왜냐하면 부계도(父系圖)는 종종 오류(誤謬)가 있고 모계도(母系圖)에는 한 치의 착오(錯誤)도 없으니까.

(19) 감명(感銘) 깊었던 영화(映畵)

    1970년대 중반기 이후로는 영화관에 가 보지 않았다.
    시간이 없어서 보다도 별로 보고 싶지가 않았다.
    그 예전의 감명 깊던 그러한 것은 없고 그저 눈요기가 대부분이어서.
    1950년대 중반기부터 1970년대 전반기까지 몇 가지 본 것 중에 감명이 깊었던 것은 1950년대(年代)의 흑백영화 "On the Waterfront(워터프론트)", 그 후 1970년대 전반기까지 "From Here to Eternity"(지상에서 영원으로), "The Best Years of Our Lives"(우리 생애의 최고의 해), "Gone with the Wind"(바람과 함께 사라지다), "Kilimanjaro"(킬리만자로), "The Bridge on the River Kwai"(콰이강의 다리), "A Time to Love a Time to Die"(사랑할 때와 죽을 때, Zeit zu Leben und Zeit zu Sterben), Earnest Hemingway의 "For Whom the Bell Tolls?"(누구를 위하여 종은 울리나?), "A Farewell to Arms"(무기여 잘 있거라), "The Sun Rises Again"(태양은 또 다시 떠오른다.), Nobel 수상작인 "The Old Man and the Sea"(노인과 바다). "Papillon(빠삐용)", "Natassa"(나타샤), "Sands of the Two Jima(유황도의 모래)"등이며 특히 "지상에서 영원으로"에서 동료가 죽고 나서 나팔(喇叭, trumpet)을 부는 장면이나 "사랑할 때와 죽을 때"에서 사살하고 이동해야 되는 적군 포로를 살려 주었더니, 뒤에서 쏜 그 자의 총에 맞아 죽어가면서 애인으로부터 받은, 물에 떠내려가는 편지를 집으려고 안간힘을 쓰는 장면등은 불후(不朽, 썩지 않음)의 명작(名作)이다.
    "바람과 함께 사라지다"가 종로3가 단성사에서 상영(上映)될 때에 그 근처의 이름없는 작은 영화관에서 거리에 현수막을 쳐 놓고 손님을 끌었다. "바람과 함께 지다"란 영화를.
    멀리서 유명한 영화(바람과 함께 사라지다)를 보러 왔다가 "바람과 함께 지다"를 그것으로 알고, 보고나서 유명하다던데 왜 이리 시시할까? 하고 의아해 한 사람도 꽤 있었을 것이다.
    곁들여서 한 마디 더 얘기하면 우리나라의 재봉틀은 1940년대에 미제(美製) "Singer"(싱가미싱이라 하였다)가 가장 유명하였고, 1950년대에는 일제의 "JANOME.(자노메, 巳の目, 뱀의 눈)가 인기를 누렸다.
    이때에 우리나라에는 "A"글자와 "O"글자만 바꾸어 보기에도 비슷하고 발음도 비슷하게 "JONAME"(조나메)라는 재봉틀을 내 놓았다. 많은 사람들이 일제 "자노메"로 알고 썼으리라.

(20) "빠삐용"과 "나타샤"

1970년대 초(初) 비슷한 시기에 선보인 이 두 편의 영화는 크게 인기를 끌었다. 이 두 편의 영화를 관람한 사람에게 가끔 나는 묻곤 하였다.

"이 두 편 사이에 공통점과 차이점은?" 그러나 내가 원하는 대답은 듣지 못하였다.

나는 말하였다.

"두 편의 공통점은 '숙명(宿命)'과 '의지(意志)'를 다룬 것인데, 차이점은 빠삐용은 '의지'가 '숙명'을 앞섰고, 나타샤는 '숙명'이 '의지'를 앞섰다."라고 (빠삐용은 그 절해고도(絶海孤島)에서 7번이나 탈출하였다.)

(21) 은행융자금 이자

과거의 은행의 대출담당자와 은행에서 융자 받아 본 사람 이외에는 이러한 사실을 모를 것이다.

1980년대에 나는 충청은행으로부터 1년간의 융자금이 있는 작은 아파트를 인수 받았다. 1년 동안은 매월 이자만 내고 1년 후에 원금을 갚는 융자이었다. 주공아파트의 주택은행 융자는 1년 거치 19년 상환이었는데 매달 불입하는 이자를 늦게 내면 내야 되는 그 이자에 내한 이자를 붙여 내면 되어서 몇 백원 되지 않았다. 이느 날 이자 지불하는 날짜가 며칠 늦어져 내야 되는 금액 몇 만원에 대한 이자 몇 백원 더 낼 생각을 하고 갔더니 융자금 이자를 10만원 가까이 내야 된다는 것이었다. 물었더니 원금에 대한 이자라고 한다. 이자(利子)납부가 늦어졌기 때문에 제때에 내야 될 늦어진 이자에 대한 이자 3~4백원 내면 되는 것을(주택은행에서는 이렇게 하고 있었음) 1년 융자한 원금에 대한 이자 10만원 가까이 내라는 것이었다.

대출원장에 그렇게 되어 있다고 한다. 안보여 주려는 것을 억지로 보았다. 거기에는 "이자를 못 갚았을 때에는 즉시 갚아야 될 돈의 이자를 받는다."라고 되어 있었다. 그리고 재무부 장관이라고 쓰여 있었다.

나는 즉시 갚아야 될 돈은 이자이고, 원금은 1년을 융자하였기 때문에 그것이 어디 즉시 갚아야 될 돈이냐고 2시간동안이나 따지고 싸우자 나중에는 내말이 맞지만 그렇게 하고 있으니 이해해달라고 사정을 하는 것이었다.

충청은행 본점에 알아봐도 다른 시중은행에 알아봐도 다 그렇게 하고 있다고 하였다.

은행직원이 나에게 어떻게 할 것이냐고 하여 나는 "서민이 무슨 힘이 있겠는가? 악법이라도 따라야지, 그러나 이것은 시정이 되어야 한다.

재무장관의 직무유기이다. "즉시 갚아야 될 돈"이라고 함정(陷穽)을 파 놓고, 이자에 대한 이자를 갚으면 되는 것을, 약 200배나 되는 원금(대출금)에 대한 이자를 받아내다니.

그런 일이 있고 20여년이 지난 어느 날 우연히 들으니 나의 얘기처럼 시정(是正, 올바로 고쳐짐)이 되었다 한다.

시중은행과 지방은행이 이처럼 돈 없는 서민을 상대로 오랫동안 200배 가까이 이자를 받아 왔던 것이다.

정직해야 될 은행이 그렇게 공공연(公公然)히 국민들로부터 200배(倍)가까이 부당(不當)하게 이자를 받아낸 사실에 나는 분노(憤怒)와 경악(驚愕, 크게 놀라움)을 금(禁)치 못하였다.

(22) 남의 입장에 서서 보기

대부분 사람들은 남의 입장에 서서 보지 않는다.

오직 내 이익만 챙기고 남이야 어떻게 되든, 남이야 죽든 말든, 나만 편하면 되고, 이것이 특히 근래의 우리나라 사회의 현실이다.

1990년대에 외과가 한창 인기 없을 때에 레지던트로 들어왔다가 그만둔 사람이 7명이나 있었다.

그 중에 한 명은 적성에 맞지 않는다 하여 다시는 오지 않았고 나머지 6명은 다시 와서 하고 싶어 하였다. 그 중에 한 사람은 2번이나 그만 둔 상태이었다. 일생동안 할 전문과를 택하는데 마음이 두 번 세 번 변경될 수 있음을 나는 이해하고 나쁘게 보지 않았다. 그리하여 다시 들어와서 잘 마치고 모두 전문의가 되었다.

환자도 검사는 미리 다 받아놓고 수술받기 전날 입원하였다가 다음날 수술직전에 다른 병원에 가서 수술 받는다고 퇴원하였다가 다시 받겠다고 입원하겠다는 환자가 가끔 있다. 어떤 경우에는 2번이나 입원-퇴원하였다가 3번째 수술 받겠다고 오는 환자도 있었다.

나는 이러한 것을 언짢아하거나 서운하게 생각하지 않았다.

환자의 입장에서는 마음에 변화가 올 수 있는 것을 충분히 이해하여 주고 처음 온 환자와 똑같이 성의껏 수술하고 치료하여 주었다.

이러한 것들은 상대방의 입장에 서서 보았기 때문이다.

남의 입장에 서서 보는가? 아닌가? 에 따라 인생의 운명이 바뀌는 한 가지 실례를 든다면, 1991년에 서울의 모(某) 여대 예능계(藝能系)의 50세 되는 어느 여교수는 부정입학의 대부(代父)로 "O사단"이라고 불리었다.

부정입학시킨 어느 여학생을 여름방학 때 러시아 공연에 참관(參觀)하자고 하여 데리고 갔다.

러시아에서 그 학생에게 아이스크림 사오라고 하여 사러가다가 고속도로에서 교통사고로 사망하였다.

그 학생의 어머니는 가지 않겠다는 것을 억지로 데려간 것은 따지기 곤란하지만 부정입학금 8,000만원은 반납하라고 하였는데 반납하지 않아 사건이 터지게 된 것이다.

돈을 받은 측에서는 입학시켜준다고 하고 받아서 입학시켜 준 것으로 끝나지 일생(一生)을 책임진다고는 하지 않았기에 돌려줄 필요가 없다고 했을 것이고, 돈을 준 측에서는 입학하고 잘 졸업할 것을 기대하고 준 것이지 입학하고 4달만에 사망할 것이라면 왜 큰돈을 주었겠는가?

죽은 애는 살려낼 수 없으니 준 돈이나마 받으려고 하였던 것이다.

그리하여 그 엄마가 고발하여 그 교수는 파면과 함께 아마 형사 치벌받아 인생(人生)의 몰락(沒落)을 초래(招來)하였다.

즉(卽) 남의 입장(立場, standpoint, situation)에서 보았으면 무사(無事)했을 것을……(이상은 당시 신문에 게재된 내용을 간추린 것임.)

(23) 아파트 융자금 상환

나는 1981년에 대전에서 분양 시작한지 10달 지난 가장동(佳狀洞) 주공 아파트를 분양 받았다. 19년 상환금은 입주 시부터 매달 불입하였다.

3년 후에 팔게 되었는데 계약을 하고나서 며칠 지나 문제가 생겼다. 소유기 명의 변경하려면 분양개시한 달부터 소급하여 모두 불입하고 정산(精算)해야 된다는 것이다. 이것을 사는 사람이 낼 것인가? 파는 사람이 낼 것인가? 사는 사람과 파는 사람이 반(半)씩 낼 것인가? 다툼이 많았다고 하였다.

누가 내야 되는 것인가를 나는 공인중개사나 법무사에게 문의하지 않고, 살 사람과 타협이나 싸움도 하지 않았다. 일방적으로 내가 내겠다고 하였다.

그 이유는 간단하였다. 입주하여 내라는 것 다 냈는데 나도 더 내고 싶지 않았다. 그러나 내가 파는 사람이 아니고 사는 사람이라면 나는 안 내겠다. 사는 사람이 계약한 집값을 내면 파는 사람은 명의 이전하는 서류를 당연히 해주어야지, 명의이전하기 위하여 매입자에게 돈을 더 내게 한다는 것은 타당치 않다고 생각하였기 때문이다.

그리하여 나는 파는 사람으로서 상대방 즉 매입자 입장에 서서보고 한달 봉급의 거의 반이나 되는 금액을 선선히 내주었던 것이다.

(24) 남아선호(男兒選好)와 엄마 성(姓)

사나이 대장부 같은 여성도 있고 연약한 남성도 있지만 여성은 체력으로 보아 남성의 80%로 보고 있다.

그리하여 아들이라면 딸보다 더 든든한 감(感)도 있는데다가 여성이 시집(媤家) 간다함은 아들은 다 키운 성인을 데려오니 2배가 되고 딸은 다 키워 남에게 주어버리니 이 얼마나 손해인가?

거기에다가 더 나아가 자녀(子女)가 부성(父姓)을 따르니 딸만 있으면 가계(家系)가 끊기는 것이다.(絶種)

다른 사람에게 어떠한 것을 시키려면 3가지 방법이 있다. 첫째는 그렇게 하면 이익이 있는 경우, 둘째는 그렇게 안하면 손해가 따르거나 처벌받게 하는 것, 셋째는 이 양자를 병합하는 것이다.

서독에서는 출산장려를 위하여 2번째 아기부터는 사회적으로 많은 혜택을 주었고, 통독되기 전 서(西)Berlin에서 서독으로 빠져 나가는 인구를 억제하고 유입(流入)시키기 위하여 서독에서 서Berlin으로 오는 사람에게 지원금을 주었으며, 중국에서는 산아제한으로 2명이상의 자녀를 낳으면 아빠는 직장에서 떨려나가고 아파트에서 쫓겨나가게 된다.

그렇게 하면 이익이 되고 그렇게 하지 않으면 손해가 되게 하면서 그렇게 하라고 권해야 되거늘, 딸을 낳으면 번연히 엄청나게 손해 보는 사회제도 하에서 "아들, 딸 구별 말고 남아선호 하지 말자."하는 구호를 보면 천치바보나 정신병자도 코웃음 칠 텐데 정신 멀쩡한 사람에게 그런 구호를 외치는 것을 보고 나는 어처구니없다 못해 슬프기까지 한다.

위정자(爲政者)들이 저런 소리를 하다니.

우여곡절(迂餘曲折) 끝에 지금은 법이 바뀌어 엄마의 성(姓)으로도 된다하는데 당연히 그렇게 해야 된다.

서독에서는 오래전부터 그렇게 하고 있다.

유전자는 부모로부터 반반이지만 280일 동안 태아가 모체에서 자라기 때문에 엄마로부터의 영향을 더욱 많이 받고 모유까지 먹고 자랄 때에는 더욱 더 그러하다. 또한 대개는 집에서 엄마와 같이 있는 시간도 더 많은 것이다.

(25) AIDS의 발음

지금 이것을 "에이아이디에스"라고 발음하는 사람은 없는데 이 말이 처음 시작된 1980년대 초(初)에는 모두가 그렇게 말하였다.

에이아이디(AID)차관등 이 말은 이미 귀에 익숙하여 있었는데 여기에 S자(字)만 더 붙은 것이다. 나는 그렇게 7음절로 길게 할 것이 아니라 "에이즈" 이렇게 3음절로 얘기하는 것이 간편하다고 하고 나는 처음부터 그렇게 말하였는데 2년이 지나니까 약속이나 한 듯이 모두가 그렇게 내가 얘기한대로 말하게 되었다.

(26) 외래품

외래품을 안 쓰고 국산품을 써야 애국자라고 모두가 얘기할 때에 나는 수출입을 자율화하여 외래품을 마음대로 쓸 수 있어야 된다고 주장해왔다.

모든 나라가 수입은 안 하고 수출만 하려 한다면 수입하는 나라가 없어 어느 나라도 수출을 할 수 없고, 싸고 좋은 물건을 만들어 전 세계 60억을 상대로 팔아야 한다는 것이 나의 주장이었다. 모든 위정자(爲政者)들이 외래품을 안 쓰고 국산품을 써야 애국자라고 할 때에, 40여년전부터 나는 자유경쟁 시켜야 한다고 주장해왔다.

(27) 외국인 노동자

1963년부터 간호원과 광부가 취업으로 서독에 갈 때에 나는 "현재는 노동인력이 해외로 가지만 앞으로는 외국인 노동자가 우리나라로 올 것이다."라고 당시로서는 상상(想像)할 수 없었던 얘기를 여러 번 하였다.

그리하여 '인력을 수출'하고 '인력수입'은 꿈도 못꾸던 시절에 앞으로는 인력(人力)을 수입할 것이라는 나의 말은 정확히 맞아 떨어져 20년이 지나서부터 현실화되더니 이 글을 쓰고(2007년), 교정하는(2013년) 시점에서는 중국의 조선족, 베트남족 등 외국인 노동자가 100만명을 넘었다고 보도되고 있다.

(28) 솔로몬의 지혜

솔로몬은 기원전 10세기의 이스라엘의 어진왕(賢王)인데 텔레비전의 방영(放映) 제목이다.

판단하기 어려운 문제를 놓고 전문가 등 여러 사람의 의견을 들어 결론을 내리는 것이다.

어느 때 보니까 어느 남자가 음식점에 가서 생고기를 사자고 하였는데 못 판다고 하니까 전에 이 집에 와서 고기요리 먹었는데 아주 맛있었고 지금 마누라가 출산 후이라 요리를 못하니 집에서 먹을 것 조금 사자고 간청하니까 주인이 마지못하여 조금 팔았다.

사내는 그것을 사진 찍고 주인에게 범법행위를 하였으니 당장 500만원을 내라하고 내지 않으면 고발하겠다고 협박하였는데 주인이 하도 어이없어 그냥 있다가 고발당하였다. 솔로몬의 지혜에서는 과정이야 어쨌거나 음식점 주인이 범법행위를 하였으니 처벌해야 된다는 것으로 결론지었다. 나는 "음식점에서 전문적으로 생고기를 판 것도 아니고, 사기에 걸려 인정을 베푼 것인데 그래도 시행령을 어겼으니 경고나 소액의 과태료를 부과하고, 간악하게 사기치고 협박하고 거액의 갈취(喝取)미수인 형사범은 크게 처벌해야 하는데 사기 당한 착한 사람은 처벌하고 흉악한 형사범에게는 일체(一切)의 제재(制裁)가 없으니 말이 되지 않는다."라고 말하고 그 이후로는 그런 볼 가치가 전혀 없는 program을 보지 않았다.

원인제공은 관계없이 결과만을 얘기하는 우리 사회를 개탄(慨嘆)하였다.

그리하여 우리사회는 착한 인정을 매몰(埋沒)시키고 흉악범만 육성(育成)시키는 것이다.

(29) 최신의학 이야기

앞에서 언급한바 있지만 다시한번 말하려 한다.

1980년대와 1990년대의 이야기이다.

일본박사가 개발하였다 하면서 자석(磁石)담요, 자석목걸이, 자석팔찌가 몸에 좋다고 전국을 휩쓸며 고가(高價)로 날개 돋힌 듯이 팔렸다.

나는 일축(一蹴)하였다. "말도 안 되는 소리이다. 지구자체가 하나의 커다란 자석인데 몸에 자석을 붙이면 자력선의 방향이 같으면 기능이 항진된다면, 방향이 반대이면 억제되고, 사선(斜線, oblique, 비스듬함)이면 기능에 혼란이 온다."라고.

그리고 이름 있는 가수가 동원되어 필리핀 마술사가 유방암을 수술하지 않고 치료하고 담석을 수술하지 않고 꺼낸다고 매스컴까지 동원되어 전국을 설쳤고, 일부 환자는 그러한 시술 받으려고 필리핀을 방문하였다 한다.

조직검사에서 암조직의 "Flow Cytometry"가 발표되어 암환자의 예후를 거울처럼 알 수 있는 것 같았고, 또한 "앤지오스타틴(angiostatin)"이 발표되면서 암으로 가는 혈관을 막아 암 정복이 코앞에 온 것처럼 떠들 때에도 나는 코웃음을 쳤다. "그것이 생각하는 것처럼 그렇게 간단히 되지 않는다."라고.

내가 얘기하였던 대로 앞의 3가지는 증발(蒸發)되어 버리는 데에 2년이 채 걸리지 않았고, 뒤의 것은 앞길이 요원(遙遠)한 것이다.

(30) 시험폐지

1990년대의 이야기이다. 전문의 구술시험 모임에서 외과학회이사장이 "근래 구술시험에서 떨어지는 사람이 없으니 앞으로는 폐지하여야겠다."라고 하였다.

그 당시 나는 아무 얘기도 하지 않았지만 사석(私席)에서 여러 번 얘기하였다.

"구술시험을 치르는데 너무 번거롭고, 힘들고, 비용도 많이 들고 그래서 시행하지 않겠다면 얘기는 되는데, 선발시험이 아니고 자격시험에서 떨어지는 사람이 없어서 시행할 필요가 없다니 말이 되는가?"라고.

자격시험은 아무도 안 될 수도 있고, 모두가 다 합격 될 수도 있지만 선발시험은 성적이 나빠도 될 수 있고, 우수하여도 선발정원이외는 떨어지게 된다.

전문의 시험은 자격시험이다. 공부를 시켜서 지식이 얼마나 있는가를 보는 시험이지 숫자를 제한하여 떨어뜨리기 위한 시험이 아니다.

전년도에 의사국가시험에 모두 합격하였다면, 떨어진 사람이 없으니 다음해부터는 시험 볼 필요가 없어져 폐지해야 되겠다는 얘기와 마찬가지이다.

이렇게 우리 사회는 중직(重職)을 맡은 사람이 기본개념이 없는 것이다.

(31) 자연파괴와 질병

생활상식 '(55) 간척사업과 갯벌'에서도 말했듯이 인간은 대자연에 순응하면서 살아야지 자연을 지배할 수도 없고 자연에 역행(逆行)하여 살 수 없으며 자연을 파괴하면 인류가 멸망한다고 강조해 왔다.

에너지 사용으로 인한 과도한 탄산가스 배출에 의한 지구온난화로 생태계가 파괴된다고 지구에 비상이 걸린 상태 하에서 현재 우리는 개발이라는 미명(美名)하에 산을 깎아버리고, 삼림(森林)을 베어 버리고, 바다를 메꾸고, 인간이 개발한 기계를 자랑하는 무기(武器)로 대자연을 파괴하고 있다.

자연의 섭리(攝理, providence)에 역행(逆行)하여 발생한 질병의 예를 든다면 syphilis(매독, 梅毒, lues)는 Columbus가 미대륙을 발견하고 원숭이로부터 옮겨왔다는 설이 유력하고, 1980년대부터 전 세계에 공포를 불러일으키고 있는 AIDS의 발생에 많은 과학자들은 Africa의 조용히 숨겨진 밀림을 들쑤셔 녹색원숭이로부터 인간에 전염된 것으로, 무분별한 개발은 인류에게 돌이킬 수 없는 재앙을 불러 일으켰다고 하였다.

또한 소에 발생하는 광우병(狂牛病)이 인간광우병(Creutzfeldt-Jakob disease)을 일으켜 소고기를 먹는 데에 불안과 공포를 일으키는데 애초에 이 광우병은 초식동물은 풀만 먹고 자라야 하는데 빨리 키우기 위하여 육식사료를 먹인 데에서 일어난 질병이다.

이처럼 자연을 파괴하거나 자연의 섭리에 역행하면 재앙이 따르는 것이다.

(32) 확대(擴大)는 논쟁의 씨앗, 외연(外延)은 논리적 금물(論理的 禁物)

우리가 얘기를 할 때에 일부분을 그 이상 확대하면 논쟁이 됩니다.

예를 들면 어떠한 한 가지 사항이 10가지 경우(내용)가 있는데 그중에 2가지 경우에만 맞는 것을 모든 경우에 맞는 것으로 주장하면, 상대방은 안 맞는 경우를 생각하여 아니라고 부정하여 논쟁이 그치지 않습니다.

이것은 이솝우화에 장님이 코끼리의 코 또는 앞발 또는 꼬리 등 일부만 만져보고 이것이 코끼리라고 하고 서로 상대방의 얘기를 부정하고 우기는 것과 똑같습니다. 따라서 확대는 논쟁의 씨앗이 됩니다.

그리고 외연(外延, extension)은 논리에 금물(禁物, contraindication)입니다.

언급한 그 사실만 논(論)해야지 그 이상 밖으로 연장(延長)하면 안 됩니다.

예(例)를 들면 "약간(若干)의 사람은 식물(植物)이 아니다."이 말이 맞는가에 대하여, 보통생각으로는 "그렇다면 나머지 많은 사람들은 식물이란 말이냐?"하고 "약간의 사람은 식물이 아니다."라는 말을 틀렸다고 할 것입니다. 그러나 이 말은 논리적으로 맞는 것입니다. 한사람이건, 약간의 사람이건 그 자체만을 얘기하는 것이지 그 나머지 사람에 대하여는 어떠한 뜻도 내포(內包)하고 있지 않습니다.

그런데 "약간의 사람은 식물이 아니다."하는 말은 "나머지 사람은 식물이다."라는 의미를 갖고 있다고 외연(外延)하기 때문에 "약간의 사람은 식물이 아니다."라는 말을 틀렸다고 하는 것입니다.

따라서 외연은 논리적으로 금지(禁止) 되는 것이 기본 법칙입니다.

(33) 어떠한 말에도 일리(一理)는 있다.

옳다고 하는 말도 때로는 틀리는 경우가 있고, 틀린 것 같이 보이는 말도 때로는 맞는 경우가 있다.

따라서 회의 시에 어느 작은 사실 한 가지를 갖고 계속 그것만 주장하면 회의가 진행이 되지 않는다. 나는 이러한 것을 방지(防止)하기 위하여 과내(科內) 교수회의 시작 때에 다음과 같이 얘기 한 적이 있었다.

"이 중에 어느 누가 무슨 얘기를 하여도 일리(一理)는 있습니다. 미치광이가 떠들어도 일리가 있는데, 제 정신 가진 사람이 얘기하는데 왜 일리가 없겠습니까?"라고.

(34) 한국식의 2분법(二分法)

우리식은 대개 2분법이다. 어느 주제를 놓고 좋으냐? 나쁘냐? 옳으냐? 그르냐?

같은 것이라도 정도와 방법에 따라 좋을 수도 있고, 나쁠 수도 있고, 옳을 수도 있고 틀릴 수도 있는 것이 대부분인데도.

어느 날 시내버스를 타고 가다가 라디오 방송을 들었다. 방송국에서 무작위로 어느 사람과 연결하고서는 "사랑의 매가 옳으냐? 그르냐?" 이런 식이다.

사랑의 매란

① "꼭 필요한 경우"가 있고,
② 수단은 "가는 버드나무 가지"로,
③ 부위는 "손바닥이나 종아리" 등 "후유증이 없는 곳"이라야 한다.

사랑의 매가 필요하다하여 주먹으로 얼굴과 머리를 때려 죽게 하거나 혼수상태로 빠뜨리는 것이 살인행위이지 어찌 사랑의 매란 말인가?

세상에서 가장 맛있는 것이 복어 알이라 한다. 복어요리에 소량이 들어가야 제 맛이 난다고 한다. 많이 먹으면 사망한다.(그래서 복어요리자격증이 있는 것이다.)

밥을 많이 먹였더니 배탈이 났다. 밥이 나쁘다 하여 굶겼더니 굶어 죽었다. 환자에게 수분을 많이 공급하였더니 폐염이 되어 사망하였다. 물이 나쁘다 하여 물을 주지 않았더니 탈수되어 죽었다.

이것이 어떤 것이 좋으냐? 나쁘냐? 하는 한국식의 2분법이다.

(35) 월남전(越南戰, Vietnam War)

세계 제2차 대전 말부터 싹트기 시작한 월남전은 1960년대가 되어 미국이 개입하면서 최신무기를 쓰고 막대한 전비(戰費, 전쟁비용)를 쓰는 월남측과 재래식 무기를 쓰는 베트콩과는 비교가 되지 않는 싸움 같았고 어느 누구도 월남이 망한다고 상상하기 힘들 때에, 기회 있을 때마다 월남은 반드시 망한다고 나는 장담하였다. "미국이 월남전 말기(末期)에는 하루에 6.25 한국전쟁비용 1억불씩 천문학적인 비용을 쓰고 최신무기를 써도 월남은 반드시 망한다.

그 이유는 고·딘·디엠 정부가 극도로 부패하였고, 연일 데모로 사회가 불안정한데 PX물자는 적인 베트콩에게 팔아먹고, 아군(我軍)인 미군과 한국군은 이민족(異民族, 다른 민족)이라 적대시하고 적군인 베트콩은 동민족(同民族, 같은 민족)이라 아군시하니 아군과 적군이 뒤바뀐 상태에서는 전쟁은 이길 수 없다."고 하였다.

내가 말한 지 6년이 지난 1975년 4월 30일 월남수도 Saigon에서는 월남기(越南旗)가 내려져 고·딘·디엠의 월남정부는 이 지구상에서 증발되고 말았다.

(36) 학회의 발전

자고 깨나면 생기는 것이 학회와 연구회인데, 학회의 회원 수가 많고, 발표논문의 수가 많고, 학회기금이 많거나 우수논문이라 하여 상금을 높이면 곧 이것이 학회발전이라고 생각하는데 그것은 아니라고 나는 늘 강조하여 왔다.

"양(量, quantity)보다 질(質, quality)이 중요하며 회원이나 논문의 수가 중요한 것이 아니라 단 한편이라도 가치 있는 논문이 더 중요하다."라고 늘 말하였다.

(37) 학회의 상임이사(常任理事), 이사(理事)

학회에서 상임이사 운운(云云)하는데 너무나 틀린 말이다.

이사(理事)라는 직책보다 더 상위라는 의미로 쓰는데 학회에서는 회장이건 이사장이건 상임이사는 없다.

상임이사란 다른데 직장을 갖지 않고 학회에만 출근하여 일하고 학회에서 월급을 받아야 상임이사이지, 그런 사람은 아무도 없는데도.

그리고 학회에서는 흔히 이사나 평의원을 전체 회원의 10분의 1등으로 규정하는데 이것도 이사수가 많아야 학회가 그럴듯하게 보이고 발전하는 줄 잘못 생각하고 있다. 초기에 회원의 수가 적을 때라면 몰라도 회원이 3,000명이라면 300명의 이사나 평의원이 어디에서 모이고 그 많은 식사비를 어떻게 감당하고 회의를 하려면 정족수(定足數)가 안 되어 회의가 이루어질지 걱정하고…

여기서 하는 일이 대개 그렇다.

▎Addendum 27   2013. 12. 15   07:50

그리고 여러 학회에서 회칙에 '정회원 또는 이사(理事)를 인준한다'라고 하는데 "인준(認准)"이란 말은 정부(政府, 국가)에서 쓰는 "행정용어(行政用語)"로서 "국회가 법률이 정한 공무원(예, 대법원장, 국무총리 등)의 임명을 승인하거나 행정부의 행정행위를 승인하는 행위"로 그 이외에는 사용하지 않는다.

어떻게 사설(私設)모임인 여러 학회에서 인준이란 단어를 50년 이상 쓸까?

공식회의에서 내가 여러번 지적(指摘)하였어도 이 말을 '승인'이라고 바꾼 학회는 아직 없다.

아연(啞然, 벙어리가 됨, 말 못함)할 따름이다.

(38) 구성원의 숫자

한 사람이 일하는 데에는 한계가 있지만 소수라도 일을 많이 하기도 하고 많은 인원으로도 하는 일의 양이 얼마 안 되기도 하는데 흔히 인원수와 일의 양은 비례한다고 생각한다.

예를 들면 10사람 중에 1사람이 성실치 못하면, 전혀 안 한다고 쳐도 90%는 일이 이루어진다고 생각하는데 그렇지 않다.

다른 직원에게 나쁜 영향을 주어 전체양이 50%가 될 수도 있고 20%이하도 될 수 있는 것이다.

공무원의 법칙의 하나는 "머리수(인원, 人員)와 일의 양(量, amount)은 비례(比例)하지 않는다."이고, 일하는 사람과 노는 사람과의 감별(鑑別, differentiation) 방법(方法)은 "일이 많아서 사람이 더 필요하다고 하는 사람은 노는 사람이고, 일이 많아도 인원이 더 필요하다는 말을 하지 않는 사람은 일하는 사람"이다.

(39) 일하는 사람

일하는 사람에게 바쁘냐고 물으면 바쁘지 않다고 말한다.

일 안 하는 사람은 늘 바쁘다고 한다.

그리하여 "세상에 한가한 사람은 없는 것이다. 무직자·룸펜도 낮잠 자기 바쁘고 놀러 다니기 바쁘니까."

(40) 화를 내는 것

예전에 어디서 본 말을 여러 번 이야기 하였다.

"화를 내지 않는 사람은 현명하고, 화를 낼 줄 모르는 사람은 바보이다."

(41) 증상을 일으키는 원인

중년 남자가 18시간 운전하고 나서 목이 아파 서울의 대형(大型)병원에 가서 진찰받고 사진 찍었더니 목뼈에 변화가 있어서 수술을 받아야 한다고 하여 수술 받고 탈이 생겨 아주 곤란한 일이 발생하였다.

질병으로 인한 뼈의 변화는 오랜 기간에 걸쳐 일어나는데 이제까지 별 증상이 없었다면 뼈의 그러한 변화가 그런 증상을 일으킨 것이 아니다. 근막통증증후군이거나 근육의 과도한 긴장에서 일어난 증상인 것이다.

어떠한 이상 소견이 발견되었을 때에 이것이 그러한 증상의 원인이 될 것인가는 잘 판단하여야 한다.

(42) 올바른 단어쓰기

일본에서 개최한 Asia 학회에 갔더니 다음날 golf할 사람의 안내문을 화면에 이렇게 보여 주었다.

"Go to the lobby until 06:30"

새벽 6시30분까지 현관에 오라는 얘기인데, 영어나 독일어에서는 길을 가다가 물을 때에는 어디로 "가라(go, gehen)"고 하지만, 어디에서 모인다고 할 때에는 주체(主體)를 중심으로 "오라(come, kommen)"고 하지 상대방을 중심으로 가라고 하지 않는다. 그리고 정한 시점을 말할 때에는 "by"를 쓰지, "until"은 언제까지 계속 기다리는 경우처럼 지속의 끝점을 얘기한다.

따라서 앞의 글은 틀린 표현이다.

"Come in the lobby by 06:30" 이렇게 써야 한다.

(43) 이성교제에서

이성교제(異性交際)에서 양측이 서로 좋아하면 진행하면 되고 양측이 서로 싫으면 끊으면 되는데 한쪽에서만 좋아할 때가 문제이다.

"꼭 그러한 것은 아니지만 남자는 자기를 좋아하는 여성보다 자기가 좋아하는 여성과 이루어지고, 여자는 자기가 좋아하는 남성보다 자기를 좋아하는 남성과 이루어지게 된다."라고 말해왔다.

(44) 상대자 찾기

너무나 많은 현실적이고 영리한 사람들이 부유한 상대자를 찾는 현실을 개탄(慨嘆)하면서 반대로 나는 늘 이렇게 말하여 왔다.

"어리석은 남자가 부유한 여성을 찾고, 어리석은 여자가 부유한 남성을 찾는다."라고.

(45) 강의와 노래

신(新) 학년 되어 강의가 시작되면 강의실에서 맨 먼저 나는 늘 이렇게 얘기하곤 하였다.
"강의가 힘든 것 같지만 강의는 쉽다. 1시간이건, 2시간이건 시간이 가는 줄도 모르고. 그러나 힘든 것은 듣는 것이다. 듣는 사람이 지루하고 힘든 것이다. 따라서 강의는 쉽고 지루하지 않게 해야 한다"라고.

그리고 노래에 관하여는 이렇게 말하였다. "노래 못하는 사람은 노래 부르는 사람이 힘든 것 같지만 듣는 사람이 더 힘들고, 노래 잘 부르는 사람은 듣는 사람이 신나는 것보다 노래하는 사람이 더 신난다."라고.

(46) 수술실에서

수술시 집도자 이외에 수술에 참여하는 사람을 조수(助手, assistant)라 하는데 우리말로 조수라 하면 버스나 화물차에서 오라이 하는 조수 같아 우리말로는 잘 안 하고 영어로 어시스턴트라고 한다.

개복수술을 하는 경우 집도자 맞은편에 제1, 제2 어시스턴트가 서 있게 되는데 제2어시스턴트와 집도자옆의 제3 어시스턴트는 주로 견인자(牽引子, retractor)로 견인하여 수술시야를 확보하는 것이 주 임무이며 그것이 힘들기도 하고 졸음이 오기도 십상이다.

나는 견인을 쉽게 하는 방법을 가르쳐주었다.
"기구를 당기는 것을 노동이라 생각하면 힘들다. 이것을 헬스센터에 가서 운동한다고 생각하면 힘들지 않다"라고.

졸고 있으면 야단맞는 것이 보통인데 나는 야단한 적이 없다. 늘 이렇게 얘기하였다.
"졸고 있어도 당기고 있으면 돼. 졸지 않고 당기지 않으면 안 돼" "졸고 있다가 뒤로 넘어지지 말어, 다치니까." "불면증 있는 환자 나에게 데리고 와. 내가 치료해 줄게, 그 자리에 세우면 다 자니까."

그리고 마지막으로 "내 수술에 많이 들어오는 사람은 밤에 안자도 되겠어. 수술실에서 다 잤으니까"라고.

어시스턴트가 가위가 잘 들지 않아 실을 잘못 자르면 흔히 집도자는 수술기구 챙겨주는 간호사에게 왜 이런 가위 주느냐고 야단한다.

나는 야단하지 않고, 어시스턴트에게 이렇게 말한다.

"잘 드는 가위 갖고 누가 실을 못 잘라. 안 드는 가위 갖고 잘 잘라야 기술이지."라고.

(47) 힘들고 위험한 수술

암의 진행이 심한 경우에는 수술도 힘들고 위험성과 합병증도 높고 결과도 심하지 않을 때에 비하여 좋지 않아 의사로서는 마이너스가 된다.

어떠한 의사가 이러한 수술을 하는가? 능력과 영리함의 두 가지 변수(變數, parameter)로 보면

"① 능력이 있고 영리한 의사는 할 수는 있으나 하려고 안하고, ② 능력이 없고 어리석은 의사는 하려고는 하나 할 수가 없고, ③ 능력이 없고 영리한 의사는 하려고도 안하고, 할 수도 없고, ④ 나처럼 능력이 있고 어리석은 의사만 시행한다."라고.

(48) 퇴국식(退局式) 때

4년간의 레지던트를 마치고 나가는 퇴국식 자리에서 새로 탄생한 전문의에게 해마다 이렇게 얘기를 하였다.

"전문의가 되었다고 그 과(科)를 마스터(master)하였다고 생각하면 안 된다. 학문이란 끝이 없는 것이다. 살아있는 마지막 날까지 하여도 부족한 것이다. 전문의란 자기 책임 하에 수술할 수 있는 자격과 전공의를 교육시킬 수 있는 최소한의 자격이 부여된 것이지, 그 과에 통달한 것은 전혀 아니다. 이제 겨우 입문(入門)하여 지금부터 시작하는 것이다.

그럼 이제까지 4년, 5년은 무엇을 한 것인가?

그것은 입문하기 위한 준비단계 이었다.

미항공우주국(NASA)에서 우주선을 처음으로 궤도에 진입하는 것이고 이제까지는 우주선을 발사하기 위한 준비단계 이었다.

꿈에라도 전문의라고 통달한 사람이라고 오판(誤判)하거나 오만(傲慢)하여서는 안 되고, 늘 겸허한 자세로 학문에 정진(精進)해야 한다."라고 이렇게 해마다 얘기한 것이 40년 가까이 되었다.

"전국의 전문의들이여! 내말에 귀를 기울일지어다."

(49) 명의(名醫)를 찾아서

신문이나 텔레비전에 "명의를 찾아서"하는 난(欄, column)이나 program이 종종 눈에 띈다.

건강에 관심이 없는 사람이 없으니 인기가 있을 것이다.

어느 때에 대형 중앙지에 쓴 것을 보니까 어느 질병을 어느 도시에서 누가 전문으로 보는가? 하고 서울의 대형병원 4군데에 4사람에게 물어 2번이상이 나오면 그 지역에서는 명의라고 발표하고, 노력하여 매스컴에 나오면 명의라 하니 한심(寒心)하기 그지없다.

"전문의가 6,000명 되는 과에 '명의를 찾아서'하고 한 사람을 올리면 나머지 5,999명은 비명의(非名醫)란 말인가?"

"명의란 사후(死後)에 남은 후세사람들이 평가하여 명의란 이름이 겨우 붙는 것으로서 중국에서는 5천년 역사에서 편작(扁鵲)과 화타(華陀)뿐이다(살아있는 사람에게는 대게 명의라고 하지 않고 '유능(有能)한' 등으로 얘기한다).

한가지도 제대로 못하는 사람도 많고 2가지 이상을 잘하는 사람도 많은데 우리나라에서는 사후(死後)가 아니오 눈이 퍼렇게 살아있을 때에, ① 2가지가 아니고 오직 한가지만 한다하고, ② 신문이나 텔레비전에 올리거나 ③ 서울의 대형병원에 근무하면 그 사람은 '명의(名醫)'가 되고 다른 사람은 '비명의(非名醫)'가 되고 서울의 대형병원의 명의가 시골에 가면 촌(村)의사가 되는 것이다."

너무나 심한 상업적인 의사나 그렇게 다루는 언론사나 똑같이 한심한 정도를 지나 비탄(悲嘆)을 자아내게 한다.

(50) 진료 세분화(診療 細分化)

모든 분야가 전문화되고 분화(分化)가 되어야 발달되는 것은 당연하지만 이것도 정도의 문제이다.

특히나 우리나라 사람들의 너무나 잘못된 생각에 늘 놀라곤 한다.

한 가지만 하면 전문가이고 잘하고, 2가지 이상하면 못하고 비전문가이고 그렇게 생각하는데, 세상에는 한 가지도 제대로 못하는 사람이 많고 2가지, 3가지 이상 잘하는 사람도 꽤 있다.

세계적인 일본의 자동차 제작회사 도요다 공장에서는 하나의 생산.line에서 7차종이 쏟아져 나오는데 각 직원이 이 7차종을 모두 마스터하고 있다는데, 우리는 이렇게 과도하게 세분화 하다가는 정비소에서 차를 손보려면 이십오륙 명의 정비사가 와야 하고, 환자 한사람을 진찰하려면 엄지발가락만 보는 의사로부터 오륙십 명의 의사가 보아야 되고 그것도 환자 한 사람의 전체 윤곽은 그리지 못하게 되는 것이다.

(51) 이 세상에서 못 믿을 것은

"이 세상에서 못 믿을 것은 돈이다. 그러나 돈보다 더 믿을 것도 없다."

(52) 옳음과 그름

"이 세상에서 부모나 형제보다 더 가까운 사람은 없다. 그러나 부모나 형제라고 하여 틀린 것이 옳아질 수는 없다."

(53) 현대어로서의 "같다."

"같다"라는 단어는 똑같다(同)에서 의미가 확대되어 "‥처럼(如)"그리고 "‥로 생각된다.(It seems to be‥)"의 의미로 쓰이며, 똑같다(예-갑과 을은 키가 같다.)라는 의미 이외로는 ① 현재의 불확실, ② 미지(未知)의 미래(未來), ③ 겸양(謙讓)의 뜻으로 쓰여서, 예를 들면 "현재의 불확실"로는 최근 정확한 보고를 받지 못하여 잘 모르겠지만 "사업이 잘 진행되는 것 같다."라든가, "미지의 미래"로는 "내일 눈이 올 것 같다."라든가, "겸양"의 의미로는 어떠한 이건을 얘기할 때에 "··는 ··입니다."라고 잘라서 말하기보다는 "··는 ··인 것 같습니다"라고 말한다.

그러나 현대어로는 너무나 변형되어, 밖에 눈이 펄펄 내리고 있는 데에도 "밖에는 눈이 내리는 것 같다." 1983년 KAL 007편이 격추되어 온 세계가 분노(憤怒)에 차 있는데, 분노해야 될지 안 해야 될지 몰라 "분노해야 될 것 같다." 국력(國力)이 신장(伸張)되어야 된다고 저마다 외치는 자리에서 "국력이 신장되어야 할 것 같다." 끔찍한 교통사고 현장을 보고 사람들이 얼굴을 돌리는 데에도 끔찍한지 아닌지 몰라서 "끔찍한 것 같다." 이것이 현대어로서의 "같다"이다.

(54) 외형(外形)보다 실제 운용(運用)

실제 운용이 외형에 못지않게, 또는 어떤 경우에는 외형보다도 더욱 중요하다.

흔히 거액(巨額)의 연구비가 있어야 한다고들 하는데 외형적인 거액의 연구비만으로는 별의미가 없다. 연구비라 하고 유흥비등 다른 데로 대부분 써 버린다면, 그보다 훨씬 소액의 연구비라도 본래의 목적대로 연구에 충실히 쓰는 것이 더 가치가 있는 것이다.

사람을 치료하고 살리고(수술시), 생활에 편리하게 쓰려고 만든 칼이 사람을 상해하거나 살해하기도 하는 것이 극단적인 예이다.

화재보험, 생명보험이 그 본래의 취지는 너무나 좋지만, 이를 악용(惡用)하면 보험금을 타기 위하여 멀쩡한 집을 태우고, 남편은 자기 처(妻)를, 처(妻)는 자기 남편을, 자녀는 부모를 살해하기도 하는 것이다.

(55) 사라진 선생(선생의 대중화(大衆化))

"선생과 학생은 많아도 스승과 제자는 없다."는 것이 이미 1950년대(年代) 얘기였다.

외형으로 교단에서 학생을 가르치는 직업적인 선생은 많아도, 존경하고 따를만한 스승은 없다는 것인데 이제는 그나마 "선생"이란 직업을 나타내는 단어가 사라졌다.

선생이란 "先生"즉 먼저 태어났다. 영어로는 "teacher"가르치는 사람, 즉 먼저 태어나서 무엇을 배워서 아니까 가르친다하는 의미이다.

그런데 이 선생이란 단어의 어감(語感)이 괜찮다고 생각하여서 인지, 상대방을 좋게 불러주면 손해날 것도 없어서, 현재 우리사회는 무조건 상대방 칭호가 선생이다.

　기계를 만지는 기계공이건, 기계를 수리하는 수리공이건, 책상에 앉아서 사무 보는 사무원이건, 아파트경비원이건, 거리를 청소하는 미화원이건, 문학작품을 쓰는 작가이건, 작곡하는 작곡가이건, 노래하는 가수이건, 연극하는 연극인이건 심지어는 학생까지도 모두가 선생이어서, 교단에서 학생을 가르치는 본연(本然)의 직업의 이름인 "선생"은 사라져 버렸다. 이제 본래의 이름이 빼앗겨 없어졌으니, 진짜 선생을 칭(稱)하는 단어를 새로 만들어야겠다.

(56) 교수(敎授)의 보편화(普遍化)

　교실에서 학생들을 가르치는 선생의 분류를 초등학교 선생을 "교원(敎員)", 중·고등학교 선생을 "교사(敎師)", 대학선생을 "교수(敎授)"라 하였고, 일본식은 "교수-조교수-강사-조수(助手)-부수(副手)"이러한 제도이고,(근래에는 부교수가 생기기도 하였다.) 우리나라는 미국식으로 "교수-부교수-조교수-강사-조교(助敎)"이러한 제도이며 조교수 이상을 교수라 하고, 강사이하를 교수라고 하지 않는데 어느새 모두의 칭호가 교수로 되었다. 강사는 물론 조교까지 교수라 한다.

　독일식은 "교수-사설강사-조교"제도인데, 강사는 그냥 Doktor라 하고 교수에게만 교수라고 한다.

　그런데 강사이하도 교수라 하는 것은 말할 것도 없고, 대학 아닌 기관인 연구소에서도 교수요, 향토학교에서도 교수요, 무슨 센터에서도 교수요, 여기저기서 너도나도 교수라 하여 선생이란 호칭보다 조금 더 높여주는 단어로 변질(變質)되어 버리고 본래의 교수란 단어가 빼앗겨 버렸으니 진짜 교수를 칭(稱)하는 새로운 단어를 만들어야 할 것이다.

(57) 용비어천가의 내용

　용비어천가(龍飛御天歌)는 세종대왕이 한글을 창제(創制)하고 나서 훈민정음으로 쓴 최초의 작품으로 세종의 6대(代)선조를 중국의 성현(聖賢)에 비유하여 그 공덕을 기리어 지었다하는데 125장까지의 그 본뜻은 전반부(前半部)는 태조 이성계가 고려의 장수로서 위화도(威化島)에서 회군(回軍)하여 무력(武力)으로 고려를 배반하고 빼앗아 나라를 세운 것이 아니라 이 모든 것이 오래전부터의 하늘의 뜻이어서 이에 따른 것을 강조하여 조선창업(朝鮮創業)의 정당성(正當性)과 정통성(正統性)을 말한 것이고, 후반부는 대(代)를 이을 후세 왕들에게 나라를 경영하는 국가경영지침을 교육시킨 것이다.

(58) "노인과 바다"의 대의(大義)와 헤밍웨이의 죽음

아주 쉬운 단어로 썼고, 어네스트 헤밍웨이(Ernest Hemingway)의 노벨수상작인 "노인과 바다(The Old Man and The Sea)"의 대의(大義)는 역시 "Man can be destroyed but not defeated."(인간은 파멸(破滅, 죽음)될 수 있을지언정 패배(敗北, 좋은 작품이 나오지 않는 것) 될 수는 없다.)이며, 이것이 헤밍웨이의 사상이었고, Africa.여행 중 두 번씩의 비행기 사고와 함께 그의 그러한 사상이 그를 죽음(엽총자살)으로 몰아갔으리라.

(59) 특례(特例)가 일반화(一般化)될 수는 없는 것.

아주 희귀한 특수한 경우를 일반시(一般視)하는 것은 어불성설(語不成說, 말이 되지 않음)이고 위험천만한 것이다. 아주 오래 전(1980년대)에 원내(院內)의 합동집담회(joint conference)에서 나의 이야기 중에 복부출혈 부위를 진단하려고 선택적동맥촬영(選擇的動脈撮影, selective arteriography)을 할 때에 분당(分當)

1mℓ이상의 출혈이 있으면 진단될 수 있다는 교과서적인 내용이 있었다.

나의 얘기가 끝났을 때에 어느 방사선과 전임강사가 분당 0.1mℓ의 출혈이라도 진단이 된다고 나의 말을 반박(反駁)하였다. 나는 그 자리에서 논쟁하기도 싫고, 그렇게 얘기하는 사람을 안타깝게 이해시키고 싶지도 않아 아무 얘기도 하지 않았다.

그리고 나서 학생과 전공의들에게 공석(公席)에서나 사석(私席)에서 그러한 말이 나의 교육의 하나의 주제(主題)가 되었다.

"특수한 경우가 일반화 될 수는 없다. 해외토픽(topic)을 보면 갓난아기가 17층 아파트에서 떨어져 나무에 조금 긁히고 멀쩡했다는 보고가 있다. 그것이 어떻게 일반적인 현상이 될 수 있는가? 한번 실험해 볼까? 17층은커녕 3층에서 아기를 떨어뜨려보자. 땅바닥에서 박살이 날 것이다. 그러한 것을 얘기하려면 "아주 드물게는 이러한 보고도 있습니다."라고 해야지 그것을 일반적인 사실로 "이렇다."라고 얘기한다는 것이 말이 되는가?

"그러한 저질(低質)의 conference에는 나는 안 가겠다." 그리고 나서 나는 다시는 한번도 joint conference에 가지 않았다.

(60) 사려(思慮)없는 즉흥적(卽興的)판단은 금물(禁物)

중요한 일을 결정하는 데에는 신중히 생각해야 하는데 우리 사회는 너무나 즉흥적인 것이 많다.

심지어(甚至於)는 중요한 정책까지도.

그러한 것을 열거하자면 끝이 없지만 자동차에 관한 것 한두 가지만 예를 든다면 90년대 초에 우리나라 자동차가 천만대를 돌파하여 차량번호가 지역번호 다음의 숫자(예, '서울3라 2984'의 "3")가 한 자리수로는 부족하여 모두 두 자리 숫자로 바꾼다고 발표하였다.

이미 있는 천만대의 차량번호를 다 바꾼다면 번호판, 자동차등록사업소, 동회(동사무소, 지금의 동주민(住民)센터), 차량등록증 등 모두 다 바꾸는 데에 천문학적인 수고와 비용이 들 것이다. 나는 "한 자리수가 모자라면 모자라는 새로 생기는 번호만 두 자리 수로 히면 되지 왜 모두 다 바꾸겠다는 것인가? 정신 나간 짓이다."하고 고소(苦笑, 쓴 웃음)를 금(禁)치 못 하였다.

일국가(一國家)의 중요한 정책을 조금이라도 생각해보지 않고 그저 즉흥적으로 "한 자리수가 모자라면 모두 두 자리로 한다."하는 그러한 발상(發想)이 말이 되는가?

나중에 역시 내가 얘기한대로 새로 생기는 것만 두 자리 수로 하였다.

역시 90년대(YS시절)에 요금이 1.5배(倍)인 고속버스를 우등고속이라 하고, 까만 바탕에 누런 점박이를 칠하고 요금이 3배가 넘는 택시를 모범택시라고 하여 비싼 것은 우등이고 모범이고, 비싸지 않은 것은 열등이고 비모범이라 하여 황금만능주의를 부추기고, 진실 되고 소박(素朴)하고 검소(儉素)하게 사는 사람을 천대(賤待)하더니 택시가 손님에게 친절하고 서비스를 잘하게 하기 위하여 앞으로는 회사택시를 모두 없애고 전부 개인택시로 전환한다고 발표아였다.

그러한 무모(無謀)한 발표를 보고 나는 놀랍기도 하고 슬프게도 느껴졌다. "어쩌면 위정자(爲政者)가 그렇게 무식한 발표를 하는가?"하고.

회사택시는 5일 일하고 하루 쉬고 개인택시는 2일 일하고 하루 쉰다. 개인택시는 쉬는 날에는 영업을 할 수 없지만 일하는 날에는 자기 마음대로 쉴 수가 있다. 그것은 자신의 자유이니까.

일기가 나쁜 날, 비가 쏟아지거나 눈이 내리거나 길이 미끄러울 때 특히 어두워지면 노선버스마저 잘 안 다니고 일찍 운행이 끊어지는데 개인택시는 조금 더 돈 벌려고 고생하다가 사고라도 나면 손해라고 일찌감치 다 들어가 쉬어버리면 시내교통은 완전 두절(杜絶)되고 만다.

그러나 회사택시는 불법적인 도급택시가 아닌 이상 일을 해야 한다. 회사에 지입금(持込金)을 내야하니까. 그러한 원초적(原初的)인 생각 없이 아마도 점심 먹다가 또는 이 닦다가 또는 소변보다가 즉흥적으로 "친절하게 하려면 모든 택시를 개인택시로 바꾸면 된다."하는 식으로 중요한 정책을 즉흥적으로 발표하는 것이다.

이러한 문제점을 생각해서가 아니라 아마도 택시회사들이 반발하여 회사택시가 없어지지 않고 지금까지 남아있을 것이다.

(61) 수술을 해야 되는 경우

우리가 환자를 치료할 때에 크게 ① 보존적 치료(保存的 治療, conservative treatment=non-operative treatment)와

② 수술적 치료(手術的 治療, operative treatment)로 크게 2가지로 나누다가 특히 70년대 이후에는

③ 이 중간에 초음파나 C.T(computerized tomography, 전산단층촬영, 電算斷層撮影) 등 영상의학 (影像醫學, imaging studies)등을 이용한 중재적술기 (仲裁的術技, interventional technique)가 추가되었다.

그러면 어떠한 경우에 수술을 하는가?

즉 수술의 적응(適應, indication)은 ① 보존적 치료가 정당한 경우, ② 수술이 정당한 경우, ③ 이 두 가지가 모두 정당한 경우 이 3가지 중에서 나는 2번째 경우

만 해당된다고 말해 왔다.

칼잡이(외과의사)에게 가면 째라고 한다고 일반적으로 얘기하는 것과는 반대로 수술이 정당한 방법이라도 수술 안 하고 보존적 치료도 정당한 경우에는 수술의 금기(禁忌, contraindication)로서 수술을 하면 안 된다고 가르쳐왔고, 나는 외과 의사이지만 극히 겸허(謙虛)하고 조심(操心)스럽게 수술의 적응을 잡았다.

(62) 약의 선택

약의 면(面, aspect)으로만 보면 당연히 부작용이 적고 효과가 높은 약을 선택하여야 한다.

여기에 가격(약가, 藥價)을 하나의 변수(變數, parameter)로 넣으면 4가지 조합(組合, combination)이 된다.

① 싸고 좋은 약이 가장 좋고 ② 비싸고 좋은 약이 그 다음이고 ③ 싸고 나쁜 약이 또 그 다음이고 ④ 비싸고 나쁜 약이 가장 나쁘다.

나는 비싸고 좋은 약보다는 싸고 좋은 약을 써야 된다고 이제까지 강조하여 왔다.

제약회사에서는 고가(高價)의 약의 매출(賣出)을 올리려고 그렇게 노력하는데 싸고 좋은 약에 관심 있는 의사가 우리사회에 과연 얼마나 될까?

(63) 수술방법의 선택

약에도 특효약(特效藥, drug of choice)이 있듯이, 수술방법에도 경쟁자(다른 수술방법)가 없이 선택의 여지(餘地)가 없는 최상(最上)의 수술방법(operative method of choice)이 있는 경우도 있지만 대개는 여러 방법이 있고 각각의 장단점이 있다.

그 중에서 어떠한 수술 방법을 선택할 것인가?

나는 집도의가 수술방법을 택할 때에 다음의 3가지 금기(禁忌, contraindication)를 강조하여 왔다.

① 집도의가 해보고 싶은 방법
② 수입을 염두(念頭)에 둔 방법
③ 논문 발표를 위한 방법

이 3가지 중에 어느 한 가지라도 있어서는 안 된다. 그러면 어떠한 방법을 택하여야 하는가?

"최종적으로 환자가 이득(利得, profit)이 되는 방법"을 택하여야 된다고 이제까지 강조하여 가르쳐 왔다.

너무나 당연한 얘기이지만 과연 대부분의 집도의가 이것을 지킬까?

"지키는 의사가 얼마나 될까? 아니 우리나라에 단 몇 명이라도 있기는 할까?"라고 생각해본다.

(64) 많이 먹어도 되는 약(藥)

많이 먹어도 되는 약은 없다. 물론 극약(劇藥)이란 약용량과 치사량의 차이가 적어 조금 과량을 섭취하면 위험하고, 안전약이란 이 차이가 커서 약용량의 몇 배 먹어도 위험하지는 않지만.

내가 햇병아리(23세)인턴 때 이었다. 어느 환자가 나에게 물었다. "선생님! 이 약은 많이 먹어도 됩니까?" 나는 생각할 겨를도 없이 반사적으로 대답하였다.

"뭐요? 많이 먹어도 되는 약이 어디 있어요? 밥 많이 먹어도 죽고 물 많이 먹어도 죽어요." 농담이 아니고 사실이다.

오랜 세월 지나서 지금 생각해 보아도 명답(名答)이 아닐 수 없다.

(65) 원인 모르고 치료한다?

어느 환자가 나에게 "이 병의 원인이 무엇입니까?"라고 물어 나는 모른다고 하였더니 나에게 힐난(詰難)하듯이 항의조(抗議調)로 얘기하였다.

"아니! 병의 원인도 모르고 치료합니까?"

그러자 나는 대답하였다. "원인 아는 병이 몇 가지나 됩니까? 39도, 40도로 원인불명의 고열이 나도, 통증이 심하여도 원인 모른다고 치료하지 않고 원인을 밝히는 데에만 급급하고, 위암의 원인을 모른다고(유발인자는 많이 발표되고 있지만) 원인이 밝혀질 때까지 10년, 20년, 아니 30년 그 이상 치료하지 않고 놔둬야 됩니까?"

그러자 그는 아무 대답도 못 하였다.

그렇다. 원인을 아는 것은 원인치료를 하고 원인을 모르는 것은 그 나름대로 열이 높으면 열을 떨어뜨리고 통증이 심하면 진통제를 쓰고 암이 있으면 제거하는 등 거기에 맞추어 치료하는 것이지 원인이 밝혀져야만 치료하는 것은 아니다.

(66) 암은 죽는다?

역시 햇병아리 인턴 때의 일이었다. 어느 위암 환자의 아들에게 환자는 암이라고 하였더니 나에게 "암이면 죽는 것 아닙니까?" 그러자 나는 생각할 겨를도 없이 반사적(反射的, reflexive)으로 이렇게 말하였다.

"아니! 태고(太古)적부터 안 죽는 사람 봤어요? 생후 한 달에 죽건, 한 살에 죽건, 백 살에 죽건, 생물이란 죽게 마련이에요."

역시 지금 생각하여도 우문기답(愚問奇答)이라 하지 않을 수 없다.

(67) 개복(開腹)만 하였을 때

위암이건 대장암이건 복강내암을 수술하려고 배를 열었다가 개복만으로 그칠 가능성이 있는 환자가족에게 수술 전에 나는 이렇게 말하곤 하였다.

"개복에 금기(禁忌)사항이 없으면 개복하지만(물론 지금은 복강경으로 미리 본다고 하겠지만 암이 찌들어 있는 경우에는 실제로 힘들게 할 수 있는지 아닌지는 해보아야 알지 복강경으로 모든 것을 알 수 있는 것처럼 잘못 알아서는 결코 안 된다.)

더 이상 수술할 수가 없어 도로 닫게 되는 경우에는 약간 고통을 주고 병원비가 조금 나가고 환자에게는 아무 득(得)될 것은 없다. 그러나 아무 의미가 없는 것은 아니다.

먼 훗날 가족들은 "수술을 해보았으면 어쩌면 할 수 있었을지 모르겠다. 아무리 그 때 병이 심하고 위험률이 있다하여도 환자에게 성의가 부족하거나 돈을 아낀 것은 아니었는가? 하고 미안함과 아쉬움이 마음 한 구석에 남아 있을 텐데 개복을 해본 경우에는 그러한 것은 없음으로 거기에 개복의 의미가 있다."라고 얘기하면 내 얘기를 들은 모든 사람들은 수긍(首肯)하였다.

(68) 유명한 재판

초등학교 2학년 때의 국어교과서 내용이었다.

어느 사람이 길에서 주머니를 줏었는데 그 안에 20냥이 있었다. 자신의 돈 2냥을 넣어 어느 곳에 맡기고 잃어버린 사람을 찾아 나섰다.

그러다가 허겁지겁 하는, 돈 주머니 잃은 사람을 만나서 그 주머니에서 자신의 2냥을 빼고 주었더니 그 사람이 그것까지 자기 것이라고 우겨서 시비가 되어 원님에게 가서 재판을 받았다.

원님은 주머니를 잃어버린 사람의 얘기를 먼저 들었다.

22냥 잃어 버렸다고 하였다. 원님은 맞다고 그 말을 인정하였다. 그 사람은 의기양양하였다. 22냥 찾게 되었다고.

그 다음 돈 주머니 찾은 사람에게 물었다. 20냥 들어간 주머니를 주웠다고 하였다. 원님은 그 말이 맞다고 인정하였다. 재판은 끝났다.

"찾은 주머니와 잃어버린 주머니가 다르니 주머니를 주은 사람은 20냥 잃어버린 사람을 찾아서 주고, 주머니 잃어버린 사람은 22냥 주머니 주은 사람을 찾아보라"고.

그 당시 어렸을 때에는 그 말뜻을 잘 몰랐는데 오랜 세월이 지나서 생각하니 역시 유명한 재판이었다.

원님은 현장을 보지 않았어도 "남의 돈 2냥을 가질 사람이면 22냥 다 갖지 왜 주인을 찾아서 20냥만 주려고 할 것인가?" 사실을 간파(看破)한 것이다.

이러한 것은 우리 사회에서 많이 본다.

어느 회사에 입사하여 사시(社是, 회사의 정책)가 마음에 안 든다, 무엇이 마음에 안 든다, 대우가 마음에 안 든다. 등등 불평하며 세력을 규합하여 채용해 준 회사를 헐뜯는 행위를 하여서는 안 된다.

그 회사가 마음에 안 들면 마음에 드는 회사를 찾아서 떠나고, 그 회사에는 그 조건이 마음에 들어 열심히 일할 사람이 와야 하는 것이다.

(69) 환자를 가족처럼

가끔 그러한 얘기를 우리는 들어본다. "의사가 환자를 가족처럼 하라"고 거기에 나는 이렇게 얘기하곤 하였다.

"그것은 거짓말이다. 어떻게 여느 환자가 나의 가족과 같을 수 있겠는가? 진실을 얘기해야지 허위(虛僞, falseness)를 얘기하여서는 안 된다. 다만 환자를 대할 때 '나의 가족을 본다' 하는 그러한 마음가짐으로 봐야 한다."

이렇게 나는 올바로 가르쳐왔다.

(70) 꼬리 잘린 여우

이것도 초등학교 2학년 때의 국어교과서에 나온 이솝이야기이다. 어느 여우가 덫에 걸려 꼬리가 잘렸다.

다른 여우는 꼬리가 있는데 혼자 없어서 처량하였다.

다른 여우를 회유(懷柔)하였다.

"그 꼬리 달고 다니기 불편할 텐데 자르라"고.

아주 친한, 믿는 사람으로부터 조언(助言)을 구하여도 대답하는 사람은 자신의 입장에서 자신에게 유리한 답변을 해주지, 애타게 묻는 사람을 유리하게 대답해주지는 않는다는 것을 우리는 알아야 한다.

(71) 미스…가 되면 속 쓰린 사람

미스 유니버스(Miss Universe)라든가 미스 코리아(Miss Korea)등이 되면 누가 가장 기뻐할까? 단(但), 그것을 선망(羨望, 몹시 바람)하는 경우에(모두가 다 그것을 선망하는 것은 결(決)코 아니다.)

대개는 본인과 가족이라고 생각하지만 가족이 다 그런 것은 아니다. 가장 기뻐하는 사람은 본인과 엄마이고, 말로는 축하한다하면서 속 쓰려 하는 사람은 언니, 동생등 여자 형제와 가장 친한 친구들이다.

모르는, 관계없는 사람은 기뻐할 것도, 속 쓰려할 이유도 없는 것이다.

(72) 멀리서도 보아야

우리가 사물을 볼 때에 가까이에서 자세(仔細)히도 보고 멀리서도 보아야지 가까이에서만 보면 한 치의 앞도 내다볼 수 없고, 윤곽이 어떤지 모른다.

나무만 보고 숲을 보지 못하는 것이며, 극단적으로는 장님이 코끼리 만지기와 같아서 코끼리의 앞발이나 꼬리만 알지 코끼리 전체 모습을 모르듯이, 어떠한 사항의 직접적인 것만 보고 거기에 따라 발생하는 궁극적인 면(面)을 파악하지 못한다면 많은 오류를 범(犯)하게 되는 것이다.

(73) 말은 확실하게

말은 남에게 듣게 하기 위한 것임으로 확실하게 해야 한다. 벌써 오래 전의 서울의 전철안내 방송이었다.

"다음은 ‥역입니다. 전동차와 ‥‥."

"전동차와"라는 얘기가 나오면 승강대와 간격이 넓어 발이 빠지지 않게 주의하라는 얘기는 판(版)에 박힌 얘기이고 다음이 혜화역인지 무엇인지 역(驛)이름이 중요하여 역 이름을 크게 얘기해야 하는데 거꾸로 가장 중요한 역 이름은 크기가 10분의 1로 줄여서 우물우물하고 다시 "역"이란 단어는 차가 떠나가게 크게 얘기하니 이 사람이 제 정신 가진 사람인가? 의아했다.

어느 학회 때에 어느 교수가 발표하는 것을 들었는데 무슨 말인지 전혀 알아들을 수가 없었다.

꼭 가을 갈대밭에 바람 부는 소리뿐 이었다. 이런 강의 듣는 학생이 불쌍해 보였다. 차라리 책 보는 것이 낫지. 그리고 "있다"와 "없다"는 정반대인데 흔히 사람들이 말할 때에 있다와 없다를 얼버무려 있다는 얘기인지 없다는 얘기인지 정반대인 것을 알 수가 없다.

70년대의 일간 신문의 기사내용이었다.

강원도 산골짜기에서 어느 아빠가 속이 쓰려서 12살 난 딸보고 약국에 가서 속쓰린데 먹는 "노루모산"을 사오라고 하였다. 딸은 "노루 잡는 약"으로 듣고 약국에서는 노루 잡는 약을 달라는 줄 알고 노루 잡는 "청산가리"를 주어 딸이 사온 약을 먹고 아빠는 그 자리에서 숨을 거두었다.

말은 잘 알아듣게, 확실하게 해야 한다.

(74) 중요한 것은 얘기해두기, 색깔로 표시하기

조선시대 인조반정(仁祖反正)에 가담한 장단부사(長湍府使) 이서(李曙)는 부인에게 일이 성사되면 배에 붉은 기(旗)를, 실패하면 흰 기를 꽂아 임진강에 띄우겠으니 실패하면 잡혀서 곤욕당하기 전에 자결하라고 하였다.

성공을 하여 병사로 하여금 붉은 기를 꽂은 배를 임진강 상류로 보냈는데 병사가 피곤하여 잠든 사이에 뱃사공이 상류로 노를 저어 가는 것이 힘들어 땀이 나서 흰 저고리를 붉은 기 위에 씌우고 노를 저었다. 부인은 멀리서 흰 기를 꽂고 오는 배를 보고(인조반정이) 실패하였구나 하고, 일등공신부인으로 호강 부려보기 직전에 옷장에 목을 매어 숨을 거두었던 것이다(지금처럼 휴대전화(cell phone)가 있었으면 이런 일이 일어나지 않았을 것이다.)

병사는 사공에게 붉은 기 위에 아무것도 걸치지 말라고 중요한 것은 말을 했어야 한다.

또한 중요한 것은 눈에 띄게 색깔로 표시하고, 특히 위험한 약품등은 빨간 "레이블(label, 소위 라벨 또는 렛테르, 부전, 附箋, 꼬리표)을 붙여 주의를 환기시켜 사고를 방지하여야 한다.

독성이 강한 약품을 빨간 표지를 하지 않아 안약으로 알고 주어서 애기 눈에 넣어 실명(失明)하는 사고가 발생한 것이나, 세계적인 대형항공기 사고 중에는 항공기가 공항에서 이륙(離陸, take off)하자마자 기체가 미친 듯이 요동치다가 추락하여 탑승객 수십명이 사망하였다. 사고 원인은 청소 때 물이 들어가지 않게 부친 투명 테이프(tape)를 떼지 않았기 때문에 컴퓨터가 작동을 못한 것이다.

색깔 있는 테이프를 부쳤으면 이런 사고는 없었을 것이다.

(75) 마음을 다스려야

역시 초등학교 국어교과서의 이솝이야기.

태양과 바람이 어느 청년의 외투 벗기기를 시합하여 바람이 세게 부니 점점 외투(外套)를 꼭 쥐고 가고, 태양이 내려 쪼이니까 더워서 외투를 벗었다.

즉 강압적으로 하지 말고 덕으로 다스려야 함을 얘기하였다.

제갈공명은 남만(南蠻)을 평정하는 데에 남만추장(南蠻酋長) 맹획(孟獲)을 7번 사로잡아 7번 풀어주어 마음으로 항복받아 제갈공명 사후(死後) 30년간 남만은 촉(蜀)

나라에 복종하였던 것이다(마음으로 다스리지 않았으면 많은 병력(兵力)을 주둔시켜도 계속 반란이 생겨 광활한 남만을 지속적으로 평정(平靜)시키기는 곤란하였던 것이다.)

(76) 때로 손해도 보아야 한다.

대인관계에서 때로는 손해도 보아야 인간관계가 성립되지. 약게 처신하여 오직 이익만 취하고 손해는 안 보는 사람은 정넘머리 떨어지고 징그러워 사람들이 가까이 하지 않고 모두 등을 돌린다.

그리고 사상의 방향과 본질을 분명히 하고 일관성이 있어야지 이익에 따라서 계속 바뀌면 아무도 믿지 않는다. 사업도 그렇고 정치도 그러하다.

독일어에 "Algemeine Freund ist niemands Freund."(모든 사람의 친구는 아무의 친구도 아니다)라는 격언이 있다.

(77) 때를 기다리고, 때로는 수모(受侮)를 감수(甘受)해야

"사람도, 동물도, 식물도 때가 있는 것이다. 새싹이 나고, 꽃이 피고, 열매 맺고, 잎이 떨어지는 때가."

중국 주(周)나라 문왕(文王)을 도와 나라를 세운 태공망(太公望) 강자아(姜子牙, 본명 강상, 姜商, 강태공이라 함)는 강에 가서 곧은 낚시로 물고기가 먹이만 먹고 달아나는 낚시를 하면서 때를 기다리다가 70세가 넘어서야 문왕을 만나 나라를 세우는 공(功)을 이루었다.

살아가느라면 때로는 수모(受侮)를 감수해야 될 때가 있다. 이것을 극복하지 못하면 그 다음은 존재하지 않는다.

중국 초(楚)패왕 항우(項羽)를 무너뜨리고 유방(劉邦)을 도와 한(漢)나라를 일으킨 한신(韓信)장군은 젊었을 때에 시장에서 무뢰한 들을 만나 가랑이 밑을 지나가는 수모를 당하였다.

그 때에 이것을 감수하지 않았으면 그들로부터 피해를 당하여 (매 맞아 죽어) 훗날 역사에 찬란히 남는 그 유명한 한신장군은 없었을 것이다.

(78) 잘 하는 강의란?

"들으면 안 들은 것보다 나은 강의, 이것이 잘 하는 강의이다." 그렇다면 당연히 강의를 들으면 조금이라도 더 나을 것이라고 대개 생각하는데 그렇지 않다.

나을 수도 있고, 도움도 방해도 안 될 수도 있고, 오히려 방해가 될 수도 있다.

대부분 생각하기에는 강의하는 사람은 다 알고 하는 줄 알지만 그렇지 않다.

제대로 모르고 하는 강의도 아주 많다.

농담이 아니고 사실이다.

자신의 학위논문의 내용은커녕 제목도 모르는 사람(남이 다 써 줬으니까), 부서장이 답변하는 자리에서 보좌관이 메모(memo)해준 것조차 제대로 읽지도 못하는 것을 우리는 텔레비전(TV)에서 수많이 보아왔던 것이다.

강의하는 사람이 모르고 강의하거나 틀리게 알고 하는 강의는 도움이 되긴 커녕 오히려 혼돈과 방해가 되는 것이다.

10을 알고 3을 말하는 강의는(잘 알고 하는 강의) 졸지 않고 듣고 있으면 저절로 이해가 되고, 3을 알고 3을 말하는 강의는 열심히 들으면 조금 알 것 같고, 1을 알고 3을 말하는 강의는(모르는 것을 하는 강의) 열심히 들어도 도움이 안 되고 오히려 혼돈과 방해가 되는 것이다.

(79) 지식의 등급(等級), 많이 아는 사람이 겸허(謙虛)한 이유

사람의 지식의 등급을 5단계로 나누어 보면 ① 조금 아는 사람은 "많은 것을 안다"고 생각하고 ② 조금 더 아는 사람은 "모르는 것이 없다"고 생각하고 ③ 더 위의 단계가 되면 "아 - 모르는 것이 있구나!" 하게 되고 ④ 이 보다 더 위의 단계가 되면 "모르는 것이 많구나!" 하게 되고 ⑤ 최상(最上, supreme)의 단계가 되면 "과연 아는 것이 무엇이 있단 말인가?" 하게 된다.

이것은 인간과 신(神)의 중간경지에 도달한 것이다.

따라서 지식이 많은 사람은 겸허(謙虛)하게 되는 것이다.

(80) 호전(好轉)은 완만(緩慢), 악화(惡化)는 순간적(瞬間的)

보잉(Boing) 747, 757, 에어버스(Airbus) 300, 400등 대형항공기가 뜨려면 완벽

하여야 한다. 그러나 무엇 하나 잘못 되면 추락은 순간적이다. 사업도 일으켜 세우고 번성하는 데에는 완만하다. 그러나 상태가 악화되어 무너지는 것은 순식간에 이루어진다.

우리의 몸도 마찬가지이다. 커다란 농양(膿瘍, 고름집)을 제거하고 약을 써서 극적으로 상태가 좋아지는 경우도 있지만 대부분에서는 상태가 좋아지는 것은 완만하고 상태가 악화되는 것은 순간적이다.

(81) 악(惡)에 관하여

악을 보고 침묵을 지키는 것은 덕(德)이나 아량(雅量)이 아니라 악의 동조자(同調者)이다.

악(惡)에 대하여 관대한 이유는 첫째 악의 동류자(同類者)로서 친근감이 그 하나요, 둘째 악으로 인하여 피해 받는 사람은 내가 아니고 다른 사람이니, 다른 사람이야 죽든 말든 나와 상관이 없는데다가, 셋째 덕을 베푼다 생각하고 관대하게 하여 이제까지 행한 엄청난 악의 죄(罪)를 사(赦, 용서받는 것)받거나 감면(減免)받아보려는 심리에서이지만 실제로는 착한 일을 함이 아니라 또다시 무서운 악한 죄를 범(犯)하는 극히 이기주의적(利己主義的)이고 악랄(惡辣)한 행위이다.

그것은 덕(德)이란 미명(美名)과 가식(假飾)하(下)에 그들로 하여금 수많은 사람을 파멸(破滅)시키게 하기 때문이다. (2006. 4. 13. 05:46)

(82) 내가 부러워하는 사람

인간의 욕망이란 수명과 건강이 1,2위(位)인 데에는 불변(不變)일 것이다. 부(富)를 싫어할 사람이 어디 있겠는가? 마는 생활에 불편이 없을 정도이면 되었지 그것을 나는 이제까지 탐(貪)해 본 적이 없다. 호화와 사치(奢侈)하기 시작하면 끝이 없는 것이다.

나는 사석(私席)에서 이렇게 여러 번 얘기하였다.

"나는 재벌이나 큰 감투를 부러워한 적이 없다. 내가 부러워하는 사람은 노래 잘 부르는 사람과 퉁소(洞簫, flute), 나팔(喇叭, trumpet)잘 부는 사람이다."라고.

(83) 명칭(名稱)의 복잡성(複雜性)과 불합리성(不合理性).

　명칭은 간단명료(簡單明瞭)하여야 말하고 쓰고 알아듣기 편한데, 근래 불필요하게 길고 복잡할뿐더러 이상하고 어색하게 만들고 있다. 예를 들면 "이과대학(理科大學)"을 "자연과학대학"으로, "가정대학"을 "생활과학대학"이라 바꾸었는데 대학이란 학문을 하는 곳이라는 것은 누구나 다 아는 사실인데 또 거기에다 굳이 "학문"이란 뜻인 "과학"이란 말을 써야할까? 법과대학이나 미술대학처럼 과학이란 말이 붙어있지 않으면 학문을 하지 않는다는 뜻일까? 이러다가는 "법과대학"을 "법률과학대학"으로, "미술대학"을 "미술과학대학"이라 바꾸어야 할 것이다.

　"과학"이란 "학문"이란 뜻으로 "귀신(鬼神)"도 "심령과학(心靈科學)"인데 과학 아닌 것이 어디 있다고 과학이란 불필요한 단어를 붙여 차별화(差別化)가 되고 복잡하게 하고 있는 것이다.

　"임상병리"를 "진단검사의학과"로, "마취과"를 "마취통증의학과"로 바꾸었으니 임상의학에 "내과", "외과"처럼 "의학"이란 말이 없는 과(科)는 의학이 아니란 말인가? 아니면 "내의학과", "외의학과"로 바꿀 것인가?

　"진단검사"라 하였으니 "검사"란 환자의 상태를 알고 진단을 하기 위하여 하는 것인데 "진단검사"가 있고 "치료검사"가 있단 말인가?

　진단은 임상병리과에서만 하는가? 초음파, CT, MRI 등 많은 "영상(影像, image)(영상의학과, 影像醫學科)"과 "동위원소(同位元素, isotope),(핵의학과, 核醫學科)"가 진단을 위하여 쓰고 있고 더구나 최종진단을 내리는 병리과(病理科)가 있는데에도, 진단검사의학과만이 진단을 하는 과(科)란 말인가?

　마취란 통증을 줄이거나 없애는 것인데 마취통증이라 했으니, 마취도 하고 통증의 학도 한다는 의미이겠지만, "마취"와 "통증"이란 상반되는 단어를 함께 써서 마취도 하고 통증도 일으키게 하는 것 같아 어감(語感)도 매우 어색하다.

　"소아과"는 15세까지가 대상(對象)이던 것을 18세까지로 연령을 늘리고 명칭도 "소아청소년과"로 바꾸었는데, 예전에 18세까지라 하였다 해도 요즘은 성장 발육이 빨라서 10세가 체중이 50kg 등, 15세라도 어른 같아서 18세라 했다하여도 15세로 낮추어야겠거늘 오히려 3년을 늘렸다.

　"소아과(小兒科)"가 아니라 "대아과(大兒科)"로 바꾸어야 할 것이다.

그리고 "소아청소년"이라 했으니 "소녀"는 해당이 안되므로 소녀는 어디로 갈 것인가? 내과로?

대학의 교무과장, 학생과장이라고 간단명료하던 것을 "교무과장"을 "교무담당 학장보(學長補)"하다가 "교무담당 부학장(副學長)"으로, "학생과장"을 "학생담당 학장보"하다가 "학생담당 부학장"으로 하였으니, 이런 식(式)으로 칭호(稱號, title)를 격상(格上, inflation)시키면 당사자는 기분이 조금 좋을지 모르지만, 그렇다면 도청(道廳)의 "내무국장"을 "내무담당 도지사보", 더 나아가 "내무담당 부지사"로, 그리고 "외무부장관"을 "외무담당 대통령보", 더 나아가 "외무담당 부통령" 이런 식으로 바꾸어야 할 것이다.

행정부서를 보면, 국내(國內)의 일을 본다는 "내무부(內務部)"라고 이름이 간단명료하던 것을 "행정자치부(行政自治部)"라고 이상한 이름으로 개명(改名)하였다. 행정부(行政府)의 모든 부서(部署)가 행정을 하는 곳인데 유독(惟獨) 이부서만 행정을 한단 말인가?

그리고 "자치(自治)"라 하였으니 이부서는 정부(政府, 행정부〈行政府〉)에 속(屬)해 있지 않고 독립부서인가? 아니면 다른 부서는 "타치부(他治部)"인가?

얘기하면 길어져서 이정도로 끝내야겠다.

(84) 학회 명칭의 변경(變更)

90년대(年代)에 이제까지 써오던 임상학회(臨床學會)의 명칭이 3개가 변경되었다. "대한소화기병학회"가 "병(病)"자(字)가 빠지고 "대한소화기학회"로, "대한대장항문병학회"가 마찬가지로 "병(病)"자(字)가 빠지고 "대한대장항문학회"로, "대한맥관외과학회"가 "대한혈관외과학회"로 바뀐 것이다.

앞의 두 학회 명칭은 잘못된 것을 시정(是正)한 것이고 마지막의 명칭은 보다 알기 쉽게 바꾼 것이다.

"소화기병"이라 하면 해부학, 생리학등 기초의학도 빠지고, 소화기관의 손상도 빠지고 오직 "병"만 해당되므로 맞지 않는 이름이다. 이의 명칭 변경은 1994년에 내가 대한소화기병학회부회장 시절에 안건을 꺼내어 심의(審議)를 거쳐 바꾼 것이고, 거기에 따라서 대장항문병학회도 바꾸었고, 맥관(脈管)외과학회는 혈관(血管 / 즉 동맥, 정맥, 모세관)과 림프관을 다 포함 하므로 맞는 단어이지만 림프관 환자는 적을 뿐더러, 맥관 이라하면 한의사가 진맥(診脈)하거나 지관(地官)이 묘지터를 보거나 토지의 수맥(水脈)을 보는 것이 연상(聯想)되지, 인체의 혈관이라는 느낌이 안들어 1984년 학회 설립 때부터 내가 주장하던 것이 13년 지나서 바뀌게 되었다. 이렇게 하여 내가 우리나라의 중요한 3개의 학회명칭을 바꾸게 했던 것이다.

(85) 3가지 일방통행(一方通行, one-way)

① 부모가 자녀를 기르는 것,
② 선생이 학생을 가르치는 것, 그리고
③ 의사가 환자를 치료하는 것.

적어도 이 3가지는 요금을 내고 물건을 받는 것처럼 상호대가성(相互對價性)이 아니고 일방통행으로 하행선(下行線)만 있는 것이지 상행선(上行線)은 없는 것이다.

즉(卽) 자녀가 우리를 키워줬으니 부모에게 고마워하고 효도(孝道)를 할 것이라든가, 학생이 선생으로부터 배웠으니 선생에게 고마워할 것이라든가, 환자가 진료를 받았으니 자기를 치료 해준 의사에게 고마워하리라고 생각하면 안된다.(그렇게 생각한다면 착각(錯覺)이다.)

그들은 다 당연(當然)한 자기의 권리를 찾은 것이라 생각하고, 부모나 선생이나 의사는 그들의 의무를 행(行) 한 것뿐이라고 생각한다.

그러나 예외(例外)도 있어서 극소수에서는 고마워하는데, 그럴 때에는 흐뭇해 하지만, 그렇지 않다고 하여서 서운하게 생각해서는 안된다.

(86) 효자·효녀(孝子·孝女)는 어떤 경우(境遇)에?

여기서의 얘기는 일반적인 얘기이지 예외가 없는 것은 아니다.

자녀를 엄격히 교육시키고 부모와 어른을 공경(恭敬)하도록 가르치고, 경제적으로는 중등도 또는 그 이하의 가정에서 효자·효녀가 생겨나지, 자녀를 버릇없이 멋대로 하도록 내버려둬 키우고, 자녀에게 돈을 쏟아 붓는 집에서는 효자·효녀가 생겨나지 않는다.

이 말은 효자·효녀는 엄격히 교육받고 생활정도는 중등도 또는 그 이하의 집에서 생겨난다는 얘기이지, 역(逆)으로 중등도 이하의 생활수준에서 엄격하게 교육받으면 모두가 효자·효녀가 된다는 얘기는 결코 아니다.

엄격한 교육이란 사랑과 애정을 갖고 올바른 생활태도를 철저히 가르친다는 것이지 폭력을 쓴다는 얘기는 전혀 아니다. 폭력은 반감과 반항을 불러일으킬 뿐이다.

옛날 얘기이지만 가난하여 맛있는 음식 못 먹고, 명품(名品)옷 못 입고, 재산분배도 없는 그러한 집의 자녀는 부모가 어려운 가운데에도 낳고 키워준 은공(恩功)을 고맙게 생각하는데 호의호식(好衣好食)하고 많은 재산을 분배(分配)받은 자녀는 고마워 하긴 커녕 오히려 나의 몫이 왜 이것밖에 안되느냐고 불평하는 것이다.

그리고 대부분 부모들은 자신의 부모를 냉대(冷待)하면서 자녀를 상전(上典)으로 모시고 아이가 갖은 못된 짓을 하여도 그 모든 것이 흐뭇하고 대견하고 사랑스럽고 옳다고 그냥 방치(放置)하고, 다른 사람이 나무라면 아이의 기(氣)를 죽인다고 엄마가 펄쩍뛰며, 아이를 나무라는 사람과 싸우자고 하는 것이 한국 엄마의 가정교육의 실태(實態)이다.

그렇게 자녀를 키우고서 사회가 어지러워진다고 개탄(慨嘆)하는 것도 웃기는 일이며, 상전(上典)으로 모시고 키운 자녀로부터 나중에 냉대(冷待, 찬 대접, 찬밥신세)받는 것을 서운하다고 한탄(恨嘆)하고 있다. 그것은 너무나 당연(當然)한 소치(所致)인데도.

왜냐하면 그렇게 정성들여 키운 자녀로부터 배신(背信) 당한다고 생각하지만 실제로는 부모가 자녀를 모시기만 하였지, 부모와 어른들을 공경(恭敬)해야 된다는 것을 자녀에게 가르치지 않았음은 물론 자신의 부모를 냉대하는 시범을 보여 가르쳐 주고서 자신은 자녀로부터 대접받기를 바란다니 이 얼마나 모순(矛盾)인가? 생각하니 가소(可笑, 웃으움)롭기 그지없다.

소위(所謂, 이른바) 스스로 영리(怜悧)(?)한 한국의 엄마들은 이러한 진리(眞理)를 모를 뿐 아니라 그 반대로 생각하여 계속하여 오류(誤謬, error)를 범(犯, commit)하고 있는 것이다.

(87) 남아 있는 3가지 인정(人情)

우리 사회는 날이 갈수록 이기적(利己的)이고, 인정(人情)이 메말라 간다고 한탄하고 있다.

그래도 3가지 인정은 남아 있다.

시내에서 길을 몰라 물으면 귀찮아하고 짜증내며, 친절하게 알려주는 경우가 드물다.

그러나 산속에서 길을 물으면 친절하게 일러주는 것이 그 첫 번째의 인정이고, 지금은 도로에 카메라가 많이 설치되어 있어 경찰이 지키는 경우가 적지만, 반대 방향에서 오는 차가 경찰이 있다고 신호를 보내주는 것이 두 번째의 인정(人情)이고, 수술실에 여(女) 인턴을 안 들여보내고 남자 인턴이 들어오는 것이 그 세 번째의 인정이다.

손을 닦고 수술에 참여하는 것이 하나의 공부(工夫)인데도, 그저 단순히 힘든 노동으로 생각하고, 남자인턴이 영국의 신사도(紳士道)를 발휘(發揮)하여 여성에게 힘든 일을 시키지 않는 것이 그 세 번째의 인정인 것이다.

(88) 주입식교육(注入式教育, cram)과 EBL, PBM.

1990년대부터 특히 주입식 교육은 구식(舊式)이고, 창의력(創意力)과 생각하는 능력이 없어서 타당치 않고 스스로 생각하고 학습해야 독창성(獨創性)이 있다고 많이 주장(主張)되고 있다.

그러나 이것은 커다란 오류(誤謬, error)를 범(犯)하는 것이다.

지난 수 천년·수 만년에 걸쳐서 개발된 지식을 빨리 습득하여야 창의력이 나오지 머릿속이 텅 비었는데 어떻게 창의력이 나올 수 있을까?

계산기를 안써도 만단위의 수를 만단위수로 곱하는 것은 "99법"을 써서 수초(數秒)이면 되는데 만 단위 수를 수 만번 더 한다면 계속 틀려서 몇 달하여도 안 될 것이다. "99법"을 모른다면 보통사람이 평생 동안 이것을 개발 할 수 있을까?

주입식 교육으로 학습하시 않고 스스로 깨우친다면 평생 동안 현재 알려진 지식의 "수억(數億)분의 1"도 습득 못 할 것이다.

따라서 주입식 교육이 구식이라고 비난 할 것이 아니라 1990년대에 미국에서도 가장 짧은 시간에 가장 효과적인 학습은 역시 주입식교육이라고 발표되고 있다.

그리고 1995년에 등장한 "근거 기초(중심)학습(EBL, evidence-based learning)"이나 "문제 기초(중심)의학(PBM, problem-based medicine)"이 최신 학습방법이라고 떠드는데 이것은 어디 까지나 알고 있는 '지식의 평가 방법'의 하나이지 '기본 학습방법'이 아니다.

어떠한 질환에서의 기본 상태(해부, 병리, 병태생리, 증상, 이학적 소견, 검사 소견 등)를 알아야 제시(提示)된 문제 내용에서 하나씩 제외(除外, exclude, rule out)하면서 진단이 되지, 기본지식이 없이 PBM이라 하여 열이 나는 질환 수백개, 백혈구 증가가 되는 질환 수백개씩을 다 알아야 제외하는 식으로 어떻게 기본학습을 할 수 있단 말인가?

어느 특강 연자는 "주입식 교육은 가르치는 것이요, EBL, PBM은 배우는 것이다."라고 하는 말을 듣고 나는 놀라서 아연(啞然)하였다.(그렇게 무식한 소리에 아무 말도 못하였다.)

"가르치는 것"과 "배우는 것"은 한가지 현상이다.

선생이 학생을 가르치는 한가지 현상을 선생의 입장에서 보면 가르치는 것이요, 학생 입장에서 보면 배우는 것이지. 이 두 가지가 전혀 다른 현상이 아닌 것이다.

다른 예를 하나 든다면 인체해부학(人體解剖學, human anatomy)에서 계통해부학(系統解剖學, systemic anatomy)은 순환기라고 하면 심장에서부터 말초혈관까지 계통적으로 공부하는 것인데 이것을 배워도 신체 어느 부위에 무슨 혈관이 있는지 잘 모르니까 "국소해부학(局所解剖學, topographic anatomy)으로 공부해야 한다" 하는데, 계통해부학을 공부하여 몸의 전체 상태를 알고 나서 국소해부학을 습득하여야지 국소해부학만으로는 몸의 전체 상황을 알 수 없다.

이것은 지도에서 본다면 우리나라 전체와 각도(道)의 위치, 그리고 철도, 고속도로 등 전국의 상태를 알고 나서 어느 지역을 봐야지 동서로 10등분, 남북으로 10등분하여 우리나라를 100등분한 지역만 익혀서는 우리나라의 전체 상태를 알 수 없는 것과 마찬가지이다.

우리 신체에서 전후, 좌우, 상하를 각 10등분 한다면 1,000이 되는데 이러한 1,000부위의 해부를 어떻게 머릿속에 다 담을 수 있을가?

(89) 의사가 많으면 좋은가?

일반적으로 의사들은 의사수가 많아지는 것을 싫어하고, 의사 아닌 사람들은 의사수가 많아지기를 원한다.

의사수가 많아지면 의사들은 희소가치도 줄고 수입도 줄게 되니까 싫어하고, 의사 아닌 사람들은 의사가 많아지면 진료 받기도 쉬워지고, 의사의 고자세(高姿勢)도 없어지고(실제로는 오래전에 없어졌다.), 친절하게, 더 나아가서는 환자가 고자세로 그리고 낮은 의료비로 (고급)(?) 진료를 받을 수 있다고 생각하기 때문에 의사수(醫師數)가 많아지기를 원한다. 물론 어느 정도까지는 그러한 방향으로 되겠지만, 적정선이 넘게 되면 의사도 밥을 먹어야 되고 생활도 해야 되고 병·의원도 운영이 되어야 되기 때문에 많은 검사와 시술을 시키는 등 수입을 증대(增大)시키는 방향으로 나가게 되면 이것이 결국 환자에게 폐단(弊端, 손해)이 되는 것이다.

변호사도 마찬가지이다. 변호사수가 많아지면 낮은 수임료(受任料)로 친절하게 법적권익을 보호받을 것이라 생각 하겠지만 별것 아닌 것으로 법적 분쟁이 되어 많은 사람이 고통을 받게 된다.

그리하여 적정선보다 많으면 좋은 점 보다는 폐단이 훨씬 많게 되는 것이다.

따라서 의사와 변호사가 과다하면 사회는 혼란 하게 된다.

많은 사람들이 "미국이 변호사수만 적으면 지상낙원이다"라고 얘기하는 것도 이러한 연유(緣由)에서 이다.

(90) 의사의 위상(位相, position, altitude)

1945년 해방 당시 남한의 의사 500명, 30년 후인 1974년 의적부(醫籍簿) 정리 때에 국내거주의사 1만2천명, 해외(주로 미국)거주 의사 4천명, 인구대비(人口對比) 3000:1에서 지금(2007년 현재) 의사 9만명, 인구대비 550:1, 30여년 동안에 의사의 절대수가 7.5배, 인구대비가 5.5배(倍) (3,000/550=5.5)로 증가된 것 뿐 아니라 환자가 의사에게 모든 것을 맡기고 처분만 기다리던 위임진료(委任診療)에서, 환자도 권리를 찾아야겠다고 계약진료(契約診療)로 바뀌면서 의사의 위상은 한없이 추락하고, 환자의 위치는 고도로 상승하였다.

환자는 "우리가 무엇을 압니까?"하고 몸과 마음을 맡기고 처분만 기다리고, 의사는 그렇게 높게 대접받고 수입도 좋던 위치에서, 글자 한자, 말 한마디 잘못되었다고 고초(苦楚)를 겪는 위치로 추락하고 수입도 곤두박질하였으니, 신세대(新世代) 의사들은 의사란 이런 것인가 보다 하고 지내겠지만, 기성세대(既成世代)의 의사들은 과거의 황금기의 추억을 그리워하고 현세태(現世態)를 한탄하면서 지내가고 있는 것이다.

그러면 환자는 그렇게 이익만 보고 있을까? 그렇지 않다. 진료에 과오(過誤)나 하자

(瑕疵)가 있으면 물론 책임져야 되지만, 원칙대로 치료하여도 결과가 나쁜 경우(합병증, 사망 등)가 종종 있으며, 이것은 어쩔 수가 없는 데에도 공격과 피해(난동, 폭력, 협박, 소송 등)를 피(避)하기 위하여 소신(所信)대로 적극치료(積極治療)는 하지 않고 많은 검사 등으로 수입은 올리며 위험성을 피하는 방어진료(防禦診療)를 하게 되는 것이다.

그리하여 수술 사망율이 평균 2%일 때에, 수술을 잘하면 100명중에 98명을 살릴 수가 있는 데에도, 위험을 피하고 신변보호가 앞서기 때문에, 병이 심하여 손 못대는 것이라 하면 아무 탈이 없으니까 손을 대지 않아 환자는 100명 중에 98명은 커녕 단 한명이라도 살리지 못하고 다 죽게 내버려두니 이 어찌 애석(哀惜)타 하지 않을 수 있으랴?

(91) 의학전문대학원, 법학전문대학원

많은 찬반(贊反) 논란 끝에 이러한 제도를 도입(導入)하기로 결정 하였다.

어떠한 치료약도 독성이나 부작용이 없는 약이 없듯이, 어떠한 제도라도 단점은 없고 장점만 있는 것은 없다.

부작용과 약효를 저울질 하여 이익이 더 클 때에 투약(投藥, administration)하듯이, 단점보다는 장점이 더 클 때에 어떠한 제도를 시행하는 것이 기본원칙이다.

그러나 이러한 의학전문대학원, 법학전문대학원 제도는 장점은 찾아 볼 수 없고 오직 단점뿐이다.

일반적으로 수학년수(修學年數)가 더 길면 질(質, quality)과 위상(位相)이 더 높아진다고 믿는다.

그리하여 이미 오래전에 수의과대학 6년, 법과대학 5년을 많이 주장해 왔다.

그러나 연한이 길어진다고 거기에 비례하여 질과 위상이 높아지는 것은 아니다. 꼭 필요한 연한이외에는 시간과 금전의 낭비만 따를 뿐이다.

의학에서는 과거의 "의학전문학교"는 4년, 의과대학에서는 의예과(종합대학교에서는 자연과학대학에 속해 있음) 2년, 의과대학의 의학과 4년 합하여 6년으로 되어있다.

그러면 의예과 2년은 무엇인가? 앞으로 의사가 되기 위한 기본적인 소양(素養)을 갖게 하기 위한 "교양과정(敎養課程)"과 "어학습득(語學習得)"이 주목적이다.

어느 의대학장은 이것마저 시간 낭비라고 없애자고 하기도 하였는데 그것은 타당(妥當)치 않다.

나는 저렇게 무식(無識)한 소리를 하는 사람이 "의대교수, 의대학장이라니?"하고 놀라움을 금(禁)치 못하였다.

의예과에서는 열심히 공부하는 학생도 있고, 진급(進級)에나 목표를 두고 적당히 공부하면서 대학생활을 즐기면서 보내는 학생도 있다.

여하(如何)튼 아주 나태(懶怠)하지 않으면, 거의 모두가 의과대학 의학과로 진입(進入)하여 실제로는 의예과에 입학하면 의과대학 입학은 이미 맡아 놓고 확정된 것으로 여긴다.

그런데 전문대학원이라 하여 4년제 대학을 나와야 의학과에 입학 할 수 있다면 의예과 2년 보다는 4년 동안 더 많은 대학과정의 공부를 하여 보다 더 충실한 의사를 만들어 낸다고 생각하지만 실제로는 그와 정반대(正反對)이다.

실제로 이 4년은 의학과에 입학하기 위한 입시 준비기간으로 되는 것이다. 고등학교 졸업하면 의과대학에 입학이 결정되던 상태에서 다시 입시기간(入試期間)이 4년이 새로 생겨나서, 공부하는데 황금기인 2년이 더 소요(所要)되고 거기에 따른 학비 등 부담증가는 말 할 것도 없고, 의사의 자질(資質)에 도움을 줄 것이라는 목표인 교양과 소양연수(素養研修)도 의예과 2년보다 훨씬 못한 정도가 아니라 아예 없어져 버리고, 이 4년이란 오직 "입학시험준비 기간"으로 전락(轉落)되고 마는 것이다.

어느 공대학장은 이러한 제도로써 우수한 학생이 공대(工大)에 들어올 것이라 하여 의학전문대학원 제도를 찬성하였다는데, 공과대학은 우수한 "공학도(工學徒)를 키우는 것이 목적이지, 의대시험 준비장소로 사용되면 오히려 그 목적의 반대가 되는 것인데, 그러한 바보생각을 하는 자(者)가 "공대교수"다, "공대학장"이다 하고 있으니 한심한 징도를 지나 슬프기까지 해진다.

독일이나 스위스는 국민학교 4학년 때에 이미 인문고등학교(Gymnasium)를 거쳐 4년제 대학에 갈 수 있는가, 아닌가가 결정되는데, 우리나라는 고등학교를 졸업하고 나서도 다시 4년간 입시 준비기간을 두고 있으니 정부에서 왜 그렇게 강요하는지 알 수 가 없다.

미국의 예(例)를 들면, 의예과 2년 제도가 있고, 4년제 대학을 졸업하고 들어가는 제도도 있으며, 의대 이외의 대학을 다니고 의대를 원(願)하는 학생을 위하여는 의대에 소수(小數) 예를 들면 1-2% 선(線)에서 이제까지 대부분 대학에서 하던 것처럼 학사편입제(學士編入制)를 그대로 시행하면 되는 것이다.

"법학전문대학원"의 경우도 커다란 문제이다.

우리나라의 법관(法官)임용(任用)과 변호사 자격시험은 해방 후에 ①"변시(辯試)" 출신 소위 변호사시험, 그 후의 ②"고시(高試)"출신 즉 중등고시, 고등고시에서 고등고시, 그 다음으로 ③"사시(司試)"출신 즉 5·16후에 사법고시, 행정고시, 외무고시, 기술고시 이렇게 4가지 국가시험으로 분류하여 사시에 합격하고 2년간 "사법연수원"을 거쳐 검사 또는 판사로 임용되거나 아니면 변호사 자격을 받아 변호사가 되는 이러한 과정을 거쳐 왔다.

고시·사시 응시자격은 극히 완화되어 거의 아무나 다 응시(應試) 할 수 있는 것을 나는 늘 개탄(慨嘆)해왔다. 자세(仔細)히는 모르겠지만 아마 중학교만 나와도 응시할 수 있는 것 같다. 적어도 대학 재학생들이 시험을 치렀으니 대학 졸업도 필요없고, 전혀 분야가 다른 이공계(理工界)에서도 시험을 보았으니, 법을 다루는 전문분야에서 왜 이렇게 말이 되지 않는 제도(制度)가 이루어질까?

과정을 거친다고 다 되는 것도 아닌데 과정마저 생략(省略)하였으니, 이것은 기껏해야 중학교 정도 나오고 의사 국시 문답지 열심히 익혀서 합격하면 의사면허증 발급해 주는 것과 다를 것이 무엇인가?

그리고 고시(사시)에 합격한 법대교수는 극소수이므로 (2007년 현재) 법대 1학년 재학 때에 사시에 합격하고 졸업장 받기위하여 재학하는 학생은 우월감속에서 고시에 낙방(落榜, 불합격(不合格))한 선생으로부터 무엇을 배우려고 하겠는가?

나는 이러한 불합리와 모순을 강조하고, 내가 행정 한다면 고시·사시 응시자격을 강화(強化)하여 이공계 등 다른 분야는 안되고 적어도 법대를 졸업한 법학사로서 대학성적이 상위권이 되어야 응시 할 수 있도록 규정 할 것이다.

그래야 법과대학을 다니면서 열심히 공부하고 기본 교양과정도 습득하는 것이며, 대학이 고시·사시 수험장소로 전락(轉落, 굴러 떨어짐)하지도 않을뿐더러 앞서 말한 불합리한 점을 없앨 수가 있는 것이다.

그리고 합격자가 50년대에는 연간(年間) 8~10명, 5·16후에는 100명, 90년대에는 1,000명이 넘게 되었는데 이제 로우스쿨(law school)로서 4,000명(처음에는 2,000여 명이지만 머지않아 이렇게 될 것이다) 이상이 해마다 생산되면 고등실직자(高等失職者)와 고등저소득층을 양산(量産)함은 물론 변호사(辯護士) 과포화(過飽和)로 저액(低額)인 비용으로 법의 보호를 받기는커녕 변호사도 밥을 먹어야 살아갈 수 있기에 법적건수를 계속 늘려 소송건수(訴訟件數)가 크게 증가하여 사회는 심한 혼란에 빠질 것이다.

▎Addendum 13   2013. 08. 30   05:50

註: 이러한 전문대학원이 15년 전(DJ 시절)에 논의(論議) 되었을 때 강력(强力)히 비난(非難)하였던 나의 말은 그대로 적중(的中: 화살이 과녁 중앙에 맞음) 하여, 정부가 거의 강요(强要)하다 시피하여 어쩔 수 없이 바꾸었던 여러 "의학전문대학원"이 학생들의 질(質, quality) 저하(低下) 등 많은 문제점으로 다시 이전(以前)의 "의과대학"으로 복귀(復歸)하고 있다하니 내가 이미 시행 전부터 이렇게 될 것을 거울 보듯 훤히 알고서 그렇게 얘기하였던 것이다.

또한 법학전문대학원도 앞에 말한 것처럼 해야 국가와 사회가 혼란(混亂) 되지 않고, 국민과 변호사 모두가 살 수 있게 될 것이다.

(92) 뒤 떨어진 의료제도

이렇게 불합리한 의학전문대학원제도 이외에 의대를 졸업하고 나서 의사면허증을 갖고 환자를 진료하는 자격을 강화하여야 한다.

"독일식"에서 이미 얘기한 것처럼 독일에서는 의예과에서 본과(本科)로 진입(進入)시(時) 제 1차 국가시험(대학내(內)에서의 시험이 아니고 국가시험), 기초의학인 의대본과 2학년을 마쳤을 때에 제 2차 국가시험, 그리고 4학년을 졸업하고 나서 제 3차 국가시험을 치루고 합격하면 의사면허증이 바로 발급되는 것이 아니고, 18개월(1년반)동안 대학병원에서 의사로서의 환자진료 수련과정을 이수(履修)해야 의사면허증이 발급된다.

독일뿐 아니라 영국 등 여러 선진국가에서는 의과대학을 졸업하고 국가시험에 합격하고 나서 18-24월(月)(1년반~2년)간의 AIP(Arzt im Praktikum, physician in practice, 진료실행의사)과정을 거쳐야 의사면허증이 발급 되는 것이다.

독일·영국 등 선진국에서는 의대학생실습이 엉터리이고 의대졸업생들이 무능하여 그러한 과정(過程)을 거쳐야 하는가? 아니다. 인명(人命)을 중요시하기 때문이다. 그런데 우리는 대학졸업과 함께 고귀(高貴)한 생명을 다룰 수 있게 하면서, 째깍하면 인권(人權) 운운(云云)하며 떠들 것인가?

남들 보다 앞서긴 커녕 여러 선진국에서는 오래전부터 시행되고 있는 이러한 합리적인 제도를 우리나라의 의료계나 정계(政界)에서 얘기하는 것을 나는 아직까지 결코 들어 보지 못하였다.

모든 의대 교수나 학장은 그저 학생실습을 잘 시켜야만 한다고들 되풀이 하는데 학생 실습을 얼마나 어떻게 잘 시켜서 의대 졸업하자마자 자기 책임하에 고귀한 인명(人命)을 다룰 수 있다는 말인가? 한심(寒心, 찬마음)하기 그지없다.

(93) 교육은 올바르게

그리고 사학자(史學者)는 역사(歷史, the history, die Geschichte)를 올바르게 기록하고, 교육자는 교육을 올바르게 시켜야 한다.

간단한 한 두가지 예를 들면, 미국의 최상급 대통령(top president)으로 평가되는 링컨(Abraham Lincoln)대통령은 초등학교 때부터 남부와 전쟁하여 노예를 해방시켜 위대한 대통령으로 배웠지만 그것은 아주 부수적(附隨的)이고 지엽(枝葉, 나무줄기가 아니고 나뭇가지와 잎사귀)적(的)인 일이었고(초기에는 링컨도 노예해방을 반대했었다).

1776년 미국독립 85년만인 1861년에 미국 북부 19주(州, state)와 남부 11주(州)가 분리되어 남부는 남(南)아메리카 독립국을 선포하고 대통령까지 선출하여 남·북아메리카 2개의 국가로 분리되는 것을 남아메리카를 정벌(征伐)하여 전쟁 4년만에 다시 하나의 아메리카로 이룬 것이 그의 가장 위대한 업적으로 최상급 대통령으로 계속 평가받는 것이고, 우리나라 3한시대의 예를 들면 신라의 김춘추, 김유신이 당나라와 연합하여 백제를 660년에, 고구려를 667년에 멸망시켜 3한을 통일한 것을 위대한 업적이라고 사학자, 교육자들은 초등학교 때부터 가르쳐 왔지만, 사실은 외국군(당나라)의 힘을 빌어 조선민족이 소유하고 있던 송화강, 혜란강, 길림성 등 만주, 간도(間島) 그 광활(廣闊)한 지역을 당나라에 넘겨주고 한반도를 다 점령하려던 당나라와 7년 전쟁으로 겨우 압록강, 두만강 이남의 지역만 남게 된 것을 위대(偉大)한 과업(課業)이라고 사학자들은 역사를 기록하고 교육자는 그렇게 가르치니 한심(寒心, 찬마음)하기 그지없다.

(94) 절약(節約)과 부(富)

서민(庶民)들은 절약을 하면 대개 빚지지 않고, 기껏해야 생활에 약간 여유(餘裕)가 있게 되는 것이지, 노력한다고 "부(富)"를 이루지는 못한다. 사람이 "부(富)"를 따라다녀서 잡는 것이 아니라, "부(富)"가 사람을 따라야 "부(富)"를 이루는 것이다.

(95) 법과 상식

사회의 질서를 유지하기 위하여 "법(法)"이 제정되는데 법이 수십만(數十萬) 조(條, article)라도 세상의 모든 현상을 법으로 다 정(定) 할 수는 없다.(can not define)

법 이전에 상식(常識)이 있고, 상식이전에 도덕(道德)이 있는 것이다.

(96) 민원

한글로 "민원"하면 상반적인 두 단어가 있다.

"백성들이 바라는 민원(民願)"과 "백성이 원망하는 민원(民怨)"인데, 여기서의 얘기는 앞의것으로 우리사회에서 흔히 "민원이 들어와서…", "민원에 따라서…"어떻게 하였다고 하는데, 사람들은 모두 자기중심적이고 이기적(利己的)이어서, 한 두 사람이 이익을 보고 천(千)명이 손해보는 경우도 "민원에 따라 시행 되었다."고 하는 것이 우리 사회에서 종종 보아오는 일반적인 현상이다.

(97) 의료의 다양성(多樣性)

도로상에서 두 차가 접촉사고가 일어났을 때에 어느 한쪽이 전적(全的)으로 잘못이 있으면 다른 차는 잘못이 없는 것이고, 쌍방과실인 경우 50:50 또는 40:60등이라 하는데 의료에서의 치료는 어느 한가지만이 맞는 것이 아니라 다양할 때가 종종 있습니다.

예를 들면 허리 아픈 디스크 환자를 물리치료를 처방하기도 하고 "양심적"으로 수술을 처방하기도 합니다.(여기서 양심적이란 말은 수술을 시행 하는 것이 정당(正當)힐 때를 얘기합니다.)

어느 감기환자를 약처방 없이 그냥 지내보라고 하기도 하고, 간단한 감기약을 처방하기도 하고, 가래가 있다하면 보통감기약에 항생제까지 처방하기도 합니다.

이러한 경우에 어느 한 가지 처방이 옳고 다른 처방은 잘못이라고 할 수 없는 것이 의료의 다양성입니다.

(98) 두가지 유형(類型)의 대인관계(對人關係)

대인관계를 여러 가지로 나눌 수 있지만, 상대방을 대우(待遇)해주는 형(型)과 상대방을 깎아 내리는 형(型) 크게 이 두 가지로 나눌 수 있습니다.

상대방을 대우해주면 흐뭇해하고, 깎아 내리면 서운해 하고 나아가서는 증오감(憎惡感)을 갖습니다.

그런데 왜 많은 사람들이 후자(後者)를 택할까?

그것은 상대방을 깎아 뭉개는 데에서 쾌감을 느끼며 또한 상대방을 깎아 내리면 내가 올라간다고 생각하기 때문인데 이것은 아주 잘못된 생각입니다.

뉴턴(Newton)의 "운동의 제 3법칙"인 "작용·반작용의 법칙"이 대인관계에서는 성립이 안 됩니다.

상대방을 깎아 내리면 내가 올라가는 것이 아니라 반대로 내가 내려가고 상대방을 올리면 나도 올라가는 것이 대인관계의 법칙입니다.

(99) 대인(對人) 상호간(相互間)의 이해관계(利害關係)

자신과 남 사이의 이해(利害)는 자신의 이익이 있고 없고에 따라 다음의 6가지 유형(類型 types)으로 분류할 수 있다.

(1) 자신의 이익이 있고 남의 이익도 있을 때 : 이러한 경우가 가장 바람직하다. (most desirable)

(2) 자신의 이익이 있고, 남에게는 이익도 손해도 없을 때 : 이러한 경우는 용인(容認)이 되는 것이다.(acceptable)

(3) 자신에게는 이익이 있고, 남에게는 손해일 때 : 이것은 야비(野卑, vulgar, vulgarized) 한 것이며 이러한 행위는 금지(禁止)되어야 한다.(It should be forbidden.)

(4) 자신의 이익이 없이, 남에게 고의로 손해를 끼치거나 피해를 주는 것은 : 이는 사악(邪惡, vicious)하고 악랄(惡辣, spiteful)한 것으로 이러한 행위는 비난(非難)받거나 저주(咀呪)받을 것이다. (It should be condemned or cursed.)

(5) 자신의 이익이 없고, 남의 이익도 손해도 없는 것 : 이는 가장 흔한 경우(most common)로 장려(獎勵)도 금지(禁止)도 되지 않으며, (It is not recommended, nor prohibited.)

(6) 자신의 이익이 없고, 남의 이익이 있는 것은 : 영웅적(heroic)행위로서 찬양(讚揚)받을 일이다. (It is to be praised.)

사람들은 그저 단순히 나에게 피해를 크게 줬으면 "아주 나쁜 자"이고, 피해를 적게 줬으면 "적게 나쁜 자"라고만 분류하지만 그렇지 않다.

해를 끼친 자를 3가지 형(型)으로 분류하여 보면 (1) 원한(怨恨)이나 복수(復讐)에 의한 것이라면 법적으로는 불법(不法)이지만 인간적으로는 나쁜 자(者)라고 할 수 없고 (2) 자신의 이익을 위하여 남을 해끼친 자는 그래도 덜(적게) 나쁜 자인데 (3) 원한도, 자신의 이익도 없이 남의 피해(被害) 그 자체(自體)만을 목적(目的)으로 해를 준 자는 가장 악랄(惡辣, most vicious)한 자(者)인 것이다.

(100) 한번 손 대면 뗄 수 없는 것은?

파리가 한번 꿀맛을 보면 다리가 빠지면서도 헤쳐 나가기는 커녕 점점 꿀속으로 기어 들어가 죽듯이, 한번 손대면 뗄 수 없는 것이 마약(痲藥)이다.

엥겔-레닌-스탈린-후루시초프로 이어지는 공산주의 창시자 레닌은 이렇게 말하였다. '권력은 마약이라'고 그렇다. 부모로부터 물려받은 많은 재산, 수십년간 벌어들인 것 다 털어 먹고도 손을 못 떼는 것이 정치(권력)이다.

놀음(도박, 賭博)도 마약이다.

한번 손대면 타고 온 차(車)까지 잡히고 단칸방에서 라면 끓여 먹어가면서도 헤이나지 못하는 것이 놀음이다.

클린턴(Clinton)은 대통령 재임시(在任時) 이렇게 말하였다.

'담배는 마약이라'고 그러나 담배를 끊은 사람이 많은 것을 보면 정치나 놀음은 마약이지만 담배는 마약이 아닌 것이다.

(101) 이 세상(世上)에서 나눌 수 없는 것은?

친한 사이는 물론 형제간(兄弟間)에도, 심지어(甚至於)는 부자간(父子間)에도 나누어 가질 수 없는 것은 '권력(權力)'이오, 그 다음으로 나눌 수 없는 것이 '금전'과 '사랑'이다.

(102) 나의 글을 읽을 사람이 없는 이유는?

사람들은 흥미와 이익을 추구하는 데에는 눈에 불을 켜고 달려들지만, 그 이외에는 무관심하다. 따라서 그러한 것(흥미와 이익)이 전혀 없는 나의 글에는 당연히 관심 밖일 수 밖에 없는 것이다.

(103) 그레샴(Gresham)의 법칙

"악화(惡貨)는 양화(良貨)를 구축(驅逐)한다(Bad Money drives out Good.)"는 그레샴(Thomas Gresham)의 법칙은 화폐(貨幣)에서뿐 아니라 우리사회의 일반 현상이다.

(104) 칭찬받기는 힘들다.

틀린 것을 가르쳐주면 고마워 하기는 커녕 대개 거북해하고 싫어한다.(예를 들면 spring cooler가 아니고 sprinkler(살수기, 撒水器)라든가 "레떼르"가 아니고 "레이블(label)이라고 가르쳐주면).

내가 중 1때에 나의 급우(級友) 오의석(오래전에 작고했다함.)은 전차(電車)속에서 이렇게 말하였다.

"한국사람은 그저 욕(辱)이야, 못하면 벼-엉신 그것도 못해!, 보통이면 짜-아식 별수없군!, 잘하면 쌔-애끼 제법이군!"

못하건, 보통이건, 잘하건 전부 욕이라고 풍자(諷刺)한 그의 말은 우리사회의 정곡(正鵠)을 찌르는 얘기 이었다.

(105) 짧으면서도 정취(情趣)있는 시(詩)

1960년 전후하여 동아일보에 소개된 시(詩)

- 고향생각 -

"감자꽃피는 산밭에서 고향생각
    꿩은 머-언데서 울고 있다." -김 영 作 -

반세기가 지난 지금에서도 이렇게 짧으면서도 그윽한 정취(情趣)를 풍기는 시는 다시 보지 못하였다(나는 그 당시 신문에 본 것을(어디에도 기록해 두지 않았다가) 지난 일을 회상하며 여기에 옮겨놓는데 반세기가 지난 지금 이 글의 작가는 아마 오래 전에 작고(作故)하였을 것이다)("했던 이야기들"에 나오는 모든 시, 노래, 문구등은 글을 쓰면서 생각해 낸 것임)

(106) 신문 논평문구 2가지

1956년 5월 5일 해공(海公) 신익희(申翼熙) 선생이 대통령 선거 유세(遊說) 차(次) 서울에서 호남선 열차로 전라도로 내려가던 중 새벽 5시에 차한잔 마시고 급서(急逝)하시었다. 당시 동아일보 1면(面) 횡설수설(橫說竪說) 난(欄, column)에 "천무심 민무복(天無心‧民無福)"이라고 쓰였다.("하늘은 마음이 없고, 백성은 복이 없다."라고)

4년지나 1960년 4‧19후에 대통령의 하야(下野) 성명이 나오자 같은 신문의 그 난(欄)에 "지우이 불가기자는 민(至愚而 不可欺者 民)이고 지약이 불가승자는 민(至弱而 不可勝者 民)"이라고 쓰여 있었다.("지극히 어리석으면서도 속일수 없는 것이 백성(百姓)이오, 지극히 약하면서도 이길 수 없는 것이 백성(百姓)이다"라고.)

(107) 작은 일에 불평하면

대부분의 사람에게는 살아가면서 많은 어려움과 크고 작은 불행(不幸)이 따른다. 득(特)히 천운(天運)과 친복(天福)을 타고난 사람을 제외(除外)하면.

따라서 너무 호강에 찬 불평(不平)을 하면 재앙(災殃)이 따른다. 그 이유는 신(神)의 노여움을 사기 때문이다.

세상(世上)살아 가는 데에 크게 나쁜 것이 아니면 좋은 것이다. 그 이유는 보통사람에게는 살아가면서 좋은 일이 일생에 몇 번이나 있을까? 한 두 번 있으면 많은 것이다.

장원(壯元)에 급제(及第)했다든지, 사시(司試, 司法考試), 행시(行試, 行政考試), 또는 중등교사(中等敎師) 임용고시(任用考試)등 고시(考試)에 합격했다든지, 일류대학(一流大學)에 합격(合格)했다든지, 거액(巨額)의 복권(福券)에 당첨(當籤)되었다든지 등.

기분(氣分)나빴다. 싸웠다, 욕했다, 욕먹었다, 중등도의 경제적 손실을 입었다.

이러한 일은 너무나 사소(些少, trivial)한 다반사(茶飯事, 차마시고 밥먹는 일상 있는 일)이어서 이러한 일에 크게 신경 쓰거나 속상해하면 살아가기 힘들다. 그러면 살아가는데 무엇이 커다란 문제란 말인가?

첫째는 생사(生死)이다. 죽으면 모든 것은 무(無)로 돌아가는 것이다.

둘째는 커다란 신체적 문제. 예를 들면, 마비(痲痹), 혼수(昏睡), 불구(不具) 등.

세 번째는 재기 불능(再起 不能)의 경제적 손실.

네 번째는 아주 곤란한 법적문제 등

이러한 것이 살아가는데 중요한 문제인 것이다.

(108) 내가 공부(工夫)하게 된 동기(動機, motive)

나도 어렸을 때 다른 애들처럼 놀기를 좋아하였다. 공부하는 것보다 노는 것이 쉽고 재미있으니까.

그런데 국민학교(지금의 초등학교) 1학년 때부터 열심히 공부하였다. 그것은 공부를 잘해서 좋은 중학교, 좋은 고등학교를 거쳐 명문(名門)대학을 나와서 사회(社會)에 나가 성공하여 잘살아보겠다는 원대(遠大)한 목표(目標)하(下)에서 공부한 것은 전혀 아니다.

국민학교 1학년 때 학교에서 돌아와 저녁때까지 놀았다. 선친께서 저녁에 퇴근하시고 오셔서 나에게 학교에서 돌아와 책 보았느냐고 물으셨다. 안 봤다고 사실대로 대답하면 서운해 하시고 야단맞을 것 같아 책 보았다고 거짓말하였다. 마음이 불편하고 양심가책(良心呵責)되었다. 다음 날부터는 책 안보고 보았다고 거짓말 하지 않으려니까 책을 보았다.

그 당시에는 시험보고 나면 선생님은 빨간 펜으로 채점한 시험지를 모든 학생에게 나누어 주셨다.

시험지를 들고 집 대문에 들어오면서 "오-만! 오늘도 100점 맞았어"하고 빨간 글씨로 모든 답안에 "O"표(標)를 하고 "100점"이라고 채점한 시험지를 어머님께 내 드리거나, "오-만! 전번 일제고사(모든 과목 시험 보는 것)에 또 1등 했어"하면 어머님께서는 "참 잘했구나"하시고 환하게 웃으시며 기뻐하시고 저녁에 퇴근하신 선친께 시험지를 내 드리며 자랑하시면 선친께서는 어머님과 나를 칭찬해 주시었다.

(註 : 평안도 사투리로 "어머니"를 "오마니"라고 하고, "엄마"를 "오-만"이라 하였음.)

그리하여 내가 국민학교때부터 열심히 공부한 것은 명문학교, 명문대학 나와서 사회에 나가 성공하고 잘살기 위한 원대한 목표에서가 아니라 그저 단순히 선친께 공부 안하고 했다고 거짓말 하지 않기 위한 것과 어머님의 그 환하게 웃으시며 기뻐하시는 모습을 보기 위한 아주 단순한 동기에서 이었다.(나는 지금 이글을 쓰면서 그 환하게 기뻐하시면서 웃으시는 어머님의 모습이 눈앞에 떠오른다.)

(109) 편리함을 추구(追求)하는 종점(終點)은?

인간은 힘든 일을 하기 싫어하고 고도(高度)로 발달된 문명의 이기(利器)를 이용하여 계속 편해지려고 한다.

그리하여 종국(終局)에는 힘들게 씹고 삼키지 않고 위(胃)에 관(管, tube)을 통하여 음식물을 자동으로 주입(注入)하고, 세수도 귀찮아 자동차 자동세차기처럼 기계로 얼굴에 물을 뿌리고 얼굴을 닦고, 방광과 대장에 관(管)을 삽입(挿入)하여 소변·대변보는 수고를 없애고, 숨쉬기도 귀찮아 인공호흡기(人工呼吸器)를 달고 지내게 되는 것이다.

(110) 인생(人生)이란 무엇인가?

동서고금(東西古今)을 통하여 현인(賢人)이나 철학자(哲學者)도 못다한 명제(命題, subject, proposition)로서 그 심원(深遠)하고 오묘(奧妙)한 진리(眞理)를 어리석은 범인(凡人)들이 어찌 알리오? 이를 계속 추구(追求)하면 해답(解答)이 나오지 않고 결국 절망(絕望)에 부딪혀 허무(虛無)속에서 생(生)을 영위(營爲)하다가 종말(終末)을 맞거나 자의(自意)로 생(生)을 마감(자살, 自殺)하게 되는 것이다.

(111) 생활태도

근래는 극도로 물질문명이 발달하고 정신문명(精神文明)이 부족(不足)하고 결핍(缺乏)되가고 있다.

고전(古典)을 익히고 철학(哲學)을 공부(工夫)하여 영혼(靈魂)을 살찌워야겠다.

사회가 험악(險惡)하다 하여도 자비(慈悲)와 측은(惻隱)과 사랑과 박애(博愛) 그리고 인의(仁義)를 갖고 일의 처리를 명확(明確)히 하고 공명(公明), 정대(正大), 그리고 공평(公平)하게 해야 한다.

"소인(小人)은 가까이 하면 피해보고 멀리하면 불평한다."하는데 이러한 경우가 허다 하니 지혜(智慧)가 필요하다.

사고방식을 건전히 하고 진리에 크게 어긋나지 말아야 한다.

극도의 편리함을 추구(追求)하는 것도 자제(自制)하여야 한다. 그 종말(終末)은 바로 앞에서 얘기 하였다.

과욕(過慾)과 사치(奢侈)에서 탈피(脫皮)하고 중용(中庸, moderation)을 지켜야 한다. 지나치면 미치지 못한 것보다 못하다(過猶不及 過不如不及). 과식하면 조금 적게 먹은 것보다 못한 것이다.

사치는 재벌(財閥)도 충족(充足)시키지 못하는데 서민(庶民)에서야 말해 무엇하랴?

땅에 묻어 놓은 금괴(金塊)나 고가(高價)의 목걸이는 기껏해야 약간(若干)의 자기만족뿐이지, 그것으로 다른 사람으로부터 대접(待接) 받는 것도 아니요, 그것을 마련하고 유지·관리 하는데에 힘들고 위험성만 따르기에 우리에게 해(害)만 주지 이득(利得)을 주지 못한다.

더구나 아무리 고가품이라도 크게 만족하지 못한다.

그 이유는 욕망이란 끝이 없고 더 이상(以上)을 추구(追求)하니까.

그리고 근시(近視)에서 탈피해야한다. 고층건물은 바로 그 앞에서는 그 높이를 제대로 보지 못하는 것이다.

한비자(韓非子)에서처럼 규정(規定)을 정(定)하고 이에 따르게 하고, 당(唐)의 측천무후(則天武后)처럼 공(公)과 사(私)를 분명히 하고 상벌(賞罰)을 확실하게 해야 한다.

사람이 별로 없던 태고(太古)적에도 모든 사람을 일일이 교화(敎化)시킬 수 없어서 규정을 정하여 따르게 하고(韓非子), 잘 못하여도 벌(罰)이 없고 잘해도 상(賞)이 없으면 아무도 잘하려고 하지 않을 것이다(則天武后).

여건(與件)이 나쁠 때가 많으므로 여건이 나쁘다고 한탄(恨嘆)하거나 부정적(否定的)으로만 생각하지 말고, 주어진 환경 하에서 최선을 다할 것이다.

미국 어느 대학교 총장의 졸업축사에서 "집 주위를 깨끗이 하고 변비에 걸리지 말도록 조심하라"고 간단하게 졸업생에게 당부하였다하는데 그것은 건강관리에 주의하고, 다른 사람과의 사회생활을 건전하게 하라는 지극히 평범한 내용을 우리는 명심(銘心)하여야겠다.

항상 성실하고 근면하면서, 환경의 변화에 신속(迅速)하게 대처(對處)해야 하지만, 긴 안목(眼目)에서 보아야하고, 즉흥적(卽興的)이나 졸속(拙速)은 피(避)해야 한다.

우리가 환자를 대(對)할 때에는 내 가족과 똑같이는 못하여도 내 가족을 대한다 하는 마음의 자세(姿勢)로 임(臨)해야 한다.

남을 돕는 데에 관(關)하여는 나를 희생(犧牲)하여 남을 돕지는 못하여도, 남을 위하여 약간의 수고(手告)를 아껴서는 안 된다.

사람들은 너무 영리(怜悧)한 정도(程度)를 지나 영악(獰惡)해 지기까지 하는데 대인관계에서 약게 살지 말아야 한다. 약은(영리한)사람은 사회를 잘 타고 잘사는 것 같지만 결국은 사회로부터 버림받게 된다.

진실(眞實)이 결여(缺如)된 근시안적(近視眼的)인 약은 처신(處身)은 설사(設使, 설령〈設令〉) 성공(成功)한 것 같아도 오래 가지 못하고, 다른 사람으로부터 버림받아서 결국(結局)은 낙오자(落伍者)가 되는 것이다.

사업이건 등산(登山)이건 무리(無理)한 것은 피(避)해야 한다. 그리고 용기(勇氣)와 지혜(智慧)를 가져야 한다.

용기가 결여(缺如)된 지혜는 모사(謀事)로, 들어주지 않을 때에는 무용지물(無用之物)이 되고, 지혜가 결여된 용기는 만용(蠻勇)으로 무모(無謀)하고 실패(失敗)가 따르는 어리석음이다.

한번 정(定)한 것은 많은 어려움에도 불구(不拘)하고 관철(貫徹)할 수 있는 인내(忍耐)와 용기(勇氣)가 있어야하고 동시(同時)에 상황(狀況)에 따라서는 변경(變更)할 줄 아는 지혜가 있어야 한다.(등산 시에 어렵다고 포기(抛棄)하면 영원히 정상(頂上)에 못 오르지만 상황이 나쁠 때에 무리하게 강행(强行)하면 조난(遭難)을 당하는 것이다.)

과거에 집착(執着)하지 말고, 더 높은 곳으로, 더 나은 곳으로 지양(止揚)하며, 실질(實質)과 실속을 찾고, 무리(無理)에서 탈피(脫皮)하며, 자신(自身)의 분수(分數)에 맞게 살며 거기에서 행복(幸福)을 찾아야 한다.

"Happiness consists in contentness.(행복은 만족에 있다.)" - 영국속담-

과거(過去)를 반성(反省)하고 평가(評價, assessment, evaluation)하여 미래(未來)의 지침(指針)으로 해야겠다.

▎Addendum 9　　　　2013. 04. 19

(112) 2 가지 절대적인 자유

헌법에 보장된 절대적인 자유는 "학문의 자유"와 "종교의 자유" 이 2 가지이고, 개인적인 절대적인 자유는 "착각(錯覺, illusion)"과 "망상(忘想, delusion)" 이 2 가지이다.(There are two kinds of absolute liberties guaranteed by constitutional law; in social life, the one is "liberty of study" and the other is "liberty of religion", in private life, "illusion & delusion" are that.)

▎첨부(添附, Addendum 1　　　　2012. 05. 26　　06:25

(113) 사회(社會)의 원리(原理)(The principles of the society)

※사회현상(社會現象, the social phenomenon)의 원리(原理, the principle)

사회란 여러 사람이 모여 사는 곳으로, 생존경쟁(生存競爭, the struggle for existence)이 심(甚)하여, 약(弱)한 자(者)는 강(强)한 자(者)에 의(依)하여 잡혀 먹히면서(약육강식, 弱肉强食, the law of the jungle), 오직 환경(環境, the circumstances)에 적응(適應, adaptation)하는 자(者)만이 살아남게 되는 것이다.(적자생존(適者生存, the survival of the fittest))

그리고 "악화(惡貨)는 양화(良貨)를 구축(驅逐)한다(Bad money drives out good.)"는 "그레샴의 법칙(法則)(the law of Gresham)"이 화폐(貨幣)에서 뿐 아니라 사회에도 똑같이 적용(適用)되는(applied to) 것이다.

※사회생활(社會生活, the social life)을 하는 방법(方法, the method)

• '자신(自身)이 손해(損害)를 보면서 어리석게 처신(處身)하는 것'이다.

• 이익(利益)을 추구(追求)하면서 영리(怜悧)하게 처신하면 승자(勝者, the winner, the victor)가 되기 극(極)히 어려우며, 승자가 된다 하여도 오래가지 못하며, 그 이익도 극소(極小)이다.

그 이유(理由, the reason)는 사회에는 모두가 영리한 자(者)들로 나보다 어리석은 사람이 없는 속에서 내가 승리(勝利)한다는 것은 거의 불가능(不可能, impossible)하며, 설령(設令, even if) 승리한다 하여도, 그 많은 사람들이 그냥 놔두지 않고 사방(四方)에서 뜯어먹기 때문에, 오래 지속(持續)하지도 못하고 남는 것도 거의 없게 되는 것이다.

[구체적(具體的)으로(concretely), 예(例, example)를 들면 직장생활에서 편하게 지내면서 월급이나 타먹겠다 하고, 이익이 되는 일에만 쫓아다니면(follow), 설사(設使, even if) 그 자리를 유지(維持)하고 있거나, 또는 아부(阿附, flattery)하여 승진한다 하여도 얼마 못가서 탈락(脫落)되며, 반대(反對)로(on the contrary), 이익을 추구하지 않고 어려운 일, 힘든 일을 말없이, 불평 없이 어리석게(?) 꾸준히 열심히 하면, 오래 오래 견디며, 때로 승진(昇進, promotion)도 하고, 그리하여 최후(最後, final)의 승자가 된다는 것임]

즉(卽), ① 남보다 일을 적게 하고 영리하게 처신하면, 날짜를 다투어 정리되고 (목이 잘리고) ② 남과 같이 일을 하면, 무수한 생존 경쟁에 이겨야 살아남고 ③ 남보다 더 많은 일, 궂은 일을 하면, 최후의 승리자(final victor)가 되는 것이다.

따라서,

※**사회생활의 3대(大)원칙(principle)은?**
(1) 자신의 이익을 추구하지 않고 어리석게 처신할 것.
(2) 열심히 일하고 칭찬받으리라 생각한다면, 그렇게 상황판단이 어리석으면, 사회의 낙오자(落伍者, the social failure)가 되는 것이다.
   열심히 일하고 비방(誹謗)을 피(避)해 가는 방법을 모색(摸索)해야 한다.
(3) 자신이 그 직장에서 필요한 존재(存在)이며 없으면 아쉬워 할 것이라는 착각(錯覺, illusion)과 망상(妄想, delusion)을 가져서는 안 된다.
   세상에는 사람들이 아주 많으며, 상위직(上位職)이건 중위직(中位職)이건, 하위직(下位職)이건, 그 직장에서 나간다면 모두가 박수(拍手)치고 좋아하지, 아쉬워할 사람은 그 어디에도 없다는 사실(事實, the reality)을 명심(銘心), 또 명심(銘心)하여야 할 것이다.
이러한 사회의 원리를 모르면 사회에서 패배자(敗北者, the defeated)가 되는 것이다.

※**공동생활(共同生活)에서 불평(不平)과 불화(不和)는?**
(1) 공동생활에서의 불평의 가장 큰 원인은?
   불공평(不公平)이다. 불공평에서 가운데 "공"글자를 빼면 불평이 되는 것이다.
(2) 공동생활에서 불화의 가장 큰 원인은?
   첫째, 불필요하게 남을 지배하는 것과 둘째, 이익을 독식(獨食)하거나 남보다 더 많은 이익을 챙기는 데에 기인(基因)하는 것이다.

※**대화(對話), (논쟁, 論爭)에서 승리하는 방법 2 가지는?**
① 첫째, 이치에 맞아야 한다.
   이치에 맞지 않고서는 이길 수 없다.
   그러나 이것만으로는 승리할 수 없다.

② 둘째, 상대방을 인정하고 대우(待遇)해 줄 때에 비로써 상대방이 굴복하는 것이다

※ 듣기에 좋은 이야기는?
(1) 권한(the power)을 가진 사람에게 하는 좋은 이야기는 진정된 칭찬과 아첨 (阿諂, flattery)두 가지가 있다. 이것을 상급자(上級者)는 구별하여야 한다.
그 이유는 아첨은 대부분(in general) 나를 궁지(窮地)에 몰아넣거나 손해를 끼치기 때문이다.
(2) 권한이 없는 사람에게 하는 좋은 이야기는 모두가 칭찬이다. 권한이 없기에 아첨할 사람이 없기 때문이다.

※ 진심(眞心)으로 믿는 심복(心腹)의 이야기는?
회사의 일을 경영주(經營主, the chief manager, the owner)가 진심으로 믿는 심복에게 상의할 때에 심복의 이야기는 2가지이다.
(1) 그 하나는 진정(眞情)으로 경영주와 회사에 이익이 되는 이야기이고
(2) 또 하나는 경영주와 회사에 이익이 되기는커녕 손해가 되는 이야기이다.
그 이유는 아무리 믿는 심복이라도, 경영주와 회사보다는 자신의 이익을 먼저 챙기기 때문이다.

Addendum 9   2013. 04. 19

"적자생존 (適者生存, the survival of the fittest) 이란 생물(生物, 즉 人間,動物,植物)"은 주위환경 (the circumstances) 에 적응(適應, adaptation) 하는 자(者)만이 살아남게 된다는 말로서, "왜 내가 남보다 못 낫는가?", "왜 내가 남의 눈치를 봐야 하나?", "내가 병신(病身)인가 ?", "나는 내 식(式)이다"하는 자(者)는 자신은 가장 영리하고 똑똑한 것같이 생각하고 처신(處身)하겠지만 오직 실패(失敗, failure)의 연속으로 사회의 낙오자(落伍者, a social failure)와 패배자(敗北者, the defeated)가 될 뿐이다.

한 가지 실례(實例)를 들면 1959년부터 10 년간 중공(中共, 지금의 중국)의 국가주석(國家主席)이었고, 모택동의 후계자로 공인(公認)되었던 유소기(劉少奇)는 1965년에 시작된 문화혁명때에 숙청(肅淸)되었고 (1969년), 그의 처(妻) 왕광미(王光美)는 10년이상 형무소(刑務所)에서 수감생활(收監生活)을 한 것도 환경에 적응 못하였기 때문에 일어난 일이었다.

배우(俳優) 출신 강청(江靑)은 1930년대 공산군 (共産軍)의 대장정(大長征) 때에 모택동(毛澤東)과 만나 연안(延安)에서 결혼하여 그의 처(妻) 가 되었지만 모의 주변의 많은 여

자들 때문에 결혼생활은 불행하였고, 모택동의 외국순방때에 동행(同行) 한 적도 없었다.

한편 유소기는 동남아 방문때에도 아름다운 아내 왕광미를 동반해 세계 언론의 눈길을 끌었다.

강청은 불행한 결혼생활을 하였지만 본처(本妻)의 자리는 끝까지 유지하고 있었기 때문에 국가주석 유소기부부는 그의 무서운 질투(嫉妬, jealousy)의 희생물(犧牲物)이 되었다고 전해지고 있으며 이것이 내 식(式)으로 산다는 인생(人生)의 종말(終末)인 것이다.

이것을 거울삼아 훗날 국가주석 등소평(鄧小平), 강택민(江澤民, 장쩌민), 호금도 (胡錦濤, 후진타오)의 처(妻, 제일부인, 第一婦人, first ladies)들은 남편뒤에 있는 듯 없는 듯 그림자처럼 지내었던 것이었다.

▎Addendum 1　　　2012. 06. 01　　06:00

(114) 생(生, The Life)이란? (What is the life ?)

· 수천 년 이상 그 많은 현인(賢人), 철인(哲人), 범인(凡人)들이 알려고 하여왔고, 많은 말과 문구(文句)로 표현(表現)해 왔지만 아직도 모호(摸糊, vague)하고 미지(未知)인 "인생(生, the life)의 우주(宇宙, the cosmos)에서 존재하는 현상(現象, the phenomenon)의 진리(眞理, the truth) (즉(卽) 人生이란 무엇인가? (What is the life?)"란 명제(命題, a proposition, a subject)는 다음의 44 글자(字)로 요약(要略)해서 말할 수 있는 것이다.

cf. 불경(佛經) 중(中)에 가장 짧으면서, 모든 진리가 농축(濃縮)되어 있는 반야심경(般若心經)은 260 글자(문자 文字)임.

· 생로병사(生老病死, 태어나고 늙고 병들고 죽다.)
· 생자필멸, 회자정리(生者必滅, 會者定離)(살아있는 것은 죽게 마련이고, 만나면 헤어지는 것을 정해 놓은 것이다)
· 화불단행, 복불병행(禍不單行, 福不倂行)(화(禍, 재앙 災殃)는 홀로 오지 않고 복은 나란히 오지 않는다.)(나쁜 일은 계속오고 좋은 일은 한 번에 그친다.)
· 제행무상, 시생멸법(諸行無常, 是生滅法) (법구경, 法句經에서)
　(이 세상의 모든 것은 덧없으매 이것이 삶과 죽음의 법칙이니라)
· 색불이공, 공불이색(色不異空, 空不異色)
　색즉시공, 공즉시색(色卽是空, 空卽是色) (반야심경, 般若心經에서)
　(색(色, 有)은 공(空, 無, 없음)과 다르지 않고, 공은 색과 다르지 않으니 색이 즉 공이요 공이 즉 색이니라)

註: 물욕(物慾)과 감투욕(慾)에서 벗어나고 유(有, 事物)가 무(無, 없음)와 다르지 않다는 것을 알게 되면, 득도(得道, 道 즉 우주의 진리를 터득함)하였다 할 수 있다.

Addendum 14   2013. 08. 30   11:30

(115) 운명(運命) 이란 ?

운명(運命, the fate, the destiny)이란 존재할까? 그리고 존재한다면 확정(確定, be fixed)된 것인가?

이의 답(答, the answer)은 존재하며, 그리고 고정(固定)된 것은 아니라는 것이다.

모든 행위의 성취도(成就度, performance)는 (1) 능력(能力, ability), (2) 노력(努力, endeavor), (3) 운(運, fate)

이 3변(邊)으로 이루어진 삼각형(三角形)의 면적으로, "운"이란 늘 존재하는데, 이는 (1) 선천적(先天的, native, congenital) 운(運, 즉 숙명 宿命)과 (2) 후천적(後天的, acquired) 운(運, 불경 佛經의 천수경 千手經에서 "일체유심조 一切唯心造"즉 "모든 것은 오직 마음이 만드는 것이다" 는 이에 해당 該當 됨)의 2가지로 나누어진다.

즉(卽) 태어날 때 이미 갖고 있는 운(運)과 태어난 후에 우리가 생활해가면서 만들어 가는 운(運)이 있다.

"운"에는 "좋은 운"과 "나쁜 운"이 있어서 "좋은 운"은 노력(努力)하고 여건(與件)이 좋을 때에 가능한 한계점(限界點, end point)을 얘기하고, "나쁜 운(運)"은 주의하고 노력을 하면 많은 경우 피(避)할 수 있는 것이다

예(例)를 들면 거부(巨富, 큰 부자)가 될 "운"이라도 노력하지 않으면 이루어질 수 없고, "운"이 없는 사람은 노력해도 이루어지지 않는다.

다른 예를 들면 수명(壽命)이 90세(歲)의 "운"이 있는 사람이라면 모든 여건이 좋을 때 그때까지 살수 있다는 한계(限界, 도로의 끝)를 얘기한 것이며, 그 도로 중간에 많은 맨홀(manhole)이 있어서 여기에 빠지면 90세 "운"도 10세 또는 20세에 비명(非命)에 갈 수 있는 것이다.

Addendum 15   2013. 08. 30   11:50

(116) 성선설(性善說, 맹자 孟子), 성악설(性惡說, 순자 荀子), 상시가변설 (常時可變說, J. S. Bae)

사람은 원래(元來) 선(善)하게 태어나 사회의 악(惡)에 물들어 악하게 된다는 맹자(孟

子)의 "성선설", 사람은 본성(本性)이 악(惡)하게 태어나 교화(敎化)에 의하여 선(善) 하게 된다는 순자(荀子)의 "성악설", 이 양자(兩者. 둘 다) 모두가 맞지 않는다.

"절대 선(絕對 善, absolute virtue or good)"을 "+100", 절대 악(絕對 惡. absolute evil)을 "-100"으로 하는 종축(縱軸, ordinate, 세로 좌표), 시간(時間, time)을 횡축(橫軸, abscissa, 가로좌표)으로 하는 좌표(座標, the coordinate)를 그리면, 사람은 선(善)하게 태어나기도 하고(plus 좌표), 악(惡)하게도 태어나 (minus 좌표), 시간이 지남에 따라(횡축 우측으로 이동) 상향(上向), 수평(水平), 하향(下向)으로 끊임없이 변화(變化, ever ongoing or continuing change) 하는 것이지, 모든 사람이 같은 점(點, 善 또는 惡)에서 태어나 한 방향으로만 진행(進行) 하는 것은 결(決)코 아니다.(상시가변설, 常時可變說).

▌Addendum 22   2013. 10. 20   16:10-16:20

서울→대전 중앙고속버스 속에서

(117) 지구(地球,The Earth)에서 인류가 존재(存在, exist) 할 수 있는 것은 ?

그것은 지구가 우주(宇宙, the cosmos)에서 질서(秩序, the order)를 유지(維持)하기 때문이다.

24시간마다 지구가 서쪽에서 동쪽으로 자전(自轉, rotation)하고, 365일 5시간 48분 46초마다 지구가 태양주위를 공전(公轉, revolution)하니까 인류가 지구상에서 존속(存續, maintenance, continuance to exist)하는 것이지, 만일(萬一) 1시간마다 또는 300시간마다 지구가 자전하거나, 10일에 1번 또는 600일(日)에 1번 지구가 태양 주위를 공전한다면 인류뿐 아니라 모든 생물(生物)은 지구상에서 사라질 것이다.

마찬가지로 가정이나 사회나 국가에서 질서가 깨지면 모든 것이 무너져 버리는 것이다.

즐겨하는 말, 문구

- Honesty is best policy(정직은 최상의 정책이다)(영국속담)
"물론 정직하면 손해 볼 때가 많겠지만 궁극적으로는 최상의 정책"이라는 이 말을 나는 이제까지 신봉하여 왔고, 이 말에 충실하려고 애써왔다."
수명, 건강 다음으로는 사람이 살아가는 데에 금전(金錢)이 필수적(必須的)이지만, 과도(過度)한 금전은 오직 ①오만(傲慢), 사치(奢侈), 낭비(浪費) ②노름 ③쾌락(快樂), 마약(痲藥)만 불러 일으켜 인간(人間)을 불행은 물론 파멸(破滅)시킨다는 것을, 명심(銘心) 또 명심(銘心)하여야 한다.(물욕에서만 마음이 해방(解放)되어도 득도(得道)하였다고 할 수 있다.)

- Happiness consists in contentness(영국속담)
(행복은 만족에 있다.)욕망과 성취도(현 상태)와의 차이가 클수록 불만족이고, 차이가 적을수록 만족감이 생기므로 욕심을 버려야 행복하다는 뜻.

- Examination is formidable even to the most prepared, for the most fool may ask more than the wisest man can answer.
(시험(試驗)이란 가공(可恐, 두려움)스럽다. 왜냐하면 가장 어리석은 사람이, 가장 현명(賢明)한 사람이 대답할 수 없는 것도 물을 수 있으니까)

- 이 말은 내가 인턴 때에 나의 동료 인턴이 미국에 있는 누이가 보내준 책을 보여주기에 뚜껑을 열어봤더니 첫 장에 그 누이가 써준 글이었다. -

• Such a thing can not, and should not be warranted with any words or explanation, or under any condition.
  그러한 일은 어떠한 말이나 설명으로도 또는 어떠한 상황(狀況)에서도 정당화(正當化)될 수도 없고 또한 되어서는 안된다.

▌Addendum 37   2015. 01. 05 (月)   03:00-03:10

In prosperity, think of adversity. = 거안사위(居安思危) = 유비무환(有備無患)
  순경(順境)일 때에 역경(逆境)을 생각하라.
거안사위(居安思危)
  편안할 때에 위태로움을 생각하라
유비무환(有備無患) (박정희 朴正熙 대통령)
  준비를 해두면 환난(患難)이 없다.

▌Addendum 12   2013. 08. 15 — 2013. 08. 23

• And so, my fellow Americans, ask not what your country can do for you —ask what you can do for your country (John F. Kennedy).

(그리고, 나의 동료 미국인이여! 국가가 당신을 위하여 무엇을 해줄 수 있는가? 를 묻지 마시오, 당신이 국가를 위하여 무엇을 할 수 있는가? 를 물으시오.)
(1961년 1월 20일(金), 미국(美國) 제(第) 35대(代) 대통령 John F. Kennedy의 그 유명(有名)한 대통령취임사(就任辭)에서)

• endure—sustain—survive—thrive sequence. (J. S. Bae)

[인내 忍耐, 감내 堪耐――지탱 持撑, 유지 維持――생존 生存――번영 繁榮의 (일련 一連의) 연속 連續]

(집안생활이나 사회생활은 그리 간단(簡單)하지 않고 많은 어려움이 있어, 이러한 어려움을 견디어 내고(endure), 무너지지 않고 버텨내어(sustain), 살아남고(survive), 그리

고 나서 번영(thrive)하는 것이 적자생존(適者生存, the survival of the fittest)의 기본원칙(基本原則), the basic principle)이며 상례적 일련의 과정(常例的 一連의 過程, routine sequential course)이다.

- 청산(靑山)은 나를 보고 말 없이 살라하고
  창공(蒼空)은 나를 보고 티 없이 살라하네
  탐욕(貪慾)도 벗어놓고, 성냄도 벗어놓고
  물같이 바람같이 살다가 가려하네(나옹선사(懶翁禪師), 고려말 명승).

- 한 마리의 생쥐가 이끄는 100마리의 사자의 무리보다 한 마리의 사자가 이끄는 100마리의 생쥐의 무리가 더 강하다.(Napoleon의 어록 집에서)
  얼핏 봐서는 game이 안 될 것 같지만 지도자의 중요성을 강조한 말

- 절약하여서는 빚(부채)지지 않고 살지 큰 돈 모으지 못한다.
  큰돈을 모으려면 역시 운(運, fortune)이 따라야 한다(J.S.Bae).

- 謀事在人 成事在天(諸葛孔明)(모사재인 성사재천(제갈공명)
  일을 도모하는 것은 사람에 있고, 일을 성취시키는 것은 하늘에 있다.

- 生者必滅 會者定離(생자필멸 회자정리)
  살아있는 것은 죽기 마련이고 만남은 헤어짐(이별)을 정해 놓은 것이다.

- 諸行無常 是生滅法(法句經)(제행무상 시생멸법)(법구경)
  이 세상의 모든 것은 덧없으니 이것이 삶과 죽음의 법(法)이니라.

- 色不異空 空不異色 色卽是空 空卽是色(般若心經)
  (색불이공 공불이색 색즉시공 공즉시색)(반야심경)
  색(色)은 공(空)과 다르지 않고 공은 색과 다르지 않으니
  색이 즉 공이오, 공이 즉 색이니라.
  색(色) 즉(卽) 유(有)는 공(空) 즉(卽) 무(無)와 결국 같다는 말임.

- 山窮水盡 疑無路(산궁수진 의무로)

  柳暗花開 又一村(松潭)(유암화개 우일촌)(송담)

  산이 막다르고 물이 다하여 길이 없는가 하였더니

  버드나무 우거지고 꽃이 만발하니

  여기가 또한 사람 사는 마을이다.

  註: 송담(松潭)스님 ; 경허(鏡虛) → 만공(滿空) → 전강(田岡)스님에 이어 한국 불교 법통(法統)을 이으신 스님.
  대한민국의 대표적인 선승(禪僧)으로 석가세존 78대(代) 전법제자(傳法弟子)

- 弄假成眞 (농가성진)　　　　　-三國志-

  거짓을 희롱(戲弄)하면 사실(事實)로 된다.

  삼국지에 나오는 말로서 장난 얘기한 것이 그대로 된다는 말이니 장난얘기도 할 것이 있고 안할 것이 있다.

  마감(磨勘)하는 말을 자꾸 하면 그렇게 되고 가수 배호는 "돌아가는 삼각지(三角地)"를 부르고 타계(他界)하였다.

  그리하여 나의 선친(先親)께서는 일찍이 '우스워서 죽겠다', '먹고 싶어 죽겠다.' 이러한 말을 하지 못하게 하셨던 것이다.

- 生老病死(생로병사)

  살아있는 모든 것(生物)은 태어나고 늙고 병들고 죽는 것이 자연(自然)의 섭리(攝理)이다.

- 胡地無花草(호지무화초)

  春來不似春 (춘래불사춘)　　　　　-王昭君 (왕소군)

  (오랑캐 땅에는 화초(花草)가 없으니 봄이 와도 봄같지 않고나)

  중국 역사상 양귀비(楊貴妃), 서시(西施)와 함께 3대미인(三大美人)으로 꼽히는 왕소군(王昭君)이 인질(人質, 볼모)로 오랑캐 땅에 끌려갈 때 읊은 시(詩)

- 淸明時節雨紛紛(청명시절우분분)
  路上行人欲斷腸(노상행인욕단장)
  (맑은 봄날에 비가 어지러히 내리니 길가는 행인의 창자가 끊어지는 것 같구나)

  註: 5세(歲) 때에 선친(先親)으로부터 배운 시(詩)

- 山中相逢罷(산중상봉파)
  日暮掩柴扉(일모엄시비)
  春草年年綠(춘초연연록)
  王孫歸不歸(왕손귀불귀)
  (산속에서 서로 만나고 헤어짐에 날이 저무니 사립문을 닫도다. 봄풀은 해마다 푸른데 사람은 한번 가면 돌아오지 않는구나)
  (인생(人生)의 허무(虛無)함을 그린 시(詩))

  註: 중(中)학교 2학년 때에 정운정(鄭雲禎) 한문 선생님으로부터 배운 시(詩).

- 春客(춘객)
  春來萬里客 (춘래만리객)
  亂定幾年歸 (난정기년귀)
  斷腸江城雁 (단장강성안)
  高高正北飛 (고고정북비)   -杜甫-
  - 봄 나그네 -
  (봄에 외난 만리엣 나그네는
  난이 긋거든 어느 해에나 돌아가려나
  강성에 기러기 노피 정히 북으로
  나르매, 애를 긋노라) - 두시언해(杜詩諺解) -

- 봄에 (피난)온 만리(萬里)밖의 나그네는
　　난리(亂離)가 그치면 어느 해(年)에나
　　(고향으로) 돌아가려나
　　강성(江城)의 기러기 높이 정(正)히
　　(똑바로) 북쪽으로 날아가니
　　창자가 끊어지는것 같고나 -
　　- 이태백(李太白)과 쌍벽(雙璧)을 이루는 중국의 2대시성(二大詩聖)으로서, 신병
　　　(身病)과 난세(亂世)에 시달리던 염세시인(厭世詩人) 두보(杜甫)의 대표적인 시

- 山中問答 (산중문답)
  問汝何事棲僻山(문여하사서벽산)
  笑而不言心自閑(소이불언심자한)
  桃花流水杳然去(도화유수묘연거)
  別有天地非人間(별유천지비인간)　　　-李白-
  - 산속에서 묻고 대답하다 -
  (너에게 묻노니 어찌하야 궁벽한 산에서 사는고 ?
  웃으며 말은 안하는데 마음은 스스로 한가롭다
  복숭아꽃 흐르는 물에 아득히 떠내려가니
  여기는 별천지(別天地)이요, 인간세상이 아닙니다.)
  중국의 시성(詩聖) 이태백(李太白)의 대표적인 낭만적(浪漫的, romantic)인 시(詩)

- Gnothi seauton. (Know thyself.)
  너 자신(自身)을 알라

- Panta Rhei. (Heracleitos, 고대(古代) Greece 철학자)
  만물유전(萬物流轉)
  이 세상의 모든 것은 끊임없이 변한다.

- Ars longa vita brevis.
  (Art is long, life is short.)

(학문의 길은 멀고 인생은 짧다.)
인생은 짧고 예술은 길어서 엉터리 작품도 예술이라고 자꾸 만들라는 얘기가 아니고, 여기에서의 Ars(art)는 넓은 의미로 학문이어서, 학문의 길은 멀고 인생은 짧아 촌음(寸陰, 짧은 시간)을 아껴 학문에 정진하라는 뜻임.

- Festina lente. (Eile mit Weile).
  (천천히 서둘러라.)
  급한 일 일수록 서두르지 말고(서두르면 빠뜨리거나 실수가 생기기 쉬우니까) 침착하게 하라는 뜻.

- Labor me vocat. (Labour calls me.)
  (노동이 나를 부른다.)

- Veni vidi vici.   - Julius Caesar
  (Ich kam, sah, und siegte.)
  (I came, saw, and conquered.)
  ("나는 왔다. 보았다. 그리고 승리하였다.")
  Julius Caesar가 달려와 적군과 대치하고서 한 유명한 말.
  "적군과 대치하고 보니 내가 승리하였다"는 뜻임.

- Primium non nocere.   - Hippocrates
  지난 2,500년간 전세계(全世界)의 의사의 원조(元祖)로 추앙(推仰)받고 있는 Hippocrates 의 그 유명(有名)한 말.
  "의사는, 치료에 앞서서, 환자를 해롭지 않게 하는 것이 최우선(最優先)이다."

- Mit einem Bein kann man nicht stehen.
  (하나의 다리로는 설 수가 없다 - 일을 하는 데에는 협조해야 된다는 얘기)

- Zeit kommt Marx spricht.
  (때가 오면 막스는 말한다. - 모든 일이 이루어지는 데에는 때가 와야 된다는 얘기)

- Das war nur ein Vorspiel. Wo man die Bűcher verbrennt, verbrennt man am Ende die Menschen.

(그것은 하나의 전조(前兆)에 지나지 않았다.

책(册)을 불사르는 곳에서 드디어 인간을 불사른다.)

München 서남쪽 유태인 학살지 Dachau의 die Gedenkstätte(기념관)는 정문 두 기둥 사이의 arch에 "Arbeit macht frei.(Labour makes free. 노동하면 자유로워진다.)라고 써 있어 인근에서도 23만명이 처형당한 수용소인 줄 모르고 공장인줄 알았다고 한다.

기념관을 들어가 주(主)건물의 3분의 1쯤 통과하면 흑백사진이 있는데 마음에 안 드는 (반체제)작가들이 쓴 책을 길거리에서 태우는 장면을 담고 있고 그 밑에 쓴 설명문구이다.

- Die sich der Vergangenen nicht erinnern, sind dazu verurteilt es nochmal zu erleben.

(Those who cannot remember the past are condemned to repeat it.)

(Santayana)

(과거를 회상 못하는 자는 그것을 반복할 운명이 주어진다.)

과거의 잘못을 회상하고 뉘우쳐야 된다는 말임. Santayana는 Spain출신으로 세계 제2차 대전 말 Havard대학교 철학과 교수였음.

독일 München서남방 20km의 Dachau에 있는 23만명의 유태인이 살해된 기념관(die Gedenkstätte) 마지막에 쓰인 글임.

넓은 마당에는 2개의 유태인들이 기거한 수용동(受容棟, ward)이 있어 설명을 보니까 2차 대전 후에 모두 파괴되어 없어졌는데 앞의 2동(棟)을 복원하였다고 한다. 몇 개가 있는가 땅의 터의 흔적을 세어보니까 2열(列)로 17개가 있어 합34개의 동(棟)이 있었다.

마당 한쪽 끝에 있는 작은 건물에 들어가 보니 소독실이라 하였는데 설명을 보니까 "gas실(室)"을 "소독실"이라 하였고, 이곳에서는 가스를 사용하지 않고 교살(絞殺, hanging)하였다 한다.

아마도 가스를 절약하기 위한 것이었으리라.

독일인들은 이러한 과거의 과오를 뉘우치면서 기념관들을 복원하여 무료로 전세계에 개방하고, 과거(過去)의 잘못을 반성(反省)하고 있는 것이다.
(나는 생각해 보았다. 독일인과 일본인의 공통점과 차이점을.
양측이 모두 부지런하고 열심이지만, 일본인이라면 그러한 학살지를 다 메워 공장이나 아파트로 개발하고, 과거에 그러한 것이 있었다하면 무슨 소리 하느냐고, 아니라고 펄쩍 뛸 것이다.
많은 기록과 증인은 물론 아직도 두 눈이 퍼렇게 살아있는 많은 피해자(위안부)들이 그렇게 시위하고 항의해도 아니라고 하는 그들이니까.)

- Den Toten die Ehren
  Den Lebenden die Mahnungen.
  (사자(死者)에게는 명예(名譽)를 생자(生者)에게는 경고(警告)를)
  살해 장소 옆 언덕에 영령(英靈)을 모신 자리에 이와 같은 팻말이 쓰여 있었다.

- München 시(市)와 인근에는 막시밀리안왕 I세, Ⅱ세(Maximillian I, Ⅱ), 루드비히왕 I세, Ⅱ세(Ludwig I, Ⅱ), 사령관, 장군 등의 말 탄 동상과 전쟁에서 죽은 병사(兵士)들을 기념하는 기념탑들이 곳곳에 있으며 거기에는 문구가 쓰여 있다.
  München시내 네거리 중앙에 뽀족한 기념탑이 있고 그 밑 4각형의 4면 초석(礎石)에는 다음과 같은 글이 써 있다.
  ① Den dreißig Tausend Bayern, die in Russischen Kriege den Toten fanden
  ② Errichten Ludwig Ⅰ, die Könige von Bayern
  ③ Vollendet am XIIII Oktober MDCCCXXXIII
  ④ Auch sie starben für des Vaterlandes Befreyung.
  (① 러시아 전쟁에서 죽음을 맞은 3만명의 바이에론 병사를 위하여.
  ② 바이에론왕 루드비히 I세가 이 기념탑을 세우고.
  ③ 1833년 10월 14일에 완성하다.
  ④ 그(루드비히 I세)도 또한 조국(祖國)의 자유(自由)를 위하여 죽었다).

註: 여기 문구에서 보면 바이에론왕 Ludwig(루드비히 I세)를 존경하여 복수 (複數)형 (形)(die könige)으로 하였고, 숫자 14를 XIV로 쓰지 않고 XIIII로 썼으며, 마지막 단어 "Befreiung"을 "i"대신에 "y"자로 써서 "Befreyung"이라 하였다.

- 전투에 관한 몇 가지 글을 더 보면

- Die Ruhm den Helden, die für die Freiheit und Unabhängigkeit der Sozialistischen gefallen sind.
 (사회주의로부터 자유와 독립을 위하여 죽어간 용사(勇士)들에게 이 명예를!)

- Eure große Heldentaten sind unsterblich
 (그대들의 위대한 영웅적 업적은 불멸(不滅)이다).

- Euer Ruhm wird Jahrhundert überleben
 (그대들의 명성은 수백년(영원히) 살아남을 것이다.)

- Die Heimat wird Euch stets in Erinnerung behalten.
 (조국(祖國)은 그대들을 언제나(끊임없이, 항상, 계속하여) 기억속에 간직할 것이다).

▌Addendum 25-(1) 2013. 12. 02 23:23

시 2편(編)
(1) "빼앗긴 들에도 봄은 오는가?" - 이상화 (李相和) -
 "지금은 남의 땅
 빼앗긴 들에도 봄은 오는가 ?
 나는 온몸에 햇살을 받으며
 하늘과 땅이 맞붙은 곳으로
 가르마 같은 논길을 따라
 꿈속을 가듯 걸어만 간다."

註: 일제 강점기(强占期)의 윤동주(尹東柱), 이육사(李陸史)와 함께 3대(大) 민족시인(民族詩人)인 이상화(1901-1943)의 그 유명한 "빼앗긴 들에도 봄은 오는가 ?"의 앞 구절(句節).

    이렇게 투철(透撤)한 국가관, 민족관과 농촌풍경을 눈 앞에 보는 것 같이 그려낸 시(詩)는 나는 더 이상 발견할 수가 없었다.
    일본(日本)에게 나라를 **빼앗겼으니 봄이 와도 이것이 봄인가?** 라고 강(强)한 의문형(疑問型)의 부정(否定)!
    이것은 양귀비(楊貴妃), 서시(西施)와 함께 중국 (中國) 5,000년 역사(歷史)의 3대(大) 미인(美人)으로 꼽는 왕소군(王昭君)이 오랑캐 땅으로 볼모(인질 人質)로 잡혀 갈 때의,
    "호지무화초 춘래불사춘 (胡地無花草 春來不似春)"
    (오랑캐 땅에는 화초(花草)가 없으니 봄이 와도 봄 같지않구나 !)
    라고 읊은 것과 같은 표현(表現)이다.

▎Addendum 25-(2)

(2) "Splendor in the grass"[2]   - Wordsworth -
    ("초원 草原의 빛")

"What though the radiance which was once so bright
Be now for ever taken from my sight"(한 때 그리도 빛나던 영광(榮光)이 영원(永遠)히 나에게서 스러졌어라)

"Though nothing can bring back the hour
Of splendor in the grass of glory in the flower" (초원의 빛이여! 꽃의 영광이여! 이제는 다시 그 날이 되돌아오지 않더라도)

"We will grieve not, rather find
Strength in what left behind"
    (슬퍼하지 말지어다.
    차라리 그 속 깊이 간직한 오묘(奧妙)한 빛을 찾으리)

---

[2] 영국(英國)의 계관시인(桂冠詩人. poet laureate) William Wordsworth의 그 유명(有名)한 "초원의 빛"의 전반부(前半部).
    "지나간 시절(時節)의 영광(榮光)을 애닯게 회상(回想)하면서 불멸(不滅)을 깨닫는 시(詩)"

▌Addendum 32   2014. 07. 27   08:53

(3)「안똔슈낙」의「우리를 슬프게 하는 것들」의 한 구절(句節)

　공원에서 흘러오는 고요한 음악 그것은 꿈같이 아름다운 여름밤에 모래자갈을 밟고 지나가는 사람사람들의 발자국소리가 들리고 한 곡절(曲節)의 쾌활(快活)한 소성(笑聲, 웃음소리)은 귀를 간질이는데 그러나 당신(當身)은 근 열흘이나 침울한 병실의 몸이 되었을 때 달아나는 기차가 또한 우리를 슬프게 한다.[3]

▌Addendum 31   2014. 6. 1

Directions to your Living : (생활 지침(指針))

(1) Take off all your mask.
    (너의 모든 가면(假面)을 벗어라).
(2) Accept and embrace the real you.
    (진실된 너 자신을 인정(認定)하고, 수용(受容) 해라).
(3) Live not your life to others expectation.
    (너의 인생을 남의 기대(期待)에 맞추어 살지 말라).
    Live your life to your principles.
    (너의 인생을 너의 원칙(原則)에 따라 살라).
(4) Be not fool by compressing yourself.
    (너 자신을 압박하는 어리석음을 행(行)하지 말라).
    Let your soul stay in peace.
    (너의 영혼(靈魂)을 평화(平和)에 안주(安住)시켜라).
(5) Try not to grasp vain cloud.
    (헛된 구름을 잡으려고 노력하지 말라).

---

[3] 위의 글은 지금으로부터 58년 전인 1956년 고등학교 2학년 국어교과서에 2 page 반에 걸쳐 게재된 "안똔슈낙"의 "우리를 슬프게 하는 것들"에서, 가장 긴 문장이고 가장 핵심적인 부분인 바, 내 글이 길어지지 않게 하기 위하여 최대한 짧게 썼지만, 마지막 교열(校閱)에서 "즐겨하는 말. 문구(文句)란(欄, column)"에 이 글이 빠지면 서운하겠기에, 그 옛날 고교(高校)시절을 회상(回想) 하면서 머릿속에 간직하고 있던 것을 한 글자(字) 틀리지 않게 여기에 옮겨 놓아 보았다.
오래전에 다른 책에서도 이 글을 보았지만 우리말 번역이 훨씬 못한 것을 보고, 위에 실린 글이 우리말로 번역도 아주 잘 되었음을 알았다.
원문을 찾고 싶어서. 서독(西獨) München 시절(時節)에 여러 서점(書店)에 가서 알아 보았지만, 모른다는 대답뿐. 아쉽게도 원문(原文)을 찾지 못하였다.

(6) Adhere not to the past,
   (과거에 집착(執着) 하지 말고,)
   always be present in the now.
   (언제나 현실에 충실해라).
   (The past is no more than "the past"
   과거는 어디까지나 과거에 지나지 않고,
   meaningful only for the reference.
   오직 참조(參照)하는데 의미(意味)가 있다.)
   * Derived in part from H.Y.Yun, the remainder by Prof. J.S. Bae)

- **한국사회에서의 칭찬   2013.1.15.**

  한국 사람으로부터 칭찬받기를 기대(期待)한다면 그것은 너무나 어리석은 짓이다.
  왜냐하면 잘하건 못하건 언제나 욕(辱)이니까
  못하면 벼-엉신 그것도 못해
  보통이면 짜-아식 별수 없군.
  잘하면 쌔-애끼 제법인데
  그래서 한국사회에는 칭찬이 없는 것이다.

- **신(神)이 내려준 직장(職場)   2013.1.17   17:30**

  그것은 공기업(公企業)과 공공기관(公共機關)의 감사(監事). ① 권한은 막강(莫强)하고, ② 대우(연봉, 年俸)는 깜짝 놀라게 높고, ③ 하는 일은 별로 없고, ④ 책임은 전혀 없다. 그 다음이 사외이사(社外理事)

- **최상(最上)의 직장 = 공무원**

- **공무원의 제2법칙**

  : 일의 양(量)과 머리수와는 비례하지 않는다.

- **하는 일과 봉급과의 관계는?**

  힘든 일을 많이 하는 것과 봉급과는 관계가 없거나 역비례(逆比例)한다.

- **선량(善良)한 정도와 사회로부터 받는 대접과의 관계는?**

  전혀 무관(無關)하거나 역비례 한다.

- **뉴턴(Newton)의 운동의 3법칙**

  제1법칙 : 관성(慣性, inertia)의 법칙
  제2법칙 : 가속도(加速度, acceleration)의 법칙
  제3법칙 : 작용(作用, action)·반작용(反作用, counter-action)의 법칙

- **그레샴(Gresham)의 법칙**

  악화(惡貨)는 양화(良貨)를 구축한다.
  (Bad money drives out good.)

- **사회의 2종류(種類)의 사람**　　　　　2013.1.21　　　10:55

  그것은 긍정적(肯定的, positive)인 사람과 부정적(否定的, negative)인 사람
  긍정적인 사람에서는 안 되는 것이 없고, 부정적인 사람에서는 되는 것이 없다.
  그런데 그 안 되는 이유는 언제나 적어도 5가지 이상이 있는 것이다.

- **바쁜 사람과 바쁘지 않은 사람**

  빈둥빈둥 노는 사람은 항시 바쁘다고 하고, 많은 일을 열심히 하는 사람은 바쁘지 않다고 한다.

- **어느 부서(部署)에 사람이 더 필요한지?**

  한가하게 노는 사람은 바빠서 직원이 더 필요하다고 하고, 바빼 일하는 사람은 더 필요하지 않다고 한다.

- **이 세상에 한가(閑暇)한 사람은?**

  이 세상에 한가한 사람은 없다.
  무직자(無職者)나 룸펜(Lumpen, loafer)도 시간이 없다.

왜냐하면 낮잠 자고 놀러 다니기에 바쁘니까, 그리하여 우리사회에 한가한 사람은 없는 것이다.

▍Addendum 20   2013. 10. 11   06:50

3 가지 부류(部類, 종류 種類, kinds)의 의사

(1) 병(病, disease)을 치료해 주는 의사가 가장 바람직하고
   (It is most desirable.)
(2) 병을 치료도, 만들어도 주지 않는 의사는 용인(容認) 될 수 있지만
   (It can be acceptable.)
(3) 병을 만들어 주는 의사는 용인될 수도 없고, 금지(禁止) 되어야 한다.
   (It can not be acceptable, moreover, it is to be forbidden.)

사회에서의 3 부류(部類, 종류 種類, kinds)의 사람

(1) 사회에 없어서는 안될 사람
   (Indispensable person in the society)
   (There should be present)
(2) 사회에 있어도, 없어도 되는 사람
   (Dispensable person in the society)
   (There may, or may not be present)
(3) 사회에 있어서는 안될 사람
   (forbidden (prohibited) person in the society)
   (There should not be present)

사회 구성원은 나아가서는 사회에 없어서는 안될 사람이 되면 좋지만 (1급), 적어도 2급 (있어도 없어도 되는 사람)의 사람은 되어야지, 있어서는 안될 사람 (3급)이 되어서는 안된다.
그러나 불행(不幸)히도, 우리 사회에는 1급의 사람은 찾아보기 힘들고, 2급과 3급 중에 어느 쪽이 더 많을까?

▍Addendum 23   2013. 11. 02   07:03—07:33

* 수행평가(遂行評價 Assessment of performance)

일하는 데에 대한 평가는

(1) 질(質, quality)과
  (2) 양(量, quantity, amount)으로,
즉(卽)
  (a) 어느 정도 힘든 일(質)을,
  (b) 어느 정도로 잘 처리(質) (+100──100%)했는가? 와,
  (c) 처리한 일의 양(量)으로 해야지,
  (1) 문제발생유무(有無)와
  (2) 성취도(成就度, 실적율 實績率, the rate of achievements)로 하면 안된다.

\# 문제(問題, problem)가 있으면 야단치고, 문제가 없으면 잘 했다고 하면, 일 할수록 손해이고, 일 안할수록 문제도 생기지 않아 이익을 보는데 어느 누가 일 하려고 하는가? 공무원(公務員)의 (1)무사안일(無事安逸, 아무 일 안하고 편하게 지냄)과 (2)복지부동 (伏地不動, 땅에 엎드려 움직이지 않음)은 여기에서 발생(發生) 하는 것이며,

\# 일의 성취도로 평가하면 〈5〉를 계획하고 〈5〉를 수행하면 성취도가 우수하다고(성취도 100%) 표창(表彰)받고, 〈100〉을 계획하고 〈95〉를 수행하면 성취도가 낮다고(성취도 95%) 징계(懲戒)한다면, 즉(卽) 〈5〉를 수행한 사람은 표창받고(이익보고), 〈95〉를 수행한 사람은 징계(손해)를 보는데 어느 누가 일을 하려고 할 것인가?

\# 일 안하고 놀면서 손해(損害)를 봐도 억울(抑鬱)해 하고 원통(冤痛)해 하는데, 많은 일을 하고 피해(被害)를 보려고 하는 정신이상자(精神異常者)나 우매(愚昧, 어리석음)한 자(者)가 과연 (果然, in reality, 정말로) 있을까?

Addendum 26   2013. 12. 14   05:05

나는 사회생활(社會生活)에서는 어려운 일은 앞에 나서서 도맡아 하였고, 항시(恒時, 항상 恒常) 손해 보는 쪽으로 행하였다(그래야 대인관계(對人關係)가 성립(成立)되니까).

그리고 환자를 대(對)할 때에는, 의사의 입장에서 환자를 진료하지 않고 환자의 입장에서 환자를 진료하여, 내가 불편하고 손해 보아도 환자가 이익을 보게 하였다.

간호원(看護員, 간호사 看護師, nurse, Schwester)을 대(對)할 때에는 함께 일하는 동료(同僚)이고, 전장(戰場, 전쟁터)에서 함께 싸우는 전우(戰友, comrade in arms)로 생각하고 대(對)하여 왔지, 의사라고 하여 환자나 간호원보다 우위(優位)에 있다고 생각하거나 그렇게 처신(處身)한 적이 한 번도 없었다.

그리고 레지던트에게는 이렇게 가르쳐왔다.

"의사라고 하여 환자보다 우위에 있다고 생각하여서는 안된다.

환자의 심리(心理)를 이해해야 한다.

환자는 어느 순간(瞬間)에 의사가 될 수 없지만, 의사는 어느 순간이라도 환자가 될 수 있다"고.

▮ Addendum 35 2014. 12. 14 07:57 – 08:30

(難)之(難)之又(難)之(난지난지우난지)
(難)之(難)中大同(難)(난지난중대동난)
我母靑春寡婦(難)(아모청춘과부난)
小童七歲失父(難)(소동칠세실부난)
어렵고 어렵고 또 어렵고
어렵고 어려운 가운데 대동직(職)이 어렵다.
나의 엄마 청춘에 과부가 되는 것도 어렵고
작은 아이 7세에 아빠 잃는 것도 어렵다.

   대동직(大同職)에 있는 어느 관리(官吏)가 죄를 지어 사형(死刑)선고를 받고 형(刑)을 집행하려하자, 7세된 아이가 울면서 아빠를 살려달라고 애원(哀願) 하였다.
   사또는 "어려울 난(難)" 8자(字)를 넣어 글을 지어보라고 하자 즉석 (卽席, 그 자리)에서 종이에 적었다.
   이에 감탄하여, "이 글을 보고 너의 아빠 목숨을 살려주고, 이 글씨체(필체, 筆體)를 보고, 그 직책을 유지시켜주겠다."고 했다함.

註: 위의 한시(漢詩)는 내가 5세(歲)때에 나의 선친(先親)으로부터 배우고 들은 이야기.

지나간 일들

나는 황해도 해주시 북본동(黃海道 海州市 北本洞) 205번지(番地)에서 소화(昭和) 15년 6월20일(음력 5월 15일)에 태어났다.

선친(裵珍極 敎授, 醫學博士)께서는 당시 황해도에 유일(唯一)한 종합병원인 해주도립병원의 치과과장으로 만(滿)18년간 계셨으며 계묘년(癸卯年, 1903년) 10월 19일(음력) 함경북도(咸鏡北道) 경성시(鏡城市, 청진 淸津 바로 남쪽)에서 출생하시었다.

조부(祖父)님께서는 구한말에 과거시험(科擧試驗)에 급제(及第, 합격)하시어 진사(進士)가 되시어 경성(京城, 서울)에서 함경북도 경성으로 부임하시었으며 한일합방이 되어 관직이 없어지고 농토도 별로 없어 생활이 곤란하시었다.

(지금의 서울이 조선시대에는 한양이었고, 일제시대가 되면서 경성(京城)이라 하여 함경북도 경성(鏡城)과 발음이 같아 함경북도 경성을 흔히 북경성(北鏡城)이라 하였으며 도(道)의 이름에서 보듯이 함경도(咸鏡道)에는 함흥시(咸興市)와 경성시(鏡城市)가 가장 컸던 것이다.

그리고 함경도는 춥고 산악지대이어서 농토가 별로 없는 것은 누구나 다 아는 사실이다.)

집이 어려워서 선친께서는 여름에는 신발이 아까워 맨발로 학교에 다니셨다고 하시었다.

선친께서는 농업학교를 졸업하시고 함경북도 청진시(淸津市) 남쪽 나남(羅南) 자혜병원(慈惠病院, 도립병원의 전신, 前身)에 취직하시었다.

병원에 오는 신문광고에 치의학(齒醫學) 강의록이 있어 일본에 수분하여 구독(購讀)하시던 중 6달되던 해에 조선총독부에서 제1회 치과의사 검정고시(1921년)를 시행한다는 광고를 보시고 두루마기에 고무신 신으시고 함경북도 나남시에서 원산(元山)까지는 배를 타시고 그 다음으로는 육로(陸路)로, 여하튼 3일 걸려 경성(지금의 서울)에 오셔서 시험을 보셨다. 제1부, 제2부, 제3부(필기시험, 실기시험, 구술시험)를 10년에 걸쳐서 하리라 계획하시고 응시하셨는데 단번에 제3부까지 전과목(全科目) 합격하시었다.

시험지를 대(對)하시니까 6달 동안 강의록 책을 보신 것이 영화화면 보듯이 눈앞에 환하게 보이셨다고 하시었다.

그리하여 18세 때에 치과의사가 되시었다. 치과의사 면허증은 만20세가 되어야 발급받을 수 있었기에 2년 가까이 기다려야했다.

일약(一躍) 고향(故鄕)에서 개선장군이 되시어 다니신 학교와 경성에서는 대경사(大慶事)가 났다고 축하연이 벌여지고 많은 축하를 받으시었다.

다니셨던 농업학교 교장선생님도 너무나 기뻐하시고 학교에서 축하를 해주시었다.

20세가 될 때까지 주간에는 근무하시던 나남 자혜병원에서 근무하시고 야간에는 새로 설립된 강습소에 강사로 나가시었다.

20세가 되어 치과의사 면허증을 받으시고는 고향을 떠나 평양에서 치과를 개업하시었다. 그 당시(1923년) 조선의 제2도시 평양에 치과가 1-2군데 밖에 없어서 새벽부터 저녁때까지 많은 환자를 진료하시었는데 그렇게 가난하게, 여름에는 맨발로 학교에 다니실 정도로 그렇게 가난하게 사시다가 매일 저녁 수북하게 쌓이는 돈에 만족하지 않으시고 개업1년 후인 21세 때에 황해도의 도청소재지인 해주에 있는 해주도립병원 치과과장으로 부임(赴任)하시었다.

그곳에서 정구충(鄭求忠)학장님(고려대 의대 전신인 서울여자의학전문학교 소위 서울여의전의 해방 후 초대학장, 대한의학협회, 대한외과학회 회장 2번씩 역임), 김형익(金衡翼)후생일보 사장님, 안과의 공병우박사님(타자기 개척자로도 유명하심)등

등 우리나라 의료계의 거두(巨頭)이시고 원로급, 개척자분들과 함께 근무하시었다.

선친께서는 경성제국대학 의학부 병리학교실 덕광(德光)교수님 지도로 동물실험 연구를 하시어 동북제국대학교(東北帝國大學校)로부터 소화15년(1940년)에 의학박사 학위를 받으시었다.

이것이 한국인 치과의사로서 의학박사학위 제1호이었고, 해방되기까지 또 한분 합하여 단 2명뿐이었고 일본인 치과의사에게도 의학박사학위 수여는 선친보다 5년 빠른 소화10년(1935년)이 처음이었다.4)
(나는 당시 일본에서 발행한 의학박사 학위수여 책자를 직접 찾아보았다.)
당시 조선과 일본의 여러 신문에 보도된 기사와 축전 받으신 것이 커다란 사진첩 책자 한권에 찼다.

어머님(金貞伸女史)께서는 임자년(壬子年, 1912년) 5월27일(음) 평안북도 희천군(熙川郡)의 부유한 집에서 태어나시어 희천보통학교(熙川普通學校)(보통학교는 해방 후 국민학교라 하였다가 지금은 초등학교)를 졸업하시고 평양의 서문고녀(西門高女, 평양고녀)(高女는 고등여자보통학교를 간추린 말로서, 지금의 여자고등학교임)를 14회로 졸업하시었다. 당시 조선에서는 경성(서울)의 "경기고녀"와 평양의 "서문고녀"가 쌍벽을 이루는 명문이었다(120명 입학정원에 24위로 입학하시었다).

당시의 해주도립병원의 위상(位相)은 황해도 내의 유일한 종합병원으로서, 환자진료는 물론 제자를 가르쳐 시험을 치루어 합격하면 황해도 내에 지역(地域)을 정한 한지(限地)치과의사 면허증을 선친께서 발급하여 주셨으니 지금 상상할 수 없을 정도로 대단하였다.

해방 후 서울에서, 아무 근거서류 없이 월남한 치과의사 몇 사람은 선친께서 보사부에 가셔서, 해주에서 치과의사 면허증을 직접 발급하여 주신 일이 있다고 증언하시어 치과의사 면허증을 받게 해 주셨음.

---

4) 의사로서 의학박사학위는 더러 있었음.

일제시대 때에는 18년 근무하면 일본정부로부터 은급(恩給, 지금의 연금)수혜자가 되어 18년간 봉식(奉職)하시던 해수도립병원 치과과장직을 그만두시고 평양으로 가시었다. 우리나라에는 치과대학이 경성(서울)에만 있어서 평양에 치과대학을 세우시기 위하여 개업하시면서 자금을 모아 준비하시던 중 4년 되던 해에 해방이 되어 월남(越南)하여 서울에 오게 되었다.

정구충학장님의 초청(招請)으로 고려대 의대 전신(前身)인 서울여의전의 초대 치과주임교수 겸 치과과장을 발령 받으시어 근무하시면서 서울대학교 치과대학에서는 강의(구강병리학, 口腔病理學)만 하셨다(그러한 초청이 아니었다면 서울대학교 치대에서 교수하시면서 학장을 하셨을 것이다. 당시 서울치대에는 선친의 제자 몇 분밖에 안 계셨음으로)

그리고 서울시 중구 회현동 2가 6번지, 서울빌딩(대연각 호텔 맞은 편)에서 개업을 하시고 이 주소가 우리가족의 가본적(假本籍)에서 본적으로 되었고 살림집은 서울시 용산구 청파동 3가 산(山) 2번지 10호(132번지)에 있었다(효창공원 밑 숙명여대 근처).

이 집은 대지가 102평(坪), 건평이 30평, 목조 일본식 집이었는데 마당에 나무가 많아 반장집 아주머니는 작은 창경원이라고 부러워하였다.

이 집에서 1947년부터 1966년까지 20년간 국민학교(초등학교) 1학년부터 중학교, 고등학교, 대학6년, 인턴 때까지 자랐다.

6.25후 1.4 후퇴시 피난 갔다가 1951년 8월에 서울에 돌아와서 관제국 윤우경 국장이 일본인 소유였던 집("적산가옥"이라 하였음)을 정부로부터 불하(拂下)받아야 자신의 소유가 되는데 앞으로 값이 오르니까 빨리 하라고 하여 신청하여 정해진 가격이 당시 1,040만원이고 10년 분할상환이었다(그 후 2차례의 화폐개혁이 있어서 지금 가격으로는 일만 사백원이다).

나의 친가(親家)의 본(本)은 경주배씨(慶州裵氏)이고 외가(外家)의 본(本)은 전주김씨(全州金氏)라 부계(父系)는 동쪽인 영남, 모계(母系)는 서쪽인 호남이시고, 출생지 또한 선친은 함경북도 경성시(鏡城市), 어머님은 평안북도 희천군(熙川郡)이어서 역시 부계는 동쪽, 모계는 서쪽출신이셨고 우리는 황해도 해주에서 출생하고, 나는 해주에서 2년, 그리고 평양에서 4년 살다가 6세 되던 1946년 4월에 월남하여 서울에서 살게 되었다. 그리하여 나는 함경도, 평안도, 황해도 이북3도 그리고 서울의 합작품이어서 나의 말씨가 어느 지역 말씨인지 아무도 정확히 알지를 못하였다.

내가 출생하는 해에 선친께서 한국인 치과의사로서 제1호로 의학박사 학위를 받으시어 그것을 기념하기 위하여 나의 이름을 "넓다"는 "히로시(博)"라고 불렀다.

내가 2살 반 때에 "다께시"라고 하는 남동생이 태어났는데 생후 100일 때에 결핵성 수막염으로 숨을 거두었다. 나는 그러한 사실이 지금 바로 보는 것 같고 어머님께서는 80세가 넘으셨을 때에도 이 아기 얘기가 나오면 추연(惆然)해 하시고 슬퍼하시는 모습을 보고 모정(母情)과 모성애(母性愛)가 이렇구나 하고 느끼게 되었다.

평양(平壤)은 조선반도에서 규모로는 제2의 도시이며 아름답기로는 제1의 도시로서 별칭(別稱)이 색향(色鄕)이라 하여 역사에서도 세종의 형 양녕대군은 임금 자리를 양보하고 주로 평양에서 살았다하며 평양기생(妓生), 평양냉면으로 유명하고 자연경개(自然景槪)로는 "대동강, 모란봉, 부벽부, 을밀대, 능라도, 양각도"이름만 들어도 가슴이 설레이는 이곳 평양에서 5세 때에 해방을 맞아 농민과 노동자들이 삽과 곡괭이를 어깨에 메고 평양시내의 가장 넓은 전찻길을 행진하던 모습이 지금 보는 것 같이 눈에 선하다.

▍Addendum 17　　　2013. 09. 22　　02:10

해빙이 되자 애국기와 함께 여러 노래들이 여기저기서 터져 나왔나.
그 중에서 우리가 가장 많이 불렀던 것은

(제 1 절)　　　어-둡고 괴로워라 밤이 길더니
　　　　사-ㅁ 천리 이 강산에 먼동이 텄네
(후렴)　동무야 자릴차고 일어나거라
　　　　산 넘어 바다건너 태평양 넘어
　　　　아-아- 자유의 자유의 종이 울린다
(제 2 절)　　　하-ㄴ 숨아 너 가거라 현해탄 건너

　　　　　　　누-ㄴ 물아 설움아 너와도 하직
　(후렴)　동무야 지킬치고 일어나거라
　(後斂)　산넘어 바다건너 태평양 넘어
　　　　　　　아-아-자유의 자유의 종이 울린다.
　우리는 이 노래를 부르고 또 불렀다.
　그리고 애국가는 외국곡(外國曲)으로 불렀다.

　해방 다음 해인 1946년 3월에 우리는 평양을 출발하여 4월에 서울로 월남(越南)하여 서울의 용산구 청파동1가 큰누님 집에서 잠시 기탁하여 살다가 이듬해에 청파동 3가에 집을 사서 이사(移徙)갔다.
　청파동 1가에는 청파국민학교(지금의 초등학교)가 있었고 청파동 3가에는 효창공원 밑에 효창국민학교(초등학교)가 있었다.

　누님집에 살면서 6살이 되던 1946년 9월1일에 효창국민학교(초등학교)에 입학하였다.
　당시에는 미(美)군정청(軍政廳)문교부에서 관할하였고 새 학년이 9월1일이었다. (미군정청은 1945년 8월 15일 해방때부터 1948년 8월 15일 대한민국정부수립시까지 만 3년간 남한을 통치(統治)하였다)

　입학금 104원(지금 화폐로 1원의 10분의 1인 10전 4임)을 납부하고 책, 공책, 책가방, 연필, 고무지우개, 필통까지 지급받았다.
　저학년(低學年)인 1, 2, 3학년은 평일은 오전반 또는 오후반으로 수업하였고 토요일은 오전에 수업하였다.

　학교에서는 매일 "면보"라고 하여 앙꼬나 크림이 없는 빵 한 개씩 배급받았다. 한참 자랄 때이어서 그 빵은 너무나 맛있었다. 2학년 때 어느 날 우리 반 아이에게 나의 빵 한 개를 주고 내가 갖고 싶던 20센티미터 대나무자와 바꾸었다. 그 대나무자가 너무 좋아서 여러 날 동안 이불속에 끼고 잤다.

　1948년 8월 15일 대한민국 정부가 수립되고 2년이 되던 1950년에는 학년 시작이 3달 당겨져서 6월 1일 목(木)요일이 학년 시작이 되어 나는 5학년이 되었다.

5번째 주인 6월 26일 월요일에 선생님은 사변(事變)이 났으니까 별도로 연락이 있을 때까지 집에 가 있으라고 하였다. 영문도 모르고 집에서 쉬라고 하니까 우리는 좋아라고 집으로 갔다.

이것이 소위 6.25 한국동란(전쟁)이 발발(勃發)된 것이다.

그리고 2일이 지난 6월28일에는 길에 붉은 기를 꽂은 낯선 군용차들이 다니고 팔에 붉은 완장을 단 인민군들이 다녔다.

집집마다 성인 남자를 찾아다니며 조사하고 쌀독 등 보이는 대로 뺏어갔다. 남자를 발견하면 잡아가서 나의 선친은 다다미방 밑의 판자를 뜯어내고 땅속 생활을 하시었다. 청년은 "민청"에 가입시키고 소년은 "소년단"에 가입시켰다.

"F-86"전투기는 "세이버"라 하는데 고막을 찢어대는 쌕소리를 내면서 쉴새없이 재빠르게 하늘을 날아다녀 우리는 "쌕쌕이"라고 하였다.

2차 세계대전 때 용맹을 떨쳤던 폭격기 "B-29"가 하늘에 뜨면 시커먼 물체가 비행기에서 떨어지고 조금 있으면 천지를 진동하는 폭파소리와 함께 불길이 하늘로 솟는다. F-86에서는 노랗고 파란 불꽃을 뿜는 로켓트포가 계속 발사되곤 하였다.

7월23일에서 25일까지 3일간은 우리 집 근처의 원효로-용산일대가 융단폭격을 맞아 눈에 보이는 저 먼 곳까지 허허벌판이 되었고 우리 집 앞을 3일간 시체운구 행렬이 줄을 지었고 효창공원은 대부분 공동묘지로 변하였고 많은 이재민들이 풀밭에 담요하나 깔고 노숙생활을 여러 날 하였다.

나는 내 키보다 큰 삽을 들고 한 시간 거리의 서울역에 폭격 맞은 곳을 정리하는 근로봉사에 여러 번 가곤 하였다.

식량은 빼앗기고 먹을 것이 없어 많은 사람들이 밀 껍질을 맷돌에 갈아서 먹기도 하고 채송화 비슷한 풀을 뜯어먹기도 하고 산에 가서 나무껍질을 벗겨와 연명하기도 하였다.

지상에서는 수시로 인민군들이 따발총을 앞에 메고 사격하는 자세로 쳐들어와서 샅샅이 뒤지고, 어느 날 아침에 일어나보니 창문을 뚫고 들어온 탄환이 나의 이불에 떨어져 있기도 하였고, 상공에서는 고막을 찢는 듯한 비행기소리와 폭격에 3달 시달리다가 9.28수복을 맞았다.

▌Addendum 10   2013. 06. 24

하늘에는 이제까지 보지 못했던 날개없는 잠자리 같은 비행물체가 요란한 소리를 내며 낮게 천천히 날아다녔다.

날개는 없고 몸체와 꼬리만 있는데 꼬리 오른쪽에는 작은 바람개비가 수직면상으로 회전하고, 몸체 위에는 몸체보다 훨씬 큰 바람개비(propeller)가 수평면으로 회전하여 우리는 신기하게 보면서 "잠자리 비행기"라로 불렀다.
이러한 지금의 헬리콥터(helicopter)가 한국에 처음 선보인 것이 9.28 직후이었다.(이 헬리콥터가 6.25 전쟁초기에 있었다면 대전 - 금산지역에서 미(美) 24 사단장 "딘"소장(少將)이 포로가 되지 않았을 것이고 따라서 미(美) 24사단도 해체되지 않았을 것이다.)

그리고 곧이어 "유호 작사, 박시춘 작곡, 현인 노래"의 "전우야 잘자라"가 등장하여 우리는 목이 터져라 부르고 또 불렀다.
이 노래는 6.25 전쟁시 최후의 방어선인 낙동강 방어선이 무너지면 곧 부산이 함락(陷落)되어 한반도가 적(敵)의 수중(手中)으로 넘어가기에 필사적(必死的)으로 방어(防禦)하는 아군(我軍)과 한반도를 완전히 점령(占領)하려는 필사적인 공산군과 수십번 밀고 밀리는 피나는 전투에 그 얼마나 많은 전사자(戰死者)를 내었기에 낙동강(洛東江) 물이 벌겋게 피로 물들었다고 하였을까?

서쪽으로 1950년 9월 15일 "맥아더(Mc Arthur)"UN군(軍) 총사령관(總司令官)의 인천 월미도 상륙작전으로 낙동강 전선에서 공산군이 후퇴하기 시작하여 아군(我軍)이 낙동강, 추풍령을 넘어 북진하고, 서부전선에서 상륙작전이 성공하여 13일만인 9월 28일 서울을 수복(收復)하고 나서 3.8선을 통과하는 10월 1일 사이에 지어진 것이 이 노래이다.(3.8 선을 넘어 14일 후인 10월 15일에는 평양 탈환)

그리하여 가사(歌詞)는 4횡(橫)씩 4절(節)로 구성되어 있는데 1절은 낙동강을 뒤로 하고, 2절은 추풍령(秋風嶺)을 넘고, 3절은 서울을 탈환(奪還)하여 한강(漢江)의 노들강변에 쌓인 시체를 보고, 4절은 앞으로 3.8선을 무너뜨리겠다는 내용이다.

그런데 아쉽게도 그 원본이 정확하게 전해지지 않고 있다.

노래자랑, 가요무대 등 T.V.나, 인터넷(internet)이나, 유인물(油印物, 인쇄된 것) 그 어디에도——

9.28 수복이 되자 가슴에 넘치는 감격(感激)과 환호(歡呼)속에 악보(樂譜)와 함께 4절 가사(歌詞)가 쓰인 전단지(傳單紙)가 배포(配布)되었는데 여기에는 다음과 같이 씌여 있었다.

"전우(戰友)야 잘자라" 유호 작사, 박시춘 작곡, 현인 노래
1) 전–우의 시체를 넘고 넘어 앞으로 앞으로
　　낙–동강아 흐르거라 우–리는 전진(前進)한다
　　원한이야 피에 맺힌 적구(敵寇)를 무–찌르고–서
　　꽃잎처럼 떨어져간 전우야　잘자라
2) 우–거진 수풀을 헤치면서 앞으로 앞으로
　　추–풍령아 잘있거라 우리는 돌진(突進)한다
　　달빛어린 고개에서 마–지막 나–누어 머–억던
　　화랑담배 연기속에 사라진 전우야
3) 터–지는 포탄(砲彈)을 무릎쓰로 앞으로 앞으로
　　한–강수(漢江水)야 잘있고나 우리는 돌–아왔다
　　들국화도 송이송이 피어나 반–기어 주–는
　　노–들강변 언덕위에 잠들은 전우야
4) 고–개를 넘어서 물을 건너 앞으로 앞으로
　　우–리들이 가는 곳에 3.8선 무–너진다
　　흙이 묻은 철갑모(鐵甲帽)를 손–으로 어루만–지니
　　떠오른다 네 얼굴이 꽃같이 별같이.

가장 많이 틀린 것은

제 1절 제2횡 "낙동강아 흐르거라"를 "낙동강아 잘있거라"또는 "낙동강아 물러가라", "낙동강아 흘러가라"로

　　제3횡, "적구를 무찌르고서"를 모두가 "적군을 무찌르고서"로.
　　　　(註 : 이 두 단어는 뜻이 다름. "적군"은 "적의 군사"이고, "적구"는
　　　　"적과 도둑" 例 : 왜구(倭寇)는 "일본 도둑"이란 뜻임.)
　　제4횡, "꽃잎처럼 떨어져간"을 "꽃잎처럼 사라져 간"으로

제 2절 제2횡 "추풍령아 잘있거라 우리는 돌진한다."를 "한강수야 잘 있느냐 우리는 전진한다"로 또는 "한강수야 잘 있더냐 우리는 전진한다."로 제2횡 끝 "우리는 돌진한다."를 "우리는 전진한다."로

제3횡, "달빛어린 고개에서"를 "달빛어린 고개위로"로.

(註 : 낙동강을 뒤로 하고 추풍령을 넘는 것이지 한강으로 곧바로 가는 것이 아니며, 달빛어린 고개는 추풍령에 있지 한강수에 있지 않음. 한강수에는 노들강변이 있음. 그리고 고개위에서 담배를 피우지, 물건을 던지는 것도 아닌데 고개위로 담배를 피운다는 것은 전혀 말이 안됨)

제3횡, "마지막 나누어 먹던"을 "마지막 나누어 피던"으로.

제 3절 제1횡 "터지는 포탄을 무릅쓰고 앞으로 앞으로"를 "고개를 넘어서 물을 건너 앞으로 앞으로"로.

제2횡 "한강수야 잘있고나"를 "한강수야 잘 있느냐?"로, 또는 "한강수야 잘 있더냐?"로

(註: 한강수를 보고 감격에 벅차서 하는 말인데 한강수가 잘 있는지 아닌지 몰라서 묻는 것이 아님.)

제 4절 제1횡 "고개를 넘어서 물을 건너 앞으로 앞으로"를 "터지는 포탄을 무릅쓰고 앞으로 앞으로"로,

제2횡, "우리들이 가는 곳에"를 "우리들이 가는 곳엔"으로

(註 : "곳에"는 단순히 위치를 표현하는 단어이고, "곳엔"은 "이 곳엔" 어떻고, "저 곳엔" 어떻고 하는 대구(對句) 표현임).

이 가사는 남부전선에서는 낙동강을 뒤로 하고 전진하여 추풍령을 넘어가고, 서부전선에서는 서울을 탈환하고 한강수가 잘 있는 것을 보고 계속 진군하여 3.8선 까지 도달하기 전에 앞으로 3.8 선을 무너뜨릴 것이라는 내용이다.

나는 그때의 그 전단지를 보관하고 있지도 않았고 그 어디에도 기록해 두지 않았다. 다만 이 글을 쓰면서 나의 머리속에 있던 63 년 전의 그 전단지를 지금 보는 것 같아 그 때를 회상(回想)하며 이 글을 쓰는 것이다.

"――그 때의 그 원본이 그 어디에도 전해지는 것이 없어 못내 아쉬워하며, 그 정확한 원본이 이 글에서 전해지기를 기원(祈願)하면서――"

이제 공포에서 해방되고 긴장에서 풀리니까 어질어질하고 머리가 공중에 떠 있는 것 같은 상태가 오랜 기간 지속되었다.

반세기가 더 지난 지금도 남들은 아무렇지도 않은 작은 소리에도 나는 깜짝깜짝 놀라서 내 자신이 의아하게 생각하였는데, 그 때의 석 달 동안의 폭격소리가 잠재의식에 남아있어서 지금도 작은 소리에 놀라곤 한다.

학교에 나가보니 이미 사라져 버린 친구들도 많았고 나의 급우(級友) 박종덕(朴鐘德)은 폭격의 폭풍에 날아가 여러 집 건너 시체로 떨어져 있었다고도 하였다.
9.28 서울 수복 후 여러 날은 커다란 삽을 들고 학교에 모여 선생님과 같이 폭격으로 폐허가 된 용산일대를 정리하는 근로봉사에 참여하기도 하고, 서울 수복 17일째인 10월 15일에는 평양을 탈환하여 이승만대통령이 평양에서 감격적인 연설, 그리고 압록강에 도달했다는 기쁜 소식은 잠깐, 11월이 되자 전세(戰勢)가 악화되어 다시 피난가야 된다고 하였다.

이것이 소위 "1.4 후퇴"로서, "9.28 수복"(收復, 1950년 9월 28일 서울 탈환)이후 3 달 7일만인 1951년 1월 4일 12만(萬)명의 중공군(中共軍)의 인해전술(人海戰術)로 서울이 다시 적(敵)의 수중(手中)으로 함락(陷落)된 것이다.

피난 가는 차편 구하기는 너무나 힘들었다. 누님 두 분은 인천으로 가서 LST로 부산으로, 부모님과 형과 나 4식구는 화물자동차의 화물 싣는 자리를 겨우 마련하였다.
화물자동차(트럭) 바닥에는 짐을 싣고 짐 위에 쪼그려 앉아 가는데 차가 털털거려 짐을 붙들고 몸이 차에서 떨어지지 않는데 신경써야했다.
일부 피난민은 기차지붕 위에 타고가다 떨어져 죽기도 하였다.

12월10일 약간 눈보라 치는 날 서울을 떠나 대전에서 하룻밤 자고 다음 날 부산에 와서 초량동의 "김창치과"에서 유숙하였다. 선친의 제자이시며 부산시 치과의사회장이셨던 김창규(金昌圭) 원장님이 우리 가족을 위하여 방을 내어주고 하루3끼 식사를 대 주셨다. 12월 하순에 LST로 인천에서 떠난 누님 두 분이 오시었다.
부산에서 있을 곳을 마련하지 못하여 우리 가족은 제주로 가기로 하였다.(제주도에서의 거처(居處)마련도 부산과 마찬가지로 극히 어려웠지만, 부산시의 어느 치과원장이 제주도지사인 자기 동생에게 얘기하여 살림집과 병원 개업장소를 다 마련해 준다하였기에)

부산 초량시장에 나가보니 큼직한 생(生) 오징어가 100원에 7마리이었고 먹음직하게 싶은 붉은 오징어는 100원에 3마리이었다. 너무나 먹고 싶었지만 사 먹을 수가 없었다. 부산에 있는 제 5육군병원의 병원장 백 대령은 우리를 많이 도와주었다.(당시 100원은 지금 화폐로 10전이다.)

돈이 없어서, 그렇게 애지중지 하시며 아끼시던 유일한 재산인 "싱거(Singer, 미제(美製))재봉틀 장수표"(당시에 가장 좋은 것이었음)를 23만원(지금의 230원)에 팔아서 경비에 보태 썼다.

그 당시에 UN군과 미국이 한반도를 포기하고 제주도 또는 하와이에 망명정부를 세운다는 소문이 돌아서 민심(民心)이 극도로 흉흉해지고 제주도 가는 배표 구하기는 정말 힘들었다. 힘 있는 분들이 도와주셔서 제주행 105톤 목선 금파호(金波號) 6좌석을 구입할 수가 있었다.

우리 식구에게 한 달 가까이 숙식을 제공해주신 김창규 원장님에게 사례를 어떻게 하느냐고 했더니 쌀이나 준비해 달라고 하셔서 쌀 한가마니 드렸더니 이것도 떠날 때에 우리에게 도로 주셨다.

1951년 1월8일 부산항을 떠나 거문도(巨文島)를 거쳐 제주로 가는 항로이었다.
풍랑속에 항해하던 중 거문도 앞바다에서 "꽝"하는 요란한 소리와 진동(振動)과 함께 배가 멈춰섰다. 암초(暗礁, 바다 속의 바위)에 부딪친 것이다. 우리는 3등실(배 바닥) 앞쪽에 있었다. 선원이 내려와서 바닷물이 배 바닥으로 들어오는가 보라고 할 때에는 모두 얼굴이 창백하여졌다. 이제 죽는구나하고.

다행히 물은 들어오지 않았다. 물이 들어왔으면 모두가 바다 속에 수장(水葬)될 뻔하였다. 그랬다면 내가 이 글도 쓰지 못하였을 것이다.
풍랑이 심하여 거문도 앞바다 가운데에서 6일간 출발을 못하고 머물렀다. 먹을 것이 떨어져 작은 배로 거문도에서 날라 왔다.

춥고 추운 정월 초순 말, 중순이었는데 선실 속은 찜통이었다. 사람들이 꽉 차서 난로 땐 것 같았다. 담배연기, 술냄새, 애들 오줌, 똥냄새(애들은 큰 깡통에 오줌, 똥 받아서 선실에 놔두었다.) 그리고 땀냄새, 숨이 막힐 지경이었다. 자리가 좁아 편히 누울 수가 없어 꼬부리고 새우잠을 자야했다. 그렇게 6일 지나다가 출발하여 부산출발 7일 만인 1월 15일에 제주항에 도착하였다. 기온이 -0.4℃인데 두 번째 추위라 하였다. 시냇물이 졸졸 흐르고 파란 풀들이 나 있어 남국(南國)의 정취가 흘렀다.

우리는 미리 마련해 준 제주도립병원 근처 제주읍(濟州邑) 3도리(三徒里) 93번지(番地) 송석범(宋錫範)씨댁에 유숙(留宿)하였다(당시는 제주시가 아니고 제주읍이었다).
국민학교는 동국민학교, 남국민학교, 북국민학교 3이었고 중학교는 오현중학, 제주여중, 농업학교뿐이었고 대학은 물론 없었으며 종합병원으로는 제주도립병원 뿐이었다. 제주 앞 바다에는 필리핀 배라고 하는 커다란 철선이 반쯤 침몰해 있었고(2차 대전때 침몰하였다함), 용연(龍淵), 삼성혈(三姓穴, 고(高)씨, 양(良)씨, 부(夫)씨), 사라봉, 관덕정, 방파제등이 있었다. 도로는 포장이 되지 않았고 수도가 없어서 산지천과 가락물을 길어 먹었다.

아낙네들이 질그릇으로 구워 만든 입구가 작은 큰 항아리(허벅이라 했음)에 물을 담아 등에 지고 날랐고 아니면 18리터짜리 물통 6개를 리어카에 싣고 요금을 받고 배달하여 주었다.
어머니께서는 2킬로미터 넘는 거리의 '산지천물'을 길어 머리에 이고 나르시다가 너무 힘들어 하루에 물 3통씩 배달시켜 먹었다(당시 제주읍에는 수도시설이 없었고 '산지천', '가락물' 또 한 곳 이 세 곳의 물이 제주읍의 식수원(食水源)이었다).
나는 제남국민학교(제주남국민학교) 5학년에 피난민 1호로 입학하고, 6월 1일에는 6학년이 되었다. 관덕정 앞에서는 15-16세(지금으로는 13-14세)되 보이는 눈 먼 소녀가 "내일 아침 제주신문" 외치며 신문을 팔고 있었다.

선친께서는 정구충학장 내외분과 함께 "서울연합병원"이라 개업하시었다.(정구충학장님은 외과, 사모님은 소아과, 선친은 치과) 나는 학교수업 끝나고는 선친의 병원에 와서 일을 도왔다. 청소도 하고, 기공도 배우고, 이를 뺀 환자가 양치질한 피 섞인 양치물을 큰 깡통에 받아놓은 것을 들고 10분쯤 걸어가 서문교 다리 밑에 쏟고 오는 것이 나의 일과의 하나이었다.

6월 4일 선친께서는 먼저 육지로 떠나시었다.

나는 학교수업 때문에 제주 부둣가로 가서 배웅을 못하였다.

방과 후에 선친께서 떠나신 부두에 나가서 떠나가신 바다를 끝없이 쳐다보았다.

보이지 않는 배를 찾아 망망(茫茫)한 바다를 보면서 슬퍼하였다.

그리고 이제는 떠나가셔 안 계신 병원에 가보았다.

너무나 쓸쓸하고 선친이 그리워 눈물을 흘렸다.

이 글을 쓰면서도 그 때로 돌아가 눈물이 난다.

나는 왜 그렇게 다정다감(多情多感)한지 모르겠다.

학교건물은 교무실만 학교에서 쓰고 나머지는 정부부서에서 사용하였다. 우리는 학교마당에 텐트를 치고 텐트 속에서 전깃불 없이 캄캄한데서 공부하기도 하고, 마당 땅바닥에 앉아서, 책상이 없으니까 목 뒤에 끈을 걸고 앞가슴에 딱딱한 판을 목에 걸친 끈으로 매어서 앞가슴에 걸쳐 책상으로 쓰기도 하였다. 그나마 그것도 다행이었고, 장소가 부족하여 많은 날을 학교에 모여 3열종대로, 한라산 쪽으로 40분 정도 걸어 어느 시골에 있는 초당(草堂)에 가서 수업 받곤 하였다.

등교(登校)할 때에는 학교마당에 모여 3열종대(三列縱隊)로, 앞과 뒤 2분대(分隊)로 나누어 행군가(行軍歌)를 부르며 한라산(漢拏山)쪽으로 수업장소인 시골 초당(草堂)으로 갔다. 노래의 한 줄을 앞분대에서 부르면, 그 다음 뒷분대에서 이것을 받아서 다시 불렀다.

"(1절) 백두산이 높이 솟아 길이 비치고,
　　　　백두산이 높이 솟아 길이 비치고,
　　　　동해물과 황해 서슬러 있는곳,
　　　　동해물과 황해 서슬러 있는곳,
　　　　생존정기 얽기 있는 삼천만,
　　　　생존정기 얽기 있는 삼천만,
　　　　강하도다 씩씩한매 피어있도다.
　　　　강하도다 씩씩한매 피어있도다.

(2절) 한깃발아래 힘있게 뭉쳐 용감히 싸워,
　　　　한깃발아래 힘있게 뭉쳐 용감히 싸워,
　　　　삼천리 이 강산(江山)을 세워나가자,
　　　　삼천리 이 강산(江山)을 세워나가자,
　　　　우리들은 삼천만(三千萬)의 대등앞에서,
　　　　우리들은 삼천만(三千萬)의 대등앞에서,
　　　　힘있게 굳고 있는 제남용사단(濟南勇士團).
　　　　힘있게 굳고 있는 제남용사단(濟南勇士團)."
(제남(濟南)은 제주 남국민학교를 말함)

우리가 앞쪽에서 힘차게 한줄을 부르면, 이를 받아서 뒤쪽에서 부르는 소리가 작게 들리고, 뒤쪽에서 끝나면 이어서 우리는 앞쪽에서 다음 줄을 크게 불렀다.
　이 노래를 가장 많이 불렀고 그 외에

"우－리들은 이 바다위에 이－몸과 마－ㅁ을 다 바쳤나니
　바－다의 용사들아 돛달고 나가자 오－대양(五－大洋) 저 끝까지
　나－가자 푸른바다로－. 우리의 사명(使命)은 여－길세
　지－키자 이－바다 생명을 다하여."

　이 노래는 초대(初代) 해군참모총장(海軍參謀總長, 건국초기에는 "참모총장"이라 하지 않고 "총참모장 總參謀長"이라 하였다)인 손원일(孫元一) 제독(提督)이 작사를 하고 사모님이 작곡하였다고 전해지며,

"우－리들은 대한의 바다의 용사(勇士)
　추－웅무공 순국정신 가슴에 품고
　태－극기 휘날리며 국토통일에
　힘－차게 진군하는 단군의 자손
　나－가자－ 서－북(西－北)으로, 푸른 바다로
　조－국통일 위하여 대－한 해병대."[5]

제주도 사람들은 바다에 익숙하고 해병대(海兵隊)로 많이 입대(入隊)하였으며 1950년 9월 15일 인천월미도 상륙작전시에 제주도 출신 해병대가 큰 역할을 했다고 하며 이를 크게 자랑하고 자부심(自負心)을 갖고 있었으며 강한 해병을 숭상(崇尙)하고, 국민학교에서도 주로 해병가(海兵歌)를 불렀고 처음 해병가의 끝줄 "힘있게 굳고 있는 대한 해병대"를 "힘있게 굳고 있는 제남용사단"이라 바꾸어 제주남국민학교의 교가(校歌)로 부르고 있었다.

수업 끝나고 돌아올 때에 보리밭을 지나면서 거의 익어가는 보리이삭을 따서 성냥불로 불을 붙여 꺼진 다음에 훅훅 불어 반 타버린 보리껍질을 날려버리고 구운 보리알을 먹으면 별미(別味)이었다.

4월(月)이 되자 바닷물이 차가웠지만 수업 끝나고는 친구들과 같이 바다로 가서 수영을 하였다.

자릿배(자리잡는배, 자리는 제주도 특산으로 작은 조기 같은 생선)들이 바닷가에 여러 척(隻)있었다. 용연(龍淵)에도 가보고 또 가보고 서문교(西門橋) 밑에 가보니 올챙이가 있었다. 이 올챙이를 집에 가져가 보고 싶었는데 담을 그릇이 없었다.

내가 안타까워하는 것을 보고 나의 친구 김정훈(金政勳)이는 자신의 고무신 한발을 벗어서 그 고무신에 물과 함께 올챙이를 담아서 들고, 그래서 한발은 맨발로 약 20분을 걸어서 나와 함께 나의 집으로 갖고 왔다(그 당시에 우리는 고무신을 신고 다녔다).

그 성의가 눈물겹도록 고마웠다. 한발만 고무신을 신고 한발은 맨발이니 양쪽발의 높이가 달라서 절뚝거리게 되고 한쪽이 맨발로 거리를 걸으니 발바닥이 많이 아팠을 것이다(그는 나에게 그렇게 잘해주었다).

집에 와서 올챙이를 키울 그릇이 없어서 맥주병의 윗부분을 깨트려서 여기에 물을 담고 올챙이를 넣어 키웠다.

학교에서 돌아와 매일 올챙이를 보았다. 수면에 거품이 끼는 것을 걷어내었다. 하루가 다르게 커나갔다.

그래서 개구리가 되기를 기다리던 어느 날 학교에서 돌아와 보니 올챙이가 다 죽었다.

올챙이가 크면서 수면(水面)이 좁아 거품이 자꾸 생겨 수면에 뜨는 거품을 보이는 대로 걷어 버렸는데도 올챙이가 자꾸 커나가면서 거품이 수면전체에 깔려 공기가 물에 닿지 않아 산소부족으로 질식사(窒息死)한 것이다.

---

5) 순국정신(殉國精神, 나라를 위하여 몸을 바치는 정신)

나는 모두 죽은 올챙이를 보고 슬퍼서 울었다.

7월(月)이 되어 여름방학(放學)이 되자 새벽 6시에 우리는 학교마당에 모여 맨손체조를 하고 제주방파제(防波堤)로 매일 갔다.

저-북(北)쪽 푸른 바다를 보느라면 많은 물고기들이 해면(海面)위로 솟구쳐 올라 뛰었다가 바닷물로 첨벙 들어가고 조금 있으면 바다 끝이 시뻘게지다가 두 팔을 벌려 얼싸 안을만한 커다란 빨간 태양(太陽)이 바다 밑에서 불쑥불쑥 솟구쳐 올라오는 것을 보면서 우리는 심호흡하며 군가를 힘차게 불러댔다.

1951년 8월 15일 400 ton철선 "이리호"로 제주항(濟州港)을 떠나 부산으로 갈 때까지 만 7달 동안 여름에는 이렇게 매일 새벽 바다로 가서 대자연(大自然)을 만끽(滿喫)하였다.

두 달 11일전인 6월 4일에 먼저 서울로 가신 선친과는 연락을 할 길이 없어서 (전화나 편지가 되지 않았으니까) 서울에 가면 만나겠지 하고 1951년 8월 15일 오후 6시에 제주항을 떠나 다음 날 8월 16일 오전 7시반에 부산항에 도착한 나의 어머니와 우리 4형제는 선착장을 걷던 중 뜻밖에 선친을 만났다. 선친은 우리를 찾으러 제주행선박을 타시러 가시던 중이었다.

약속(約束)해도 만나기 힘든 것을 아무 연락없이.

하늘의 뜻이 아니고 무엇이랴.

누님 두 분과 형은 대구에 남아 피난학교를 다니고, 나 혼자만이 부모님 따라 서울로 왔다. 당시에는 정세가 불안정하여 한강통과를 통제하였다.

군인, 경찰, 정부요원 이외에는 "도강증(渡江證)"이라는 서류가 있어야 노량진에서 북쪽 용산으로 한강을 건널 수 있었다.

한강 북쪽 서울에는 사람이 거의 없어 한산하였다.

한강을 건너지 못하여 영등포에 머물고 있는 동안 선친께서 경찰병원 치과과장으로 계셨기에 미군고문단에 가셔서 한강을 건너는 서류를 해오셨다. 본인만 되지 가족은 안 된다고 쓰여 있어서 선친께서는 경찰 쓰리쿼터(three quarter는 적재적량 3/4 ton으로 지프차와 대형차 중간급 군용차)를 타시고 경찰복을 갖고 오셔서 어머님은 여경(女警)으로 변장(變裝)하여 경찰차를 타고 한강을 넘어 서울 용산구 청파동 집으로 올 수 있었다.

(진무복 같은 낭시 여경(女警) 복장(服裝)을 하신 어머님 모습이 눈에 선하다)

서울의 전차길 대로(大路)에도 지나가는 군용차 이외에는 다니는 사람이 거의 없었고 집에 와 보니 온 동네가 비어있어 사람을 볼 수가 없었다.

마당에는 잡초가 내 키를 넘게 우거져서 "한해에 이렇게 자랄 수 있는가?"놀랐다. 온 동네가 비어있어 대낮에도 마당에 혼자 있노라면 귀신이 나올까 무서웠다.

학교에 나가 보았더니 학생이 별로 없어서 인근 6개의 국민학교(초등학교)를 모아서 한 학년에 한반(학급)을 열었고 학교이름도 효창국민학교(초등학교)에서 효창종합국민학교라고 하였다.

1950년에 새 학년을 9월에서 3달 당겨서 6월로 하였는데 2년 되는 1952년에는 다시 2달 당겨서 4월로 하였다(이러한 제도는 10년을 지속하다가 5.16 다음해인 1962년에 다시 한 달 당겨서 3월을 새 학년으로 한 것이 현재까지 지속하고 있는 것이다).

그리하여 1952년 3월에 효창국민학교(초등학교)(지금은 이미 오래전에 없어졌음) 제30회 졸업인 것이 효창종합국민학교(초등학교) 제2회로 졸업하였다. 평균 98점으로 수석졸업하고 대표로 상장과 졸업장을 받았다. 당시의 중학교 시험은 모두 선지원-후시험제도이었고, 이러한 것은 중·고·대학 모두 같았고 또 응시도 전기와 후기 단 두 번뿐 이었으며 이러한 제도는 1990년대까지 지속되었다(지금처럼 수시지원, 복수지원제가 없었다). 그리고 중학교 시험은 1951년부터 전국 공동으로 "국가고시"이었다. 나는 "제2회 중학교 입학국가고시"에 응시하였다.

어머니와 담임 임한영(林漢英)선생님은 상의하여 응시학교를 "경기중(京畿中)"이라 하였고, 담임선생님은 이 학교 창설 이래 처음으로 경기중학교에 간다고 좋아하셨다(나의 국민학교 담임선생님은 1학년-고기서, 2학년-여선생님, 3학년-최기옥, 4학년-최기연, 5학년 곧바로 3주후 6.25전쟁, 피난지 제주읍 제남국민학교에서 김제경, 6학년-효창종합국민학교에서 임한영선생님이었다).

집에 와서 선친에게 보이니 누님 두 분이 이화여고, 형은 배재중이라 형제들이 가까운(이화학당과 배재학당은 선교사집 하나 건너 있었고 설립도 비슷하다.) 그리고 같은 학교(형이 다니는)에 가라고 경기글자 위에 종이를 붙여 배재라고 쓰게 되었다.

어머니와 담임선생님은 너무나 아쉬워 하셨다.

나는 국가시험 수험번호 "3862번" 500점 만점에 414점을 받았다. 당시의 커트라인(cut line)은 경기가 320점, 배재가 210점대이었다.

당시 경기중 합격자 중에도 400점 이상은 별로 없었다고 하고, 내가 입학한 학교의 커트라인의 거의 2배를 받아서 수석 입학하였다(30년 정도 지난 어느 날 서울 남대문시장 근처의 새로나백화점의, 나의 동창 박세용 사장은 나를 만났을 때 30년 전의 일을 기억하고 있는 데에 놀랐다. "네가 입학시험 때 414점 받은 것 나는 알고 있다."라고)

1학년 때에는 반장을 하고 "학도 호국단"대표도 하며 군대에서의 훈련 같은 행사를 매일하였다.

매일아침 전교생이 운동장에 모여 정렬하고 조회하고 보건체조도 하고 열병식(閱兵式)도 하였다.

조회 때에 학급전체 학생을 통솔, 지휘하여야 한다.

시작은 정렬시키고 보고부터 한다.

"열중 - 쉬어! 차려 - (거수경례) - 인원보고 - 총원‥명 - 사고‥명 - 현재원‥명 - 사고내용 - 결석‥명, 당번2명 - 이상끝 - (선생님이 열중 - 쉬어 하시면) - 열중 - 쉬어(복명복창) - 열중 - 쉬어!(구령)"

이러한 식으로 매일아침 행사가 진행되는 것이었다.

중학교를 졸업하고 고등학교 입학 때에는 전체를 공개모집하지 않고 한반만 외부에서 모집하였다.

우리는 80명씩 6반이었는데, 6반에서 추려서 5반이 같은 고교에 그대로 진학하고 나머지 1반은 외부에서 들어오고, 그러한 제도이었다. 그리하여 경기고에 가려니 전체를 공개 모집하지 않고 중학교 3학년에서 1반만 줄여서 고교에 입학시키고 나머지 1반만 전국에서 선발하기 때문에 매우 신경이 쓰였다. 그것도 지금처럼 '선시험 - 후지원'제도가 아니고 '선지원 - 후시험'제도이었으며, 거기에다 복수지원이 되면 당연히 응시원서를 넣었을 텐데.

그리하여 움직이지 않고 그대로 고교에 진학하였다. 수험번호 "161번"입학시험 600점

만점에 커트라인 320점, 나는 만점에 가까운 568점으로 너무나 커다란 차이로 또다시 수석 입학하였다. 전년도에는 외부출신인 최덕기형(서울법대 졸, 전매청 연수원장, 대구국세청장 역임)이 수석 입학하여 학교체면이 손상되었었기에 이번에 합격자 발표는 "수석합격자, 본교출신 배영진(裵榮進)(나의 전(前)이름)"을 크게 써서 공표하였다.

나는 중·고등학교생활 6년 동안 체육부에 들어가서 선수생활하거나 미술반, 음악반등에 가입하여 활동하지 않았다. 다만 중학교 1학년 때에 10달 동안 태권도를 한 것이 정식으로 한 운동으로는 전부이었다(얼마나 열심히 하였는지 정월 초하룻날, 추석날 아무도 나오지 않는 데에도 나는 서울 소공동의 무덕관에 나가 새끼끈 묶어놓은 기둥에 손을 500번씩 내려치고 기왓장 등을 손바닥으로 깨트리는 등).

그러나 중1에서부터 고2까지 5년간 기계체조는 꾸준히 하였다. 집에서는 아령(啞鈴, dumb bell)과 약 10kg 역기, 학교에 가서는 철봉 - 평행봉 - 링 이러한 운동을 끊임없이 매일하였다.

아령-역기는 매일 아침-저녁 30-40분씩 하루 1시간이상씩 하였고, 학교에서는 틈틈이 철봉 - 평행봉 - 링을 매일하였다. 철봉 하는 애들은 어느 정도 있었고, 평행봉은 소수이었고 링은 힘들어서, 하는 애들이 별로 없었는데, 나는 링도 올라갔다 내려갔다 몸을 접었다 폈다를 열심히 하였다. 나는 레지던트시절 속리산에 외과 야유회 때에 수정여관(지금의 속리산 관광호텔자리)에서 2시간 걸리는 문장대를 40분만에 등반하였고 1990년에서 2년간 학장시절 수요일 오후 체육의 시간에 직원들과 등산대회를 여러 번 하였는데 보문산에 평행봉이 있는데 아무도 팔을 걸쳐 얹지 못하는 데에 나는 평행봉 팔꺽기를 28번하여 모두를 놀라게 하였고 대전의 가양공원에서 무거운 역기를 아무도 들지도 못하는 것을 내가 들어 머리끝까지 올리니 박수(拍手)를 치는데 연속 7번이나 머리 위 팔 끝까지 올려서 모두를 놀라게 하였다.

이것이 모두 중학생과 고등학생 때 5년간 기계체조를 꾸준히 했기 때문이라 생각하고 발육기 때에 운동을 많이 권장해 왔으며 학장재임시 철봉대를 만들어 권장시켜 왔다.

고등학교 3학년이 되니까 대학진로를 생각하게 되었다.

내가 가장 흥미가 있고 하고 싶은 것은 자연계로는 물리-수학이었고, 인문계로는 어학이었다.

나는 4살, 5살 때에 평양에 살 때에 시내거리를 물끄러미 쳐다보면서 평생연구생활만 한다면 얼마나 좋을까를 생각하여왔다.

돈 많이 벌어서 돈 잘 쓰며 멋지게 살아야겠다는 다른 아이들과 반대이었다.

물리학을 공부하여 서울대 문리대(지금의 자연대) 물리학과 교수로 남을 수만 있다면 다른 것은 생각해 볼 것도 없지만 그렇게 서울대에서 물리학교수로 남기란 쉽지 않을 것이다.

아마 하늘에 별따기 일터인데, 내가 벌지 않아도 생활할 수 있다면 나는 물리학과에 갔을 것이다.

집에 모아놓은 돈도 없고 내가 벌어야 살아갈 수 있으니, 현실을 떠나 살 수 없어서 우선 "밥벌이"할 수 있는 과(科)를 선택하지 않을 수 없었다. 나의 선친, 외가, 누님, 형님 매형 모두 의료계(醫療界)이었으므로, 그리고 하고 싶은 과가 1단계는 물리-수학이지만 2단계는 의학이었으므로 의료 쪽으로 해야겠다고 결정할 수밖에 없었다.

선친께서 치의학을 하시었고 또한 내가 대학입시 보던 1958년도까지가 치과가 4년이고 그 다음해부터는 치의예과 2년이 생겨서 6년이 되므로 4년에 빨리 끝나는 치과를 선택하여 서울대 치대에 갈까? 또는 의대이면 연세대 의예과는 무시험제이므로 성적표만 내면 시험 없이 합격될 것은 뻔하기 때문에 힘들게 시험보지 말고 연세대 의예과에 갈까? 서울대 문리대 의예과는 너무 힘들고 경쟁이 치열하여 보류하고 서울치대, 연대의예과 중에 망설이고 있던 중 시집간 작은 누님이 1958년 2월7일 친정에 들렀다가 나가시기 직전 대문에서 나보고 어느 대학에 응시원서 내느냐고 하여 그렇게 얘기하였더니 추운 겨울 마당에서 1시간이상 나를 설득하여 서울대 의예과에 내게 되었다.

급히 저녁에 응시원서에 붙일 사진을 주문하고 다음날 2월8일이 응시원서 접수마감일인데 그 때는 원서를 그날까지 교부하였다(팔았다). 접수마감날 원서를 사서 제출하고 시험 보았다(나의 작은 누님(배성희 裵晟希, 1935 年生)은 내가 국민학교, 중학교때에 나의 가정교사이셨고, 이화여중-이화여고-서울대 의대 13회 졸업이었다).

당시 시험과목은 5과목 500점 만점이었고, 국어 - 영어 - 수학은 모두가 필수이고, 선택과목 중에 의예과 지망생에게는 생물이 필수이고, 나머지 1과목은 "물리, 화학, 독어, 불어"중 택1이었다. 나는 생각해 볼 겨를도 없이 물리를 선택하였다.

수험시간도 과목당 1시간씩이었다.

물리와 생물은 각각 답안지를 다 쓰니까 8분밖에 걸리지 않았다. 꼼꼼히 3번을 맞춰 봐도 시험시작 한지 14분밖에 지나지 않았다. 곧바로 나가기 미안하여 거의 끝까지 우두커니 앉아있었다. 수학은 전부 다 답안지에 쓰고 3번을 맞춰보니까 약 25분 걸렸다. 국어는 문제가 너무 모호하여 걱정이 되었다.

당시에는 각 대학교가 독자적으로 출제를 하였고 커트라인(cut line)이 지금처럼 만점에 가깝지 않고 변별력(辨別力, The power of discrimination)을 높이기 위하여 40-60%를 기본으로 하였다.

서울대학교 중에 제일 인기도가 높은 과는 문리대 의예과, 법대 법학과, 공대 화공과 이 3과이었다.

서울대 의예과 모집정원 120명, 응시자 625명 커트라인 320점이었다.

인기도가 낮은 학과는 커트라인이 150점, 160점대이었다.

인기도가 높은 학과는 커트라인이 낮은 학과의 2배가 넘던 시절이었다.

의예과 지원자 중 400점 이상은 9명이었다. 나는 3위로 입학하였다. 의예과에 입학하고 나서도 나의 물리(物理)에 대한 열망이 얼마나 컸던지, 당시 서울대 문리과대학(文理科大學) 교무과장이셨던 전해종 교수님을 찾아가 의예과에서 물리학과로 전과(轉科)를 문의하기도 하였다.

나의 형제들 중에 막내인 내가 부모님과 가장 오래 생활하였다. 다른 형제들은 대구의 피난학교에 다닐 때에도 나 혼자만이 부모님과 환도(還都)되기전 서울에서 2년 가까이(1951년 8월~1952년 말) 생활하였고, 두 누님은 일찍 출가(出嫁)하시었고 형은 또한 재학중 군에 입대하여 의예과 때와 본과 1학년 때 거의 나 혼자서 부모님과 함께 생활하였다.

내가 대학 다닐 때에 어머님께서는 저녁에, 선친이 개업하시는 병원에 가셔서 함께 퇴근하시고 남대문시장에 들리셔서 선친께서 좋아하시는 생선 등 장을 보아오셨다.

그 때에는 난방과 취사용 불을 19공탄이라는 석탄에 의지하였다. 나무사다리로 된 층계를 걸어 컴컴한 지하실에 내려가면 온돌난방으로도 쓰고 취사용으로 쓰는 아궁이가 있었다.

불구멍이 하나이므로 밥 한 가지 끝내고 내려놓으면 또 국을 끓이고, 그것이 끝나면 또 찬을 끓여야 하였다.

부모님이 장보시고 오셔서 밥을 한 가지씩 하면 시간이 너무 걸려서 오시기 전에 내가 밥을 해 놓았다.

지금 밥하는 것은 노는 것이지 밥하는 것이 아니다.

돌이 없는 쌀, 물에 씻어서 전기밥솥에 넣고 스위치 누르면 되는 이러한 것은 밥하는 것이 아니다.

당시에 밥하는 것이 힘든 것은 첫째 그 많은 돌을 어떻게 골라내어 돌 없는 밥을 짓는가? 이고 둘째는 석탄불(19공탄, 후에 22공탄(孔炭), 석탄에 구멍이 22개 뚫려 있었다.) 위에서 쌀이 설지 않고(덜 익지 않고), 타지 않고, 너무 굳지 않고, 너무 죽처럼 묽지 않게 하는가? 이었다.

무엇보다 쌀에 돌이 얼마나 많았던지.

3인분 밥하는데 돌이 1숟가락(밥숟가락)정도 나왔다. 심지어는 쌀 한가마니 80kg을 맞추기 위하여 돌을 한 되씩 넣는다는 얘기도 들려왔다.

이렇게 돌이 많은 쌀에서 돌을 골라내는 데에는 약간의 숙련이 필요하였다. 1단계는 조리로 물에서 휘저으면서 쌀을 건져내고, 2단계는 두 그릇으로 물과 함께 다른 그릇으로 쌀을 옮기면서 도태법(淘汰法)으로 쌀과 돌의 비중의 차이를 이용하여 쌀과 돌을 분리시키는 것이다. 이렇게 돌을 골라내고 쌀을 씻고, 쌀이 설지도 않고, 타지도 않고, 굳지도 않고, 묽지도 않게 밥을 짓기를 2년 이상 하였다. 이렇게 밥 한번 짓는데에 석탄불 맞추는 데에만 컴컴하고 깊고 경사도가 가파른 지하실 사다리같은 나무층계를 10번 이상 오르락내리락 해야 했다.

밥을 다 만들면 19공탄 아궁이를 조절하여 꺼지지 않게 하고, 또 석탄을 절약해서 24시간 지속되게 해야 되니까 너무 피지도 않게 불구멍을 잘 조절하고 책을 보고 있노라면 부모님께서 장을 보아 오시고, 그러면 어머님께서는 얼른 국과 찬을 만드시어 저녁을 먹는 것이었다.

이렇게 부모님과 셋이서 지내던, 내가 서울의대 본과(本科)1학년 말(末)인 1960년

12월 31일(양력, 음력11월14일).

우리 집에는 운명(運命)의 날이 닥쳤다.

넉 달 동안 아프시던 아버님께서 운명(殞命)하신 것이었다.

영하15도의 추운 날씨에 망우리에 얼어붙은 흙을 깨고 선친을 모시고, 정신없는 사이에 탈상(脫喪)을 끝내고 나니 살길이 막막(漠漠)하였다.

개업하시던 자리는 치과의사이신 큰 형님이 맡으셨고, 우리는 청파동 사는 집뿐이었고 수중(手中)에 돈이 거의 없었다.

형은 군복무 중이었고 어머니와 나 둘이 남았다.

당장 식생활이 곤란하였다. 어머님께서는 어려운 내색을 보이지 않으셨다. 당시에 성행하던 계(契)도 하시고 어떻게든 생활을 해 나가면서 밥 굶는 것만은 면(免)했다. 당장 등록금이 곤란한데 미생물학교실 이승훈(李承薰)교수님께서 장인(丈人)이신 서울예식장 "신태종사장님"의 "신태종 장학금"을 받게 해주셨다.

서울대학교 학생 10명에게 학비(學費)에 해당되는 장학금을 지급해 주는 것으로서 당시로서는 큰 것이었다(1990 년 내가 충남대학교 의과대학 학장시절에는 '우수장학', '격려장학', '근로장학', '대여장학' 등 43%의 학생이 장학생이었으나, 나의 학창(學窓)시절에는 장학생이 1학년에 1명(때로 2명) 이어서, "장학생"이라하면 수석(首席)을 의미하였다).

1학기등록금이 7,600원이었고 이 중에 수업료가 4,000원이었다. 이 등록금을 받고 수업료는 면제해주셨으므로 등록하는 날은, 교수님께서 수업료는 책 사 보라고 하셔서, 등록금수표를 내고 수업료를 받았다.

이 장학금을 졸업할 때까지 받았다.

그러나 이것만으로는 생활할 수가 없어서 본격적으로 돈벌이에 나섰다. 이제까지는 경험삼아, 용돈벌이로 가정교사를 종종하여 왔지만 이제부터는 살아가기 위하여 벌어야 했다. 그리하여 본과 2학년말 까지 가정교사를 하였다. 의대의학과 공부, 다른 것 하지 않고 공부(工夫)만 하기도 바쁜데, 당시의 가정교사는 아예 입주(入住)하여 숙식제공 받으면서 등록금을 대어 주거나, 아니면 월요일부터 토요일까지 매일 와서 가르쳐야 되는데 너무나 많은 시간을 빼앗기게 된다. 한 시간 반 해준다면 왕복시간까지 세 시간 반은 소모되는 것이다.

시간이 너무 빼앗겨 본과 3학년부터는 교수님 강의교재 프린트를 하기로 하였다. 프린트하는 학생이 나까지 우리 반에 7명이 되었다. 프린트 작업은 바쁠 때는 새벽3시, 4시까지 작업하지만 한 가지 일이 끝나면 다음 일거리 있을 때 까지 시간이 자유로웠다.

철판에 양초먹인 원지를 놓고 뾰족한 쇠끝으로 된 철필로 글을 써서 등사판에 붙이고, 대한 잉크를 개어서 한 장씩 등사기로 밀어서 인쇄하고, 종이를 접어서 책으로 묶고 제본이 다 끝나면 을지로3가 대형지물포에서 약 3미터 되는 절단기로 3면(面)을 재단(裁斷)하면 프린트가 끝나는데 그 작업은 해본 사람 아니면 상상할 수가 없이 손이 많이 가는 작업이었다.

딱딱한 겉표지를 할 모조지를 새벽까지 작업하느라고 오른팔에 건염(腱炎)이 생겨 한 달간 기브스하고 다니느라고 필기를 못하기도 하고, 10kg넘는 프린트를 양손에 들고 택시 값 아끼느라고 효창공원을 넘어 버스정거장까지 가는 데에 40분정도 들고 가노라면 묶은 끈 무게에 손가락이 끊기는 것 같기도 하였고, 하루3끼 밥 먹어도 배고플 때에 한두 끼 굶기를 밥 먹듯 하였고 본과 3학년 말 겨울(1963년 1월)에는 잠자는 방안 온도가 영하7도 이어서 이불 옆에 둔 주전자물이 얼어서 마시지 못하기도 하였고, 밤새워 일해야 될 때에 저녁에 15원하는 우동을 그렇게 먹고 싶었지만 돈이 없어서 5원짜리 빵 2개로 때우고 새벽까지 작업하기도 하였다.

대학원 등복금노 벌어 두이야 했기에 본과 4학년 1학기 말까지 돈벌이하고 2학기에는 졸업시험과 의사국시 준비를 하여야 했다.
그렇게 굶어가면서 돈벌이 해 가면서 졸업시에는 132명 졸업생 중에 4학년 수석(首席)을 하여 수석장학금을 받고 졸업식 때에는 대표로 연단에 나가서 총장님으로부터 졸업장을 받고 총장님께서 직접 나의 학사모(學士帽)의 끈이 달린 "술"을 반대쪽으로 옮겨 주셨다. 의대의학과 4년간 기본 총학점 160학점(진급 및 졸업에 필요한 학점), 만점 480학점에 나는 총득점 467.5학점으로 만점에 가까운 학점을 받았다(480학점에 0.5학점 차이로 종합 2위가 되었다).
모교병원인 서울대학교 병원에서의 인턴과 레지던트는 걱정할 것이 없었다. 별도의 선발시험없이 학교성적으로 하였으니까.

전공과는 가장 경쟁이 심했던 외과(일반외과)를 택하였다. 대학졸업하고 곧바로 대학원 석사과정, 이어서 박사과정을 수료(修了)하였다.

석사과정은 2년이고 박사과정은 지금처럼 2년이 아니고, 그 얼마 전에 4년에서 3년으로 단축되었지만 3년 과정이 끝나고 점수가 나와야 어학시험 등을 치를 수 있었고, 시험에 합격하면 학위기를 주었기 때문에 가장 빨라야 박사과정 시작하고 3년 1학기가 소요되었다.

전문의 시험은 레지던트 마치고 7월에 치루었다.

70년대부터는 거의 합격률이 100%에 가까워졌지만 당시 60년대에는 합격률이 해마다 평균 33%이었다. 내가 치룰 때에 158명이 응시원서 제출하고 152명이 응시하여 51명이 합격하여 역시 33%합격이었다. 내가 전문의 시험 본 1969년(제12회)까지는 전문의 배출에 극도로 산아제한(産兒制限)을 하였다.

나는 90점으로 전체 2위로 합격하였다고 김진환교수님이 성적을 보고 얘기하여 주었다.

나는 17세에 서울대 문리대 의예과에 입학하여 23세에 서울의대를 수석으로 졸업하여 의사가 되고 이어서 25세에 "의학석사"학위수여, 28세에 외과전문의와 의학박사 학위과정을 모두 수료하고, 29세가 막 되었을 때에 "외과전문의자격증"과 "의학박사학위기"를 받았다.

서울대학교 대학원 일련번호로 석사가 제1885호, 박사학위기가 정규과정 "박사과정 제150호"로 받았다. 연구생과정은 학위기도 다르고 1,000호가 넘었다.

당시 주간한국에서 조사 발표한 바에 의하면 우리나라 박사가 구제도(舊制度), 외국 가짜박사 합하여 3,000명이고 우리나라 전체의 정규과정 출신은 350명이라 하였다.

전국 대학에서의 정규과정 출신 박사가 350명에서 서울대학교가 150호 선이었다 (서울대의 경우 90년대에는 연간 1,000명이 되었다).

그때 1960년대에는 사회에서 의사가 대접을 받을 때 이었고 의사의 수도 인구대비 5,000대 1로 7천명 선이었다.

지금은 인구대비 550대 1로 9만 명이다(2007년 현재).

거기에다 전문의와 의학박사 다 갖추었다하면 하늘을 날아가는 기분이었다.

잠시 본과 4학년 때의 일로 되돌아가면 1963년 가을 추석 얼마 전에 콜레라가 전국적으로 유행하였다. 해방다음 해인 1946년에 전국적으로 유행하고 나서 17년 만의 일이었다.

전국 의대학생 3,4학년은 방역(防疫)사업에 참여하였다. 서울의대 3학년은 충청도로, 4학년은 가까운 경기도로 파견되었다. 나는 경기도 광주군 돌마면 율리(京畿道 廣州郡 突馬面 栗里)로 배치되었고 그 지역의 보건담당 의사로는 이건상(李建相)선생님이 계셨다.

20일 있다가 철수하였다. 추석도 그 곳에서 지냈다.

정부로부터 수당을 받았다. 하루 수당 515원, 20일분 1만 3백원, 그 당시로는 큰 액수이었다.

3백원은 졸업기념품대로 공제하고 1만원씩 받아 좋아하고 요긴하게 썼다.

인턴 때의 봉급은 1천원이었는데 부식비로 500원 빼고 한 달 구두 닦는 비용 50원 빼고 450원을 받았다.

후반기 6달동안 내가 인턴장하고 있는 동안에는(부식비 500원을 제하지 않고) 월급 1천원 전액을 지급해 주었다.

레지던트 봉급은 1,2,3,4년차가 각각 2천원, 3천원, 4천원, 5천원이었고, 간호원 초임봉급이 4천 6백원, 군인 중위 봉급이 4천 7백원이었다.

월급이 여러 차례 올라서 1968년 4년차 수석레지던트 때에는 1만원이었고, 1년차 4천원, 2년차 6천원, 3년차 8천원으로서 월급의 면세점은 7천 6백원 이어서 4년차 때에 처음으로 세금을 내었다(내가 3년차 때에는 8천원이 되지 않았다).

내가 인턴 끝날 즈음에는 어머님께서는 선친이 작고하신 후 5년간 버텨보시다가 더 이상 식생활을 유지할 수가 없어서 청파동 집을 195만원에 파시고, 누님이 사시는 집근처 서울시 영등포구 신길동(永登浦區 新吉洞) 88-23으로 이사(移徙)하셨다. 이 집은 새로 지은 한옥으로 대지가 40평, 건평이 20평인데 85만원에 사시고, 영등포구 대방동에 낡은 집을 75만원에 사시고, 그 남은 금액과 우리가 사는 신길동 집 한쪽을 1세대에 대방동 집 전체를 2세대 합쳐서 3세대에게 월세를 주어 그 월세로 생활을 하게 되었다. 이렇게 여러 해 지내다가 대방동 집을 결국 처분하여 생활비로 쓰게 되었다(당시 내가 레지던트 받는 봉급으로는 생활비로 보탤 수가 없었다. 너무 적어서 내가 쓰기에도 부족하였으니까).

신길동 집에 이사 외서 나는 26세에 분가하여 단독 호주가 되었다.

그리하여 나의 집안에서 신길동이 본적지는 나 혼자뿐이었다.

당시의 서울대학병원에서 외과레지던트 과정은 1년차 때에 외래 3달, 마취과 3달, 병실 6달, 2년차 때에는 정형외과, 신경외과, 흉부외과, 산부인과, 비뇨기과 각 2달씩 하고 3년차가 되어야 외과로 고정(固定)되었고, 외과전문의 시험도 일반외과 50%, 흉부외과 20%, 정형외과, 신경외과, 마취과, 산부인과, 비뇨기과가 합하여 30%이었다.

이때에는 흉부외과, 성형외과 전문의시험이 생기기 전이어서 흉부외과, 성형외과 마친 사람도 이러한 외과전문의시험을 보았다.

이러한 레지던트 교육과정과 전문의시험제도는 나의 때가 마지막이었다.

2년차 레지던트 때인 1966년에는 5월 1일부터 9월 15일까지 상공부산하(商工部 傘下) 대한철광개발주식회사 양양광업소 부속병원에 외과과장으로 파견 나갔다.

당시의 상공부 산하에는 ① 대한석탄공사(석공, 石公) ② 대한중석(重石, tungsten, 1950년대에 중석불사건으로 정치적으로 유명함) ③ 대한석유(石油, 유공, 油公) ④ 대한철광 ⑤ 대한염전(鹽田)의 5개 직영회사가 있었고 후에 마산에 ⑥ 대한요업(窯業)이 세워졌으며 본사(本社)는 서울시청 앞 광화문에서 서소문(西小門)으로 돌아가는 모퉁이에 10층 건물인 삼정빌딩(三正 building) 3층과 4층에 있었고, 1층과 2층은 대한항공(KAL)회사가 있었다.

당시에는 "주탄종유(主炭從油)"시절이라 대한석공이 유공보다 훨씬 컸고 후에 "주유종탄(主油從炭)"정책으로 바뀌었다가 다시 환원되었다가 다시 돌아와 현재는 유공이 석공보다 우세한 주유종탄정책으로 되었다.

당시 대한석공 사장은 예비역 육군소장이었고, 대한철광은 이보다 훨씬 작아 예비역 육군대령인 임원석(林元錫)사장이 계셨고 부사장으로는 전문경영인인 노련한 이혁기(李赫基)부사장이 계셨다.

대한석공은 강원도의 장성광업소(長省鑛業所)가 가장 컸고, 그 외 도계, 함백, 화순

등에 있었고, 대한철광은 양양광업소(襄陽鑛業所, 강원도 소재)와 경상남도의 울산광업소(蔚山鑛業所)를 갖고 있었으며 양양광업소가 철생산 연간 30만톤이었고 울산광업소가 연간 5만톤으로 우리나라 연간 철생산량 100만톤의 35%를 차지하였다.

서울광교(廣橋)의 3.1빌딩 소유주인 삼미사(三美社)가 자동차 제작회사 인가를 받을 것이라고 하다가 이것이 자그마한 회사인 신진(新進)으로 신진자동차회사(후에 GM코리아 - 시보레 - 새한을 거쳐 현재 대우자동차)로 넘어가 버린 상태에서, 대한철광은 1966년 7월1일 개광 10주년 기념행사를 갖고, 그해 10월에 삼미사에 매각하여 민영화(民營化)가 되었다.

민영화가 되자 사무직의 3분의 2를 정리하고 사무실도 삼정빌딩 3층과 4층의 두 층의 전부를 쓰던 것을 4층은 비우고 3층의 3분의 2만 쓰는 것을 보고 군더더기 살을 빼는 민영화가 이러한 것이구나 하고 처음 알게 되었다.

양양광업소는 양양읍에서 서쪽 태백산맥 쪽으로 6km지점에 있으며 4개의 갱(坑)이 있는데 가장 큰 양양갱(襄陽坑, 여기서는 양양항이라고 불렀음)은 갱도(坑道)가 지하로 길고 복잡하여 이 갱도를 익히는 데에 6달이 걸린다고 하였다.
양양읍 북방 19km에 속초가 있는데 이 당시에는 우리나라에 제철소가 없어서 일본선박 1만톤급과 2만톤급을 속초항에 대고 원광을 수출하였다. 10톤과 28톤 화물차로 항구까지 운반하였는데 나는 28톤 화물차를 타고 속초에 가보기도 하였다.
7월 중순과 하순 20일간은 오후 2시에 회사버스가 매일 조산(造山)해수욕장으로 운행하여 수영장에 갈 사람은 가서 해수욕을 즐겼다.

조산해수욕장은 조산리에 있으며 양양북방 5km의 거리에 있고 조산이라면 낯설어, 낙산사(洛山寺)가 있어서 흔히 낙산해수욕장이라 하였다.
양양광업소는 이은대(李殷大)소장님이 맡고 계셨고 그 밑에 최명락(崔明洛)사무차장과 기술차장이 계셨고, 사무부에는 총무과, 인사과, 경리과가 있었고 기술부에는 채광과(採鑛課), 선광과(選鑛課), 공무과(工務課)가 있었다. 채광과는 철광을 캐어내는 부서이고, 선광과는 손으로 불순물을 골라내는데 주(主)로 노랗고 반짝거리는 유황을 골라내었다.

유황이 많으면 불합격품이 되는 것이다. 괴광(塊鑛)에서는 0.3%이상이면 안 되었다.

공무과장으로는 호주(濠洲, Australia)에 6달 동안 파견 갔다 온 분이 새로 부임하였는데 그곳에서 우유, 치즈, 버터 등 낙농품을 많이 먹으니까 몸에서 냄새가 많이 난다고 하였다.

1966년 당시 사장은 월급이 6만원, 부사장은 4만5천원, 과장급은 1만8천원에서 2만2천원이었는데 부속병원 진료과장은 3만원을 받았다. 대학병원에서 2년차 레지던트 3천원 받다가 10배를 받으니까 월급 받는 것 같았다. 커다란 복숭아가 맑은 날에는 10원에 5개, 비오는 날에는 8개를 주었다.

양양남방 12km지점인 하조대(河趙臺, 하(河)씨(氏)와 조(趙)씨(氏)가 함께 동해안 절경(絶景)에 누각(樓閣)을 세우고 이 누각에 하조대라는 현판(懸板)을 걸었다)에는 임야가 평당 1원이라고 사라는 것을 안 샀다.

지금 관광지인 그곳에 2달 봉급으로 6만평을 샀으면 지금 나의 운명(運命)은 달라졌을 것이다.

1966년 5월 31일 이혁기부사장은 광업소로 이임(離任)인사차 방문하셨다. 이임인사에서 정든 회사를 떠나는 서운함을 얘기하였다. 월급 4만 5천원 대한철광 부사장에서 월급 30만원 신세계 백화점 부사장으로 발탁(拔擢, scout)되어 가신 것이다. 딸들도 자라서 쓸데가 많아서 어쩔 수 없이 떠난다고 하셨다.

그가 신세계 백화점에 가셔서 오늘에 보는, 백화점에서 카메라부와 귀금속부를 제외한 모든 부서를 직영제와 정찰제로 만든 장본인이며 후에 사장으로 계셨다.

과장급이상 12명이 식사하는 설악료(雪嶽寮)에는 당구대가 있었지만 나는 당구를 치지 않고 4달 동안 정형외과 책인 Shands저(著) "Handbook of Orthopedic Surgery"와 두 권으로 된 두꺼운 Watson-Jones저 "Fracture and Dislocation"을 독파(讀破)하여 마스터(master)하였다. 파견근무를 마치고 서울대학교병원에 돌아와 정형외과에 근무할 때에 4달 동안에 이 책 3권을 마스터하였다고 하니까 정형외과 선생님들이 놀라셨다(얼마나 열심히 책을 보았는지, 점심시간에도 식탁에 책을 펴 놓고, 음식이 나올 때까지 빨간줄, 파란줄 쳐가면서 책을 읽었다).

양양광업소 직원이 1,200명이었는데 대부분이 광부이었으며, 철광회사라 골절환자가 많았기 때문이었다.

1967년 4월 레지던트 3년차에 올라와서, 원자력청으로부터의 연구비를 받아 박사학위 논문을 쓰고, 원자력청 학술지에 발표하고(27세 때), 학위수여 때까지는 대학원 수료가 되어야 함으로 2년 가까이 기다려야 했다.

이 논문은 후에 영문으로 번역하여 대한암학회지에 게재하였다.

1967년 12월 27일에는 서울대학병원과 자매병원인 제주도립병원에 외과과장으로 파견 나갔다.

나는 1951년 8월 제남국민학교 6학년을 다니다가 서울로 가서 16년 4달 만에 제주도립병원 외과과장으로 파견 오게 되니 감개무량(感慨無量)하였다.

그 예전에 제주도 인구는 주민이 15만명 피난민이 25만명 도합 40만명이라 하였는데 지금은 인구가 25만명이라 하였다. 그 피난시절에는 애기주먹만한 딱딱한 소리가 100원(지금의 10전)에 4개이었고 고등어 한 마리가 500원(지금의 50전), 그리고 전복 1킬로그램에 2천 5백원(지금의 2원 50전)이었다.

제주읍은 제주시로 승격되었고 부산까지는 178해리, 목포까지는 88해리로서, 부산까지는 평균시속 13.5노트로 13시간 걸리는 것은 예나 지금이나 마찬가지이다.

저녁 5시 반에 떠나면 다음날 아침 6시 반에 도착한다.

당시(1968년) 전국에 관광지 이외에는 통금이 있었는데 4면이 내륙지방인 충청북도와 4면이 바다인 제주도 이 2개의 도에서만 통금이 없었고, 도(道)의 기관지인 도지(道誌)가 이 두 도에서만 발간되었디.

나는 1968년 3월호 "제주도지"에 "다시 찾은 나의 제2고향-제주"라는 제목으로 10면(面)을 써서 발표하였다(이 원문과 제주신문에 실린 기사는 "제 II부 문서로 남긴 글들"에 실렸음).

6.25한국전쟁 발발과 함께 내가 제주도에 어떻게 왔으며 1951년 당시의 제주도 상황, 16년 만에 찾은 제주의 상태, 그리고 제주는 앞으로 어떻게 발전해야 하는가를 상세히 쓴 글을 이효상(李孝祥)국회의장, 구자춘(具滋春)제주도지사의 글 다음에 나란히 이 3글이 특집으로 실렸다. 그곳 사람들이 그 옛날 그 때를 어떻게 그

렇게 정확히 알고 있는가? 감탄하였다

(5.16후에 정일권(丁 權)국무총리, 이효상(李孝祥)국회의장, 이석재(李錫宰)총무처장관 체제(體制)를 오랫동안 유지하였고, 1948년 8월 15일 대한민국 정부수립 후에 2년간의 제헌국회(制憲國會)에서의 우리나라의 법은 35년간 일제 시대 때의 법과 3년간의 "미군정청" 때의 훈령(訓令)을 대부분 그대로 쓰던 것을 이석재 총무처장관이 5.16후에 크게 다듬어 오늘의 법의 토대를 만들었던 것이다.

그리고 1968년 2월에 구자춘제주도지사가 부임(赴任)하여 왔다. 그는 충남도경국장, 전남도경국장, 경찰전문학교 교장을 거쳐 36세로 제주도지사로 부임하였으며 그 후 경북도지사, 서울시장, 내무부장관, 국회의원을 역임(歷任)하였다).

다음해인 1968년 1월 4일 교통사고로 혼수상태가 된지 3일이 되어 관을 놓고 사망을 기다리는 11세 된 남제주군 남원면 부면장 아들을 측두골편을 절제하고 (craniectomy) 아기 손바닥만한 경막하혈종(硬膜下血腫, subdural hematoma)을 제거하는 수술을 하고 삼투성이뇨제(滲透性利尿劑, osmotic diuretics)인 mannitol을 정맥으로 투여하였더니, 부어서 두개골 밖으로 튀어나왔던 뇌(腦)가 거품이 꺼지듯 두개골 안으로 가라앉으면서 폭풍처럼 오르락 내리락 하였던 맥박과 호흡이 잔잔한 호수처럼 안정되고 다음날 의식도 회복하고 말도 잘하고 식사도 하게 되어 극적으로 회복하여 제주신문에 특보로 사진과 함께 보도되고 일약 신경외과의사로 이름을 날렸다(당시에는 제주도에 신경외과 의사가 없었다). 그리하여 그날 내가 제주도 역사상 처음으로 두개골절제술을 시행하였던 것이다.
그것도 두개골절제술에 필요한 기구가 하나도 없이.
이것은 레지던트 2년차 때에 2달간 서울대학병원 신경외과 전체 입원환자의 50%를 맡아 주치의를 하면서 많은 수술에 참여하였기 때문에 가능하였다.

1968년 3월 27일 서울대학병원으로 복귀하여 외과 수석전공의(chief resident)를 다음해 1월말까지 10달을 계속하였다. 나의 호칭은 "배취프(Bae Chief)"라고 불리었다.
나의 1년 위 연차(年次)는 11명이 교대로 "chief resident"생활을 하였는데 나 때에는 단 2명이 연속으로 하여 교수님들이 한 달에 쓰러지나 두 달에 쓰러지나 보자고 하였는데 10달 말까지 쓰러지지 않고 계속하였다.

 잠을 자지 않고 수술환자 끝나면 다음 환자를 수술하고 이렇게 가장 길게 한 적이 6월 어느 날 60시간 즉 만 2일 반을 계속 수술한 적도 있었다.

 지금은(2007년 10월 현재) 의사 수가 9만명을 넘고 연간 배출이 3천여명인데 그 때에는 의사 수가 5천명정도이었고 연간배출이 5백명이었고, 외과전문의도 지금 6천명이 넘는데, 나의 옛날 외과전문의 번호가 139번이었고 전체외과전문의가 4백명 정도이었고, 정규과정 박사를 보면 서울대학에서만 90년대에 이미 연간 1천명이 배출되는데, 그 당시에는 연간 15명 배출이었고 전국에 모두 350명뿐이었으니 지금으로서는 상상하기 힘들 정도로 대우를 받았던 것이다.

 나는 군보류자(KP, Kim's Plan)로서 5년간 전공의 과정을 마치고 군에 입대하여야 했다. 해군에 입대하기가 제일 힘들었다.

 인턴, 레지던트 5년간 마치고 군에 입대하면 다 같이 대위로 임관되고 군복무기간도 3년 똑같지만 육군은 대위로 예편되고, 공군은 제대 4달 전에 소령으로 진급되고, 해군은 2년 후에 소령으로 진급되었으며 훈련기간도 육군은 12주 훈련받고 7월에 임관되고, 공군은 10주 훈련에 6월 임관, 해군은 8주 훈련에 5월 임관이었고, 더구나 전문의 시험이 7월에 있어서 시험 준비 할 시간도 많은데다가 해군에서는 전문의는 3개의 해군병원(서울, 진해, 포항)에만 발령받아 모든 점이 유리하여 해군입대가 가장 치열하였다.

 나는 잘 알고 있었던 이병두 중앙정보부차장에게(그의 효자동 집에 초대받아 식사하다가 밤9시에) 해군에 입대하고 싶다 하였더니 중앙정보부 정보국장 양혜경 해군소장에게 당장 전화 걸어주어 단번에 가장 힘세게 해군에 들어가게 되었다(그는 7년째 차장으로 있던 중이었으며, 내가 부탁이 있다고 말을 꺼내니까 너무나 싱거워서 껄껄 웃었다. 아마도 군대를 빼달라는 얘기인가 했다가 해군에 입대하고 싶다는 부탁이어서 상상이 안 될 정도로 싱거웠으리라. 날아가는 새도 떨어뜨린다는 중앙정보부차장에게).

 그 당시(1969년 3월) 해군의 인사는 해군참모총장 장지수중장(그해 6월1일자(字)

로 공군참모총장, 해병대사령관과 함께 한국 역사상 처음으로 대장으로 진급됨), 해군이무감 정경한대령(다음해에 준장으로 진급), 의무자감 이상표(李相杓)대령(후에 준장진급, 의무감 역임), 진해해군 통제부의 의무단장 조성두대령(후에 준장진급, 의무감 역임), 진해 해군병원장 김영택대령, 병리연구소장 하계식대령, 부원장 정신지대령, 외과과장 표창현중령이었다.

해군군의학교에 제21차 해군군의후보생으로 3월 22일 토요일에 가입교(假入校)하였다.

훈육관은 배대균소령, 보좌관은 김중위, 훈련관은 허철중위(치과)이었다.
소지품을 모두 맡기고 이발기로 모두 삭발하고 머리카락과 손톱을 깎아 제출하고,(보관하였다가 전사(戰死)시에 시체가 없으면 시체대용으로 쓰임) 오후에는 진해항에 나갔다. 저 먼 바다에서 우리나라의 3번째의 구축함(驅逐艦, D.Dx, Destroyer, 3000톤)인 "93함(서울함)"이 미국으로부터 인수 받아 처음으로 진해항(鎭海港)에 입항(入港)하고 있었다.

3월 24일(월요일)에는 해군사관학교에 가서 입교식을 하였다. 4주간은 지상훈련인데 제2주는 지옥주(地獄週, hell week)이고, 제4주는 경남 상남에 가서 해병유격훈련(海兵遊擊訓練)을 받고 나머지 4주는 함상훈련을 받고 마지막 날에는 새벽4시에 출발하여 "아민고개"를 넘는 32km의 등반, 행군하고 11시 반에 돌아오는 훈련을 끝으로 다음날 5월 17일에는 해군사관학교에서 거행된 임관식에 나가 해군대위(군번86059)로 임관되었다.
후보생 64명에서 대위임관 25명, 중위임관 39명이었다. 우리 군번은 86051로 시작하였는데 내가 9번째이었다.
(해군 초대 참모총장은 손원일(孫元一)제독(提督)이었고, 비(非)해사출신으로 마지막 참모총장은 함명수총장인데 그는 32세에 제독이 되었다함).
진해는 벚꽃도시로도 유명하고 오래된 나무는 베어버리고 새로 심었다하는데 나무들이 어렸다.

1963년부터 벚꽃 필 때에 해군군항제가 시작되어 그해에는 "제7회 군항제"가 있었다.
우리는 순경 옷 같은 새까만 동근무복(冬勤務服, 겨울에 근무시 입는 군복)을 입었는데 길에서는 가끔 순경으로 알기도 하였다. 그 외에 복장으로는 하근무복, 동정복(冬正服), 하정복, 여름에 입는 반팔의 약정복(略正服)이 있었다.

당시(1969년)의 대위봉급은 1만9천원이었고 부식비가 2천원이었으며 그 때의 물가를 보면 택시요금은 기본 2km에 60원 5백 미터 당 10원이었으며 진해시내에서는 100원으로 통일되었고 시장에서 콩나물은 기본으로 10원어치씩 팔았고 5원어치도 팔았다.

보급 받은 누런색의 카키로 된 하근무복은 구김이 많이 가서, 구김이 안 가는 뽀라로 상하의(上下衣) 맡기는 데에 만원(대위봉급의 반)이었고, 승용차 가격은 "코로나"가 60만원(대위봉급 2년 반 가격), 중형승용차인 "Crown.(크라운)"과 "Ford.20m (포드20엠)"은 120만원(대위봉급 5년분)이었다.

1971년, 1972년 군인 소령봉급은 3만8천원, 부식비 4천원이었고, 국립대학교 전임강사월급 6만원, 서울의 시립병원 진료과장월급이 6만원, 보통의 담배는 파란색의 곽에 넣은 '파고다' 50원, 최고급 담배인 금박(金箔)의 청자는 100원으로 청자 10곽 1box는 보통의 선물로도 종종 쓰였다.

7월에는 외과전문의시험을 치루었다. 이 해가 마지막으로 7월에 시험이 있었고 그 다음해인 1970년부터는 의사국시처럼 1월에 시험이 시행되었다.

흉부외과, 성형외과 시험이 독립되어 있지 않아 모두 "외과전문의시험"을 치루었다. 시험문제 구성비(構成比)는 일반외과에서 50%, 정형외과, 신경외과, 흉부외과, 성형외과, 마취과, 산부인과, 비뇨기과 분야에서 합하여 50%가 출제되었고 그 해에 158명 응시원서 제출하고 152명이 응시하여 51명 합격(합격률:33%)하였다.

당시에는 산아제한을 철저히 하여 합격률이 외과가 30%선, 안과와 신경외과가 20%선, 기타의 과가 40-50%선이었다.

해군 통제부내로 출입하는 차량은 지휘관들이 타는 군용 "지프차(jeep車)와 통근 군용버스"가 거의 전부이었고, 승용차는 찾아볼 수 없었고 주로 자전거로 다녀서 출퇴근 시에는 자전거 행렬이 장관(壯觀)을 이루었다.

8월에는 7년만의 한·미 합동 상륙작전인 "금룡작전(金龍作戰, Golden Dragon Operation)이 울산 앞바다에서 일주일간 실시되었는데 박정희대통령도 참관하였으며 이 작전에 외과전문의가 있어야 된다하여 내가 차출(差出)되어 "815기함(旗艦,

LST)에 일주일간 참여하였다.

10월에는 해군통제부 밖의 진해해군병원 부원에 외과과장과 해군통제부 의무참모로 발령받아 군인가족을 진료하면서 많은 수술을 하게 되었다.

현역환자의 수술은 충수염, 치핵(치질), 탈장이 거의 전부이었는데(전시가 아니므로 외상환자는 거의 없었다). 군인가족의 수술은 다양하였고, 그리하여 민간병원과 마찬가지 진료와 수술을 하게 되었다.

이곳에는 전문의가 있어야 되었고 외과군의관이 12명이었지만 전문의는 본원외과 과장인 표중령과 나, 2명뿐이었기 때문에 내가 가게 되었던 것이다.

대위임관 다음해인 1970년에 소령으로 진급되었다.

그 당시에는 진급이 지금처럼 빠르지 않고 느려서 사관학교 출신이 소위2년, 중위3년, 대위4년 그리하여 소위 임관되고 10년째에 소령으로 진급할 수 있었는데 우리는 해사출신보다 1년 빨리 진급하였다.

육군병력 50만, 해군병력 1만 5천명, 해병병력 4만 5천명, 공군병력이 2만 2천명이었고, 해군장교(소위이상)가 2천백명, 소령이상이 2백 10명 정도, 장성급(해군제독, 海軍提督)이 10명(지금처럼 20명이 아니고)이었고, 해군군의관 200명이 해군과 해병 6만명을 맡았었다.

1965년부터 본격적으로 월남전이 격화(激化)되었는데, 해군에서는 "백구부대(白鷗部隊)"가 수송 업무를 맡았고, 해병에서는 "청룡부대(靑龍部隊)"가 전투에 임하였다.

많은 전상환자가 주로 진해해군병원, 일부는 서울해군병원으로 후송되었는데 나는 임관하던 해에 월남 전상환자를 분석한 논문을 해군 군의단지와 대한외과학회지에 발표하여 국방부 의무국장 학술상을 받았다.

미군에서는 육군은 소령이상, 해군은 중령이상, 공군은 대령에서 꽃모자를 쓰고, 우리나라에서는 해군중령이상에서만 꽃모자를 썼는데 1971년부터 육, 해, 공, 해병 모두 소령부터 꽃모자를 쓰게 되어 우리는 군복에 꽃모자 쓰고 좋아하였다.

1971년 7월에는 서울해군병원으로 발령받아 병원장서리, 외과과장, 수술실장을 맡아보다가 1972년 4월 30일 현역에서 예편하였다.

제대 후에 모교인 서울대에는 자리가 여의치 않아 경찰병원(원장 김명환)의 외과 과장(구과장 후임)으로 가게 내정되었으나 서울적십자병원의 송호성병원장님의 간곡한 권유로 서울적십자병원 외과 부과장으로 가게 되었다.

1972년의 서울의 병원은 5개의 대학병원(서울대병원, 세브란스, 우석대병원, 이대병원, 성모병원)과 국립의료원, 서울적십자병원, 한일병원(한전병원에서 개칭), 그리고 철도청 산하의 철도병원(지금의 중앙대 용산병원), 경찰병원, 시립병원(동부, 서대문, 남부, 영등포)정도이었고 신설대학병원이 막 들어서고 있을 때이었다.

해방전의 의과대학을 잠시 살펴보면 해방전에 우리나라의 의과대학은 서울에 "경성제국대학(경성제대, 京城帝大)", "경성의학전문학교(경의전)", "세브란스 의학전문학교(세의전)", "서울여자의학전문학교(서울여의전, 후에 남녀공학인 수도의대, 그 다음 종합대학교인 우석대학교의대를 거쳐 고려대의대로 되었음)"의 4개와 대구시의 "대구의학전문학교(대구의전, 경북의대전신)", 광주시의 "광주의학전문학교(광주의전, 전남의대 전신, 前身)" 이렇게 합하여 남한(南韓)에 의대가 6개뿐이었고, 해방당시 남한의 의사는 5백명이었다.

경성제국대학 의학부는 1930년에 제1회 졸업을 시작으로 1945년 해방 때까지 16년간 졸업생을 배출하였고 1946년에는 "경성대학 의학부"로 하였다가 "국대안(國大案, 국립대학교 안)"반대를 무릅쓰고 경성의학전문학교와 합쳐 1947년에 서울대학교 의과대학 제1회 졸업으로 오늘에 이르고 있다.

해방당시 서울의 2대 사립대학으로는 연희전문학교와 보성전문학교가 있었는데 종합대학교로 되면서 연희전문학교는 연희대학교(행정구역으로 지금은 서대문구 신촌동이지만 과거에는 아마 연희동에 속해 있었으리라)로, 보성전문학교는 고려대학교로 개칭되고, 고대는 제헌국회의원(制憲國會議員, 대한민국정부 수립되고 처음 국회는 헌법을 만들기 위한 제헌국회이었고, 임기도 2년이었으며 이때의 국회의원을 제헌국회의원이라 함)이었던 유진오(俞眞午)씨가 오랫동안 총장을 지냈으며, 고하(古下)송진우, 설산(雪山)장덕수, 인촌(仁村)김성수, 해공(海公)신익희, 유석(維石)조병옥씨 등 구(舊)한민당(韓民黨, 한국민주당) 계열(系列)의 인사(人士)들이 관여하였다.

연희대학교는 종합대학교로서 의과대학을 몹시 갈구(渴求)하였고, 서울역 앞의 세브란스의과대학은 종합대학교를 몹시 희망하여 이 양쪽의 희망으로 1957년에 병합하게 되었다.

그리하여 명칭을 연희의 "연"글자와 세브란스의 "세"글자를 합쳐 "연세대학교"라 하고 병원이름은 세브란스를 그대로 쓰는 것으로 합의하여 오늘에 이르게 되었다.

서울대학교에서 "대학신문"이라고 학교신문을 발행하니까 타(他)대학에서는 대학은 서울대뿐이 아닌데도 그렇게 이름을 부쳤다고 이의(異議)를 제기하고, 연세대학교는 "연세춘추"란 이름으로 학교신문을 발간하니까 이 이름은 전부 '나이'뿐이라고 하였다("연세"란 말도, "춘추"란 말도 모두 나이(연령)의 경어(敬語, 존칭어)이니까).

그리고 20년 지난 1977년에 강원도 원주의 원주기독병원을 모체로 분교(分校)를 만들어 연세대 원주의대를 설립하였다(자녀(子女)를 출산하여 독립시켰다).

1945년에 이화여대에서는 의대를 설립하여 서울의 4개의 의대 중 2개는 남녀공학(서울대, 세브란스)이고, 2개는 여자의대(서울여의전, 이대의대)이었으니 여성 우위시대라 할 것이다.

따라서 의대는 남학생의 자리가 부족한데다가 의약계열은 재학시에 군보류가 되어 남학생의 의대정원 증가를 갈구(渴求)하던 중 "서울여의전"이 여학생 정원을 30% 확보하는 전제조건으로 남녀공학으로 하여 이름을 "수도의대"라 바꾸고 남학생을 모집하기 시작한 것이 1957년이었고, 그 후에 국학대학(國學大學)을 병합(併合)하여, 아마도 설립자의 호(號)를 따서 우석대학교(友石大學校)라 하였다가 경영부실(經營不實)로 부도(不渡, 당시 7억원)를 맞아 고려대, 중앙대, 성균관대의 3대학의 흡수신청자 중 고려대에 낙착되어 이에 병합되어 오늘의 고려대의대가 생기게 된 것이다.

가톨릭의대는 명동 성모병원을 모체(母體)로 1954년에 성신의대(聖神醫大)로 인가(認可)를 받아 설립되어 1960년에 제1회 졸업생을 배출하고 후에 카톨릭의대라 개칭(改稱)하였다가 "카"란 글자로 가나다순서의 의대명단 끝에 들어가게 되자 "카톨릭"을 "가톨릭"으로 바꾸어 오늘에 이르게 된 것이다. 알파벳 "C"자(字)를 "ㄱ(기역)"으로 읽는 단어는 이것뿐일 것이다.

그러나 이 맨 앞자리도 1988년에 가천의대의 탄생으로 첫 자리의 순서를 다시 내놓게 되었으니,(가천의 'ㅊ'이 가톨릭의 'ㅌ'보다 한자리 앞서기 때문) 앞으로 "가가의대"가 생기면 첫 자리를 끝없이 유지할 것이다.

동대문구 회기동에는 신흥대학(설립자 조영식)이 설립 되었다가 후에 경희대학이라 개명(改名)하고, 우리나라 최초의 한의대학이 돈암동에 '동양의약대학'이었는데 이를 병합하여 한의대학을 갖게 되었고, 또 처음으로 체육대학을 설립하였으며(경희대 설립자는 중학교 체육교사를 지냈다 함), 한편 한양공대는 한양대학교라고 종합대학교로 되면서 이 2대학에 의대가 설립되어 서울에 7개의 의대가 되어 오늘에 이르게 된 것이다.

그러던 중 1989년에 송파구 풍납동에 현대그룹의 중앙병원(후에 아산병원으로 개명)이 개원되고, 이어서 5년 후인 1994년에 강남구 일원동에 삼성그룹의 삼성병원이 문을 열자 서울 뿐 아니라 전국의 대학병원의 판도(版圖)를 바꾸어 놓아 많은 대학병원이 중소기업으로 전락(轉落)하게 되었다.

진료와 관계없는 의학박사 학위가 있으면 없는 의사보다 나아 보이고, 그냥 전문의보다는 대학교수를, 일반종합병원보다는 대학병원을 더 선호(選好)하고, 신뢰(信賴)가 있어 보였는데, 이러한 대학보다는 사람들은 대기업재벌을 더 선호하고 믿는다는 것이 이 양(兩)병원의 개원으로 입증(立證)되었다(아산병원이 울산의대, 삼성병원이 성균관의대라고 대학이름을 붙이기 전에도 이미 환자들의 선호도는 지금과 꼭 같았다).

이어서 서대문에 있는 삼성 이병철회장의 사위(조운해)가 운영한다는 고려병원(서대문구에서 종로구 평동으로 편입됨)은 강북삼성병원으로 되었고, 같은 회장의 조카(이돈희)가 운영한다는, 고급병원으로 소문난 중구 묵정동의 제일병원은 삼성제일병원으로 개명되었다.

또한 의료계의 권위자와 명의(名醫)의 여부(與否)는 이러한 '대형(大型)병원에 근무하느냐? 아니냐?'와 '신문과 텔레비전에 오르느냐? 안 오르느냐?'이 2가지에 의하여 결정되는 것이다.

그리하여 전문의가 6,000명이 되는 어느 진료과(診療科)에서 어느 한 사람을 신문이나 텔레비전에서 "명의를 찾아서"라는데 올려놓으면 나머지 5,000명은 하루아침에 비명의(非名醫)로 전락(轉落)되어 버리는 것이다.

따라서 자유시장 경제사회에서 많은 의사들은 비명의(非名醫)가 되어 무너지지 않고, 신문, 텔레비전에 이름을 올려서 명의가 되어 성공(成功)(?)하기 위하여 발버둥 치면서 혼신(渾身)의 노력을 기울이고 있는 것이다.

나는 1972년 4월에 제대하고부터 서울적십자병원 외과 부과장으로 근무하던 중 1975년에 충남대학교 의대학장으로부터 의학과 강의요청을 받고 그 해 2학기부터 강의를 하였고 다음해인 1976년 5월 21일에 문교부장관 발령으로 조교수로 임명되었다.

1978년 봄부터 우리나라의 하나뿐인 서울 장충동의 독일문화원(Goethe Institut)에 등록하여 독일어 초급, I, II, III과정(課程)을 가을까지 수료하였다.

강의는 1주에 2일(日), 수요일과 토요일 오후에 각4시간씩 1주 8시간 12주가 1과정이었다.

그 해 가을에는 독일문화원이 지금의 서울역 앞 남산으로 옮겨 왔다.

그리고 세계적으로 가장 명성이 높은 서독의 훔볼트 장학재단(Alexander von Humboldt-Stiftung) 으로부터 장학금 수혜자로 선정되어 1979년 1월 1일부터 4월 30일까지 4달 동안 서독 바이에른(Bayern)주(州)의 수도(首都)인 뮌헨(München)시(市)의 근교(近郊) Grafing에 있는 Goethe Institut에서 독일어 초급II과정과 중급 I과정을 수료하고(서독에서는 초급은 I과II과정뿐임), 1979년 5월 1일부터 1980년 10월 31일까지 1년 6달 동안 서베르린(西 Berlin) 자유대학교(Freie Universität Berlin, FUB) 병원인 Klinikum Steglitz의 외과(주임교수 Prof. Rudolf Häring, 후에 서독외과학회회장 역임)에서 객원교수(Gast Professor)로 혈관외과와 외과에 근무하면서 돼지에서 간이식(肝移植)실험을 하였다(그 당시 인체에서는 간이식이 시작단계이었고, 서독에서는 Prof. Pichlmayr(Hannover)와 Prof. Gútgeman이 유명하였다).

1970년대에는 대학교수가 며칠간 해외학회의 참석도 힘들었는데 해외장기연수는 극히 힘들었고, 장학금이 아니면 수속을 할 수 없었고, 월1천불 받는 문교부 장학생으로 선발되는 것도 하늘에 별 따기이었다(훔볼트장학금은 문교부장학금의 2배이었다).

훔볼트장학생은 우리나라 사람으로는 초대 문교부장관을 지냈던 안호상박사가 1930년대에 제1호이었고 2차 대전 중에 중단되었다가 종전(終戰)후에 다시 계속되었으며 우리나라 사람은 매년 4명씩 선발되어 1983년 한독수교 100주년 기념행사 때의 발표에 의하면 50년 동안에 180명 뿐 이었다.

서독장학금으로는 훔볼트 이외에 DAAD(Deutsche Akademische Austausch Dienst)가 있었는데, 한국 사람은 1년에 10명(인문계 6명, 자연계 4명)이 선발되었고 장학금액은 훔볼트의 약 절반이었다.

서울의 Goethe Institut.에서, 가르치는 선생님이 DAAD. 장학생만 되어도 이력서에 반드시 올라가며, 많은 수강생들의 목표가 DAAD 장학금 받는 것이었고 Humboldt 장학생은 너무 힘들어 바라지도 못하는 것을 보았고, Műnchen의 Goethe Institut.에서 내가 Humboldt.장학생이라 하니 동료들이 부러워했고, 독일선생님으로부터도 대접을 받았다.

그리고 1970년대에는 모든 해외여행자는 출국 전에 장충동의 타워호텔 근처의 반공회관에서 반공(反共)교육을 받았다.

1978년 우리사회의 일면(一面)을 보면 비닐(vinyl)봉지가 없어서 고기나 생선을 사면 신문지로 싸고 그 위에 시멘트 봉투를 자른 종이로 싸서 물이 흘러 새지 않게 하였으며, 물건을 넣고 다니는 비닐주머니가 없어서 장을 볼 때에는 반드시 시장바구니를 갖고 다녔고, 길거리의 공중전화는 국제통화는 말할 것도 없고, 시내통화만 가능하여 시외전화를 걸려면 우체국에 가야했다(나는 서울 장충동에서 반공교육끝나고, 대전(大田)에 전화걸기 위하여 대학동창인 고영우산부인과를 졸업.14년만에 처음 찾아가 전화를 걸었다).

우체국 한 쪽끝에서의 업무는 시외전화를 걸어주는 장소로서, 종이쪽지에 시외전화 신청서를 써내면, 직원이 공전식 전화기를 걸어 상대방 전화가 맞다고 확인되면 손님을 소리쳐 불러 몇 번으로 가라고 하면 투표소처럼 칸막이 있는 곳에 들어가 통화하고 끝나면, 우체국 직원에게 얼마냐고 요금을 묻고 지불하는 방식이어서 지금보면 아득한 꿈만 같다.

시내버스 요금은 80원이었고, 서울-대전 고속버스 요금은 930원이어서 1970년 개통당시 720원(오랫동안 20%할인하여 580원)보다 8년 동안에 210원밖에 오르지 않았다.

은행금리(銀行金利)는 연(年)30%이었고, 10만원씩 예금 받는 특별정기가계예금은 통장 없이 극장초대권만한 증서를 내주었는데 여기에는 소득세, 주민세가 면제되고 0.5%의 방위세만 받아서 10만원을 예금하면 1년 후에 세금150원 빼고 12만9천8백50원을 받았다.

1978년 12월 31일에 김포공항에서 출국하였는데 우리나라에서는 유럽노선이 없어 동경(도쿄)에 가서 갈아타야 했다. 도쿄에서 Frankfurt행(行) Luft Hansa를 타고 앵커리지(Anchorage)를 거쳐 Frankfurt에 도착하고 거기서 국내선으로 갈아타 24시간 걸려 1979년 1월1일에 드디어 München에 가서 다시 지하철(U-Bahn)로 Grafing에 도착하였다.

Alps산 밑 30km인 이곳의 겨울날씨는 너무 추웠다.
눈도 많고 숙소에서 학교까지 약 15분 걷노라면 손과 발이 얼어붙었다.
어학 한 과정은 8주 기간이었으며 가정집의 방 하나의 월세가 D.M 200,— 식비가 아침에 빵과 커피가 D.M 3,— 점심식사가 D.M 7,— 합하여 하루식비 D.M 10,—으로 4주 20일에 D.M 200,— 8주에 식비와 방값이 D.M 800,— 수업료가 D.M 1,800,— 합하여 한 과정 8주에 D.M 2,600,—이었다(당시 환율은 300:1이어서 한화로 78만원 이었음).

물론 이 모든 것은 훔볼트에서 지원하여 주었고, 그 외에 매달 용돈(Taschengeld, 주머니돈)으로 D.M 600,— 씩 주었고, 이곳에 올 때에도 한국에서부터의 항공료, 독일에서의 차비까지 모두 지불하여 주었으며, 어학연수 끝나고 대학에 있을 때에는 연구비, 생활비로 매달 D.M 2,600,— 씩 장학금을 주었다.

그 때의 월급을 보면 중견급 대학교수가 D.M 5,000,— 대학병원에서의 일반의사는 D.M 2,500,— ~ 3,000,— 간호원 D.M 2,300,— 연구실, 실험실의 실험직원이 D.M 2,400,— 청소, 심부름등 하급 일을 하는 사람은 D.M 1,200,—이었다.

서독화폐 마크(D.M. Deutsche Mark)와의 환율은 300:1 이었으며 휘발유 1ℓ의 값은 한국에서 600원, 서독에서 300원(D.M 1,—), 미국에서는 150원(1gallon에 600원)이었고 바나나가 한국에서는 1킬로그램에 5천원인데 서독에서는 300원(D.M 1,—), 720그램짜리 파인애플(Ananas)캔이 한국서는 2,300원인데 이곳에서는 210원(D.M 0.69)이었고 보슬보슬 하고 풀기가 없는 쌀(과거에 안남미, 알랑미라고 하였음)은 조금 비쌌지만 우리나라의 절반값밖에 안 되었다.

쌀, 과일등을 다 수입하는 데에도 너무나 값이 저렴하였다. 그러나 교통, 통신료는 우리보다 비싸서 공중전화요금이 우리나라에서는 5원, 서독에서는 30원(10.Pfennig) 시내버스요금이 한국에서는 80원, 서독에서는 300원(D.M 1,—)으로 우리나라의 4-5배(倍)이었다.

물건이나 음식물쓰레기는 비닐봉투를 사용하고, 역에는 동전을 넣고 사용하는, 짐 넣는 라커(locker)가 있고, 거리에 있는 공중전화기에 동전을 넣고 국제전화를 할 수 있고 길거리와 집근처에는 자동차가 즐비하게 늘어서 있어 놀라웠다.

2차 세계대전 후에 분단된 나라로는 독일(동서로 동독 - 서독), 베트남(Vietnam, 남북으로 남쪽의 월남, 북쪽의 월맹), 한국(남북으로 남한-북한)인데 Vietnam은 1975년 4월 30일에 월남이 증발하여 월맹이 통일하고, 독일은 서독이 1990년 10월 3일에 동독을 흡수하여 동독이 사라졌다.

2차 세계대전 전후(戰後)에 독일은 미·영·불·소(美·英·佛·蘇) 4전승국(戰勝國)이 점령하여 소련은 동독을, 미·영·불은 서독을 맡았으며 서독은 동독의 약3배(倍)의 면적이었다.

독일은 크게는 공업지대인 북쪽의 프로이센(Preussen, 프로이센공화국)과 농업지대인 남쪽의 바이에른(Bayern, 바이에른 왕국)으로 나뉘는데, 전후에 동서로 분할되었으니 다행이지, 남북으로 분할되었다면 영원히 두 나라로 갈라졌을 것이라고 독일 사람들이 얘기하곤 하였다.

(서독은 수도를 쾰른(Köln, Cologne)에서 20km 떨어진 작은 도시 Bonn에 두

고 서(西)Berlin, Hamburg, Bremen의 3도시를 주(州) 즉 직할시로 하였고 도시의 크기순서는 서(西)Berlin-Hamburg München-Köln-Frankfurt이며 Hamburg는 서독에서 가장 큰 항구도시이고, Frankfurt는 가장 큰 공항도시로서 유일한 대륙간(大陸間, intercontinental) 국제공항도시이다. 유럽전체에서의 가장 큰 항구도시는 네덜란드의 로테르담(Rotterdam) 이고 대표적인 대륙간 국제공항도시는 영국의 런던(London)과 스위스(Swiss)의 쮜리히(Zűrich)이었다.

동독의 도시의 크기순서는 동(東)Berlin-라이프지히(Leipzig)-드레스덴(Dresden, 도자기로 유명)이었다.)

독일의 수도(首都)인 Berlin은 동독 속에 있었지만 소련 단독이 아닌 미·영·불·소 4나라가 공동관리, 통치하다가 1948년 11월에 동서(東西)로, 같은 면적으로 나누어 소련은 동Berlin을, 미·영·불은 서Berlin을 분할통치하게 되었다.

그러자 서Berlin은 동독 속으로 170km 들어간 곳에 동Berlin과 동독으로 둘러싸인 육지의 고도(孤島)가 되어 버렸고, 서Berlin은 서독의 영토의 일부(一部)가 아니고, 서독정부가 통치하지 못하고, 미·영·불이 한 달씩 교대로 통치하였으며, 서Berlin에는 국회의원이 있었지만 서독의회에서 표결권이 없었고, 여권이나 문서에 기재할 때에는 서독과 서Berlin을 별도로 표기하였다.

서(西)Berlin은 지역적으로만 동독 속에 있는 것이 아니라, 소련은 서(西)Berlin으로의 모든 육로(陸路)를 차단하면, 미·영·불이 서Berlin을 유지하지 못하여 포기할 것이라 기대하고 완전히 차단하여 사람의 이동이나 물품수송은 항공(航空)으로만 가능하게 되었다.

따라서 서Berlin의 2백만명의 생활에 필요한 물품수송을 위하여 미·영·불의 항공기가 몇 분(分)마다 서(西)Berlin공항을 이착륙(離着陸)해야 했으므로 특히 안개가 끼거나 기상이 나쁠 때에 충돌등 이·착륙시의 사고로 사망한 조종사들이 많아 이들의 영혼을 달래고 추모하기 위하여 "루프트브뤼케(Luftbrúcke, airbridge, 航空橋, 항공교)"란 위령탑(慰靈塔)을 서Berlin에 건립하였다.

나는 의아(疑訝)하였다. Berlin 동·서(東·西) 분할통치 협상때에 미·영·불 3

국의 국가대표들이 왜 육로(陸路)교통에 관한 것이 빠졌는지?

그래도 미·영·불이 서Berlin을 포기하지 않고 계속 버티고 유지하자 1년 정도 지나서 서독에서 서Berlin으로 통하는 3개의 철도와 3개의 육로(陸路)를 열어주고 동독에서 통행료를 징수하였다.

모두 합하여 수백 킬로미터(km)가 되는 이 도로 양편으로는 철책이 쳐져있었고 통행하는 모든 사람과 차량의 통행료는 개인이 지불하지 않고 연말에 모아서 천문학적 되는 액수를 서독정부가 지불하였다.

통행료뿐 아니라 자동차 속도를 시속 50km로 제한하고 카메라를 설치하여 과속 차량의 과태료도 받아갔다.

기차이건 자동차이건 육로로 서독에서 서Berlin으로 가는 데에는 2번의 국경을 넘어야 하였다.

동독으로 들어가는 국경에서 서독요원(경찰관)에 의한 출국심사, 동독요원(경찰관)에 의한 검문 및 입국 visa발급을 받고 다시 동독에서 서Berlin으로 입국하는 국경에서 동독요원에 의한 출국심사, 서독요원에 의한 입국허가를 받아야했다.

동독으로 입국 시 한국여권에 비자(사증, 査證, visa, Visum)를 찍어주면 (Stempel), 귀국 후에 동독에 입국하였다고 시끄러운 것을 알고, 동독경찰은 한국인에게는 여권에 visa를 찍어 주지 않고 별도의 비자발급 종이를 여권에 붙여주었다.

이처럼 육지의 섬나라 서Berlin에서의 생활이 불편하여 독일 사람들이 서Berlin에서 서독으로 자꾸 빠져나가자 이것을 억제하느라고 서독에서 서Berlin으로 이주(移住)해오는 사람에게 이주 장려금을 주고 서독보다 생활에 복지혜택을 더 주었다.

그리하여 서(西) Berlin에는 외국인이 많아져서 서독에서의 외국인은 평균 10%이었는데 서Berlin에서의 외국인은 이의 2배(倍)인 전체의 20%이었고, 한국인은 취업으로 온 사람들의 대부분은 간호원·광부이었고, 소수의 학생을 포함하여 1979년 당시 약 2천명이 된다고 서Berlin의 한국영사관에 근무하는 강영사는 나에게 얘기 해 주었다.

외국인의 대부분은 유럽인이었고 그 중에서 터키인이 가장 많았으며 대학병원등 큰 건물 내부청소는 터키여자가 맡고, 건물 밖의 청소는 터키남자들이 맡아서 하였고, 터키인들이 모여 사는 마을이 따로 있으며, 터키사람들이 없으면 서Berlin시(市)의 청소가 되지 않는다고 하였다.

독일에서의 대학교는 모두 국립이고(1980년에 사립대학이 처음으로 생겼음), 등록비도 없으며, 한 도시에 대학이 하나뿐인데 Berlin대학인 훔볼트 대학교(Humboldt Universität)는 동(東)Berlin에 있어서 미국이 서(西)Berlin에 세워준 대학교가 소위 자유백림대학교(Freie Universität Berlin, FUB, Free University Berlin)이고, 새로 미국식으로 세워준 대학병원이 Klinikum Steglitz이다. 외과 주임교수인 Prof. Rudolf Häring은 나에게 매우 잘 해 주었고 크라머가(街) 2번지(Krahmer straße 2)에 있는 간호원 기숙사에 거처할 방을 마련하여 주었다.

한편 동(東) Berlin에서는 서(西) Berlin으로 사람들이 자꾸 빠져 나가자 1961년 8월에 40여 km에 달하는 동(東)·서(西) Berlin 경계에 장벽을 구축하여 통행을 차단하고 Brandenburg만이 공식적으로 통하는 문이었다.

동서방향으로 가로 지르는 서(西) Berlin의 가장 중심거리인 Kurfstendam가(街) 동쪽 끝 가까이에는 2차 대전 때 파괴된 커다란 석조건물이 시꺼멓게 불탄 채 파괴된 그대로 방치(放置)되어 있는데 이것은 후세(後世)에 전쟁의 살아있는 교육자료로 손대지 않고 보존(保存)하고 있는 것이다.

박물관과 미술관이 하도 많아서 매주 주말마다 가보느라고 하여도 1년 반 동안에 다 보지 못하였다.

1979년 10월 31일 1년 10달의 독일생활을 끝내고 뉴욕(New York)에 사시는 누님 집을 1주일간 방문하고 귀국하였다.

이 기간 동안의 독일생활은 전문분야인 의학뿐 아니라 모든 면에서 나에게 준 영향은 너무나 커서 나의 일생(一生)을 바꾸어 놓았다.

귀국한지 6달되던 1981년 4월부터 1985년 4월까지 충남대학교병원 교육연구부장으로 교육에 관한 업무, 인턴, 레지던트에 관한 행정 등을 하였고 이어서 1988년 3월말까지 진료처장으로 있으면서 만(滿) 7년간 대학병원 행정을 하였다.

1988년 4월에 이번에는 서독의 München대학으로 가서 다음 해 3월말까지 만(滿)

1년간 다시 서독생활을 하였다.

이번에는 Ludwig - Maximillian Universität München(LMU)대학으로 갔다.

독일에는 한 도시에 대학이 1개뿐인데 서(西)Berlin과 München, 이 2 도시에만 예외로 Technische Universität(T.U., 공과대학교)가 근래에 생겨서 대학교가 2개이며, LMU는 역사가 600년 된 유서(由緒)깊은 대학교이다.

나는 150년 역사를 가진 이 München대학의 소아병원인 Dr.von Haunersches Kinderspital Universität München(주임교수, Prof. Hecker)에서 3달 동안 소아외과에 근무하고 본원인 Klinikum Großhadern의 외과(주임교수 Prof. Heberer, 1989년3월 1일부터 Prof. Schildberg)에서 객원교수로 혈관외과에 근무하였다.

먼저 번 서(西).Berlin대학(즉, 자유(自由)Berlin대학) 에서 귀국하였을 때에 카톨릭대학의 이용각 교수님이 혈관외과학회를 창립(創立)하시는데 함께 하자고 하시어 서울에서 9명, 지방에서 나 혼자 합하여 10사람이 발기인(發起人)이 되어 (1984년에) 대한혈관외과학회를 창설하여 오늘에 이르게 된 것이다.

그리고 귀국한지 7년 남짓 되어 최근 서독에서의 혈관외과를 다시 연수하려고 1년간 근무한 것이었다.

이와 별도로 1983년부터는 가정의학과가 아직 인가받기 전에 서울과 부산에서는 앞으로 전문의 제도가 인정되면 해당자는 응시할 수 있게 대비하는 연수강좌를 하고 있있는데 3번째로 내가 중부권에 만들이 대전과 충청 남·북도를 대상으로 2년 반 동안 연수강좌를 시행하고 내 자신도 1986년에 제1회 가정의학전문의시험에 응시하여,

가정의학전문의(제 557호)가 되고 또한 대한가정의학회의 선구자 대열에 올라 표창장과 선구자 메달을 받았다.

한편 충남대학교에서는 1989년부터 대학에 민주화 바람이 불어, 학장은 임명제가 아니고 교수들에 의하여 선거하게 되었다.

의과대학은 1990년에 처음으로 학장선거를 하였는데 내가 입후보하여 첫 번째 투표

에서 차점의 3배(倍)의 표를 얻어 투표는 싱겁게 1차로 끝났으며, 어느 대학에서도 전무후무한 압도적인 표로 충남대학교 의과대학의 조대 민선학장(제13대)에 당선되었다.

서울대학의 외과선배님들은 서울대학교병원 외과의국 출신으로 해방 후 45년 만에 국립의대학장은 내가 처음이라고 축하해 주셨다.

학장임기가 끝나자 1993년에 다시 Humboldt장학금을 받아 그 München대학병원에 가서 3달간 연수, 근무를 하고 귀국하여, 외과주임교수, 외과과장, 충남대학교 암공동연구소장 등을 역임하였다.

대내적으로 1980년대에는 대학병원에서 교육연구부장, 진료처장 등 만(滿) 7년간 병원행정을 하였고 1990년대에는 의대학장(2년), 외과주임교수(5년), 충남대학교 암공동연구소장(2년) 등 주로 대학의 행정을 하였으며, 1985년 1월부터 1993년 5월까지 8년 4달동안 가정의학과 과장, 이어서 6년간의 외과 과장도 겸직하였다.

대외적으로는 1980년대 초부터 1990년대 말까지 20년간 외과학회의 학술위원, 또는 고시위원으로 있으면서 외과학회 개최, 의사국시와 외과전문의시험 최종선택 및 출제를 하였으며, 1996년에는 해방 후 50년 만에 처음으로 새로운 형태로 개혁된 의사국시 개발위원회의 위원장으로서 오늘날의 의사국시 형태를 탄생시켰고, 3년에 한번 만드는 방대(厖大)한 작업인 의협회원 명부제작을 1997년에는 의협사상 50년 만에 처음으로 의협외부인사인 본인이 편집위원장으로, 잘 찾아보기 쉽게 일대 혁신적으로 만들어 모든 사람들로부터 감탄을 받았고, 2000년에는 의약파동 등으로 제작을 못 하였고, 6년간 97년도 판을 보다가 2003년에 다시 더욱 개선하여 의협회원명부를 처음으로 두 권으로 만들었다.

8만5천명의 회원을 1천3백면(面)에 수록하고 가장 찾아보기 쉽게 편집하고 수정·보완한다는 것은 너무나 시간이 걸리고 힘든 작업이어서 만10달 걸렸고 서울에도 30번이나 가서 저녁 늦게까지 작업하였다.

이 책자는 6만 4천 5백부를 제작하였는데 종이의 무게만 2백 톤에 달하였고, 전국의 회원은 물론 유관기관과 해외에까지 발송되었다.

또한 1997년에는 기초의학에서는 해부학용어집, 임상의학에서는 안과학용어집에 이어 처음으로 외과학용어집(외과용어사전)을 제작하였다.

필자가 학장으로 재직할 당시에는 전국에서 대부분 주임교수나 과장은 임기 없이 학교를 떠날 때까지 맡고 있을 때에 지방에 있는 대학으로서는 아마도 처음으로 임기제를 만들었고 뒤이어 다른 대학도 임기제로 되어 오늘(2007년)에 이르고 있다.

교육연구부장시 본연의 업무이외에 인턴과 레지던트들이 서로 다른 시기에 다른 문제로 파업을 하려고 하던 것을 설득시켜 아무 일이 없게 한 일, 인턴선발 시에 정답 하나가 발표 후에 추가되어 군보류자 당락(當落)이 바뀌게 되어 커다란 문제가 생긴 일, 그리고 어느 과(科)에서 레지던트 선발에 이의(異議)를 달고 법적문제를 일으켜 심각한 문제가 되었던 일들을 말끔히 처리하여 이복희 병원장을 놀라게 하였던 일.
그 당시의 장면을 나는 지금 영화 film을 돌려 보는 것 같다.

그는 산전수전(山戰水戰)을 다 겪은 노련한 병원장이었지만, 그의 얼굴은 일그러져 있었고 너무 우울하였다.
"병원장 임기 말에 이 무슨 일인가?"하고 슬퍼하며 안절부절 하였다.
나는 나란히 앉은 병원장의 무릎을 탁 치면서 "잘 처리해 볼 테니 너무 염려하지 마세요."하고 위로하자 "이제까지 어려운 일은 배선생이 다 잘 처리하였지만 이번은 잘 안될 것 같아"하고 수심(愁心)에 차 낙담히고 우울한 표정을 하자 나는 "쉬운 일은 누가 못합니까? 어려운 일을 처리하느냐? 못 하느냐?가 능력의 차이 아닙니까? 너무 심려 마십시오!"라고 위로하고서 없던 일처럼 깨끗이 처리하였던 것이다.

80년대 전반기에는 많은 병원들이 레지던트 정원을 확보하느라고 혈안이 되어 노력할 때에 내가 맡고 있던 4년간은 해마다 규정보다 7-8명씩 더 확보하였다.

학장시절 때의 일 몇 가지만 든다면 의사국가시험이 서울과 부산에서만 치루던 것을 내가 학장이 되자 곧바로 대전에도 응시장소를 만들어 다음해부터는 수험생들이 관광버스를 대절하여 3일간 서울의 호텔에서 머물던 불편과 비용을 절감시켰고 (4학년 총대가 대전에서 관광버스로 서울에 가서 3일간 호텔에 머물면서 의사국시 시험 보러가는 비용을 1학년 때부터 적립한 것이 너무 많아 어디다 쓸지 걱정이라고 나에게 얘기하였다.), 학장취임(1990년 11월 22일)하고 한 달 반 만에 의사국시 시행 전날 서울잠실롯데호텔에서 급성식중독으로 17명이 39°의 고열, 복통, 설사로 호텔바닥에 쓰러져 신음하고 1명은 중앙병원 응급실에 입원되어 있어 하루 먼저 서울에 도착한 교무과장이 대전으로 앰블런스로 후송해야 된다는 것을 후송 못하게 하고 내가 직접 서울로 가서 밤10시에 잠실롯데호텔 9층과 10층을 교무과장, 학생과장, 서무과장, 내과 3년차 레지던트, 권조교, 간호사를 대동하여 회진하고 직접 처방하여 밤새도록 치료를 하고, 수액병(하트만 용액) 1,000ml와 항생제를 팔에 꼽은 채 들것에 실려 응급차로 수험장에 가면서까지 그리고 수험장에 가서 양호실에서 시험을 치르게 하여 17명 전원(全員)을 합격시켰던 일! 그리고 국립대학교에서 문교부(교육부)의 교수요원 확보는 극히 힘들어 1991년 당시 한 대학교에 정원이 2~8명이 배정되고 충남대학교에는 7명을 배정받아 단과대학이 12개이므로 의대에 1명받기도 힘들 때에, 대학교 전체의 7명과는 별도로 의과대학에 17명을 증원받아 기초의학 등 부족하던 교실에 충원시켜 주었다.

(문교부에서 종합대학교 내의 단과대학을 지정하여 별도로 증원시켜주는 일은 있을 수가 없는 일이었고 이제까지 유례(類例)도 없었는데에도…).

또한 급성식중독으로 고열, 설사로 쓰러져 신음하는 수험생을 후송하지 않고 위험부담을 무릅쓰고 치료하면서 응시하게 하여 17명 전원 합격시킨 일이나, 의대에 별도로 한해 17명의 문교부로부터의 교수요원 충원 등은 과거에도, 앞으로도 어느 누구도 할 수 없는 일이어서 흐뭇하게 생각하고 있으며, 의대 임상교수 한 사람의 년 간 의학과 강의는 1~10시간이 보통인데(통합강의 제외하고), 나는 해마다 42~96시간을 하였다고 얘기하면 듣는 사람들이 놀라곤 하였는데 이렇게 많은 의대 강의를 장기간(30년) 한 예는 해방 후 이제까지도 없었고, 앞으로도 전국적으로 영원히 없을 것이다.

2005년 1학기에만 강의실 강의를 45시간 하였고 7차례 외부대학에 특강을 갔으며, 과거에 여러 신설의대의 초창기에 출장강의도 많이 하였다.

지나간 일 중에 생각되는 것 몇 가지를 들면

(1) 학생 때의 프린트제작

학생 때 print를 만들어 팔 때에 가장 저렴한 값으로, 그리고 부수(部數)를 조금 줄여서 만들어 이익금을 최소화하였다.

벌기 위하여 하는 일이지만 print가 없으면 불편하다는 약점을 이용하여 가격을 높이는 것은 타당(妥當)치 않다고 생각하였고, 팔리지 않아서 매점에서 사 달라고 걸려 있는 것이 처량(凄凉)하게 보였기에(당시 동료 6명이 만든 print가격은 page 당(當) 60전-1원(100page에 60-100원)이었고, 120부(部)를 팔면 이익금이 100부(部)의 2배이었다).

나는 60전 100부를 팔아 1원 120부의 이익금의 4분(分)의 1로 하였다).

(2) 인턴 때의 식단(食單, menu)

인턴 때에 소고기 넣어 끓인 미역국이 맛있어 여러 번 아침 식단에 넣었더니 어느 날 아침 식당문에 "우리는 산모가 아니다. 미역국을 그만 끓이시오."라고 붙어 있었다.

(3) 장학금

1961년에 생긴 대기업의 삼일장학금이 소수에게 한 해에 20년 분치 등록금의 장학금을 주는 것을 보고, 등록금이 어려운 학생들이 많던 시절에 등록금 액수만 주면 20배(倍)의 학생이 혜택을 받는데, 많은 어려운 학생들을 돕는 것이 아니라 대기업의 선전목적이 앞서는 데에 씁쓸하게 생각하였다.

Addendum 11   2013. 07. 07

(1961년 당시의 물가를 보면 서울의 전차요금은 1968년 4월 운행이 종료되고, 11월 선로가 철거될 때까지 청량리에서 영등포까지 2원 50전, 시내버스는 5원, 학생은 대학생 포함하여 2원 50전, taxi는 시간병산제(時間倂算制) 없이 기본 2km 에 30원, 주행요금은 500meter 주행에 5원, 이 요금은 8년 후인 1969년에 기본요금 2km 에 60원, 주행요금 500meter에 10원으로 되었고, 이때 처음 발간된 주간지인 주간한국은 15원이었으며, 1970년에 고속버스요금이 서울-대전이 580원, 서울-부산이 1,600원, hotdog가 10원, hamburger가 30원이었다.

1990년대에는 1주일에 2일 1과목 가르치는데 월 500만원하는 고액과외가 성행하였는데, 1960년대의 대학등록금(서울대)은 문과(文科)는 1학기에 6,500원, 이과(理科)는 의대(醫大) 포함하여 7,600원이었으며, 이 때 학생집에 기거(寄居)하면서 가르치는 입주(入住)가정교사의 대우는 숙식시켜주고 월급은 전혀 없이 등록금이 전부(全部)이었다.

이 때의 삼일장학금은 1년에 1인 당(當) 30만원으로 전국 100명에 주어 세상을 놀라게 하였는데 대학등록금이 없어 시골에서 농사짓는 소를 팔아 등록금을 댄다고 대학등록금을 우골퇴(牛骨堆, 도축한 소뼈를 쌓아 놓은 것)라고 하던 시절에 1년 장학금이 대학등록금 20년 분치이면 (2,000년에는 등록금이 800배가 되었으니, 등록금으로 환산하면 1년 장학금 30만원이 2억 4,000만원이 되는 것이다) 관광지인 강원도 동해안의 하조대(河趙臺)의 임야가 1966년에 평당(平當) 1원하여 1년 장학금으로 관광지 임야(林野) 30만평을 살 수 있었으니, 소수 100명에게 이러한 거액을 주는 이 금액을 대학등록금만 주면 전국의 20배 학생 2,000명을 구제(救濟)할 수 있었던 것이다.

그러면 왜 그랬을까? 실제(實際)보다는 전시효과(展示效果)가 아니고 무엇이랴?

(4) 해군통제부(海軍統制府) 동문당직(東門當直)

1969년 진해해군병원에 근무할 때이었다.

진해(鎭海)에는 해군통제부와 함대사령부(艦隊司令部)가 있었는데 해군함정(海軍艦艇, 선박(船舶))에 관한 업무 이외에는 병원 등 모든 부서(部署)가 통제부 산하(傘下)이었다.

통제부의 정문(正門)이 동문(東門)이고, 헌병초소(憲兵哨所)에서 헌병이 출입자와 출입차량을 검문(檢問)하였는데, 해군대령이 당직사령(當直司令)을 하고, 해군 대위 또는 소령이 당직사관(當直士官)으로 헌병초소에 나와 근무하는 제도가 새로 생겼다(헌병초소에는 헌병만 근무하던 것을 대위 또는 소령이 헌병초소에서 함께 근무하게 되었다).

통제부내에는 현역군인뿐 아니라 군무원(軍務員)과 많은 민간인이 근무하였으며 초소에서 출입을 통제할 때에 특히 들어 올 때에는 사람의 신분을 확인하고, 나갈 때에는 유류(油類, 소위 FO)등 갖고 나가는 물건을 철저히 검색(檢索)하고 당직사관은 대개 초소 내에 있으면서 헌병의 보고를 받고 있었는데 내가 당직할 때에는 헌병에게만 맡기면 내가 나와 있는 의미가 별로 없다하여 내가 직접 나가서 지휘하고 검색하면서 당직일지(當直日誌)에 자세히 기록하였다.

다음날 아침 당직사령(해군대령)이 통제부사령관(해군준장 또는 소장)에게 당직일지 결재(決裁)때에, 이렇게 철저히 당직한 사람이 누구냐고 물어 한 사람은 군의관이고 또 한 사람은 해사교관이라 하였더니 군의관과 해사교관을 당직을 더 시켜야겠다고 사령관이 얘기 하였다고 전해 들었다.

(5) 해군 훈육관(海軍訓育官)

군의관(軍醫官)에 임관(任官)되려면 육군, 해군, 공군의 각 군에서 군의학교에 입교(入校)하여 육군에서는 12주(週), 해군에서는 8주, 공군에서는 10주 훈련받고 임관되고, 육·해·공군에 각각 육군병원(수도육군병원 등), 해군병원(서울해군병원, 진해해군병원, 포항해군병원 3개뿐이었음), 공군병원(항공의료원, 광주공군병원 등)이 있던 것이 1970년을 끝으로 1971년부터는 군별(軍別)을 없애고 전국에 A또는 B급 합(合) 8개의 국군통합병원으로 개편하고, 군의관도 그냥 군의후보생으로 선발하여 함께 훈련받고 임관 때에 육군·해군·공군으로 분류되어 임관된 것이 오늘에 이르고 있다.

이렇게 통합되기 전인 1970년까지는 200명의 해군군의관이 1만 5천명의 해군과 4만 5천명의 해병을 담당하였으며 해병으로 발령 받으면 8각모(角帽)를 쓰고 빨간 바탕(피)에 노란글자(땀)로 이름을 쓴 명찰(名札)을 달고 해병이 되는 것이다.

해군에는 헌병을 두지 않고 해병으로부터 지원받고, 해병에는 군의관과 법무관을 두지 않고 해군으로부터 지원 받았으며, 간호장교는 육군에서는 육군간호학교가 있어서 학생을 모집하여 교육시켜서 졸업하면 간호장교(소위)로 임관시켰고, 해군에서는 학교졸업한 간호원을 모집하여 군의관처럼 몇 주(週)동안 훈련시켜서 간호장교로 임관시켰다.

나는 인턴·레지던트 5년을 마치고 1969년에 진해에서 해군군의 제 21차로 입교하여 8주(1969. 3. 24~5. 16)훈련받고 다음날(1969년 5월 17일)해군사관학교에 가서 해군대위로 임관되었다.

다음해인 1970년 3월이 해군군의학교로는 제 22차(次)로 마지막이었고, 입교(入校)하여 임관(任官)때 까지는 훈육관 1명, 보좌관 1명, 훈련관 1명이 교육을 시켰다.

이러한 직책을 맡는 것은 힘들고, 귀찮고, 때로는 위험성(훈련 중 사고 등)도 따르기에 누구도 하려하지 않았다. 그리고 나는 장기복무자가 아니고 3년만 의무(義務)로 군의관 생활할 사람이고 임관된 지 1년밖에 안되었지만 군인정신과 태도가 철저하여 여러 군의관으로부터 최고 책임자인 진해해군의무단장 조성두 대령(후에 준장진급, 곧이어 해군의무감 역임)에게 훈육관으로 추천되었다.

의무단장이 직접 나에게 "배 대위!(소령 진급 직전임), 훈육관 하겠는가?"라고 물어 나는 "시키시면 잘해보겠습니다."라고 대답하였다(대개는 해보라고 하면 못한다고 발뺌하였음).

곧바로 해군본부의무감실에 "배 대위가 군의학교 제 22차 훈육관"으로 공문이 올라가고 의무감실에서 최종결정 날자가 지났는데 당시 의무감 정경한 준장은 장기복무자인 H대위로 바꾸었다(그는 나보다 군입대가 빨랐지만 대학졸업은 1년 밑이었다).
 (이러한 일로 의무단장이 언짢아하였고, 의무감과 사이가 벌어졌다함).
 "경쟁(競爭)이나 인기(人氣)가 있긴 커녕 서로 하지 않으려고 했던 이러한 직책에서 내가 왜 교체(交替)되었는가?"를 후에 알게 되었다.
 대학 갓 나온 후보생들은 아직 사회물정(社會物情)을 잘 몰랐지만 인턴·레지던트 5년 마친 후보생들이 이번 훈육관이 누구인가를 알아보고 내가 훈육관이 된다는 것을 알고, 훈련을 편하게 해달라고 부탁하여도 배 대위는 안 통하겠다 판단하고 편하게 훈련시켜주겠다는 군의관을 찾아내어 의무감에게 부탁하여 바뀌게 된 것이다.

 나는 평소(平素)에 "군의관이 의사라도 '군(軍)'자(字)가 의(醫)자(字)앞에 붙어있고('의군관'이 아니고 '군의관'임), 의사(醫師) 이전(以前)에 군인이므로 최소한도의 '군인 정신과 태도'가 되어야 된다는 원칙이 철저하다는 것을 남들이 알기 때문이었다.
 아니나 다를까? 임관된 그들을 보니까 흐물흐물한 연체동물(軟體動物)같아 과연 그들을 군인이라 할 수 있을까? 차마 눈뜨고 볼 수가 없었다. 나는 나의 동기동료와 개탄(慨嘆)하였다(그렇게 훈육관과 후보생이 막상막하(莫上莫下)로 사회를 잘 타고 가는 영리(怜悧)한 현대인(現代人)인 것이었다).
 그들은 임관되고 3년 만기 제대 가까울 때에도 "배 소령이 훈육관이었으면 우리는 고된 훈련을 받았을 것인데."라고 얘기 한다고 어느 누가 나에게 전해 주었다.

(6) 김덕호병원(金德浩病院)

 1969년 5월 해군대위에 임관되고 진해해군병원에 근무할 때이었다. 그 당시 진해시내에는 유일(唯一)하게 가장 큰 "김덕호병원"이 있었는데 진해에서 그 병원 모르면 간첩이라고 할 정도 이었다.
 마당에는 넓은 잔디밭이 있었고 건물은 3층이었고 연(連)건물 면적이 300평(坪)이었다.
 원장님은 6.25전에 서울대학교병원 외과에서 조교수를 지내시었고 신경외과를 시작하시었으며, 백범(白凡)김구(金九)선생의 서혜부 탈장수술을 해주시어 방에는 김구선생의 친필인 액자(額子)가 걸려있었다. 6.25가 발발(勃發)하여 해군에 입대(入隊)하여 진해에서 근무하시다가 외아들이 사망하고 나서 해군중령으로 예편하시고 서울대로 복귀하지 않으시고, 진해에 눌러 앉으시어 개업하시고 있으시다 하셨다.

큰 수술 환자가 있으면 나를 불렀다. 나는 기꺼이 가서 수술해주었다. 나를 믿고 불러준 것만 해도 기쁘게 생각하였다. 저녁시간에 수술 끝나고 다음 수술환자가 없으면 인근회집인 "진해초밥"에 가서 회(膾)를 먹었다. 다른 수술환자가 있으면,(작은 수술은 직접하시니까) 나는 내 수술 끝나고 곧바로 집으로 왔다.(물론 수고비 없이) 다음에 불러도 나는 늘 같았다. 밝은 표정으로 기꺼운 마음으로, 수고비가 없다고 서운한 표정 찾아볼 수 없이.

1년 지나는 동안에 그러기를 5~6차례하고 나서 다시 오라고 연락이 와서 '오늘은 무슨 수술이 있을까?'하고 밝은 표정으로 갔다. 그랬더니 오늘은 수술이 있어서 부른 것이 아니라고 하시면서 회나 먹으면서 얘기하자고 하시어 "진해초밥"으로 갔다. 그랬더니 씁쓸한 표정으로 나에게 말하시었다.

얼마 전에 흉강(胸腔, 가슴속, thoracic cavity)에 관(管, chest tube)을 삽입(揷入)할 환자가 있어서 다음 해 새로 들어온 어느 군의관을 불러 시켜서 하게하였는데, 그날 저녁에 그 환자를 다시 보아 달라고 사무장을 그 근처 군의관 집으로 보냈더니 군의관 부인이 나와서 사무장에게 일을 시키고도 수고비 안주는 데가 어디 있느냐고 야단을 치기에 그냥 돌아와서 그 얘기를 사무장이 원장님에게 하였더니 당시 대위봉급의 5달분(分)치를 보냈다고 하시었다.

대학병원에 교수로 계시면서 큰 수술을 많이 하시었고, 신경외과도 6.25전에 처음 시작하신 그 분이 그 간단한 흉관 삽입술을 할 줄 몰라서가 아니라 까마득한 후배 의학도와 만날 기회를 마련하시느라고 부르신 것이고, 비용을 안 쓰려고 해서가 아니라 일꾼 불러 쓰고 곧바로 수고비 주는 것 같아 명절 등 적당한 기회 때에 수고에 대한 사례를 하시려고 하셨다고 말씀해주시었다.

아무 수고비 없이 커다란 힘든 수술을 5~6차례나 하고 나서도 늘 밝은 표정으로 처음과 똑같이 기꺼이 대하는 나와, 간단한 관(tube)하나 삽입하고 수고비 없다고 부인이 사무장을 야단치는 그 군의관과는 너무나 대조적(對照的)이었던 것이다.

김덕호 원장님은 진해의 이 병원 외에 서울역 앞 세브란스건물 뒤에 5층 사무실 건물과 경기도 성남시에 공장을 갖고 있는 삼부전기주식회사의 회장이시었고, 동생(김덕재)이 부회장이었다(1981년에 내가 입주(入住)한 대전의 가장동(佳狀洞) 주공아파트의 전기제품에 삼부전기란 상표가 붙여있었다).

자녀가 없어서 여러 사람이 진해의 그 커다란 3층 병원건물과 넓은 잔디밭 대지에 관심을 갖고 있다는 얘기가 들려왔다.

내가 충남대학으로 발령받고 나서 얼마후에 김덕호 원장님으로부터 서울에서 만나자고 연락이 왔다. 약속한 장소에 갔더니 동생과 함께 나오셨다.

내용인 즉(則), (그 눈독 드리고 있는 여러 사람을 제쳐놓고) 나에게 두 분이 간곡(懇曲)히 요청(要請)하였다.

" 그 병원을 아무 조건없이 맡아 달라"는 것이었다. "맨 손으로 그 병원을 인수(引受)받아 운영하여 모든 수입은 다 가지라고, 다만 법인체(法人體)로 명칭만 유지해 달라"는 것이었다.

보통 꿈도 못 꾸는 것(횡재, 橫財)이었지만 나는 정중(鄭重)히 사양(辭讓)하였다.
"저는 아직 대학에서 공부도 더하고 외국에도 가서 연수하겠다"고.
서운하지 않게 거절(拒絶)하느라고 애를 썼다.

(7) 조성두의무감

역시 처음 해군군의관으로 임관되어 진해해군병원에 근무할 때이었다.
당시 해군의무단장이신 조성두대령이 의무차감으로 발령받아 해군본부로 부임(赴任)하시었다.

해군의무단장은 해군의무감 다음으로 군의관서열 2번째로 대개 다음 자리는 1번인 의무감으로 부임(赴任)하는 것이 통례(通例)이었고, 6번째 자리(의무감 - 진해의무단장 - 서울해군병원장 - 진해해군병원장 - 포항해군병원장 - 의무차감)인 의무차감으로 발령받는 것은 커다란 좌천(左遷)이었다. 아마 옷 벗으라는 의미도 있었을 것이다.

그의 관사(官舍)는 초상(初喪)난 집 같았다.

얼마나 슬퍼하실까 관사로 찾아갔다.

단장님은 서울로 부임하여 가시었고, 사모님 혼자 눈물 글썽거리며 슬픔에 젖어 쓸쓸하게 집을 지키고 계셨다. 20년 군 생활에 이 무슨 날벼락이냐고 처량(凄凉)해 하시었다.

나는 반드시 좋은 일이 있을 것이라고, 너무 속상해 하지 마시라고 위로해 드리고 왔다.

내가 얘기했던 대로 그 후에 1번 자리인 의무감(醫務監)으로 발령(發令)받으시고 후에 준장(准將)으로 승진(昇進)도 하시었다.

찾아오는 사람도 많고 부탁(付託)하는 사람도 많을 것이니까 의무감으로 계신 동안 나는 한 번도 그를 찾아가지 않았다.

나는 그에게 아무것도 부탁한 것도 없었고, 또한 그로부터 어떠한 혜택(惠澤)도 받은 일이 없었다. 1971년 여름 그는 2년간의 의무감 임기(任期)를 마치고, 예편(豫編)하시었다. 그때에 나는 해군소령(少領)으로 서울해군병원장 서리(署理) 겸 외과과장으로 있었다.

그리고 얼마 있다 추석(秋夕)이 되었다. 그렇게 자주 찾아와 아부(阿附)하던 많은 사람들, 은혜(恩惠)를 입었던 사람들, 누구하나 얼씬하지 않을 것이다. 개미도 안 찾아올 것이다.

쓸쓸하게 계실 그를 생각하고 신당동(新堂洞) 그의 집으로 명절(名節)인사를 갔다. 신당동시장에서 사과 한 상자(箱子)를 갖고(당시의 사과 한 상자이면 괜찮은 선물(膳物)이었으며, 나무 상자에 쌀겨를 채우고 쌀겨 속에 사과를 파묻었고 모두가 15kg들이었다).

집은 조용하였고, 단 두 내외(內外)뿐 다른 사람은 아무도 없이 적막(寂寞)하였다.

의무감 재임(在任) 2년간 한번도 찾아뵙지 않았고, 아무혜택도 받지 않은 내가, 아무도 찾지 않는 그에게 선물을 갖고 인사를 가니 나를 너무나 반겨 주었다.

그의 눈에 눈물이 어른거리는 것을 나는 지금도 보는 것 같다. 그리고 그의 고향인 충청도에서 보내왔다는 모과주(木瓜酒)를 나에게 따라 주셨다.

그리고 몇 해 지나지 않아 그는 위암으로 운명(殞命)하시었다는 얘기를 전(傳)해 들었다.

(8) 제대(除隊)후 진해통합병원 방문

해군에서 제대하고 나서 서울적십자병원 외과 부과장으로 근무할 때이었다.

내가 개인적으로 모르는 해군본부통신참모 중령이 찾아왔다. 그의 동서(同壻)가 같은 해사출신 해군대위인데 간경변으로 인한 식도정맥류 출혈로 진해통합병원에 중(重)한 상태로 입원하고 있는데 내가 가서 진찰하고 정확한 상태를 알려주고(그곳 군의관으로부터 얘기는 들었지만 내가 얘기해주어야 믿겠다고 함), 그곳 군의관에게 부탁해 달라고 도움을 요청하였다. 거기 갔다 오려면 만(滿) 2일이 걸린다.

새벽에 관악구 신림동(新林洞) 집에서 떠나 84번 시내 일반버스를 타고 한시간 걸려 서울역에 와서 서울역 근처에 있는 한진고속과 동양고속의 터미널에서 1시간 30분마다 떠나는 마산행 버스를 타고, 7시간 걸려 마산에 도착하고, 다시 시외버스로 15km 떨어진 진해에 도착하여 숙박하고 다음날 아침에 병원에 가서 용무 끝내고 마산을 거쳐 서울로 와서 집에 오니 밤 10시이었다.

나는 그를 전혀 알지도 못하고 내가 제대하였으니 그로부터 신세질 일도 없고, 아무사례도 받지 않고 나에게 부탁하는 것은 이제까지 언제나 싫어하는 기색(氣色) 전혀 없이 흔쾌(欣快)히 하여주었다.

바쁜 나의 일정(日程)을 진부 미루고.

그 후에 대전에서도 아는 사람으로부터 경기도 부천의 병원에 입원하고 있는 처남을 가서 보고 병상태를 정확히 알려도 주고 그곳 의사에게 부탁도 해 달라고 하여 새벽에 떠나 용무를 마치고 밤에 돌아왔다.

누가 무슨 부탁을 하건 내가 할 수 있는 일이면 나는 이제까지 아는 사람이건 모르는 사람이건 싫어하거나 거절(拒絕)하지 않고 늘 기꺼이 해주었다(물론(勿論) 아무 사례금(謝禮金) 없이, 종종 내 돈을 써가면서까지).

그렇게 해줄 수 있는 나의 입장(立場)에 고마워하면서.

(9) 해외 장기연수 장학금신청

1970년내의 내가 있던 대학 내에서의 문교부장학금 수혜자 선발규정에는 외국에 갔다 온 사람은 평점(評點)이 올라가 갈 수 있는 기회가 더 많아지고, 가지 못한 사람은 평점이 낮아서 갈 기회가 없게 되어 있는 모순(矛盾)을 보고 분개(憤慨)하였다 (교수회의 때에 어느 교수는 장학금 받았던 사람이 죽어야 우리가 갈 수 있는 것 아니냐?고 항의하였다).

(10) 서독으로의 장기해외 연수

세계적으로 아주 힘든 서독의 Humboldt장학금 수혜자로 선정되어 서독에 갈 때에 나의 전임(前任)과장은 못 가도록 할 수 있는 모든 훼방(毀謗)을 다 하였다.

또한 연장할 때에도 당시 서명원(徐明源) 충남대학교 총장님이 연장서류 올리라고 의과대학에 지시하셨는 데에도 수단방법을 가리지 않고 못 하도록 방해(妨害)하였고, 당시 학장은 일이 되도록 처리해 주기는커녕, 기어코 도장을 안 찍어주겠다고 하는 당시 과장의 도장만 찍어오라고 하였으니 과장도장이 찍혀오면 기계적으로 학장도장을 찍어주는 것이 학장이라면, 그러한 일은 유치원 들어가기전 갓난아기도 할 수 있는 일이다. 어떻게 그것도 국립대학교 학장이라고 할 수 있을 것인가?

과장이 남에게 부당하게 피해를 주는 횡포(橫暴)를 부려도 그 윗선에서 무마를 해야 하는 것이 학장의 임무인 것은 자명(自明)한 일이다. 대학 내에서 보직 맡고 있는 교수란 자들이 어떻게 이렇게 나쁠 수 있을까? 오랜 세월이 지나도 도저히 잊혀질 수가 없고 용서(容恕)될 수가 없는 것이다. 그들은 또한 내가 학장후보로 나왔을 때에도 내가 당선 안 되도록 혈안이 되어 모든 수단방법을 가리지 않고 방해(妨害)하였다. 그렇게 하였어도 나는 경쟁자인 거물 후보를 3배의 압도적인 표로 초대민선 학장에 당당히 당선되었다(이러한 압도적인 표 차이는 전국 어디서나 이제까지 찾아볼 수 없었고 앞으로도 영원히 없을 것이다).

서독 파견 연장 서류를 맡아서 해 주시던 서울에 사시는 나의 누님은 7~8명의 손님을 태우고 얼음길을 다니던 고속버스를 타시고 대전까지 10차례를 대학에 찾아와 과장을 만나기도 하고 못 만나기도 하면서 서류해달라고 사정(事情)을 하였지만, 과장으로부터 심한 욕설만 듣고 끝까지 대학에서 도장을 안 찍어주어 그러한 서류 없이 대학교 본부에서 서명원 총장님의 지시로 6달 휴직처리를 하여 서독체류 연장을 받게 되었던 것이다.

그리하여 한 푼이 귀할 때에 출장이면 봉급을 다 받는데 휴직 처리되어 봉급을 반밖에 못 받게 되었다. 그러한 봉급 문제보다, 나의 누님은 '일생을 살아오면서 이렇게 힘든 일은 겪어 보지 못하였는데 너의 일이니 해보았다'고 하시면서 힘들었다고만 얘기하셨는데 귀국하여 학장실에 근무하는 허양(許孃)은 나에게 누님이 많이 애쓰셨다고 하면서 여기서 여러번 우셨다고 하는 얘기를 들었을 때, 나는 피를 끓는 분노(憤怒)를 느꼈다. 누님은 체면상 울었다고 하는 것은 나에게 말 안하였던 것이다.

서울대학교의 산부인과 이진용교수는 자기 과의 주임교수이신 나건영교수님께서 서독 장학생되는 모든 노력을 해 주셨다고 들었고 나의 대학동기인 경기도 부천 세종병원 박영관이사장은 한양대학 흉부외과에 재직시 자기 과의 주임교수인 김근호 교수가 서독에 연수갈 수 있도록 모든 조치(措置)를 해 주었다고 전해들었는데, 서울대학교의 내과 교수이시고 우리 나라 의료계의 대원로(大元老)이신 이문호(李文鎬)교수님과 서독 Bonn대학 외과 이종수교수님께서 전적으로 만들어주신 나의 훔볼트 장학생으로 서(西) Berlin의 Freie Universität로의 연수를, 내가 근무하는 대학의 과장과 학장은 그렇게 원한에 친 복수를 하듯이 방해하였으니 인간으로서는 용서(容恕)할 수 없는 악(惡)한 행위를 자행(恣行)한 것이다.

(11) 교수회의

1980년대 초(初)에 교수회의에 갔더니 그 안건은 어느 남학생이 여학생을 계속 두드려 패어서 이의 처리에 관한 것이었다.

내용을 들어보니 시정될 수 있는 한계를 넘어 처벌해야 되는 사항이었다. 당시

학장과 학생과장은 제대로 일처리를 하지 않고 선도해야 된다고 하면서 처벌을 원하는 교수는 손들어 보라고 하니, 거기서 손들면 악인(惡人)으로 취급받고 어두운 거리에서 칼침에 찔릴 수도 있는데 누가 손들겠는가?

이것은 아량(雅量)을 가장(假裝)한 극히 악(惡)하고 야비(野卑)한 행위이다. 피해자 여학생은 죽거나 말거나 내 알바 아니다는 식(式)이다. 피해자가 자신의 누이나 처(妻)나 딸이라고 하면 과연 그렇게 했을까?

착한사람은 악(惡)에 분노(忿怒)를 느끼고, 악(惡)한 자(者)는 악(惡)에 동조(同調)하는 것이다.

나는 이에 크게 분노하고 실망하여 다시는 교수회의에 참석하지 않았다.

그 후의 상황은 그 남학생의 행패가 더욱 심하여져 그 반 학생들이 학급의 분위기가 나빠지는데 왜 처벌하지 않느냐고 항의하여도 그대로 버티면서 2년간 그 건(件)으로 교수회의를 4번이나 하였다하는데, 마지막에는 여학생의 어머니 귀통을 때려 고막파열을 일으킨 법적사건이 나고서야 처벌하였다.

보직자의 이러한 위선적(僞善的)이고 야비한 처리가 한 학년을 오랫동안 음울하게 만들었고, 한 학생을 2년간 지옥 속에 지내게 하고 평생 그 후유증에 시달리게 하였던 것이다.

(12) 서명원(徐明源) 총장(總長)님

서명원 충남대학교 총장님은 1977년 3월에 제 8대 총장님으로 부임(赴任)하시어 제 9대를 연임(連任)하시고 1985년 2월에 퇴임(退任)하시었다.

이곳에 오시기 전에 서울대학교 사범대학교수로 계시면서 서울대학교 사범대학학장, 서울대학교 부총장을 역임(歷任)하시고 숙명여자대학교 총장님으로 잠시 계시다가 제 7대총장이 문교부차관시절 국정교과서 사건으로 최단 시일(약 1달)에 물러나자 그 후임으로 오시어 8년을 계셨다.

1978년 말(末)에 내가 훔볼트 장학생으로 서독 서(西)Berlin에 장기해외출장시도와주시었고, 1979년에 서 총장님의 서독 방문시 Frankfurt에 오시었을 때 서(西) Berlin에서 기차로 5-6시간 걸려 가서 만나 뵙고 식사를 나누었고 다음 해에 출장 6달 연장을 부탁드렸다.

퇴임하실 때에 개인적으로 공관(公館)으로 찾아가 총장님의 떠나심을 아쉬워하고 전별(餞別)해 드리었다. 나는 추석(秋夕)과 구정 명절에 총장님이 사시는 서울 송파구(松坡區) 가락동(可樂洞) 극동아파트로 여러번 찾아가 뵈었다. 집에서 쉬고 계시니까 그렇게 많던 방문객의 발이 딱 끊겨 얼마나 적적(寂寂)하실까? 하고.

그 후 대통령 직속기구인 "교육개혁심의위원회"가 발족(發足)되고 3년 임기의 위원장으로 발령나시어 더 이상 찾아뵙지 않았다. 찾아올 사람이 많을 터이니까.

그리고 위원장 임기 끝나시고 얼마 있다가 문교부(지금의 교육인적자원부)장관으로 발령나시어 이제는 더 많은 손님들이 찾아오겠다하여 나는 더 이상 찾아가 뵙지 않았다.

(13) 김만청 해군 제 1참모차장(參謀次長)

그는 해사 16기(期)로 1962년에 소위(少尉)로 임관(任官)되어 나의 고교 동기와 같은 기수(期數)이다.

1969년에 내가 대위로 진해해군병원에 근무할 때에 그도 대위로 해군함정의 함장 바로 밑인 부장(副長, 부함장)으로 있을 때에 그의 부인을 수술해 줌으로써 알게 되었다.

그는 1970년에 미국으로 장기 해외유학을 떠났고, 나는 1971년에 서울해군병원으로 발령받고 근무하다가 다음 해에 제대하여 그를 통 만나지 못하고 몇 년에 한 번씩 연하장만 주고받았다.

1989년 10월 어느 날 나는 8일간 미국에서의 학회에 참석하고 돌아와 하루 출근하고 다음날 서울로 학회에 가기로 한 그 중간에 낀 그 하루, 내가 근무하는 충남대학교병원 마당에서 19년 만에 그를 만났다. 전혀 약속도 하지 않았는데 약속이나 한 듯이.

그는 해군소장(少將, 2성제독, 二星提督)으로 새로 생긴 부산의 제 3함대사령부의 사령관으로 있으며 대구에 있는 자녀를 보고 서울의 해군본부에 회의참석차 가는 길에 내가 이곳에 있다하여 나를 보기 위하여 들른 것이라 하였다.

꿈만 같았다. "세상에 우연(偶然)이란 이런 것을 두고 하는 얘기구나!"하였다.

그의 갈 길이 바빠 간단히 식사하면서 얘기하고 헤어졌다. 그는 나의 만10년된 1979년식(年式)의 작고 낡은 "포니(pony)"차(1200cc)를 보고 놀라워했다.

이런 차 쓰는 것은 너무 초라하고 창피(猖披, 체면이 깎이는 것)하며 보기가 힘들었으니까.

나는 얘기하였다. "내가 매달 월급 받는데 스텔라(Stella, Sonata 전신, 前身)정도는 왜 못 타겠는가? 충돌시에는 중형차보다 조금 약하다는 것이 단점이긴 하지만.

나는 이 초라하고 작은 차(車)를 가장 당당(堂堂)하게 타고 다닌다. 나를 모르는 사람은 내가 그랜저(Grandeur, 그 당시 그라나다(Granada)에 이어 유일한 고급승용차, 60년대 말, 70년대 초에는 Crown, Ford 20M이 고급승용차이었다.)타고 다닌다고 누가 나를 대접해주며 나를 아는 사람은 포니차를 타고 다녀도 나의 이름과 얼굴만으로 나를 최대한으로 대우(待遇)해준다. 나는 외형(外形)으로 보강(補强)할 정도(程度)로 본체(本體)가 약(弱)하지 않네."그러자 그는 "야! 너다운 얘기이다. 하긴 이상희 국회의원(과기처장관역임)도 프라이드(Pride)소형차를 많이 타고 다녀…"로 말을 이어갔다.

그는 후에 해군중장으로 승진하여 해군 제 1참모차장을 지내고 예편하였다(예편 후 서울 광화문 어느 큰 회사사무실에서 근무한다는 소식을 끝으로 몇 해 후(後)에는 그의 부음(訃音)을 전해들었다).

(14) Napoleon 어록(語錄)

1991년 1월 12일경(頃) 내가 충남대의대 초대(初代)민선 학장에 취임하고 한달 20일째.

의사국가시험 보러 서울에 간 4학년 학생 120명 중에 17명이 시험 전날 급성 식중독으로 39도를 넘는 고열과 심한 설사로 의식을 제대로 못 차리고 잠실롯데호텔 바닥에 쓰러져 있어, 하루전에 현장에 가있던 교무과장으로부터 중태에 빠진 학생 17명을 대전으로 후송시켜 충남대학병원에 입원시켜야 되겠다는 보고를 받고, 후송하지 말고, 밤에 내가 그 곳에 도착할 때까지 열심히 치료하라고 하고 밤 10시에 내가 회진하고 처방 내려 다음 날 7시까지 9시간 열심히 치료하면서 수액병을 팔에 꽂고 들것에 실려 구급차로 수험장에 가서 양호실에서 별도로 시험보아 17명 전원(全員)을 합격시켰다는 얘기는 앞에서 상세히 얘기하였다.

듣기에는 간단한 것 같지만 실제는 그렇지 않다.
어느 누가 감(敢)히 그런 위험(危險)한 일을 대담(大膽)하게 할 수 있단 말인가?
모험(冒險)치고도 너무나 큰 모험이다. 그렇게 하다가 사망(死亡)이라도 하면 법적책임을 져야 됨은 뻔한데. 나 이외(以外)에는 어느 누구도 꿈도 못 꾸는 일일 것이다. 그러나 나는 자신(自信)이 있었다. 무모(無謀)한 모험이 아니고 반드시 내가 의도한대로 될 수 있으리라고.

의사국시 합격발표 끝나고 중앙병원(지금의 아산병원)응급실에 입원했던 "육은주"란 여학생이 학장실로 나를 찾아와 그렇게 치료해주고 시험 보게 해주어 합격했다고 감사의 말을 하였다(그때 후송되어 입원 치료하고 다음 해에 의사국시 보아야 한다고 생각만 하여도 까마득한 일이다).

나는 그 자리에서 이렇게 얘기하였다.
"Napoleon어록집(語錄集)에 이러한 얘기가 있다. 한 마리의 새앙쥐(생쥐, mouse)가 이끄는 100 마리의 사자(獅子, lion)무리보다 한 마리의 사자가 이끄는 100마리의 새앙쥐떼가 더 강하다.
외형으로는 비교가 안되게 사자 100마리가 더 강해보이지만 사실은 그렇지 않다. 지도자가 중요한 것이다.

사령관(司令官)이 무능(無能)하면 강력한 군대가 전멸(全滅)하고, 사령관이 유능

(有能)하면 중등도의 군사력으로 적을 무찔러 승리(勝利)할 수 있는 것이다."라고.

그렇다. 지도자·보스(boss)가 누구냐? 가 이렇게 중요한 것이다.

나라도 마찬가지이다. 같은 국민을 갖고도.

(15) 한국 훔볼트회

이 회(會)는 훔볼트장학생(대학교수)들의 작은 친목모임이다.

수년(數年) 또는 10년만에 어떤 행사를 하기도 하지만 대개는 연말에나 한번 모이는 모임이다.

나는 1980년 말에 약 2년간의 독일생활 마치고 귀국하여서부터는 늘 이 모임에 참석하였다. 그리고 한독학술대회에서는 매번 연제(演題)를 발표하고 적극적으로 열심히 참석하여 내가 회장할 때도 되었다고 여러 회원이 얘기하였다.

2000년이 얼마 지나 연말가까이 총회직전에 서울에 있는 모대학 교수가 나에게 얘기하였다. 이번에 회장후보로 나오는데에 도와달라고. 그리고 그가 되면 나를 부회장으로 하겠다고(회장과 부회장은 "문과"와 "이과"를 엇갈려함). 나는 그러한 회장, 부회장에 관심이 없었지만 쾌(快)히 그렇게 해주겠다고 하였다.

회장 경쟁자도 별로 없고 결정은 투표도 아니고 10여명 모여서 어느 누가 추천하면 2번째 사람이 좋소하고 3번째 사람이 그렇게 정합니다. 이런 식(式)으로 정하는 것이다.

그는 회장이 되고나서 한번도 이름을 들어보지도 못하고 한번도 얼굴도 못 본 어느 누구를 부회장으로 하고, 나보고는 사정이 있어 그러한 것이니까 이번에 그냥 이사(理事)를 하고 다음에 직접 회장으로 추천하겠다는 것이었다.

1년 지나자 또 다시 전혀 이름도 들어본 일이 없고 얼굴도 못본 그 누구를 회장으로 추천하여 각본(脚本)대로 결정했다.

나는 그 자리(회장자리)를 연연(戀戀)해서가 아니라 과거의 얘기를 하였다. 어떻게 그럴 수 있느냐? 고.

그랬더니 그의 대답은 아주 간단하였다.

"그것은 그때 얘기 일뿐이다. 지금은 아니다."라는 것이었다. 나는 더 이상 아무얘기도 하지 않고 그 이후로는 그 모임에 나가지 않았다.

자신의 집안이 뼈대 있는 집이라고, 형제, 친척을 자랑한 적이 있었다.
정치하는 사람이 말을 바꾸거나 거짓말을 하여도 비난을 받는데 명색(名色)이 대학교수라는 사람이(?) 저렇다니.
뼈대가 있는 집안이라고? 웃기네! 집에서 어떻게 교육을 받았기에 저럴까?
그러나 놀랄 것은 아니다. 목전(目前, 눈앞)의 이익이라면 가장 친한 친우(親友)도 팔아먹고 형제라도 배반하는 자(者)가 우리사회에 한둘뿐 일가?
신의(信義, fidelity)를 가장 중시(重視)하는 나의 집안과는 정반대(正反對)인 것이다.
그동안 아깃자깃하고, 아늑하고 온화하던 분위기는 사라져버렸다.

참고(參考)로 나는 그러한 작은 모임은 차치(且置, 놔둠)하고 모든 회원이 그렇게 갈망(渴望)하는 커다란 학회의 회장도 연연(戀戀, 그리워함)해하지 않았다.
여러 사람들에 의하여 추대(推戴)된다면 "나"라고 해서 어찌 사양(辭讓)하겠는가?(태고, 太古적 이야기)마는 그저 가만히 앉아서 맨입으로 되는가? 얼마나 많은 노력(努力)을 쌓아야 되는가? 나는 그러고 싶지도 않을 뿐더러 그런 것을 명예(名譽)라고 생각하고 자랑스러워하는 것이 가소(可笑, 웃기는 것)로울 뿐이다. 내가 자신(自身)의 변명(辨明)이나 괜히 고답적(高踏的)인 체하는 것은 전(全)혀 아니다.

학문(學問)을 하는 사람은 학문에 정진(精進)해야지 그러한 헛된 감투를 인생의 목표로 삼고 성공(成功)이라고 보는 것이 마냥 우습기만 하다(내 눈에는 회상 등등 그러한 감투는 옛날 동대문시장, 남대문시장에서 열쇠장수가 목에 끈을 걸고 가슴 앞 나무판에 주렁주렁 매달고 다니는 열쇠와 어쩌면 그렇게 똑같이 보일까?).

서독에서 외과의사로부터 나는 이와 같이 들었다.
"대학에서 학장을 하면 많은 시간이 빼앗겨 자기 일에 지장(支障)이 있어서 많은 서독대학교수들은 학장 하는 것에 그리 관심이 없으며, 그런 감투를 쫓아다니는 교수를 경멸(輕蔑)한다고."

의상(義湘)이나 원효(元曉)같은 존경받는 고승(高勝)이 총무원장 같은 감투를 썼다는 얘기를 나는 결코 들어 보지 못하였고 존경받는 사람이 감투 쓰는 예는 별로 없는 것이다.

(16) 무릎베개

어머니 밑에서 자란 사람은 누구나 어머니에 대한 추억(追憶)이 많을 것이다. 나도 역시(亦是) 마찬가지로 그중 한가지를 든다면 내가 어디가 아프면 레지던트일 때에도 어머님께 여쭈어보곤 하였다 의사는 아니시었지만 그동안의 경험과 동경의대 출신인 의사 오빠로부터 어렸을 때 의학상식을 많이 들어 아시고 계셨으며 어머님 말씀이 늘 맞았던 것이다.

그리고 내가 어릴 때에는 물론(勿論), 레지던트 때에도 목욕(沐浴)하고 나서 어머니 무릎을 베고 누우면 어머님께서는 은(銀)으로 만든 작은 숟가락 같은 귀파개로 나의 귀속귀지를 파주시고 한쪽이 끝나면 다 됐다하시면 반대쪽으로 돌아누워 반대쪽도 파주시곤 하신 것이 지금 생각해도 눈물겹도록 그리웁다.

(17) 시내버스 승차

나는 시내에 볼 일이 있으면 대개 일반 시내버스를 타고 다녔다.
버스 안에서 대학이나 병원사람 또는 같은 아파트에 사는 사람을 만나면 의외라는 듯이 어떻게 버스 타고 서서 가느냐고 묻는다.

나는 "서민(庶民)이 대중교통 이용해야지요."하면 "교수님이 서민이세요?"
그러자 나는 "대통령이 보통사람인데 교수는 당연히 서민이지요."라고 대답하였다 (註 : 노태우대통령은 임기 중에 종종 대통령은 보통사람이라고 하였다. 물론(勿論) 보통사람이지 아무려면 특수한 사람일까?).

(18) 전화부탁

10여 년간 연락 없던 사람으로부터 전화를 받았다.
"그 동안 연락도 못하고 이렇게 부탁하는 전화해서 미안해." 그러자 나는 "서로 바쁜데 일이 없으면 누가 그렇게 전화하나? 미안해 할 것 없어. 이렇게 부탁받을 때가 좋은 것이야. 부탁받는다는 것은 내가 힘이 있다는 얘기 아닌가? 힘이 없으면 누가 부탁하겠어?"라고 말한다.

나는 이제까지 누가 무슨 부탁을 하건 하루 종일 또는 2일내내 걸리는 일이라도 내가 할 수 있는 일이면 싫어하거나 거절해 본 적이 없이 내 자신의 일보다 더 열심히 내 일을 젖혀놓고 해 주었다.
이제까지 신세진 일도 없고 앞으로 신세질 일도 없는 사람에게, 그리고 한 푼의 대가도 받기는커녕 때로는 내 돈 써가면서.
다만 이렇게 해줄 수 있는 나의 입장을 하늘에 감사드리면서…(이것이 나의 지난 수십 년 간의 나의 생활방식이었다).

(19) Prof. Becker

1988년 München대학병원에 1년간 근무할 때에 서독외과 의사들이 이구동성(異口同聲)으로 서독에서 최고의 혈관외과의사는 Prof. Becker라고 하였는데 그는 München대학병원의 혈관외과 과장으로 지내다가 München시립병원의 외과과장을 하고 있었다.
나는 그와 함께 1주일간 수술도 같이 하고, 환자도 같이 보면서 지냈다.
그는 나에게 어깨동무도 해 가면서 다정한 친구처럼 너무나 잘해 주었다. 늘 그를 잊을 수 없으며, 그는 후에 서독외과학회 회장을 역임하였다.

(20) Prof. Schildberg (München대학병원 외과주임교수)

1993년에 다시 München대학병원에 3달 근무하고 떠날 때에 외과주임교수인 Prof. Schildberg는 나에게 환송회를 개인적으로 해 주었는데 우리는 4시간 동안

식사하며 wine.마시면서 얘기를 나누고 헤어질 때에 나에게 hard cover로 제본한 두터운 München시 안내책을 기념으로 주면서 내가 떠남을 서운해 하였고 언제든지 다시 오라고 하였다.

┃Addendum 30   2014. 05. 18   06:36

(21) 학장시절의 또 다른 이야기들

충남대학교 의과대학 학장(재임 1990년 11월 22일~1992년 11월 21일) 시절의 많은 일들 중에 빠지면 서운하겠기에 2~3 가지를 말한다면

(1) 총학생회장과의 면담

학장취임하고서 며칠 지나지 않아 학생회장단이 면담 하러 왔다고 비서가 얘기하여 들어오게 하였다.

남학생은 의학과 학생으로 체격이 아주 크고 거칠게 보였으며 총학생회 회장이라 하고, 여학생은 간호학과 학생으로 총학생회 부회장이며, 여학생회 회장이라 하였다.

나는 나도 모르게 몸이 오싹함을 느꼈다.

그리고 자리에 앉으라 하고 차를 권하며 부드럽게 다음과 같이 얘기하였다.

"다른 학장들은 학생회 활동을 억제하겠지만 나는 그렇지 않다. 여한이 없도록 열심히 학생활동을 하라. 내가 지원해 줄 터이니까.

다만 3 가지는 허용이 안된다.

(a) 첫째 수업을 방해하는 행위,

(b) 둘째 집단 행동,

(c) 셋째 기물파괴나 인명상해 이것만 빼고.

그런데 유념(留念) 해야 할 것은 졸업하고 나서 의사, 간호사가 되어야하는데 학생 때 학업을 게을리 하면 평생 보상(補償)이 안된다는 점을 깊이 명심(銘心)하고서"

(2) 학생휴게실의 침대와 이불

학장취임하고 며칠후에 교무과장, 학생과장, 서무과장을 대동(帶同)하고 학교건물을 순찰하였다.

휴게실에 가보니 침대와 흐트러진 이불이 있었다.

순찰을 끝내고 학장실로 와서 침대와 이불을 당장 치우라고 하였다.

학생과장, 서무과 직원 모두가 겁먹은 얼굴과 표정으로, 치우는 것은 불가(不可)하다고 얘기하였다.

대학교수나 학장이 학생들 눈치보며 학생들에게 아부(阿附)하고 쩔쩔매던 시절이었으니까(지금도 크게 달라지지는 않았을 것이다).

그 이유는 여학생이 생리통이 심하면 침대에 누워 쉬어야하고, 더구나 그 침대와 이불은 대학에서 해준 것이 아니라 학생회에서 마련한 것이므로 손대지 못한다는 것이다.

나는 한 번에 이러한 얘기를 일축(一蹴, 발길로 한차례 걷어참)하였다.

"이렇게 겁들이 많아서 어떻게 하나? 당직실에는 침대가 있어도, 휴게실에는 침대가 허용(許用) 안된다.

휴게실이니까 의자와 탁자, 쉴 수 있게 해준다.

침대에 누워서 쉬어야 될 정도의 생리통이면 조퇴하고 집에서 쉴 것.

물건(침대와 이불)은 학생회 것이라도 이 건물의 관리는 학장이 한다.

내 물건이라고 남의 집에 함부로 놓을 수는 없는 것.

학생회에 통보할 것.

48 시간내에 치우지 않으면 학교에서 치운다고.

여관방에서 남녀가 자다가 '불이야'해서 뛰쳐 나간 형상을,

학생들이 무서워서 그대로 놔두다니 말이 되는가?

내 다음 학장 때에는 침대 10개 놓고 대전시내 학생들이 잠자러 여기 올지는 모르겠지만 내가 학장으로 있는 한(限) 결(決)코 허용이 안된다"라고.

48시간내에 학생이 치우지 않아 학교에서 곧바로 치워버렸다.

그 후 어느 누구도 한마디 말없이 조용하였다.

(3) 간호학과 조교(助敎) 인사(人事)

간호학과 조교는 1명, 교수요원(전임강사~교수)은 9 명, 5년 된 조교의 재임용(再任用)(조교는 발령이 1 년임)을, 교수요원 6명은 절대 반대하고, 교수요원 3명은 절대 지지하여 나는 조교 발령을 내지 않았다.

그랬더니 간호학과 1,2,3,4학년 160 명이 수업은 물론 병원실습마저 전면 거부(拒否)하고 철야(徹夜, 밤을 새워), 농성(籠城)했던 사건.

학장이 사색(死色.죽은 사람 얼굴 빛)이 되어 학생과장, 간호학과장 데리고 농성하는 학생들을(제발 농성을 풀고 수업과 실습에 임(臨)하라고) 간청(懇請. 간절하게 요청함.)하고, 두툼한 봉투를 라면값 하라고 쥐어주며 애걸(哀乞. 애절하게 비는 것)하는 일반 현상과 달리, 나는 아무 일 없는 듯이 태연자약하게 나의 정상업무를 수행하고, 이에 대한 아무 회의도 하지 않고(보통은 밤새워 대책회의함), 학장인 나 자신은 물론 학생과장이나 간호학과장 어느 누구도 학생들에게 보내지 않았다.

옆에서 걱정하는 얘기를 나에게 하면 나는 허허 웃으며 가볍게 넘겼다.

"왜 이리 걱정인가? 노아의 홍수(洪水)가 났나?

폼페이(Pompeii)시의 화산재가 덮였나?

기물파괴나 인명피해가 없으면 됐어! 철야 농성도 학생들의 자유이고 권리야!

그 권리를 누가 막겠나?"

2일째 되는 날 대학교 총장실에서 오덕균(吳德均) 총장님으로부터 전화가 왔다.

착 까라진, 100kg이 넘는 무거운 목소리로

"배 학장님! 그 간호학과 사태는 어떻게 되는 겁니까?"

나는 가벼운 목소리로

"총장님! 심려끼쳐 죄송합니다.

제가 학장으로 있는 한(限) 아무 걱정 마시고 편안하게 계십시오."

조금 있다가 자연과학대학 교수인 최철규 교무처장으로부터 똑같은 걱정에 가득 찬 전화를 받고 나는 같은 얘기를 하였다.

"아무 걱정 마시고 편안하게 계십시오."라고.

3일 동안 아무 반응이 없자 답답해지고 초조해진 것은 학생들.

4일째 되는 날 아침에 여학생회장과 1,2,3,4학년 대표, 부대표 9명이 학장실로 면담하러 왔다. 나는 하루 일정이 꽉 잡혀 저녁 6시라야 시간이 된다하여 돌려 보내고, 그 시간에 학생들을 만났다. 나는 얘기하였다.

"나는 절대로 학생들이 나쁘다고 생각하지 않는다. 그렇게 하는 것도 학생들의 자유와 권리이다.

낳고 키운 자기 자녀도 부모가 못 다스리는데, 대학에서 교수나 학장이라고 하여 어떻게 학생들을 마음대로 다스리겠는가?

내가 낙하산으로 학장이 된 것이 아니라, 대학원 5년을 빼고라도, 국민학교부터 대학 6년까지 18년간 등록하여 학생 생활하였는데 왜 학생심리를 모르겠는가?

학생 때는 반항심리도 있고, 군중심리도 있다. 다 이해한다.

그러나 조금 지나면 반드시 수사를 받게 될 것이다. 농성의 issue가 무엇이며, 주모자가 누구이고 배후조종자는 누구인가를.

issue를 물었을 때 조교인사문제라고 하면, 학생이 공부가 업무이지 학교행정이 업무이냐? 고 한다면 무엇이라고 말하겠는가?

그리하여 주모자 몇 명과 배후인물은 처벌을 면(免) 하지 못할 것이다.

농성이 오늘 끝나지 않으면 내일 끝날 것이고, 내일이 아니면 모레, 이번주 아니면 다음주에, 다음주 아니면 다 다음주에 이 달이 아니면 다음 달에, 다음 달이 아니면 다 다음달에.

그러다 수업일수가 3분의 1 이상이 모자라면 전학년이 유급(留級, 낙제)이 될 수 밖에 없고 그러면 새 학년에 신입생 안 뽑으면 된다.

동경대학도 그런 전례(前例)가 있다.

나에게 요청사항이 있으면 상의하여 내일 아침에 서면으로 제출할 것."

학장실에서 나가자 곧바로 철야농성을 전면 풀고, 다음날 아침에 갖고 온 종이에는 병원실습시 갱의실 편의시설과 졸업후의 본원 취업문제가 씌여 있었다.

Addendum 35   2014. 10. 02   05:10

지나간 일들을 마무리함에 있어 나의 교육과정을 말하지 않을 수 없다.

나의 집안에서의 교육은 선친께서는 어머니보다 9년(年) 위이셨지만 언제나 어머니에게 경어(敬語, 존칭어)를 쓰셨고, 철저하게 남을 돕고, 믿고, 인격을 존중하셨다.

어머니께서 시집오셔서, 솥을 닦다가, 새 솥에 구멍이 났다고 얘기하시니까,

구멍난 솥을 아시고 사셨다고.

"그 솥장수도 솥을 팔아야 밥을 먹는데, 내가 사주지 않으면 누가 사겠는가?"

고 하셨고, 밥상(床)이 절뚝거린다고 말씀하시니, 그것 아시고 사셨다고.

"그 밥상장수도 밥상을 팔아야 밥을 먹는데, 그 절뚝발이 밥상을 내가 사주지 않으면 누가 사주겠는가?"고 하시어 어머니를 놀라게 하셨다.

치과 치료받은 환자가 돈이 없다고 하면 늘 치료비를 받지 않으셨다.

오랜기간 치과교수로 계시면서 개업을 하셨는데, 돌아가시고 10년까지 여러 제자들이 기일(忌日, 돌아가신 날)에 조문(弔問) 오셨다.

그 때 들은 2가지 얘기, 하나는 선친이 작고(作故) 하실 때 (1960년)에 서울대 치대 학장이 선친제자(弟子)라는 것과, 또 한 가지는 재시험때에 학생에게 시험문제를 주시고, 집에서 양심껏 책보지 말고 답안지(答案紙)를 써오라고 하셨다고 하셨다.
그렇게 상대방의 인격을 믿고 예우(禮遇)해 주셨던 것이다.

(나는 30 년간 충남대학에서 강의하면서, 매시간 출석을 확인하고 출석을 성적(成績)에 반영(反映) 하였는데, 몸이 아파서 결석(缺席)한 것은 출석으로 해주었다.
동료(同僚)가 아프다는 말 한마디로 출석으로 처리해줌으로써, 사제(師弟)간(間)의 신뢰(信賴)를 구축(構築)하였고, 아파트 판매 계약금으로 받은 자기앞수표 10장을 세어보지 않고, 봉투채로 받음으로써 상대방을 믿고, 인격을 존중하여 주었다.

이러한 얘기를 누구에게 하였더니, "모자라면 어떻게 하느냐?"고, 나는 "모자라면 손해(損害) 보는 것이지요.
그것으로 생(生, 삶)과 사(死, 죽음)가 갈리는 것은 아닙니다."
나는 담담(淡淡)히 답(答) 하였다.)

어머니께서는 집안 살림만 하시어, 사회활동을 하실 기회가 없으셨지만, 근면(勤勉), 절약(節約)과 티끌만치도 남의 신세 안지는 철저한 독립심(獨立心), 그리고 물욕(物慾)을 갖지 않도록 우리를 키우셨다.

나는 부모님의 교육에 철저히 따랐다
그리하여 지금까지 물욕(物慾)을 가져본 일이 없다.

▎Addendum 33   2014. 08. 24   10:37
학교교육과정은,
(I) 서울대학교 문리대 의예과에 입학하니 대학에서의 선택과목이 전(全)혀 없고 옛날 중학교처럼 월요일 아침 9 시부터 토요일 오후 1시까지 1주 44시간으로 대학(大學) 같지 않고 꼭 군대(軍隊)에 입대(入隊)하여 훈련받는 것 같았다.

일부는 서울대학교 교수님이 하셨고, 나머지는 시간강사이어서 비용을 많이 들여 그렇게 철저히 강의해주시는 대학의 성의에 감탄하였다.

과목은 어학(語學)만 해도, 영어, 독일어, 불어, 라틴어, 의학영어, 의학독일어의 6과목(科目)을 위시하여, 문화사, 철학, 사회학, 논리학 등 28과목이 전부 필수(必須) 이었다.

이렇게 철저히 강의 받은 것이 나의 일생을 살아가는 데에 기본 지식의 밑거름이 되었으며, 의과대학 의학과 4년 동안에도, block lecture, conference, 임상실습 포함하여 똑같이 1주 44시간이어서, 대학 6년 동안에 단 1시간의 공백(空白)도 없었다.

(II) 레지던트 1년차 말(末)(1965년)에는 서울대학교 대학원 박사과정을 시험 봐야하는데, 박사과정에는 지금과 달리 제 2외국어가 필수이어서, 이제까지 부족했던 독일어 공부를 보충(補充)해야 했다.

그 당시 독일어 참고서로는 가장 인기가 있었던 일본(日本) 번역서
세끼구찌(關口存男) 저(著) "제 1권 기초입문편(基礎入門篇)"을 하루에, "제 2권 역독편(譯讀篇)"을 3일에, "제 3권 문법상설편(文法詳說篇)"을 6일(日)에 도합 10일에 전부 외워 master하니 독일어에 어느 정도 자신이 생겼다.

그때에 쌓은 실력으로 박사과정 입학시험은 물론 3년 수료(修了)하고 나서, 학위논문 제출전에 통과되어야 하는 독일어 시험에서, 90%가 불합격되었을 때에도, 좋은 성적으로 합격할 수 있었다.

(III) 당시 서울대학교병원 외과 레지던트과정은 외과(일반외과), 정형외과, 신경외과, 흉부외과의 모든 레지던트가 2년차 말(末)까지 이 4과(科)를 똑같이 함께 하고, 3년차(年次)가 되어야 자기전공과로 고정(固定, fix)되었고, 일반외과를 할 레지던트는 이외에 1년차(次)때에 마취과 3달, 2년차 때에 산부인과와 비뇨기과를 각 2달씩 하였다(이러한 제도는 나의 때가 마지막이었다).

나는 1년차 때에 마취과 3달, 2년차 때에 정형외과 4달. 신경외과 2달, 흉부외과 2달, 산부인과 1달하였고, 2년차(次)에 상공부 산하(傘下) 대한철광개발주식회사(국영, 國營) 양양(襄陽) 광업소 부속병원 외과과장으로 파견 나갔었다.

이 기간(期間)에 정형외과의 성서(聖書)로 여겼던 "Shands"저(著) "Handbook of

Orthopedic Surgery"와 영국(英國)책 두꺼운 2권으로 된 골절(骨折)책 "Watson-Jones"저(著) "Fracture and Dislocation"을 정독(精讀) 하였으며 서울대학교병원 정형외과에 복귀하여 이 책들을 다 읽었다고 하니까 정형외과 교수님들이 놀라셨다(철광회사라 골절환자가 많았으므로).

우리나라 신경외과 전문의 시험 1회가 1962년에 시행되어 내가 레지던트 2년차 이던 1966년은 아직 초창기이어서 서울대학교병원 신경외과는 조교수 1명(과장), 전임강사 1명, 3년차 레지던트 1명(chief resident), 2년차 레지던트 2명이 신경외과 전체인원이었다.

나는 2년차 레지던트로서, 서울대학병원 신경외과 전체 입원환자의 50%를 2달동안 주치의로 맡아 보면서 많은 수술에 참여하였다.

그 지식과 경험으로 3년차 말(末) 1968년 1월 4일 제주도립병원 외과과장으로 파견근무 시 제주도 역사상 처음으로, 신경외과 수술기구 하나도 없이 "측두 두개골 절제술(temporal craniectomy)"을 시행하여, 교통사고로 3일간 혼수상태로, 관(棺)을 놓고 죽음을 기다리던 11세 소년을 수술하여 극적(劇的, 연극처럼)으로 살릴 수가 있었다(애기손바닥만한 경막하혈종(硬膜下血腫, large subdural hematoma)를 제거(除去) 하였다).

당시 외과교과서의 성서 (聖書)로 여기던 "Christopher's Textbook of Surgery"(후에 Sabiston's → Thounsand's)를 비롯한 2~3권의 영어 교과서는 물론 세계적으로 명저(名著)인 "Hardy"저(著) "Pathophysiology in Surgery"와 "Moore"저(著) "Metabolic Care in Surgical Patients"등(等) 많은 의학책(冊)을 탐독(耽讀)하여 의학의 기본지식을 쌓은 것이 이제까지 의사생활의 밑거름이 되었다.

(Ⅳ) 레지던트 마치고 해군에 입대하여서는, 그 당시 그 분야는 초창기(草創期)이었고 별(別)로 관심도 없고 외과 의사로는 하는 사람이 거의 없던 시절에, "수액전해질요법(輸液電解質療法) Fluid and Electrolytes Therapy)"에 관한 큰 관심을 갖고 Goldberger저(著) 등 여러 권의 책으로 열심히 공부하여 "최신의학" 등 여러 학술지에는 물론 의협신보에도 1년 가까이 연재(連載)하였고 (당시 부산 복음병원에 근무하시던 고(故) 장기려(張起呂) 교수님께서는 그 곳에 근무하던 충남의대출신 의사에게 의협신보에 내가 게재하는 것을 잘 보셨다고 나에게 전해달라고 하셨다고 어느 의사가 나에게 얘기하였다).

외과 전문의 시험 보기전에 시행하는 "연수강좌"에서 1980년~1990년대(年代)에 나의 "수액전해질요법"을 3차례나 강의하였고, 여러 대학에서의 특강, 대한의학협회 전국 순회강좌에도 여러 번, 그리고 고(故) 김진복(金鎭福) 교수님이 대표편자인 유일한 우리나라 외과교과서인 "최신외과학"초판(初版)과 제 2판에 30면(面,page)을 혼자 써서 외과학회에서는 수액요법에 관하여 독보적(獨步的)인 존재(存在)이었다.

(V) 해군에 입대하여서는(1969년 3월 22일) 기본목표인 "외과전문의"와 "의학박사 학위"를 모두 취득하였기에 마음이 홀가분하였다(1960년대는 모든 박사학위 수여자는 일간신문에도 게재되던 시절이었다).

나는 해군대위로 임관되어 진해해군병원에 발령받았다. 이때에 진해 해군 교육단에서 시행하는 자동차 운전교육을 받았다.

그 당시 한국군 군용차(軍用車)로는 "CJ3BJ4C 1/4 ton (Jeep 차,車)", 전후차축(前後車軸, front & rear drive axles)에 universal joint가 달린 "Kenney Jeep 차", "2FQ 15L 3/4 ton", "M-601 1 ton", "2DW15L 2.5 ton", "M-602 2.5 ton" 등이었다.

우리는 M-602 2.5 ton은 gasoline이 많이 소모되어 대부분 Diesel연료를 쓰는 대형차인 "2DW 15L 2.5 ton"으로 운전하였다.

차가 집채처럼 크고, 운전석에 앉으면 2층에 올라앉은 것 같고, 운전석이 차 전장(全長)의 앞 1/3에 있어서 운전석에 앉으면 engine room, bonnet 끝에 있는 오른편 앞바퀴는 저 멀리 까마득하게 있어 이러한 차를 운전해보지 않은 사람은 얼마나 힘든지 모른다.

운동장에는 "S", "T", "crank"의 3 course가 있는데, 3/4 ton차로 "S course"는 55초(秒), "T course"와 "crank course"는 각각 2분(分) 이내에 꼽아 놓은 흰 깃대와 빨간 깃대를 건드리지 말고 통과해야 하는데, 나는 주어진 시간의 1/2 이내에 만점을 받아 해군대령 교육단장으로부터 군의관이라 머리가 좋아서 그렇게 잘하느냐고 칭찬받았다.

연수과정을 마치고는 해병대의 운전병을 양성하는 장비과의 한상필 대위(과장)는 나에게 운전하고 싶을 때에는 아무 때에나 오라고 하였는데, 운전병양성에는 4주(週) 과정과 11주 과정이 있어서 마지막 주(週)에 4주 과정에서는 시내, 11주 과정에서는 창원, 부산으로의 시외주행(市外走行)을 하였다.

(반세기(半世期, 50년) 전(前)인 1960년대 에는 지금처럼 거의 모두가 운전하지 않고, 운전하는 사람이 극히 적어서 기술자로 취급하여 운전면허가 있으면 입사(入社)시험에도 유리하였다).

일반 화물차는 차는 크지만 운전석이 앞 끝에 있어서 바로 앞이 보이지만, 대형군용 화물차는 운전석이 차의 앞 1/3에 있어서 앞을 보기가 힘들어, 특히 비가 오는 밤, 길에 물이 고여 있고, 가로등이 없이 전조등으로 갈 때에는 마주오는 차의 전조등의 불빛이, 길에 깔려 있는 물에 거울처럼 반사되어 바로 차 앞에 사람이 있는지 없는지도 보이지 않아, 너무나 힘들어 눈물이 나오기도 하였다.

진해~마산 간(間) 마진(馬鎭) 고개는 옛날 강원도 간성으로 가는 태백산맥 진부령(珍富嶺)같아서 산중턱을 깎아서 만든 노폭 8~9 meter의 양창자처럼 꼬불꼬불한 왕복 2차선의 급경사로 왼쪽에는 깎아지른 높은 산 또는 마주오는 차와 부딪힐 것 같고, 오른쪽은 수 100 meter의 낭떠러지 바위절벽을 가느라면 진땀이 난다.

(요즘 사람들은 이런 곳을 운전해 보긴 커녕 구경도 한일이 없어 상상할 수도 없다.)

창원, 부산가는 노폭 8~9 meter의 남해국도는 우리나라의 동서를 가로지르는 유일한 도로로서, 자동차가 별로 없던 시절에도, 택시, 버스, 화물차들이 쉴새없이 다녀, 왼쪽에는 마주오는 차와 부딪힐 것 같고, 오른쪽에는 길가로 가는 사람들을 거의 스치고 가야했다.

나는 이러한 거리를 대형화물 군용차로 누비고 다녔다.

곧바로 마산의 영남자동차학원에 등록하여, 1종 보통운전면허를 받았다.

1969년 3월에 경남진해에서 해군에 입대(入隊)하여 2년 4달 동안 진해에서 근무하고 1971년 7월에 서울해군병원 원장서리 겸(兼)외과과장으로 부임(赴任)하고서, 얼마 후에 서울 용산구 갈월동에 있는 '한국 자동차정비학원'에 등록하여, 6달 동안 강의받고 실습하여 '자동차 정비기능사' 국가시험을 치뤄 서울시장 명의(名議)로 된 "서울 72 - 444 서울시장"호(號)로 "국가 기술자격 자동차정비기능사 2급"자격을 받았다.

(1급은 기계공학을 전공한 사람에게만 응시자격을 주었음).

그리고 다음해인 1973년에는 서울용산구 한남동의 운전면허시험장에서
(당시에는 서울에 운전면허시험장이 이 곳뿐이었다.) 버스로 시험보아 대형운전면허증을 받았다.

(제 1종 대형운전면허 서울 20263 서울시장).

이것은 제 1종 보통면허를 받고 3년 후, 만 25세 이상에서 응시자격이 주어졌다.

이것은 진해에서 해군복무시(時) 대형군용화물차로 시내, 시외를 많이 운전해 본 것 이외(以外)에, 서울 영등포(永登浦)의 신림동(新林洞)행(行) 시내버스를 손님 태우고도 해보고, 서울 용산구 청파동의 신광여중(新光女中)의 school bus를 등교학생을 태우고도 운전해보았기 때문에 가능하였다.

1종 대형면허는 많지 않아서, 15인승(人乘) 이상 승합차, 4.5 ton이상 화물차, ambulance는 대형이라야 하는데, 내가 진해에 있을 때에 시외버스의 약 50%는 보통면허로 운전하는 것을 묵인(默認)한다고 하였다(엄격하게 하면 시외버스 절반이 운행 못하기 때문에).

이러한 제1종 대형면허는 1985년에 "중기차(重機車)면허"와 통합하여 중기차면허가 없어지고, 중기차는 물론 견인차(牽引車, trailer)와 특장차(特裝車, 예 사다리차등)를 제외하고는 모든 차를 운전할 수 있게 되었다.

자동차 정비 기능사시험은 1차 필기시험, 2차 실기시험, 3차 구술시험, 전공은
(1) 엔진 – 전기, (2) 차대(車臺, chassis) 2가지이었다.
나는 '엔진 – 전기'를 선택하였다.
자동차는 기본부품이 2만(萬) 5,000종(種)이다. 시험보기전 pony 전신인 corona 엔진을 완전 분해하여 6시간 30분만에 조립(組立)하여 시동을 걸어 본 것이 나의 대표적인 경력이었다.
국가시험이라 구술시험관은 서울대 공대 김응서교수, 허형근교수, 그리고 또 한분의 교수 3분이었다.
나에게 자동차에 관한 것을 묻지 잃고, 왜 자동차정비를 공부하느냐고 물었다.
(이미 학원 서무과장으로부터 나에 관한 얘기를 들었던 것이다).
나는 즉석에서 대답하였다.

"운전사를 만드는 데에 시간이 얼마나 걸리느냐? 하면 3분(分) 이내입니다. 고장 안난 차(車) 시동 걸고 누를 것 누르고 뺄 것 빼면 갑니다.
그러나 숙달되는 데에는 오랜 경험이 필요합니다.
의사 만드는 데에 시간이 얼마나 걸리느냐? 하면 5분(分) 이내 입니다.
열나면 해열제 쓰고, 아프면 진통제 쓰고, 염증이 있으면 항생제 쓰고, 굶았으면 째

고, 그러나 몸의 상태를 알기위하여 6년간 공부합니다.

지금은 자동차가 없지만, 10년 지니면 my car시내가 옵니다. 그러면 저도 차를 끌고 다녀야 할 테니까, 그렇게 하려면 자동차의 구조와 기능을 알아야 합니다. 그래서 자동차정비를 공부하는 것입니다."

구술시험관 3분의 교수는 나의 말에 감동하였다.

우리나라뿐 아니라 그 어디에라도, 의사이고 의대교수인 사람이 대형면허와 정비기능사 자격증 갖고 있는 사람은 나 이외에는 아직까지 없었고 앞으로도 영원(永遠)히 없을 것이다.

지금 (2014년 8월 24일)으로부터 30년전 (1980년대 전반기)에는 자동차도 별로 없었는데, 나는 45년전 (1969년)에 이미 운전을 하였고, 정비기능사가 별로 없어서 (자동차 정비공장의 정비공의 1/6은 정비사자격증이 있어야 했기 때문에), 자격증도 돈받고 대여해주던 43년전에, 그리고 그 다음해에는 대형면허까지 왜 하였을까?

영관(領官)급(級) 장교가 꽃모자 쓰고 자전거 타고 다니던 시절에, 나의 말은 그대로 적중(的中. 화살이 과녁 중앙에 박힘)하여, 11년 지나서는 (1983년) 드디어 my car시대 (時代)가 도래(到來)하였다.

그것은 의사수입이 적으면 시내버스, 시외버스라도 운전해야 밥벌이 할 수 있을 것이고, ambulance도 필요시 운전할 수 있는 데에 대비(對備)하는 것도 있지만, 보다 근본적인 것은 승용차로 연습하여 승용차를 운전하는 것은 너무 미약(微弱)하다.

화물차, 버스 등 대형차를 자유자재(自由自在)로 운전하고 나서 소형인 승용차를 운전해야 된다는 나의 원칙(原則)에 따른 것입니다.

모든 데에 예비력(豫備力, 여력 餘力, the power of reservation)이 있어야 합니다.

인체(人體)에서는 심장은 4배(倍), 골수(骨髓, bone marrow)는 5배, 간(肝)은 5배, 신장은 4배, 폐는 7배의 예비력이 있습니다.

그리하여 간을 80%절제해도, 신장은 한 쪽을 제거해도, 폐는 한족을 떼어내도 잘 살 수 있고, 정원(定員)이 4인(人)인 Jeep차 (1/4 ton)는 16명이 타도 부서지지 않고 잘 가며, 교량(橋梁)을 건설할 때에는 가능하면 100년(年), 적어도 지난 60년간의 홍수 때의 최고 수위보다 높게 건설하여 어떠한 홍수에도 물에 잠기지 않게 해야 하며, 회사를 경영할 때에는 적어도 6개월간 수입이 없어도 견디어 낼 정도의 여력이 있어야 합니다.

의사가 약을 처방할 때에 단순히 증상에 따른 처방 (예, 열이 나면 해열제)이 아니라, 그 원인을 알고 치료해야 하듯이, 차(車)를 단순히 운전하는 것이 아니라, 자동차의 기본 구조와 원리를 알고 운전해야 된다는 나의 원칙에 따라 정비를 공부한 것입니다.

(VI) 이상을 정리해보면, 대학 입학전에는 손자병법(孫子兵法), 한비자(韓非子), 육도삼략(六韜三略)등의 병서(兵書)를 즐겨 읽었고, 의예과에 입학하여서는 어학 6과목을 포함하여 교양 28과목(科目)을 배웠고, 레지던트 때에는 나의 1차 전공과인 외과 (일반외과) 이외에 정형외과 4달, 신경외과 2달, 흉부외과 2달, 산부인과 1달, 마취과 3달을, 제대후에는 성형외과를, 충남대 의대 교수로 있을 때에는 서독 (西獨) München시 (市) 근교 "Grafing-Ebersberg Goethe Institut"에서 독일어 초급 II과정 (8주), 중급 I과정 (8주)을 수료 (修了)하였고, 서 (西) Berlin자유대학병원에서 혈관외과 1년 6달, 서독 München 대학병원에서 혈관외과 1년, 소아외과 3달을 객원교수로 있으면서 연수(研修)하였고, 귀국하여 대한혈관외과학회 창설(創設) member (10인人중 1인)가 되었으며, 서울, 부산에 이어 3번째로 대전에 가정의학회를 만들어 "대한가정의학회"창설 member가 되었고, 충남대학교병원에서 가정의학과 과장도 9년을 지냈으며, 노인의학 (geriatrics)도 공부하여, 2002년에는 "노인의학 전문인정의 (제 784호)"도 받았다.

그 외에 1996년 에는 '의사국시개발위원장'으로 해방후 처음으로 바뀐 오늘날의 의사국시형태를 탄생시켰고, 대한의협 외부(外部)인사로는 처음으로 1997년 판(版)(본문 976 면面)과 2003년 판(板)(본문 1,033 면,面)의 2차례의 의협회원명부를 편찬, 제작하였고, 1997년에는 대한외과학회발행의 최초의 "외과학용어집"(사전)을 만들었다.

30년간 그렇게 많은 강의를 충남대학교 의과대학에서 하고 42년간 그 많은 힘든 수술, 암이 쩌들어 못한다는 환자를 수많이 수술하고 그 외에 여러 가지 일을 정신 없이 하다 보니, 나에게는 해당사항이 없다고 막연(漠然)히 생각하였던 "고별강연"을 2005년 8월 27일에는 의대에서, 8월 30일에는 대학교 본부에서 하고 다음날을 끝으로 현역(現役)에서 명예교수로 예편(豫編)하게 되었다.

지나간 날들이 하나의 영화(映畵).film.같이 머리에 떠오른다.
2005년 8월로 나는 의사생활 42년, 외과전문의와 서울대학교에서의 의학박사(박사과정 제150호)학위가 37년이고, 그 외에 2개의 전문의, 그리고 아직 적어도 5년 이상 강의와 힘든 수술을 많이 하고 싶은데 대학에서 예편(豫編)하게 되다니 서운하기 그지없다.

이 글은, 허구(虛構, fiction)와 허위(虛僞, falseness)로 가득차고 미사여구(美辭麗句)로 과대포장(誇大包裝)된 문학작품이 아니고, 그동안 **했던 얘기와 지나간 일들 중에서 발췌(拔萃)한 <u>사실기록(事實記錄, documentary)</u>이다.**

추신(追伸, Postscript)

   3년 1달간의 서독(西獨)과 서(西)Berlin에서의 생활은 나에게 혈관외과, 외과와 의학 분야뿐 아니라 독일인의 사고방식, 생활습관, 독일의 문화(文化)를 많이 알게 해주었으며, 이것이 커다란 도움도 주었지만, 동시에 나에게 평생(平生) 마음에 크나큰 불행(不幸)을 안겨주었다.

   그렇게 친절하고, 인간미가 넘치고, 성실하고, 정직하고, 근면하며 합리적인 사회가 있구나 하고.

   늘 그리워하면서…

   차라리 그렇게 좋은 사회가 있다는 것을 몰랐더라면 얼마나 (나의 정신 건강에) 좋았을까?

   한번 장기간 그곳(서독)에 살다가 귀국하면 우리 사회에 적응(適應)되지 않아서 울울(鬱鬱)한 마음이 반년, 1년, 2년 아니 영원히 사라지지 않는다.

   지나온 날을 돌이켜보면 나는 늘 나 자신을 낮추어 겸손(謙遜)해 하면서, 남에게는 친절(親切)하였고, 받는 봉급(俸給)을 절약해 쓰면서 사치(奢侈, 명품 名品)는 멀리하고 극(極)히 검소(儉素)한 생활을 하면서 재(財)를 탐(貪)하지 않았고, 신문이나 텔레비를 쫓아다니며 이름을 올리지도 않았다.

   법정(法頂)스님이 조계종 총무원장을 지냈다거나 기자를 통하여 언론에 홍보(弘報)하였다는 얘기를 나는 일찍이 들어보지 못하였다.

   총무원장을 아는 사람은 거의 없고, 법정스님을 모르는 사람은 별로 없을 것이다.

   나는 신문, TV에 나서기를 싫어하였고, 그러한 언론매체(言論媒體)를 통(通)하여 홍보(弘報)한 일도 없다.

   내가 창립회원(創立會員)인 대한혈관외과학회 이외에는 학회 회장자리에 아예 관심을 가져본 일이 없었다(만일 그러한 데에 연연(戀戀)하였다면 몇 학회의 회장은 하였을 것이다).

   나의 어머니께서는 마지막 순간(瞬間)까지 평생(平生) 나에게 물욕(物慾)을 갖지 않도록 가르쳐 주셨고, 나 또한 어머니의 뜻을 좇아 그러해 왔다.

그리하여 나는 태어나서 지금까지 욕심(慾心)을 가진 적이 없었다.

그리고 나에게 도움을 청하는 것은 무엇이든지 내 일을 제껴놓고 해 주었다.
나는 감투(position)와 부(富, wealth)를 부러워한 일이 없었고, 노래 잘 부르고 통소(洞簫)나 나팔(喇叭, trumpet) 잘 부르는 사람을 제일 부러워하였다.
그리고 내 자신(自身) 사회생활에 영리(怜悧)해지지 않고, 사회에 물들지 않고, 세속화(世俗化, vulgarization)되지 않도록 정신통일(精神統一)하고, 마음을 정화(淨化)시키는 데에 이제까지 많은 시간과 노력(努力)을 드려왔다.
그리하여 어느 때에 나는 이렇게 얘기한 적이 있었다.
"나는 태어나서 지금까지 욕심(慾心)을 가진 적이 없었고"
"세월(歲月)이 가니까 나이는 한 살 두 살 먹어가지만 나의 마음은 갓난아기나 병아리나 비둘기와 같다"고(나는 이제까지 사회생활에서 어려운 일은 앞장서고 대인관계에서는 늘 손해를 보아야 된다고 주장하여왔고 나 또한 그렇게 실행해 왔다).
나는 지난 44년간 의료행위를 하면서, 여러 검사를 하여도 진단이 안되던 환자를 진단하여 치료해주고, 심하게 진행되어 손댈 수 없었던 그 많은 암환자(癌患者)(갑상선암, 두경부암, 위암, 대장암 등)를 근치 수술하여 새 생명을 갖게 해 준 것을 무엇보다 내 일생(一生)에 가장 보람되고 자랑스럽게 생각한다.

Addendum 36　　　2014. 12. 26　　05:30-05:45

나는 글을 쓸 때마다 고등학교 2학년 국어교과서에 3 page에 걸친 김용만의 '시작과정(詩作過程)에서 "글이란 pen 대가 간다고 쓰는 것이 아니라, 쓰지 않고는 못배길 절실(切實)한 욕구(欲求)가 뼈속에서 우러나올 때에만 쓰고, 쓸 때에는 진실(眞實)만을 써라. 거짓을 쓰면 길에 나부끼는 가화(假花) 뿐이다."라고 강조(强調)한 말을 되새기며, 이에 따랐고.
글을 쓸 때에는
(1) 이상(李箱) 김혜경의 권태 "(倦怠)",
(2) 김동인(金東仁)의 "배따라기",
(3) 우리나라의 제 1의 한학자(漢學者)로 평가(評價)받는 정인보(鄭寅普, 6.25 때에 납북)의 서간삼책(書簡三則. 생모, 양모, 계모에의 편지),
(4) 정비석(鄭飛石)의 산정무한(山情無限)과
(5) Abraham Lincoln 대통령의 Gettysburg Address,
(6) Benjamin Franklin의 자서전(自敍傳, Autobiography)
(7) John F. Kennedy의 대통령 취임사(大統領就任辭, An Inaugural Address)

를 사사(師事, 스승으로 섬김)하여, 군더더기 없이, 미사여구(美辭麗句) 없이 핵심(核心)과 정곡(正鵠)을 찌르는 필법(筆法)으로 글을 써왔다.

Addendum 37 2017. 04. 15 21:27
(부산 Bexco 에서 제 10 차 한일혈관외과 마치고, 부산발 대전행 고속열차 속에서)

나는 벡순자 (白順子, 甲午年 陰 7 月 9 日生)와 결혼하여, 슬하(膝下)에 두 딸을 두었으며, 큰 딸 배주연 (裵珠延)은 한남대학교 영문과를 졸업하고, 무역회사에서 해외 수출업무를 보다가, 강진우 (姜珍宇, 한양대학교 도시공학과 졸업, 두산건설근무) 와 결혼하여, 두 딸 강민주 (姜旼宙) 와 강민서(姜旼抒)를 두었고, 막내딸 배소희 (裵素希)는 대전과학고등학교를 거쳐, 연세대학교 의과대학을 졸업하고 신촌 세브란스병원에서 인턴과 영상의학과 레지던트를 마치고, 본원에서 영상의학과 전임의 (專任醫, fellow)로 근무하며, 동기생 하종균 (河宗均. 부산과학고등학교, 연세대학교 의과대학졸업, 신촌 세브란스병원에서 인턴과 이비인후과 레지던트 수료, 이비인후과전문의로 해군군의관 대위로 군복무중임) 과 결혼하여, 딸 하연서(河然舒)를 두어 나의 2 딸이 또 다시 3 딸을 낳아 가히 여성풍요, 남성희귀 집안이라 하겠으며, 내가 오늘 이정도까지에 이른 것은 처(妻) 백순자의 엄청난 내조(內助)와 넓은 아량 (雅量) 과 은덕 (恩德)에 힘입은 것으로, 이에 늘 감사 (感謝)하며 그 간 돈고생, 마음고생 시킨것에 대하여, 이 글을 통하여 진심 (眞心)으로 사과 (謝過)하는 바이다.

(註 : 이 글은 2015 년 9 월에 후기에서 말한대로, A-4 용지에 11 point 로 쳐서 print 로 몇 분에게 배포하였던 바, 부산의 주종수 (朱鐘秀) 외과의원 원장 (가톨릭의대졸업, 인제대학교 외과교수역임) 이 보고, 가족이야기가 하나도 없으니 보충하라는 권고를 받고, 급히 간단히 첨가한 것 임.)

(2017 . 04. 15. 21:50)

2007. 11. 27
大尾(대미)
충남(忠南) 서산(瑞山)에서
교수 배진선(裵振善) 씀.

후 기 (後記)

이 글을 정리하게 된 직접적인 계기(契機, moment, impetus)는 이러하였다.

그동안 미국임상종양학회(ASCO)에 여러번 참석하였는데 몇 해 전의 일이었다. 참석 이틀째 되던 날 일행(一行) 8명 중 처음으로 만난 가톨릭의대 종양내과 이경식 교수가 나에게 이렇게 말하였다.

"배선생! 어록집(語錄集) 냈어요?"

나는 놀라서 "어록집이라니요? 무슨 말씀이세요?"

하고 반문(反問)하였다.

그랬더니 "배선생, 대학에 오래 계시지 않았어요?"

나는 "예, 거의 30년 되옵니다." 하자 그 교수님은

"내가 이번에 배선생을 처음 만났는데 평소(平素)에 하는 얘기가 다 그렇지 않겠어요?"

나는 "제가 하는 얘기 늘 똑같지요" 했더니

"그렇게 오래 대학에 있었으면 제자(弟子)도 많을텐데, 그 제자는 다 무엇하는거에요? 석가모니(釋迦牟尼)는 불경(佛經)을 직접 썼습니까? 예수는 성서(聖書)를 직접 썼습니까? 다 제자가 쓴 것이예요. 배선생 제자는 무엇하는거에요?"하자 나는

"제자라니요? 선생과 학생은 많은데 스승과 제자는 없어진지 이미 오래요, 레지던트들은 요놈의 레지던트 언제 끝나나? 얼른 끝이 나서 전문의가 되어 돈 모을 생각만 머리에 꽉차있고 눈앞에 아른거리는데 나의 금싸라기같은 말이 귓가에나 들리겠어요?"하였다.

그렇다. 제자가 어디 있으며(대부분의 교수는 제자가 많다고 착각(錯覺)하고 흐뭇해한다.) 그 누가 나의 말을 제대로 들으며 더구나 정리(整理)까지 하겠는가?

한다면 나밖에 없다. 수십년간 했던 얘기는 소리없이 증발(蒸發)해 버리고 말 것이다.

여러 사람들이 읽으리라고 생각하고 책자를 만들어 여러 군데 돌리는 것은 자기 착각(錯覺)이오, 허황(虛荒)된 생각이고, 더구나 선거의 전략품(戰略品)으로 소기(所期)의 목적을 달성하는 수단(手段)도 아니겠기에, 위험을 무릅쓰고 산행(山行)

하는 사람에게 "산에 왜 가느냐?"하면 "산(山)이 거기에 있으니까"라고 하듯이, 읽을 사람이 없다는 것은 잘 알면서도 그저 수십년간 해왔던 얘기를 허공(虛空)에 날려버리기가 서운하고 허전하여 정리해 본 것이다.

　법정(法頂)스님은 입적(入寂) 직전 유언에서 그간 저술한 책에 관하여 "그것도 말의 공해(公害)이어서 책자의 출판을 금지한다."고 하셨다. 왜 그랬을까?

　아마도 '순수(純粹)하게 쓴 글이 속인(俗人)의 이권(利權)에 이용(利用)당할 것이 양심상(良心上) 허용(許容)될 수 없겠다'는 것과, '책자(册子)는 어느 정도 판매된다하여도 그 진의(眞義, 참뜻)를 이해(理解)하려는 사람은 별로 없다'는데서의 허무감(虛無感)'에서 이리라.

　이리하여 나는 어느 후원자(後援者, sponsor, 예, 제약회사)를 구(求)하여 딱딱한 나무판자(板子)같은 앞뒤 뚜껑에 호화장정(豪華裝幀)으로 제본(製本)하지 않고 A4 타자지(打字紙) 용지에 찍은 학생강의원고를(학생에게 주면) 묶어주는 대학앞 프린트사에 맡겨 강의록처럼 10여부(部) 묶으려고한다.

　그리하여 혹시(或是) 나의 사후(死後) 50년(年) 아니 100년 지나서 어느 유심인(有心人)이 있어 보게 되면 "아! 예전에 이렇게 생각하고 얘기한 사람이 있었구나!"할지 모르겠다.

2010. 3. 17
충북(忠北) 옥천(沃川)에서
필자　배 진 선

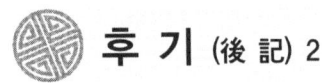 후 기 (後 記) 2

2016년 1월 3일(日)　　20:27

　지난 날을 돌이켜보면(끝날때에) 3번 서러웠던 때가 있었다.

　그 첫번째는 1972년 4월 30일, 3년 1달 (훈련 8주, 대위 1년, 소령 2년) 간의 해군생활에서 예편하였을 때.(나는 지금도 해군시절을 생각하면 그 때가 그리워 눈물을 흘린다.)

2번째로 서러웠던것은 1983년 해군예비군에서 제대(除隊, 이제는 더 이상 군복 입을 기회가 없어졌다.)했을 때.

3번째로 서러웠던때는 2005년 8월 31일, 29년 3달 11일(강의는 30년) 간의 충남대학교의과대학 교수에서 예편(豫編) 하여 명예교수로 되었을 때.

아마 직업군인이 아니고, 병역의무로 단기간 군복무 한 사람치고 이렇게 군생활을 그리워하고, 제대를 서러워 하는 사람이 나 이외에 또 그 누가 있을까?

나는 옷을 입어도 남방셔츠보다는 넥타이에 양복이 더, 양복보다는 까운이 더, 까운보다는 군복이 가장 잘 어울렸다.
군복을 입었을 때 많은 사람들로부터 멋지다는 얘기를 여러번 들어왔고 내가 봐도 그리했다.

그리고 기나긴 본문(本文)에서의 일부를 요약(要略)하면

(1) 사회생활에서는 내가 희생하여 남을 돕지는 못할망정
　　남을 위하여 약간의 수고를 아끼지는 말것.
　　남을 돕지는 못할망정 남을 헤치지는 말것.
　　사회에서 존경받는 사람이 되면 좋지만
　　적어도 비난받는 사람이 되어서는 안된다는 것.
　　남에게 도움을 주지는 못할 망정,
　　남에게 누(累)가 되는 생활을 해서는 안된다는 것.
　　남을 업어주지는 못할 망정,
　　남에게 업혀사는 생활은 하지말라는 것.
　　끼니를 굶더라도, 남에게 무임승차하거나
　　기생충생활은 하지 말라는 것.

(2) 의사생활에서는

　　의사는 병은 치료해주면 좋지만,
　　적어도 병을 만들어주어서는 안된다는 것.
　　수술에 관하여는 해도되고 안해도 되는 경우에는
　　수술의 금기(禁忌, contraindication)이고,
　　히지않으면 안되는 경우에만 해야된다는 것.
　　처방이나 수술의 방법은 의사가 하고 싶다거나 발표를
　　목적으로 하거나 수입을 생각하는 것
　　이 3가지 중에 어느 하나라도 있어서는 안된다는 것.
　　그러면 어떠한 것?
　　환자가 최종적으로 이익이 되게 하는 것이라야 한다는 것.
　　의사가 손해보더라도 환자가 이익을 보아야 한다는 것.
　　의사는 환자나 간호사보다 우위(優位) 에 있다고 하지
　　말라는 것.
　　간호사는 함께 일하는 동료이고, 전장 (戰場, 싸움 터)
　　에서의 전우 (戰友) 라는 것.
　　의사는 환자의 심리를 이해해야 한다는 것.
　　환자는 어느 순간에 의사가 될수 없지만,
　　의사는 어느 순간에라도 환자가 될수 있다는 것.
　　의사는 의사의 입장에서 환자를 진료하지말고,
　　의사는 환자의 입장에 서서 환자를 진료해야한다는 것
　　을 강조(强調)하였다.

　나는 적어도 사회생활과 지난 52년간의 의사생활, 47년간의 외과전문의 생활을 이렇게 해 왔다.

　　　　　　　　　　　　　　　　　　　　　2016년 1월 3일 21:02
　　　　2016년 신년 연휴(連休) 일요일 밤 9시에 충북 (忠北) 옥천 (沃川)에서
　　　　당직근무하면서 5층(層) 중환자병동 nurse station에서 이 글을 쓰다.
　　　　　　　　　　　　　　　필자 (筆者) 배 진 선 (裵 振 善)

했던 이야기들, 지나간 일들

2017년 9월 20일 인쇄
2017년 9월 25일 발행

필 자 • 배 진 선
발행자 • 성 정 화
발행처 • 도서출판 이화
대전광역시 중구 대종로505번길 54
장현빌딩 2층
TEL. (042) 255-9708
FAX. (042) 255-9709

ISBN 978-89-6439-136-5 04080
987-89-6439-135-8 SET
〈값 40,000 원〉

※무단복제나 복사는 금합니다.
※잘못 만들어진 책은 바꾸어 드립니다.